明日へ翔ぶ

―人文社会学の新視点―

4

公益信託 松尾金藏記念奨学基金 編

風 間 書 房

武漢の風景　松尾金藏　1942年（昭和17）6 月29日　油彩

卓上静物　松尾金藏　1940年（昭和15）　水彩

『明日へ翔ぶ』発刊を祝う

信託管理人　高 山 英 勝

「公益信託　松尾金藏記念奨学基金」は発足以来14年を経過し，これまでに129名の博士課程，修士課程の学生の方々が奨学金の対象として採択され，着実な事業展開につれて，学位取得や大学・研究教育機関などへの就職，また著書刊行などの実績報告が相次ぎ，成果が見え始めています。

今般，奨学生の研究成果の一端が，４冊目の論集『明日へ翔ぶ―人文社会学の新視点―』としてまとめられ，出版されたことは大変喜ばしく，心からお祝い申し上げます。

私事に渉りますが，故松尾金藏氏は福岡のご出身で，小生の亡父とは同郷であり，来福された折には酒を汲み交わす旧知の間柄であったことから，小生も松尾金藏氏を存じ上げていました。小生の知る松尾氏は公平無私，冷静沈着で思慮深く，かといって決して冷たくはなく，温かみのある円満な人柄で，親しさをこめた「仏の金ちゃん」の愛称もあったと伺っています。まさに理想の人物で，大人になったらかくありたいと思ったものです。このようなご縁があり，平成24年度から本奨学基金の信託管理人を務めております。

松尾氏は多分野にわたり知識欲が旺盛で，読書家でもあり，商工省（通商産業省，現経済産業省）で戦後の経済復興に長く携わってこられた様々なご経験からか，健全な社会の発展には自然科学ばかりでなく，人文社会学の学問の充実が欠かせないとの哲学をお持ちだったようです。

その意を汲んで，本奨学金は人文社会学系の分野の研究生を対象とされていますが，研究テーマは多岐に亘っており，本論集を通じてそれぞれの分野の枠を超えた情報を得ることで更に研究が深まることと思います。

前回の論集発刊後に有志によって開催された研究発表会を拝聴した際には，まったくの門外漢ながらもいろいろな物事に対する新しい視点の大切さを思うとともに，若い研究者の情熱に心強さを感じました。

皆さま方は，ここにまとめられた成果を基に，更にこの先長く研究を積み重ねて行かれると思いますが，本論集が将来の研究発展のシーズとなり文字通り明日へ翔ける研究者になられることを祈念し，発刊のお祝いといたします。

目　次

ルカ・シニョレッリ作《フィリッピーニ祭壇画》の聖ボナヴェントゥーラ像をめぐる考察

森　結

はじめに

本稿で取り上げる，イタリアのルネサンス期の画家ルカ・シニョレッリ（Luca Signorelli, c.1450–1523）による《フィリッピーニ祭壇画》（*Pala di Filippini*, 1508）とは，当時ロッカ・コントラーダと呼ばれていた街（現在のイタリア，マルケ州アルチェヴィア）のサン・フランチェスコ教会のフィリッピーニ家の祭壇に設置されていた祭壇画のことを指す。この祭壇画を構成していた板絵は，18世紀における教会の改装と，フィリッピーニ家の祭壇の撤去，ナポレオンによる板絵の接収といった様々な理由が重なり，現在では世界中に散逸するに至った。

しかし研究者間では頭頂《ルネッタ》に《聖母の戴冠と父なる神と二人の奏楽の天使》（1508年，サン・ディエゴ美術館）[1]，中央パネルにミラノのブレラ美術館所蔵の，《玉座の聖母子と聖ヤコブと聖シモン，聖フランチェスコと聖ボナヴェントゥーラ》（図1）が設置されていたということで意見の一致を見ている。このことから本稿は特に中央パネルの図像の特定の問題に焦点を置く。

まず問題の絵を詳しく見てみたい。画面の中央には玉座が描かれ，その頂きには智天使《ケルビム》と鳥と男性像を象った刳り型が描かれており，そこに聖母子が座している。その玉座の背後には，複雑な組紐と動物とを金彩で描いた垂幕が描かれている。本祭壇画においてはこうした装飾過剰な面が最も際立っていると言えるが，先行研究は16世紀初頭にあってもなお金を用いて過剰に装飾を施す，シニョレッリによるこの装飾的傾向が，前時代的であり，懐古趣

図１　ルカ・シニョレッリ《玉座の聖母子と聖大ヤコブ，聖シモン，
聖フランチェスコと聖ボナヴェントゥーラ》1508年
板に油彩，250×185cm，ミラノ，ブレラ絵画館

味的であると述べてきた。これに対して筆者は，《フィリッピーニ祭壇画》の装飾の場合，同時代のラファエッロの祭壇画に着想を得つつ，そのモチーフには古代ローマのネロ帝の宮殿であったドムス・アウレアの装飾，つまり当時画家達の間で流行していたグロテスク装飾を取り入れたものであり，同時代の美術的潮流に棹差し，十分に実験性を秘めたものであったことを，既に取り上げた[2]。その論考において十分に言及できなかったのが，先行研究が疑問を呈し検討することのなかった，聖人像の同定についての問題である。したがって本稿ではこれについて今一度検討をしてみたい。

さて，聖母子の座す玉座の基壇には，次のような銘文が記されている。

I ACOBI SIMONIS DE PHILIPPINIS AERE/ DEO ET DIVAE MARIAE DICATUM/FR〔ATR〕E BERNARDI〔NO〕VIGNATO GUARD〔IAN〕O PROCURAT〔OR〕E/MDⅧ

（この絵は）ジャコモ・ディ・シモーネ・フィリッピーニのものとして，修道院長管理人であるところのフラ・ベルナルディーノ・ヴィニャートによって天の神と聖なるマリアに捧げられた /1508年[3]

この銘文から，本祭壇画の注文主の名は，ジャコモ・ディ・シモーネ・フィリッピーニであることが分かる。トム・ヘンリーの古文書調査によれば，彼はロッカ・コントラーダの公証人であった[4]。聖母子の左には，注文主の名に対応する聖人，聖ヤコブ（左上）と聖シモン（左下）が描かれている。また右には教会の名の由来である聖フランチェスコ，その下にはフィリッピーニ家の守護聖人であっただろう聖ボナヴェントゥーラが描かれていると見なされている。この聖人たちの同定は研究者の間で意見の一致を見ているのだが，元をただせば19世紀に《フィリッピーニ祭壇画》に関し調査を行った美術史家，アンセルモ・アンセルミ（Anselmo Anselmi, 1859-1907）に負うものである[5]。この人物こそ，1811年にナポレオンの接収を受け，1892年当時，ミラノ近郊のフィジーノという縁もゆかりもない都市の教区教会に設置されていた板絵（図1）を，ルカ・シニョレッリによる《フィリッピーニ祭壇画》の中央パネルであると位置づけた人物であった。

おそらくは彼による《フィリッピーニ祭壇画》に関する唯一の詳細なモノグラフが，長らく権威を持っていたことが理由で，本祭壇画の聖人像の同定について大々的に訂正されることはこれまでなかった。ただわずかに聖ボナヴェントゥーラとされる聖人像について，1977年のブレラ絵画館のカタログがこれを聖ヒエロニムスと記しているのみである[6]。枢機卿姿で，禿頭であり，豊かな白髭を蓄えたその姿は，明らかに前者よりは後者の図像に近しいといえる。この２人の聖人像の図像伝統については第３節で取り扱うことになるが，筆者もこうした図像学的な見地から当該の聖人像が聖ヒエロニムス像であるという見解を支持し，本稿においてはこの同定に根拠を付け加えていくことをその目的としたい。

しかしながら何故当該の聖人像が典型的な聖ヒエロニムス像であるにも関わらず，聖ボナヴェントゥーラであると同定されるに至ったのだろうか。第２節で詳細に取り上げることになるが，これについては本板絵のナポレオンによる接収と，それに伴う祭壇画の差し替え，前述のアンセルミが調査を行っていた19世紀末当時のサン・フランチェスコ教会の内装の問題とが重層的に関係している。つまり，《フィリッピーニ祭壇画》が辿ってきた歴史が，この聖人像の同定の経緯にそのまま反映されているのである。このような理由により，本稿で取り扱う問題は，シニョレッリ研究に寄与するだけでなく，作品誌という観点から美術史的にも非常に興味深い，誤読の例を提供すると思われる。

1.《フィリッピーニ祭壇画》に至るまでのルカ・シニョレッリの経歴

まずシニョレッリの画業について簡潔に触れておきたい。彼については，ウルビーノの宮廷詩人ジョヴァンニ・サンティ（1435-1494）が『韻文年代記(*Cronaca rimata*)』[7]において，マザッチョ，フラ・アンジェリコ，サンドロ・ボッティチェッリ，レオナルド・ダ・ヴィンチらと共に，当時を代表する画家の１人として挙げている。そこでサンティはシニョレッリに「天賦の才と巡礼者の精神を備えたコルトーナの人，ルカ（e'l Cortonese Luca, de ingegno e spirto pelegrino）」という賛辞を与えた。このときサンティの使用している“pelegrino”という語は，イタリアの各地で活躍したシニョレッリの「巡礼者」としての放浪の精神を指していると一般的には解釈されている[8]。

このことからも理解されるように，シニョレッリはウンブリアとトスカーナの境界に位置するコルトーナに生まれ，ウンブリア派の巨匠ピエロ・デッラ・フランチェスカ（c.1416-1492）の門下となり[9]，おそらくピエトロ・ペルジーノ（c.1450-1523）やバルトロメオ・デッラ・ガッタ（1448-1502）など，ピエロの流れを汲む画家達と共に，アントニオ・デル・ポッライオーロ（1429-1498）やアンドレア・デル・ヴェロッキオ（c.1435-1488）の影響下，フィレンツェで若年期をおくり[10]，15-16世紀に亘ってフィレンツェやローマという芸術の要地から，ウンブリアやマルケ，トスカーナの小さな都市にかけて，広くイタリアの各地で活動を展開した画家であった。

また彼のパトロンには，教皇シクストゥス4世，ロレンツォ・デ・メディチ，教皇ユリウス2世といった，『画人伝』を書いたヴァザーリの言葉を借りれば，「イタリアのほとんどすべての王侯」達が含まれていた[11]。1482年にはペルジーノ，ボッティチェッリやギルランダイオらフィレンツェの画家達に委任されていた，シクストゥス4世によるヴァティカンのシスティーナ礼拝堂の壁画装飾という大事業を引き継ぎ，《モーセの遺言》（1482年，ヴァティカン）を描いている。

メディチ家や教皇庁の要人との関係を持ちながらも，シニョレッリに国際的な名声を与えたのは，1499年から着手された，オルヴィエート大聖堂サン・ブリツィオ礼拝堂での仕事であった。シニョレッリの研究史においてはこの仕事がターニング・ポイントと見做され，以降彼はマルケやウンブリアの小都市に活躍の場を見出していくのであるが，《フィリッピーニ祭壇画》が描かれたのもそのような折の，1508年のことであった。

シニョレッリが《フィリッピーニ祭壇画》が据えられたロッカ・コントラーダへと招聘されたのは，本祭壇画が描かれる前年のことである。この地への画家の招聘は，1480年代のシスティーナ礼拝堂の装飾事業への参加がおそらく契機となったと推測されている。まずシニョレッリは1507年に，当地のサン・メダルド教会の主祭壇画の注文を受けた。その祭壇画に紋章があることから，おそらくはセニガッリアの司教マルコ・ヴィジェリオ・デッラ・ローヴェレ（1446-1516）によって注文されたとみなされている。彼は同じデッラ・ローヴェレ家出身のシクストゥス４世から，セニガッリアの司教（在位1476–1513）に任命された人物であった。こうした教皇庁との関係と祭壇画における紋章の存在から，シニョレッリをロッカ・コントラーダへ招いたのはこの人物であると推測されている[12)]。サン・メダルド教会の多翼祭壇画がもたらした成功の為に，シニョレッリは同地においてさらに，幾つかの作品の注文を請け負った。《フィリッピーニ祭壇画》もそのうちの１つであり，祭壇画が描かれたのは翌年の1508年のことであった。

２．《フィリッピーニ祭壇画》の中央パネルの発見とその特定

このようにしてロッカ・コントラーダに据えられた本祭壇画は，18世紀から一転して，離散と漂泊の憂き目に遭う。既に述べたように，18世紀におけるサン・フランチェスコ教会の改装と，フィリッピーニ家の祭壇の撤去，ナポレオンの美術品の接収等が重なり，祭壇画を構成していた板絵が，世界中に散逸するに至ったのである。とりわけ中央パネル（図１）はナポレオンによって接収され，ミラノの近郊の都市のフィジーノの教区教会という辺鄙な場所に追いやられる運命にあった。そこで長い間，ただ昔日の画派（Scuola antica）によるものと記録されていたこの板絵を，シニョレッリの作品中に位置づけたのが，ロッカ・コントラーダ，つまり当時既にアルチェヴィアと呼ばれていたこの土地出身の，19世紀の美術史家アンセルミであった。彼の調査に従い，この章では《フィリッピーニ祭壇画》が解体され，世界中に散逸するに至ったその歴史について述べることとする。

さてサン・フランチェスコ教会は，現代のアルチェヴィアの郷土史家，パオロ・サンティーニによれば，1741年４月24日に同地を襲った地震を機に，おそらく1746年までには，ジェノヴァ出身の彫刻家，ロレンツォ・ボッシによってバロック様式の内装へ改装された[13)]。これに伴い，フィリッピーニ家の祭壇は撤去され，《フィリッピーニ祭壇画》は解体されることとなったのである。

アンセルミは，祭壇画解体以降のそれぞれの板絵の離散の末路を丹念に追っている。彼によれば，18世紀の祭壇画の解体に際し，祭壇画のルネッタとプレデッラ，ピラスターなどの部分はフィリッピーニ一族の子孫に保持された。それに対して，中央パネル（図１）は教会に残され，バロック様式の漆喰仕上げの祭壇の中に配置されたのであった[14)]。

1811年にはナポレオンによって廃止された教会や修道院などにある絵画が接収される。この時に本板絵も接収され，（1811年７月20日に接収の担当者であったアントニオ・ボッカラーリがアルチェヴィア市長に対してこの板絵の受領証を発行している），その後にミラノに持ち込まれ，９月24日には現在のブレラ絵画館に一旦収容された。しかしながら早くも1815年４月８日に，フィジーノの教区教会に板絵は引き渡されている。

しかしなぜアルチェヴィアにあった絵画がミラノに持ち込まれ，さらにフィジーノに引き渡されたのだろうか。ナポレオンによって1805年に設立されたイタリア王国の首都はミラノであり，イタリアの各地の教会や修道院で接収された絵画が，ミラノのブレラ絵画館に預けられたのだろう。1808年２月５日のナポレオンの通達によって，ブレラ宮殿は絵画館として整備され[15)]，翌年，彼の誕生日である８月15日に開館した[16)]。

アンセルミの調査によれば，これに続き多くの美術関係者達が，価値ある作品を選び，ミラノに送るために様々な都市に派遣された。ブレラの美術アカデミーに所属していた画家達が1809年から，各地の廃止された教会や修道院に残る，価値ある絵画の接収の為に派遣されているのだが，件の1811年には，前述のアントニオ・ボッカラーリとジュゼッペ・サンティの２人が，マルケのメタウロ，ムゾーネ，トロントの３つの県において，接収のための周遊を行っている。《フィリッピーニ祭壇画》の中央パネルも彼らによって接収されたのである。この時の受領証には，既に述べたように，シニョレッリではなく，単に「昔日の画派」によるものと記されていたのである。

しかしながらブレラ絵画館は，接収した作品を全て収容するのには不十分な広さであり，彼らはこれらの取捨選択のために，それらを４つのカテゴリーに分類する必要があったのである。１つ目に分類されたのは，当時の評判にしたがってより重要であると思われる作品であり，これらはブレラ絵画館に展示された。２つ目は絵画館に欠けていた，外国の作家による作品であった。３つ目は特に大きな寸法の祭壇画で，絵画館に展示することが困難なものであり，受け入れ希望を出したロンバルディアの教会にそれらを置くことが決められた。最後の４つ目は，保管することが無意味に見え，故に破壊された絵画であった。シニョレッリによる本板絵は３つ目のカテゴリーに属し，故に1815年にフィジーノの教会へと引き渡されたのである[17)]。

18世紀に板絵は大きな割合で加筆を被ったのであるが，玉座の上のケルビムや，シニョレッリの名が署名されている刳り型の部分もこの時に塗りつぶされていたことが分かっている[18)]。それ故にこの絵は，ブレラ絵画館に預けられた時点では，「昔日の画派」とこそ記されてはいないものの，誤ってボローニャ派に帰属させられていた。1892年になって漸くアンセルミが，シニョレッリによる《フィリッピーニ祭壇画》の中央パネルであると特定する。その経緯の詳細については次節に譲るが，シニョレッリによる祭壇画と特定された後，この板絵はアルチェヴィアへは返還されず，同じ年に，ブレラ絵画館に再び収容され，現在に至るのである[19)]。

３．聖ボナヴェントゥーラか，あるいは聖ヒエロニムスか

《フィリッピーニ祭壇画》が被ってきた歴史と，アンセルミの19世紀末の調査とについて述べたところで，本稿が本題とする，聖人像の同定をめぐる問題へと移りたい。

前述したように各々の聖人像については，左側が注文主，ジャコモ・ディ・シモーネ・フィリッピーニの名と対応する聖人である聖大ヤコブと聖シモン，右上が教会の名をもつ聖人，聖フランチェスコであり，右下が聖ボナヴェントゥーラであると同定されてきた。

このうち聖ボナヴェントゥーラ像については，毛髪が乏しく豊かな白ひげを蓄え，枢機卿の格好をした図像から，聖ヒエロニムス像と説明される向きもあった。例えば1977年のブレラ絵画館のカタログにも，そのようなキャプションが記されているのである[20]。さて当該の聖人像がなぜ聖ボナヴェントゥーラであると同定されたのだろうか。これに関しては少し事情が入り組んでいる。

まず1746年頃のサン・フランチェスコ教会の内部の改装にともない，《フィリッピーニ祭壇画》が解体される。解体後しばらくは中央パネルのみ教会に残され，教会の左側の，入口から２番目の祭壇に据えられた（資料１のサン・フランチェスコ教会内部俯瞰図を参照のこと）。1811年にその中央パネルはナポレオンによって接収される。以降この祭壇の場所には，枢機卿の服をまとった聖ボナヴェントゥーラの板絵が設置された（図２）。聖ボナヴェントゥーラを描いた板絵が据えられた理由について，アンセルミは《フィリッピーニ祭壇画》（図１）に描かれた４人の聖人の中で，この聖人がより際立っていたからに違いないと見ている[21]。つまり彼は新しく設置されたこの聖ボナヴェントゥーラの板絵（図２）が，かつての《フィリッピーニ祭壇画》の記憶を引き継いでいると見ているのだ。しかし留意しておきたいのは，この記述は1890年，つまりアンセルミが《フィリッピーニ祭壇画》の中央パネルの所在をフィジーノの教区教会であると，探し当てる前の年のレポートにおける記述なのである。言い換えれば，アンセルミが現物の板絵を実見せず，記したものであった。ではなぜこの段階でアンセルミは，《フィリッピーニ祭壇画》に聖ボナヴェントゥーラが描かれていると考えたのだろうか。

アンセルミは同じレポートの中で，本祭壇画にどのような図が描かれたかについて，次の記録を引いている。その記録と言うのは，価値のある絵画が，廃止された教会や宗教的機関に残存していないか確認する為の，臨時政府からマルケ州の都市に向けた公布物に対しての，ムゾーネの県知事ジャコモ・ガスパーリによる回答であった。これはマチェラータにて1810年６月５日の

資料１：サン・フランチェスコ教会内部（俯瞰図）

<table>
<tr><td colspan="4">入口</td></tr>
<tr><td colspan="2">左側</td><td colspan="2">右側</td></tr>
<tr><td rowspan="2">①
銘
文</td><td>シエナの聖ベルナルディーノ像</td><td rowspan="2">①
銘
文</td><td>聖リベラトゥスの彫像</td></tr>
<tr><td>サン・フランチェスコ教会で説教をし，ロッカ・コントラーダの市民を救ったことに言及</td><td>聴聞司祭であり，ロッカ・コントラーダのブルンフォルテという貴族であったことに言及</td></tr>
<tr><td>①</td><td>アヴェッリーノの聖アンドレアの死を描いた祭壇画</td><td>①</td><td>無原罪のお宿りの彫像（サン・メダルド聖堂に由来）がおかれた祭壇</td></tr>
<tr><td rowspan="2">②</td><td>トゥールーズの聖ルイ像</td><td rowspan="2">②</td><td>聖ベンベヌート像</td></tr>
<tr><td>教会の守護聖人</td><td>修道院に特別な恩恵を与えた</td></tr>
<tr><td>②</td><td>聖ボナヴェントゥーラの祭壇画（かつてはこの祭壇に《フィリッピーニ祭壇画》の中央パネルが飾られていた）</td><td>②</td><td>パドヴァの聖アントニウスの祭壇画</td></tr>
<tr><td rowspan="3">③</td><td>聖ボナヴェントゥーラ像</td><td rowspan="3">③</td><td>聖カルロ・ボッロメオ像</td></tr>
<tr><td>教会の権利を承認</td><td rowspan="2">教会でミサを行った</td></tr>
<tr><td>彫像の基部にアルチェヴィアの市民夫婦の墓碑</td></tr>
<tr><td>③</td><td>聖母，聖カタリナ，マグダラのマリア，聖ドメニコを描いた祭壇画</td><td>③</td><td>聖ジュゼッペ・ダ・コペルティーノの祭壇画</td></tr>
<tr><td rowspan="2">④</td><td>グレゴリウス十世像</td><td rowspan="2">④</td><td>教皇ピウス五世像</td></tr>
<tr><td>教会と修道院の建設が始まった際の教皇であり，この教会に顕著な恩恵をもたらした</td><td>教会と修道士とを庇護した</td></tr>
<tr><td colspan="4">主祭壇《キリストの磔刑の前で法悦に浸る聖グレゴリウス》</td></tr>
</table>

作成にあたってはPaolo Santini, *Arcevia: Nuovo itinerario nella* Storia e nell' Arte, Arcevia, 2005 を参照した。

日付となっており，ナポレオンによる主祭壇画の接収（1811年）以前に遡る記録となる。

この回答の中においては，アルチェヴィアのサン・フランチェスコ教会に，

図２　作者不詳《バニョレージョの聖ボナヴェントゥーラ》1811-1849年頃
カンバスに油彩，236×170cm，アルチェヴィア，サン・フランチェスコ教会

おそらくペルジーノによる年代不明の板絵があると記され，その板絵は「両脇に聖シモン，ユダ，聖ボナヴェントゥーラと聖フランチェスコを伴い，腕に幼児キリストを抱えた玉座に座る聖母（Vergine in trono col Bambino in braccio avente lateralmente San Simone e Giuda, San Bonaventura e San Francesco)」を描いたものであると，玉座の基壇の銘文と共に報告されていた[22]。

このアンセルミのレポートが発行された翌年の1891年10月にようやくして，彼は著名な美術史家のアドルフォ・ヴェントゥーリとともに，王立アカデミー（ブレラ絵画館）に委ねられた，接収を経てロンバルディアに避難している絵画のリストを確認し，そこに記載されているフィジーノの教会にある当該の板絵（図１）を，ルカ・シニョレッリによる《フィリッピーニ祭壇画》

の中央パネルであると確認することができた。現物の実見を経てアンセルミは，1892年のレポートにおいて，主祭壇画に描かれた聖人たちの特定に関し，前述の回答の中でユダと記されていた聖人が，巡礼杖を持つことから聖ヤコブであると訂正を施した。一方で回答の中で聖シモン，聖フランチェスコ，聖ボナヴェントゥーラとされた聖人像の同定については，疑問を差し挟んでいないのである[23)]。

しかしながら，後ほど詳しく検討するが，当該の聖人像は，シニョレッリの他作品における聖ボナヴェントゥーラ像とは明らかに表現が異なり，それよりも聖ヒエロニムス像に近しいものと言える。加えて，アンセルミは前述の1810年の回答における聖人像の同定に従っていると言えるのだが，その回答者は巡礼杖を持った典型的な聖ヤコブ像を，ユダと同定している事から察するに，聖人の図像表現をあまり考慮しない上で同定を行っていたと考えられる。当該の聖人像を聖ボナヴェントゥーラと記したのも，《フィリッピーニ祭壇画》が据えられていた祭壇の隣に，おそらく1746年頃から設置されていた，当該の聖人像と同じく枢機卿の服をまとっている聖ボナヴェントゥーラの彫像（図３，資料１参照）がその同定に影響したからであろう。いずれにしても，シニョレッリの聖ボナヴェントゥーラ像の表現と比較すれば，当該の聖人像が聖ボナヴェントゥーラではないことが明らかになる。

さて他作品を見直すと，シニョレッリは聖ボナヴェントゥーラを，司教冠を被り，フランチェスコ会の僧服にマント型の外衣をまとい，写本を持った姿で描いていることが見受けられる。写本は自らの著作『生命の樹』を表し，そこには磔刑の十字架から左右にメダイヨンのように枝が分かれ出て，キリストの系譜が描かれている。例えばヴォルテッラのサン・フランチェスコ教会の主祭壇画の為の《ベッラドンナ祭壇画》（図４）の聖母の左下に座る聖人像がそれにあたる。

聖人の図像類型に関するジョージ・カフタルの研究では，マルケやウンブリアを含む中部イタリアでの聖ボナヴェントゥーラ像についてその特徴が抽

図3　ロレンツォ・ボッシ《バニョレージョの聖ボナヴェントゥーラ》1746年頃
漆喰仕上げ，全身約200cm，アルチェヴィア，サン・フランチェスコ教会

出されているが[24]，このうち，フランチェスコ修道会の僧服にマント型の外衣を着て司教冠を被っていること，生命の樹を指す写本を持ち，司教杖を持たず，足元に枢機卿帽が描かれていることが《ベッラドンナ祭壇画》の当該の聖人像と合致する為，この聖人像が聖ボナヴェントゥーラであると見なすことができるのである。

加えて，《ベッラドンナ祭壇画》における，聖ボナヴェントゥーラの右隣に描かれた聖人は，枢機卿の服をまとい，《フィリッピーニ祭壇画》の当該の聖人像と類似しているが，聖ヒエロニムスであると同定されている[25]。《フィリッピーニ祭壇画》で目立つ，聖人の足元に置かれる枢機卿帽は，《ベッラドンナ祭壇画》の，聖ヒエロニムスの足元にも描かれている。

コルトーナのジェズ教会から発見され，現在同市の司教区博物館に所蔵さ

図4　ルカ・シニョレッリ《洗礼者ヨハネと聖フランチェスコ，聖ボナヴェントゥーラ，聖ペテロ，聖ヒエロニムス，福者ゲラルド・ディ・ヴィッラマーニャと二人の天使を伴った聖母子》1491年
板に油彩，302×233cm，ヴォルテッラ，市立絵画館

れている板絵（図5）にも前述したような，フランチェスコ会の僧服に司教冠を被り，『生命の樹』の写本を持つ聖ボナヴェントゥーラ像が描かれているが，シニョレッリの真作か工房作か帰属が揺れており，1509年から1511年と制作年代も揺れている作例である[26)]。しかしこの作例から，《フィリッピーニ祭壇画》の制作年と近い年代に，少なくともシニョレッリ周辺の画家においても，前述のような司教の出で立ちで，生命の樹の図像を持つボナヴェントゥーラ像が描かれていたことが理解される。

こうした聖ボナヴェントゥーラを描くその他のウンブリアの画家の作例に

図５　ルカ・シニョレッリ工房（？）《聖フランチェスコ，トゥールーズの聖ルイ，聖ボナヴェントゥーラとパドヴァの聖アントニオを伴った聖母子》1509-11年頃
板に油彩，コルトーナ，司教区美術館

は，ウンブリア南部のアメーリア出身のピエルマッテオ・ダメーリアの祭壇画（図６）があげられる。この祭壇画は1482年のシクストゥス４世による聖ボナヴェントゥーラの列聖に際し，その記念として翌年にテルニのフランチェスコ教会の主祭壇画として描かれたものである。こちらでもフランチェスコ修道会の僧服の上に外衣を着て足元に枢機卿帽を置き，さらには熾天使的博士（ドクトル・セラフィクス）の名にちなんだ，セラフィムの意匠を施したマントをはおっている[27]。

以上，シニョレッリとウンブリアの画家による聖ボナヴェントゥーラ像の表現を見てきたが，このことから枢機卿姿の聖ボナヴェントゥーラ像は当時

図6　ピエルマッテオ・ダメーリア《フランチェスカーニ祭壇画》1483-1485年
板にテンペラ，393×332cm，テルニ，アウレリオ・デ・フェリーチェ近現代美術館

例外的であり，従来考えられてきたように当該の聖人像が聖ボナヴェントゥーラであるという同定は，成立しないと考えられる。

ここでアルチェヴィアのサン・フランチェスコ教会内部俯瞰図（資料1）を参照されたい。アンセルミは，《フィリッピーニ祭壇画》の当該の聖人像の同定に，中央パネルの接収の後に，その代わりに新しく祭壇に設置された，聖ボナヴェントゥーラの板絵（図2）との関係を反映させていた。しかしながら，サン・フランチェスコ教会の内部装飾を見直すと，1811年の主祭壇画の接収後，なぜこの聖ボナヴェントゥーラの板絵が置かれたのかという理由が改めて窺えるのである。

すなわちこの板絵が設置された祭壇の隣には，板絵と同じく枢機卿の服をまとった聖ボナヴェントゥーラの彫像が，1746年頃の教会の改装の時から既に設置されていたのであり，隣の彫像に倣って，祭壇に聖ボナヴェントゥーラの板絵が設置されたのではないか，と考えられるのである。つまりこの聖ボナヴェントゥーラの板絵はアンセルミが見込んでいたように，16世紀のフィリッピーニ家の記憶を引き継ぐものではなく，それ以降の時代のサン・フランチェスコ教会側の意向を反映している可能性の方がより高いように考えられるのだ。

サン・フランチェスコ教会は，この地を襲った地震を機に，1746年までには内装を改修したのだが，この時に教会にあまりにも多すぎた市民の祭壇が，数多く撤去されたことを，現在のアルチェヴィアの郷土史家サンティーニは伝えている。この改装を機に解体されたフィリッピーニ家の祭壇もその内の一つと言えよう。氏族の祭壇の撤去後には，教会内部は，教会に所縁のある聖人たちの彫像や祭壇で装飾された（資料１）[28]。

とりわけ聖人の彫像の下部にはラテン語による銘文が与えられた。これは聖人がサン・フランチェスコ教会にどのようなゆかりをもっているかをそれぞれ説明している。聖ボナヴェントゥーラの彫像の場合，次の様な銘文が下部にある。

> 熾天使的教会博士にして，司教枢機卿であるところの聖ボナヴェントゥーラ。
>
> このフランチェスコ修道会の総長からこの神聖な寺院は，教皇勅書においてクレメンス四世の同意を得た，彼の誓願によって，かつて批難された権利を承認された。
>
> S.Bonaventura/ seraphicus ecclesiae doctor/ episcopus cardinalis/ quo minoriticum ordinem moderante/ sacrae huius aedis Jura/ olim oppugnata/ votis eius annuente P.P. Clemente IV/ pontificio diplomate/confirmantur [29]

つまりサン・フランチェスコ教会の権利は一度問題にされたが，聖ボナヴェントゥーラの働きかけにより，教皇クレメンス４世の勅書をもって，その権利が承認されたことを伝えている。

サンティーニによれば，クレメンス４世が1266年２月24日の勅書をもって，サン・フランチェスコ教会において奇跡の施しや，鐘を鳴らすことや，この教会に埋葬されたいと望む人に対して葬儀を行うことを禁じたというセニガッリア人の聖職者の通達を撤回した。この勅書が発行された当時既にボナヴェントゥーラはフランチェスコ修道会の総長であり，この出来事に関与した可能性は高く，銘文はこの事を伝えていると考えられる[30)]。

以上のように，聖ボナヴェントゥーラはフィリッピーニ家に所縁のある聖人ではなく，むしろサン・フランチェスコ教会に所縁のある聖人であり，故に教会内部の祭壇画や彫像に表されたと言える。シニョレッリの図像表現の面からも，当該の聖人像は聖ボナヴェントゥーラよりは聖ヒエロニムスに近しいことが裏付けられるのである。

結びにかえて――学識者としての聖ヒエロニムス像

これまで《フィリッピーニ祭壇画》の聖ボナヴェントゥーラと考えられてきた聖人像が，むしろ聖ヒエロニムス像であると同定される可能性について述べてきた。先行研究における聖ボナヴェントゥーラ像との混同の経緯と，シニョレッリの両聖人像の図像表現を踏まえれば，この指摘は蓋然性が高いといえるだろう。しかしながら，何故本祭壇画において聖ヒエロニムスが描かれる必要があったのだろうか。

例えば13世紀に著され，中世以降西洋に広く流布した聖人伝『黄金伝説』等において，聖書をヘブライ語やギリシャ語からラテン語へと翻訳したと伝えられる聖ヒエロニムスが，公証人を生業としていた注文主ジャコモ・ディ・シモーネ・フィリッピーニによって，特別の敬意を捧げられた聖人であり，《フィリッピーニ祭壇画》に描かれたことは，可能性の１つとして考えられるだろう[31)]。本章は結びに代えて，シニョレッリの聖ヒエロニムスの表現を追い，《フィリッピーニ祭壇画》における聖ヒエロニムスの翻訳家ある

図７　ドメニコ・ギルランダイオ《書斎の聖ヒエロニムス》1480年
フレスコ，184×119cm，フィレンツェ，オニッサンティ教会

いは学識者としての面に焦点が当てられている可能性について探りたい。

まず同時代の聖ヒエロニムスの図像には大別して，２つの類型がある。その１つは，苦行生活で痩せこけた上半身を見せ，片手に石を持ち自らの胸を打つ「改悛の聖ヒエロニムス」という図像である。これはシリアの砂漠で隠遁生活を送った逸話からきている[32]。

２つ目はボッティチェリとの競作として著名な，ギルランダイオによる作例のように（図７），書斎で書物に向かう枢機卿の格好の聖ヒエロニムスを描いた「書斎の聖ヒエロニムス」であり，聖書と聖典の研究および翻訳を行った聖人の知的活動面を強調した図像である[33]。

図８　ルカ・シニョレッリ《教会博士》1499年
フレスコ，オルヴィエート大聖堂，サン・ブリツィオ礼拝堂

パオルッチは前述の《ベッラドンナ祭壇画》（図４）の聖母の右下に座る，枢機卿の格好をし，書物に向かう単体の聖ヒエロニムス像に，ギルランダイオのヒエロニムスの影響を看取している[34]。このような聖ヒエロニムス像は《ベッラドンナ祭壇画》のみでなく，早くはロレートのサンタ・マリア教会の聖ヨハネ聖具室のヴォールト装飾（1484-87年，ロレート，サンタ・マリア教会），オルヴィエート大聖堂のサン・ブリツィオ礼拝堂のヴォールト装飾（図８）にも描かれている。

シニョレッリの描く枢機卿姿で書物を抱えた聖ヒエロニムス像も，書斎にこそ描かれてはいないものの，聖書の翻訳家であり教会博士でもあった，学識者としての聖人の側面を伝える図像であったと考えられる。聖ヒエロニムスは1295年に教会博士の称号が与えられたのであるが，その聖人が《ベッラドンナ祭壇画》（図４）において，同じく自らの著作へ向かう聖ボナヴェントゥーラと対になって描かれることで，この祭壇画は，フランチェスコ修道会の学者主義を巧妙に強調しているとヘンリーは述べている[35)]。加えて，実際ロレート，オルヴィエートの教会の作例は，四大教父あるいは教会博士として他の聖人たちと共に描かれていることからも，この事は裏付けられるだろう。

さてこれまで取り上げたシニョレッリの聖ヒエロニムス像は，枢機卿の服をまとい，膝に置いた書物に目を落とすといったほぼ同じ姿をしていたのだが，《フィリッピーニ祭壇画》では，書物を膝に抱えてはいるものの，それから目を離し，聖母子を見上げるように描かれているのである。つまり，これまでの学識者としての聖ヒエロニムス像を繰り返しているのではなく，聖母子との関係の中で聖人を描きだそうとする意図が《フィリッピーニ祭壇画》からは汲みとれるのである。その工夫は，おそらく玉座の銘文に記されていたように，父なる神と聖母とともに，聖ヒエロニムスにも篤い信仰と敬意とを捧げていたであろう注文主フィリッピーニの意向に適うものであったと思われる。

《フィリッピーニ祭壇画》は各時代の様々な介入によって，あるべき場所から離散する命運を辿ったのであり，まさにそのことが先行研究においては障壁となって，本稿で紹介したような誤読の事例が生じたと言えよう。本祭壇画をこうした命運の下に晒した，ナポレオンの時代においては，美術館たる場所が本来の居場所たる教会から剥奪した祭壇画を収める場でもあった。その行為がどのような功罪を生んだのかを，《フィリッピーニ祭壇画》の歴史は，我々に改めて考えさせるのである。

注

1)　当時の所有者が板絵の裏に次のように記録している。「ルカ・シニョレッリ。フィレンツェのステーファノ・バルディーニから購入，1886年10月。彼はそれをアルチェヴィアの（ロマーニャにある）教会から入手した」J.A. Crowe, G.B. Cavalcaselle, *A History of Painting in Italy*, v, London, 1914, pp. 105-10, n.1.

2） 森結「ルカ・シニョレッリの装飾的傾向に関する一試論——アルチェヴィア，サン・フランチェスコ教会の為の《フィリッピーニ祭壇画》を中心に——」『デアルテ』32号，九州藝術学会，2016年，43-62頁。

3） 銘文の〔〕内の補填は，チェチリア・マルテッツリによる。Claudia Caldari〔a cura di〕, *Luca Signorelli: La Pala di Arcevia e I Capolavori di San Medardo. 1508-2008*, Milano, 2008, Cat.2., p.40.

4） Tom Henry, *The Life and Art of Luca Signorelli*, New Haven, 2012, p.246, n.102.

5） Anselmo Anselmi, "Il ritrovamento della tavola dipinta in Arcevia da Luca Signorelli", *Archivio storico dell'arte*, V, 1892, pp.202-208.

6） Stella Matalon, Franco Russoli, *Pinacoteca di Brera Catalogo*, Milano, 1977, p. 107.

7） ジョヴァンニ・サンティはラファエッロ・サンティの父であり，ウルビーノのフェデリコ・ダ・モンテフェルトロの宮廷で詩人兼画家として仕えていた。『韻文年代記（*Cronaca rimata*）』は，主君であるフェデリコに捧げられた著作である。

8） パオルッチ，『シニョレッリ—神聖な構図と運動の表現』芳野明訳，東京書籍，1995年，３頁。

9） シニョレッリがピエロの弟子であったことについては，同じくピエロの弟子であり，数学者であったルカ・パチョーリ（1445-1517）の著作『算術，幾何，比および比例に関する大全』（1494）において言及されており，疑う余地のない事実とされている。

10） Henry, *Op.cit.*, pp.30-32.

11） ジョルジョ・ヴァザーリ『続・ルネサンス画人伝』平川祐弘訳，白水社，195頁。

12） Christiane Denker Nesselrath, "Rocca Contrada- La città di Gherardo Cibo", Arnold Nesselrath (a cura di), *Gherardo Cibo alias Ulisse Severino da Cingoli.*, Firenze, 1989, pp.60-62.

13） 教会の改装をボッシへ依頼した，当時のサン・フランチェスコ修道院の修道院長，セラフィーノ・パンニは1747年にローマのドーディチ・アポストリ修道院に異動している。このためサンティーニはその前年に改装が完了したと見ている。Paolo Santini, *Arcevia: nuovo itinerario nella storia e nell' arte*, Arcevia, 2005, p.280.

14） Anselmi, *Op.cit.*, 1892., p.206.

15） *Ibid.*, p.204.

16）Stella Matalon, Franco Russoli, *Op.cit.*, p.9.

17）Anselmi, *Op.cit.*, 1892., pp.204-205.

18）玉座の上の刳り型には，LUC〔A〕S SIGNORE/LL〔I DE〕CO〔R〕TONA；コルトーナのルカ・シニョレッリと署名されている。〔〕内の補填はチェチリア・マルテッリによる。Caldari, *op.cit.*, p.40.

19）フィリッピーニ家の子孫が保持した《フィリッピーニ祭壇画》のルネッタとプレデッラなど，中央パネル以外の部分は，後にローマの古物商のドメニコ・コルヴィジエーリに売却され，様々な場所へ散逸した。ルネッタについては先に述べた通りであるが，ローレンス・カンターなどは，アルテンブルクにある「キリストの受難」を描いた５つの板絵（1508年，アルテンブルク，リンデナウ美術館）を本祭壇画のプレデッラと推定している。最初に主張したのはマリオ・サルミであり，これに根拠を付け加えたのがカンターであった。Mario Salmi, *Luca Signorelli*, Novara, 1953, p.64; Laurence Kanter, *The Late Works of Luca Signorelli and His Followers, 1498-1559*, doctoral thesis, New York, 1989, pp.171-176. また近年では《聖ヤコブとロタリンギアの２人の巡礼者》（1508年，ブタペスト国立西洋美術館）が本祭壇画のゾッコロであったと主張されている。David Ekserdjian（ed.）, *Treasures from Budapest*, London, 2010, Cat.35, p.235.

20）Stella Matalon, Franco Russoli, *Op.cit.*, p.107.

21）Anselmi, "Ricerca di una tavola sconosciuta dipinta in Arcevia da Luca Signorelli", *Nuova Rivista Misena*, Ⅲ, 1890, p.120.

22）*Ibid.*, p.121.

23）Anselmi, *Op.cit.*, 1892, p.203.

24）George Kaftal, *Iconography of the Saints in Central and South Italian Painting*, Firenze, 1986, p.228.

25）《ベッラドンナ祭壇画》に関しては次を参照。Henry, *Op.cit.*, pp.111-115.

26）研究者間では《サン・メダルドの祭壇画》（1507）の聖母子像，《十二使徒の聖体拝領》（1512，コルトーナ，司教区博物館）の使徒像と本作品との関連から，制作年を1509-11年頃と定めている。カンターは，本板絵の聖人が皆フランチェスコ会出身の者であることから，シニョレッリが孫の貢納金としてコルトーナのサン・フランチェスコ修道院へ贈ったものではないかと見ている。Anna Maria Maetzke（a cura di）, *Il museo diocesano di Cortona*, Firenze, 1992, p.122.

27）Vittoria Garibaldi, Francesco Federico Mancini（a cura di）, *Piermatteo d'Amelia e il rinascimento nell'Umbria meridionale*, Milano, 2009, pp.150-157.

28） Santini, *Op.cit.*,p.280.

29） *Ibid.*, p.283.

30） *Ibid.*, p.276.

31） ヤコブス・デ・ウォラギネ『黄金伝説』，2巻，前田敬作，山中知子訳，人文書院，1987年，13-25頁。

32） その逸話については，同書，16-17頁を参照。

33） ルネサンスにおける聖ヒエロニムス図像については次の文献を参照。
George Kaftal, *Iconography of the Saints in Tuscan Painting*, Firenze, 1986; 小佐野重利「デトロイトの《書斎の聖ヒエロニムス》をめぐる心性史および受容史的な考察」『西洋美術研究』No.1，三元社，1999年，8-32頁。

34） パオルッチ，前掲書，16-18頁。

35） Henry, *Op.cit.*, p.112.

牛島憲之と二人の画家
——坂本繁二郎，ジョルジュ・スーラに通底するもの——

荻野絢美

牛島憲之（1900～1997）は，熊本県に生まれ，東京で活動した洋画家である。彼の画業のほとんどは風景画が占めているため，風景画家として知られている。1946年に日展で特選を受賞するも，日展を離れ，最たる発表の場を自らも設立メンバーの一人である立軌会に移した。この立軌会は公募制を排した，会員制による発表の場である。こうした一面から画壇的評価を求めなかったといわれる牛島であるが，1983年には文化勲章を受章していることが示すように，生前から評価の高かった画家でもある。没後もいくつかの大規模な個展が開かれ，美術評論家や学芸員による批評や研究がなされている。

その牛島が，憧れていたと自ら公言していた二人の画家がいる。坂本繁二郎（1882～1969）と，ジョルジュ・スーラ（1859～1891）である。坂本は福岡県出身の洋画家であり，二科展を中心に活躍した。渡欧し帰国後は八女（やめ）にアトリエを構え，牛や馬，能面などの静物，月や雲などを描いた。1956年には文化勲章を受章している。ジョルジュ・スーラはフランスの新印象派の画家であり，色の視覚混合理論を推し進めた点描の技法でよく知られている。この両者はしばしば評論において牛島を語る際，引き合いに出されてきた。しかし牛島が彼らの何に憧れ，何を取り入れようとしたのか，相互の作品を比較することから造形的な分析を試みた例は未だ無い。筆者は，牛島が坂本とスーラから何を学んだのかを読み解くことを通して，牛島憲之研究に新たな視点を提示できればと考えている。

本論は筆者が岡山大学大学院教育学研究科修士課程在学中に著した修士論文の一部を抜粋，再構成したものである。牛島を研究するに至った動機は，彼の絵をはじめて目にしたとき覚えた風景画としての「違和感」にあった。修士論文ではこのほかにも複数の画家を引き合いに出し，牛島の絵の個性を相対化する作業からこの「違和感」の正体を明らかにすることを目指した。本論では牛島自身の発言，またこれまでに評論などで述べられてきた内容を中心に検討することを通して，この「違和感」の正体を明らかにすることを試みる。

まず，牛島が坂本とスーラへの憧れについて語っているのが，1990年，牛島と世田谷美術館館長である大島清次，フジカワ画廊創業者である美津島徳蔵との間で設けられた，「牛島憲之展特別座談会　飄々と，浮世の夢を辿る道」（『新美術新聞』，560号，美術年鑑社，1990年２月11日に掲載）においてである。少々長くなるが，座談会形式であるため要約が難しく，以下に引用する。

大　島　「1920年代後半，先程の「芝居」や「春爛漫」などの頃は人物を主題にした作品が非常に多いですね。このへんでは印象派の点描などは多少意識にございましたか。」

牛　島　「そうですね，このへんはやっぱりスーラあたりも好きでございました。」

大　島　「印象派でもスーラになりますと，単なる点描ではなくて，点描のなかに精神をこめている気がします。スーラというお言葉はとっても私には理解しやすいですね。」

牛　島　「やはり私が憧れたのは坂本繁二郎先生とスーラと，その二人でしょうね。とくにスーラは「グランドジャッド島の日曜日の午後」という作品が……。」

美津島　「これはわかりますね。牛島先生に通じているものが。」

牛　島　「私はぜんぜん日本から出たことがないんです。」

大　島　「わかります。坂本先生と同じように，スーラと会わずにスーラの精神をとっていたわけですね。スーラが絵にものすごい時間をかけた点もご一緒ですね。」

牛　島　「そうでしょうね。私は絵を描くのに長くかかってかかってしょうがありません。」

大　島　「やっぱりあれはスーラの構図にひかれるんでしょうか？」

牛　島　「そういう構図なんです！　色はわかりませんが。色より構図です。私は。」

大　島「なるほどね。だんだんわかってきました。」

牛島はここでは自身が憧れた画家として坂本繁二郎とスーラの二人の名を挙げているが，スーラへの直接の言及が見られるのは，筆者の確認できた範囲ではこの座談会のみである。それに比べて坂本繁二郎への私淑の公言は繰り返し行われている。例えば1969年，雑誌『三彩』に掲載されたエッセイの中で，「少年の頃から坂本繁二郎先生が好きでしたが，これは友達のところで色刷りを見て作者は誰とも知らず好きになり，後にそれが坂本先生の「魚をもって来てくれた女」だったことがわかりました。そのほかに特に影響を受けたと思う人はおりません。私は私なりの道を歩いて来たように思われます。」[1)]と語っている。つまり牛島は1990年の発言によって，1969年の自身の発言を塗り替えている。この理由は，単に坂本繁二郎への憧れがスーラへのそれを上回っていたためとも考えられるが，1969年の段階では意図的にスーラの名前を伏せた可能性も否定できない。画家はしばしば，自身に多大な影響を与え，現在も自身がその影響下にあると思われる画家からの影響を否定したがる傾向にあるからである。とはいえ，牛島の発言の変遷の意図を辿ることが本論の目的ではないため，この問題の追究はまたの機会とする。牛島が坂本やスーラの何に憧れていたのかに筆者が注目するのは，上記のように，明快に牛島が両者への憧れを公言しているにも関わらず，両者と牛島の表現の関係性を本格的に論じたものが見当たらないことに依っている。

そこでまず，牛島と坂本の表現の関係性を，両者について述べた先例の検討と，作品の造形的な分析を通して読み解いていく。牛島自身は，坂本に惹かれる理由を次のように語っていた。「私は坂本先生の絵が理屈抜きに好きである。子供のころ，その良さを知り，それが次第に深くなって，現在までずっと惹かれている。ずっと尊敬しつづけている。なんでもないようなものを題材として取り上げて，それを一心に絵にして行く真摯な姿勢に惹かれるのかもしれない。とにかく計り知れない作家である。」[2)]。なお美術評論家の河北倫明は，坂本が画面を能の舞台と考えて制作してきたという坂本自身の発言を引きながら，それと牛島の歌舞伎への関心を対応させて述べている。牛島が画面を歌舞伎の舞台と見立て，役者であるモチーフを配置することで画面に動きや形を作ろうとしていると分析している[3)]。

例えば牛島の《まるいタンク》（1957年作・熊本県立美術館蔵）などを見ると，樹木は実際のそれより明らかに枝数が削がれ，画面にリズムを与える揺らめく線としての役割を強調されており，どこか擬人化されているような印象を受ける。まるいタンクが比較的人工的で不動の印象を持ち合わせていることもあり，動の役者と静の役者とが共演し，造形によるドラマを演じているかのような作品になっている。坂本には能面を題材にした作品もあり，描かれたモチーフが人間的な生命を持っているかのような印象を受けることがある。方形という限定された画面の中にいくつかのモチーフが緊張感を持って配置されていることから，役者であるモチーフが画面という舞台の中で演じる様を連想させても不思議ではない。河北のこの分析には共感するところがある。

両者の作品の分析をさらに進めていく。例として，牛島の《夕月》（1973）と，坂本晩年の作品《雲上の月》（1965）を取り上げる。《夕月》のように月と雲のみを画面に収めた構図には，坂本を連想させるところがある。河北も前出の評論において「最近は，時としてポーッと不定形の白雲が浮かんだ空などを画中に取りこむこともある。これはそのまま坂本繁二郎の晩期の作境を連想させるところもあるが，牛島のそれはさらに和やかで，静謐で，懐かしい詩感が澄んでいる。」[4)]と書いている。坂本は1969年に亡くなっている。本作の他，1970年代に制作された白い雲や白い月の登場する作品群は，そのまま牛島の坂本への憧れを表しているようでもある。ただし，この両作品は，両者の風景を見つめる眼差しに決定的な違いがあることを表してもいる。図版を白黒で見ると，牛島の絵については原色図版と比べても形態や構図の印象がほとんど変わらないのに対して，坂本の絵ではところどころ明暗の印象が，構図上単調に思える部分が出てくるのである。これはすなわち，牛島が基本的に明暗の変化で形態を捉え，モチーフそのものの形態の配置のバランスで構図を作っていることに対して，坂本の作品では色相や彩度の要素，また時にモチーフの形態から独立した色面が構図に影響を及ぼしていることを表している。牛島が坂本に深い影響を受けながらも，あくまで自分の道を歩いて来たと評価されるのは，牛島の持つ風景を独自の形態で捉え，構成する方法に由来すると考えられる。このように牛島の個性を決定付けるのはまず，その形態と構図なのである。

続いて，牛島の《積わら》(1962年作・東京都現代美術館蔵）と，坂本の《箱》(1959年作・八女市蔵）を比較してみる。坂本の《箱》は，画面中央に集めた３つの箱を，やや俯瞰した構図で描いた作品である。箱の周囲の空間には何も描かれていないため，箱が置かれている具体的な状況は判然としない。牛島の風景と，坂本の静物というモチーフの違いはあるが，その構図法には共通性が感じられる。両者は，モチーフを周囲の雑多なものから切り離して

牛島憲之《積わら》(1962)　油彩，キャンバス　東京都現代美術館所蔵

選び出し，それを状況の説明が曖昧で茫洋とした空間に配置している。鑑賞者にとっては，周囲に大きさを測るものさしがなく，モチーフを日常の文脈に存在するものとしては捉えにくい。このようにすることで，ものが持っている存在感と，その存在そのものの唐突さを鑑賞者に無意識のうちに伝達するような作品となっている。牛島の作品では電柱を取り囲む積わらの輪郭線に付けられている深い陰影が，モチーフを周囲の空間から孤立しているように感じさせる効果を挙げている。

坂本繁二郎の作品に対して，哲学者である谷川徹三は次のように述べたことがある。

> 「一つ，二つ，せいぜい数個の組み合わせで，どことも知れぬ空間に，わびしく，ひっそりと，つつましく置かれている。しかしその空間の深さ。その空間の深さはその深さによってたしかに大宇宙の空間に通じている。そしてそこに，わびしく，ひっそりと，つつましく置かれているその俎板も，庖丁も，鍋も，瓦も，卵も，豆腐も，砥石も，その大宇宙の中に確かに一つの位置を確保している存在として，われわれに対する。そのような存在の，そのような存在として在るという，最も自明にして最も不可解な事実を，一個の画面の中に端的に感ぜしめる点において，現代，坂本さんに比ぶべき人を私は知らない。坂本さんはいわば形而上学的画家である。」[5]。

形而上学とは一般に，「形より上のもの」，すなわち形を持たず目に見えない自然を超越した存在や世界，また「形而下」という日常の世界に属するものの存在の根拠や神秘を追究しようとする哲学とされている[6]。つまり谷川は坂本を，ものの存在そのものの神秘に迫るような，哲学的な絵を描いた画家として評価しているのである。この谷川の一説に対し，坂本自身が「…(前略)…率直にいって，自分を理解してくれる友を得た気持ちでした。」[7]と後に書いていることからも，これは坂本にとって的外れな批評ではなかった。

谷川が用いたこの「形而上学的画家」という言葉とすぐに結び付けることはできないが，かつて牛島の絵が「形而上絵画」という形で注目されたことがあったという。それは1953年，第２回サンパウロ・ビエンナーレの際のことである。牛島は日本代表のうちの一人として，《午後（タンク）》（府中市美術館蔵），《早春》（東京藝術大学大学美術館蔵），《麦を刈る》，《貝を焼く工場》（府中市美術館蔵）（すべて1952年作）を出品している[8]。以下は牛島の没後，立軌会の画家が出席した座談会の記録の一部引用である[9]。中谷とは中谷貞彦，桝田とは桝田達雄である。

中　谷　「サンパウロのビエンナーレに出されたことがありますね。」
桝　田　「あれは美校の先生になられたころだったですから，53～４年ぐらいじゃないですかね。インドの国際展にも行ったり。「煙突」が行ったんだと思いますけどね。向こうで形而上絵画だという形で注目されて。」
中　谷　「ビエンナーレで。」
桝　田　「そう。向こうの記事にそう載ったらしいんです。「桝田さん，形而上って何ですか」って聞かれて，私のほうがわからなくて困っちゃった。（笑）それでイタリアのシローニやモランディの仕事とお話すると少し納得なさったようでした。」
中　谷　「非常に穿った評価ですね，形而上というのは。」

「形而上絵画」とは，デ・キリコとカルロ・カッラが1917年に提唱し，「具体的な形象を描きながら，その非現実的な空間や，組合わせなどにより，神秘的・非日常的効果をねらい」[10]描かれた絵画である。1950年代に牛島が新たに取り入れた人工建造物というモチーフ，同じ形態の繰り返しや深い陰影がもたらす非日常的な印象がそう感じさせたのだろう。デ・キリコらが目指したのは，「形而下」の具体的な事物を，存在することの不思議さや神秘的で非日常的な感覚を呼び起こすような造形的手法で描き，本来は形を持たない「形而上」の世界を暗示することである。この造形的手法のうち代表的なものが，明快な輪郭線，形式的な陰影や穴などの暗部の描写，意外なモチーフの取り合わせ，矛盾した遠近法などによる空間の曖昧さである。「形而上って何ですか」という牛島の発言から，牛島が形而上絵画の手法を意識的に取り入れた可能性は低い。しかし1950年代以降の牛島の作品には，矛盾した遠近法こそみられないが，先に示した形而上絵画の造形的手法に類する表現が確認でき，それがサンパウロ・ビエンナーレでの評価につながったと解釈される。また，坂本がモチーフを見つめながら，モチーフそのものの存在の秘密に迫り，それを表現するような絵を描き「形而上学的」と評価されたことと，デ・キリコらの「形而上絵画」とは，表現の生まれる過程や方法は違えど，同じ性質を共有する一面があるといえる。牛島の作品について，坂本の構図法との共通性を先に述べた。そうした構図法や形態を縁取る深い陰影の効果として，モチーフの存在に対し鑑賞者が抱く感覚は，坂本やデ・キリコらの絵における「形而上」の世界を垣間見るかのような感覚に近いのではないかと考えることができる。

また，形而上絵画の文脈で語られることの多いジョルジョ・モランディ（1890～1964）と，坂本の作品との間には，すでに複数の批評家が共通性を見出している。例えば谷川は先に挙げた自身の一説をのちに振り返り，「私は坂本さんを形而上学的画家だと思っているが，その手法においても極めて独自で，日本にも西洋にも，こういう画家の存在をほかに知らない。強いて挙げれば，最近日本でも少し知られて来たイタリアのジョルジオ・モランディくらいであろう。」[11]と述べている。モランディの静物画には，複数のモチーフを重ねる，輪郭線を揃える，または静物の置かれている机等の水平線を歪めて描くなどの，状況の説明やモチーフ同士の位置関係をあえて不明瞭にするような表現が見受けられる。これには坂本の《箱》と牛島の《積わら》に共通する表現効果として先に述べてきたように，モチーフを意外性のあるものとして鑑賞者に受け止めさせ，その存在自体を不思議なものとして感じさせるような効果がある。つまり牛島が憧れた坂本は，ものの存在の不思議を描くという点で形而上学的な画家であり，その作品はモランディらの目指した形而上絵画に類する性格を持っている。そして坂本やモランディの作品から形而上性を感じる由来となっている造形手法が，牛島の作品についても確認できる。

続いて，牛島とスーラの作品を検討したい。はじめに引用した座談会での発言から，牛島がスーラの作品の中でも特に《グランド・ジャット島の日曜日の午後》（1884～1886年作，シカゴ美術館蔵）を好んでいたことがわかる。牛島の《五月の水門》（1950年作・群馬県立近代美術館蔵）に加えられた，ほとんどシルエットで処理された横向きの人物像は，そのまま《グランド・ジャット島の日曜日の午後》の画面手前右側にいる人物の表現を連想させるところがある。美術評論家の土方定一は，「（前略）…この作家の画面の単純で大きなコンポジションと，静謐な，そして人間的な画面」[12)]について，スーラとの一致を見ている。《五月の水門》がそうであるように，牛島は建造物等のシルエットや水平線・垂直線が美しく現れるように，モチーフをほとんど「正面」から眺めて捉える傾向がある。またスーラ同様，形態を画面を構成する要素と考えて単純化し，水平線と垂直線によって静かな画面を組み立てる方法を取っている。牛島は先の座談会で，スーラの構図にひかれるのかという大島の問いに対し，「そういう構図なんです！ 色はわかりませんが。色より構図です。私は。」と答えているため，構図についてはスーラから学ぶところが大きかったと自覚しているようである。

しかし，形態の単純化について，牛島とスーラのそれには幾分異なる面がある。スーラは《グランド・ジャット島の日曜日の午後》の他，油彩のための習作として多数のコンテ・クレヨンによる素描を残している。これらのうち多くは，人物であれば頭部が球，胴体が三角錐，脚部が角柱といったように，大きく幾何形体に形態を還元するような単純化によって描かれている。そして陰影の変化によって形態のボリュームを表し，背景からモチーフを浮かび上がらせるように描き，輪郭線をあまり用いないという特徴がある。一方で《森》（1969）のための牛島の素描（府中市美術館蔵）などを見ると，牛島はまず形態を輪郭線で大きく捉えた後，その内側に陰影を施すことで，形態のボリュームを表していることが分かる。白紙にまず輪郭線から形態を捉えていくという作業は，陰影の描写により地道に形態を浮かび上がらせていく作業より，感覚的なものであると考えられる。また牛島の《樹》（1949年作・フジカワ画廊蔵）の中央付近には，樹に体を縛り付けて作業する木こりが描かれているが，足は一本に繋がっており，虫のようにも見える姿をしている。また，《五月の水門》の水門の構造の一部にはうねる曲線が使われている。これらのことから，スーラは幾何形体に基づく形態把握による理知的な単純化を行っているが，牛島は多分に己の感覚に頼り，曲線を用いて形態の単純化を行っていることがわかる。つまり牛島は構図や，構図を整理するための形態の単純化についてスーラから学ぶところが大きかったのではないかと考えられはするものの，あくまで自分の造形感覚に基づく形態の単純化により，そのユニークさを確立していたのである。

スーラの《グランド・ジャット島の日曜日の午後》には，動きをほとんど感じさせないよう巧妙に作られた構図により，日常の風景との結びつきが薄くなり，思いがけず非日常的な印象の強い絵になっているという側面がある。大島清次は「牛島憲之論覚書」の中で，牛島と対談した時の様子について語っている。この評論が掲載されたのは1990年２月号の雑誌『三彩』であり，時期から見て対談とは先に引用した座談会を示していると考えられる。大島はここで，戦後のあるとき電車の中吊り広告で牛島の絵を見たとき，直感的にモネやスーラの作品と似通っていると感じたこと，それを先の座談会で牛島に質問したら，特に《グランド・ジャット島の日曜日の午後》に惹かれ，図版で研究したと返ってきたことについて，なるほどと思った，ということなどを語っている。大島はスーラについて，「…（前略）…言うまでもなく画面の構成および点描的筆触のリズミカルな反復によって，視覚的造形行為を介した一種の形而上学的な思念の凝結に文字通り心血を注いでいた」[13]画家であるとし，そう考えれば牛島がスーラにこだわった理由が納得できるとしている。座談会の引用文のうち，大島が「印象派でもスーラになりますと，単なる点描ではなくて，点描のなかに精神をこめている気がします。」と語っている箇所があるが，この「精神」が，「牛島憲之論覚書」における「一種の形而上学的な思念」を意味していると文脈から読み取れる。この一節は坂本，スーラに通じる要素，また牛島が彼らに感じ取ってきた共通の性質を探るために重要である。この「形而上学的な思念」を，「形而上学的」という言葉が一般的に示している内容から解釈すれば，それは自然を超越した世界や存在，ものの存在の不思議に関するスーラの思想や，関心を示していると考えられる。スーラ自身は，芸術への色彩理論の徹底的な応用を自らの使命のように考えていたところがあり，大島のいう「形而上学的な思念」に相当する内容を自らのテーマとして発言していたのかどうかは不明である。しかし，眼前に広がる風景やそこに点在する人々の姿を，幾何形体，さらに極小の色点に分解し，心理的に距離をとって見つめる姿勢は，スーラに，モチーフを本来そのものが置かれている文脈や意味から切り離させ，観念的なものとして捉えなおさせたのだと想像できる。この姿勢や制作態度，モチーフを見つめる眼差しは，坂本のそれに似通っていると考えられる。

牛島や坂本，スーラの作品に関する評論やその表題にしばしば見られるのが「白昼夢」または「白日夢」という表現である。これは普通に解釈すれば，現実感が希薄であり，夢のような感じがするさまを表した言葉と考えられる。この「白昼夢」的な感じは，坂本の絵では主に，非現実的な色彩表現によって発光しているかのような印象が生まれていることと，周囲の空間の曖昧さによっている。スーラでは光の表現及び形態の単純化と，厳格で静かな構図がその理由になっている。そして牛島の場合は形態の単純化と，取り合わせられたモチーフの唐突さや空間の曖昧さ，揺らぎを感じさせる線の存在などによっている。「形而上絵画」はしばしば夢の中の世界の様子と結び付けて捉えられる。実際デ・キリコは，自らが現実の風景を夢の中のように奇妙に感じた経験から，初期の作品を描くに至ったと告白しているという[14)]。つまりこの「白昼夢」的な感じと，筆者が坂本やスーラについて語ってきた「形而上学的」な要素は結び付いている。というのも，日常の光景を非日常的に感じる経験を突き詰めれば，それは時に存在そのものの神秘に迫るような「形而上学的な」経験でもありうる，と考えられるからである。坂本はそうした経験を絵に表現することを意識して行っていたように思われる。スーラは，点描という描法の持つ特殊性や，彼自身のモチーフに対する心理的な距離のとり方といったプロセスを経て，「白昼夢」のようであり「形而上学的な思念」を形にしたかのような絵画に知らず知らずのうちに至っている感じがある。牛島は坂本やスーラに惹かれる理由についてはっきりとは語っていないが，一見してそれと分かる共通の特徴を持たないこの両者をともに憧れの画家としていることから，この「白昼夢」的雰囲気，また「形而上学的な」様子を，両者に感じ取って惹かれていたのではないかと推測できる。これが本論におけるひとつの結論である。

しかし牛島の絵が坂本やスーラの芸術の成果をそのまま引き継いだ作品であるというのは誤っている。あくまで牛島は自分の眼で風景を見つめ，自分の体験した風景を描いている。牛島は現地にキャンバスを持ち込んで制作することがなく，スケッチをもとにアトリエで制作していた。この制作プロセスにより，モチーフの形態を自分好みに変化させる傾向を強めている。またモチーフの形態の面白さを強調する意図から，風景に固有の状況を説明するという指向が牛島には薄く，風景画でありながら現実の風景との結びつきが弱いという意味で非日常的，観念的な絵に至っている。そして何でもないモチーフを絵にしていくという坂本の極意を，牛島は風景の世界で実行し続けたのである。そのための造形の骨格作りの手段に，スーラの研究が役立ったのだろう。自らの思想を語ったり，文章として記したりすることがあまりなかった牛島は，この両者の絵，また自分の絵を「形而上学的である」などと理解してはいなかっただろう。牛島の言葉を用いれば，「描きたいものを，描きたいように描いている」[15]のである。牛島の作品に対する「形而上絵画」という過去の評価，これだけでは例外的な評価にすぎないだろうが，坂本やスーラの作品に通じる共通項とを考えるとき，牛島憲之はいわば，「無自覚なまま形而上学的境地に至った画家」として評価できると考えられる。

本論はやや印象論にとどまっている感があるため，今後更なる調査・研究が必要となるだろう。しかし牛島を「無自覚なまま形而上学的境地に至った画家」と捉えることで，筆者自身が牛島の絵に対して持った「違和感」と，先行研究において多様に言い表されてきた牛島の作品の個性，それらを言語化する新たな視点を示すことができたと感じている。また自作について余り多くを語らなかった牛島が，坂本繁二郎とスーラについて憧れの画家としてあえて言及していることには，今後も追求の価値があると考えられる。2017年，2020年はそれぞれ牛島の没後20年，生誕120年にあたるため，新たな展覧会や研究の進展が期待される。本論が，牛島憲之の再評価に資するものになれば幸いである。

注

1）牛島憲之著「私の歩いた道」，『三彩』，240号，日本美術出版，1969年２月，p.32

2）牛島憲之著「私の素描」，牛島憲之著『牛島憲之素描集』，朝日新聞社，1981年，奥付より３ページ前

3）河北倫明著「牛島憲之の芸術」，牛島憲之画『牛島憲之画集』，日本経済新聞社，1978年，pp.6-7

4）河北倫明著「牛島憲之の芸術」，牛島憲之画『牛島憲之画集』，日本経済新聞社，1978年，p.9

5）谷川徹三著「坂本さんの繪」，『みづゑ』，536号，美術出版社，1950年６月，pp.62-65

6）相賀徹夫編『日本大百科全書８』，小学館，1986年，「形而上絵画」「形而上学」の項（p.72-73）並びにフランク・B・ギブニー編，『ブリタニカ国際大百科事典６』，テイビーエス・ブリタニカ，1988年，「形而上学」の項（p.393）参照。

7）坂本繁二郎著「私の履歴書」，日本経済新聞社編『私の履歴書』（文化人７），日本経済新聞社，1984年，p.62（日本経済新聞　1969年５月21日号～６月14日号に掲載されたものを収録）

8）長島彩音編「年譜」，味岡義人編『牛島憲之　至高なる静謐　開館30周年記念特別展』，渋谷区立松濤美術館，2011年，p.108を参照。

9） 秋野卓美，五百住乙人，小川イチ，大木英穂，笠井誠一，數野繁夫，柴田賢治郎，須田寿，中谷貞彦，桝田達雄，吉田俊雄らが出席した，座談会「牛島憲之先生を偲んで」を参照。（立軌会編集委員会編『立軌会創立50周年記念展図録』，立軌会，1998年，に掲載。該当箇所は奥付より10ページ前）

10） 益田朋幸・喜多崎親編『岩波西洋美術用語辞典』，岩波書店，2005年，pp.108-109，「形而上絵画」の項

11） 谷川徹三著「坂本さんの繪」，『みづゑ』，536号，美術出版社，1950年6月，pp.62-65

12） 土方定一著「牛島芸術の心象風景の底に」，波多野公介編集発行『アサヒグラフ別冊 '79冬　美術特集　牛島憲之』，朝日新聞社，1979年，p.85

13） 大島清次「牛島憲之論覚書」，『三彩』，509号，三彩社，1990年2月，p.49

14） 峯村敏明著「ヘルメス，それは私だ」，峯村敏明責任編集『デ・キリコ』（アート・ギャラリー　現代世界の美術　17巻），集英社，1986年，p.84

15） 牛島憲之・飯島一次・大木英穂（対談）「創立当時のことなど……」，『立軌会創立45周年記念展図録』，立軌会，1993年，p.6

その他の主な参考文献

安高信一著「坂本繁二郎の絵画についての一考察：戦後作品の色彩表現を中心として」，『文化女子大学紀要．服装学・造形学研究』，32，文化学園大学，2001年1月

今泉篤男本文『牛島憲之画集（第二輯）』，牛島憲之画集刊行会，1972年

牛島憲之著「デッサンの技法　風景デッサン」，『アトリエ』，431号，アルス，1963年1月，pp.78-89

牛島憲之著『日経ポケット・ギャラリー　牛島憲之』，日本経済新聞社，1993年

サラ・カー＝ゴム著・廣田治子訳『スーラ』（岩波　世界の巨匠），岩波書店，1996年

ハーヨ・デュヒティング著『スーラ』（タッシェン・ニューベーシック・アート・シリーズ），TASCHEN，2000年

波多野公介編『アサヒグラフ別冊　美術特集・坂本繁二郎』，朝日新聞社，1982年

※著作権や紙面の都合上，図版を十分に掲載することができなかった。それぞれ以下の画集・図録等で参照することができるので，必要に応じて確認してほしい。

牛島憲之《まるいタンク》熊本県立美術館編『静謐なる風景と叙情―桑野コレクション　牛島憲之展』，熊本県立美術館，2001年，p.44/《夕月》宝木範義監修・府中市美術館・朝日新聞社編『生誕100年記念　牛島憲之展』，朝日新聞社，2000年，p.102/

《積わら》味岡義人編『開館30周年記念特別展　牛島憲之　至高なる静謐』，渋谷区立松濤美術館，2011年，p.75/《午後（タンク）》『生誕100年記念　牛島憲之展』，p.72/《早春》『生誕100年記念　牛島憲之展』，p.63/《麦を刈る》波多野公介編集発行『アサヒグラフ別冊　美術特集・牛島憲之』，朝日新聞社，1979年，図33/《貝を焼く工場》府中市美術館学芸係編『府中市美術館牛島憲之記念館所蔵品目録』，府中市美術館，2002年，p.19/《五月の水門》『生誕100年記念　牛島憲之展』，p.56/《森（素描）》『府中市美術館牛島憲之記念館所蔵品目録』，p.63/《樹》『開館30周年記念特別展　牛島憲之　至高なる静謐』，p.51

坂本繁二郎《雲上の月》森山秀子他編『石橋美術館開館50周年記念　坂本繁二郎展』石橋財団石橋美術館・石橋財団ブリヂストン美術館，2006年，p.155/《箱》『石橋美術館開館50周年記念　坂本繁二郎展』，p.139

ジョルジュ・スーラ《グランド・ジャット島の日曜日の午後》About This Artwork,「シカゴ美術館公式ホームページ」，（http://www.artic.edu/aic/collections/artwork/27992?search_no=1&index=3）（2016年12月24日）

［付記］　本論文の執筆にあたり，大学院修士課程在学中の指導教員であった泉谷淑夫先生にご指導頂いた。ここに感謝申し上げたい。

写真のリアリティ再考
――観賞における時間意識「今」の点から――

江 本 紫 織

序

写真は，現実の出来事や対象を伝える手段として用いられてきた。報道写真は観賞から遠く隔たった場所における出来事の象徴的な場面を伝え，肖像写真は誰もがその人物であると認めるような被写体の姿を示す。このように写真が直接対象を見ることに代わって用いられるのは，写真技術によって描写される像が現実の対象と類似しているためである。更に，これらの根底には，写真が被写体の反射光の記録であることに基づく，写真と現実の因果関係がある。

しかし現在，新たな写真の傾向が生じている。例えば，撮影機能が通信機器に搭載され，気軽に撮影されるようになった。それらの写真はインターネット上で即時的に共有される。また，写真技術の変化によって，写真の加工・修正は専門的な技術を必要としなくなり，容易に利用することができるようになっただけでなく，撮影の対象がより身近で日常的なものへと変わった。勿論，従来の写真と同様に記念や象徴的な場面の記録といった役割も持つが，新たな傾向は，写真を介して認識される現実，つまり写真によって得られるリアリティに何らかの変化を生じさせているように思われる。

そこで，本稿は現在の写真の変化を考慮し，写真のリアリティを再考するために，次のような手順を経ることにする。まず，第1節では写真のリアリティがこれまでどのように論じられてきたのかを確認する。特に従来の，過去の出来事を示す写真が如何にリアリティを伴う観賞を可能にするのかに注目し，現在の写真にも適用可能なリアリティの要因を探る。続く第２節では，現在の写真の傾向を確認し，その特徴として撮影と観賞の空間的隔たりを挙げ，このことが観賞の在り方にどのように作用するかを検討する。これらの考察を踏まえ，第３節ではInstagramを例に，現在の写真によって得られるリアリティの要因とその構造を明らかにする。以上によって写真のリアリティを捉え直し，現在の写真をめぐる状況の根底にある基本構造の一つを明らかにしたい。

１．写真と現実の関係性

写真にリアリティを感じる要因は，写真の生成プロセスや写真の内容，観賞の状況等様々である。そこで本節では，これまで写真のリアリティを論じる手立てとしてどのような議論が参照されてきたのかを概観し，現在の写真におけるリアリティを論じるための出発点にしたい。

私たちは写真に見る対象が実在のものであり，現実の出来事であることを無意識の内に了解している。この要因について，従来の議論では写真の生成プロセスに基づく写真と現実の関係性によって説明されてきた。つまり，写真イメージは被写体の物理的な痕跡[1)]であるため，写真と現実の間には因果関係があるという考え方である。このような議論は，銀塩写真を想定したものである。銀塩写真は被写体の反射光を感光性の記録媒体にとどめ，その像を印画紙上に化学的に定着させる。従って，写真は機械的に生成されるものであり，イメージ生成において絵画のように人の手が介在しない点で，客観的なイメージであると考えられてきた[2)]。これらの点を考慮すれば，写真は痕跡的性質や客観性に支えられた写実的描写である点で，同じく写実的描写が可能なスーパーリアリズム等の写実的絵画やコンピュータ・グラフィックス（CG）における現実とイメージの関係とは区別され得るのである。

このような写真と現実の客観的な因果関係を踏まえれば，写真に見られる時間的あるいは空間的に隔たった出来事を現実のこととして受け止め得ることが説明されるように思われる。例えばケンダル・L・ウォルトン（Kendall L. Walton）は，写真が望遠鏡や顕微鏡のように，あるいは透明な窓のように，現実の知覚においては不可能な視覚経験を可能にする視覚の補助装置と見なす。「透明性テーゼ（Transparency Thesis）」と呼ばれるこのような見解は，上述の写真のリアリズムに関する議論を発展させたものと言える［Walton 2010（1984），河田・清塚 2008］。しかし，たとえ従来の言説において写真がその生成プロセスを根拠に現実との因果関係を保証され，遠く隔たった出来事や過去の出来事を見るための視覚の補助装置と見なされ得るとしても，それによって観者が写真を介してどのような現実を如何に認識しているかが説明されるわけではない。内野博子は透明性テーゼが従来の議論同様，画像と現実との間の無媒介性を基礎に論じられたものであり，視覚の補助装置としての写真がどのような効果を発揮するかに関しては議論の余地があると言う［内野 2009: 45］。ウォルトンは写真を見ることは写真を介してその対象を見ることだと考えたが，まさにその視覚装置の先にある観者固有の視覚経験こそ，写真のリアリティを論じる上で検討すべき事柄と言えるだろう。

そこで，観者ごとに異なる観賞を検討するために，写真を介して現在目の前に存在しないものや，もはやないものを思い浮かべる，過去の現前化という写真の機能に注目することにしたい。ロラン・バルト（Roland Barthes, 1915-1980）は，写真の本質を「それはかつてあった」であると言うが，その「かつて」から想起されるイメージは観者ごとに異なるだろう［Barthes 1980: 120，訳書：94］。例えば，バルトはある死刑囚の写真を例に，観者が写真にとっての未来，すなわち被写体の死を想起させられることを指摘する［Barthes1980: 150，訳書：119］。つまり，観者が被写体の未来を知識として知っていれば，観者は写真にとどめられた過去の時点だけでなく，被写体に関する別の時点をイメージすることが可能になる。逆に，これらのことを知っていなければ，写真は独房にいた青年の写真に過ぎないかもしれない。同じことがアルバムの写真にも言える。アルバムの写真を自身の記憶や観者同士の会話等によって補うことができる場合，写真の対象や出来事が生き生きと思い返されたり，イメージされたりすることがある。このように，写真から得られるイメージは観賞の対象である写真だけでなく，その被写体（指示対象）に関する情報に影響されて生じ，その内容によって変化する。つまり，写真のリアリティとは写真特有の生成プロセスにのみ支えられるのではなく，バルトの示した鑑賞例がそうであったように，写真以外の情報等，写真を取り巻く諸要素によっても左右されるのである。従って，指示対象を補う情報量やその内容が適切でなければ，撮影の過去と観賞の現在を隔てる時間経過は大きく感じられ，写真に見られる過去を関心とリアリティをもって見ることが難しくなることもあるだろう[3)]。

このように，観賞において写真の描写を超えた広がりを持ち，あたかも「今」であるかのように感じられることを，本稿ではある種のリアリティを感じさせる「現前された今」と呼ぶことにしたい。そのような「今」の出現のためには撮影の過去と観賞の現在の時間的つながりが回復されるか，観者が指示対象に関心を持ち得るような指示対象と観者の関係性が保証されていることが不可欠である。しかし，撮影後すぐに共有可能な現在の写真においては，回復すべき時間的隔たりが存在しない。また，写真技術や通信技術の変化によって写真を取り巻く新たな要素も登場したため，現在の写真鑑賞においては諸要素との関係によって変化する写真のリアリティに何らかの変化が生じていると想定される。このような写真の状況に鑑みると，現在の写真のリアリティを考えるためには，現在の写真観賞にどのような従来にない要素が見られ，それらが現実の認識に対して如何に作用するかを考えるべきだろう。

2．写真の空間性

従来の写真のリアリティは，必然的に存在する時間的隔たりが，写真を取り巻く諸要素との関係の中で擬似的に解消されることによって可能になるものだった。しかし，デジタル化以降の写真環境においては，撮影と観賞の時間的隔たりが薄れただけでなく，写真を取り巻く諸要素も変化しており，従来のリアリティの構造が適用できるとは限らない。そこで本節では，現在の写真に従来にないどのような傾向があるのかを概観した後，時間的隔たりに代わって現在の写真を特徴づけると思われる写真の空間性について検討する。

2-1．断片的・即時的今

デジタル化以降の写真の変化について，写真の内容，観賞及び共有形態，写真と観者，あるいは観者同士の関係の点から見ていこう。現在日常的にやり取りされる写真の多くは，スマートフォンやタブレット端末等の携帯機器に搭載されたカメラ機能を用いて撮影されている。もはや撮影のためにカメラを持ち歩く必要はなく，いつでも気軽に撮影できるようになった。このような写真環境の変化は，撮影の対象や共有・観賞の方法に新たな傾向をもたらしており，個人的写真にはそれらの傾向が特に強く表れている。例えばスーザン・マレー（Susan Murray）は，現在の写真の撮影対象の変化について次のように述べている。

> 写真は家庭／家族生活の特別な瞬間や選り抜きの瞬間（例えば休暇，集まり，赤ん坊の写真等）ではなくなり，ある人物の些細でありふれたことの発見（例えばボトル，カップケーキ，木，がらくた，建築的要素）の即時的表示というより，はかない表示となっている。［Murray 2008: 151］

撮影機能が携帯機器に搭載されたことは，撮影を日常的なものとし，撮影対象は身近な出来事や対象へと拡大された。例えば写真の被写体は，撮影者が訪れた場所やこれから食べる料理，友人との撮影，自身の服装の記録等，多種多様である。そして，これらは出来事を象徴する決定的な場面を表すというよりは，次々に新たな写真へと置き換わる中ですぐに忘れ去られるようなものである。従って，従来の写真が特別な出来事を記録し，その出来事に関連する事柄について広がりをもって思い起こさせる記念碑的役割を担ったのに対して，現在の写真は日常的な些細な出来事を記録した断片的なものであると言えるだろう。

更に，撮影機能と通信機能が同一の端末にあることは，写真を撮影後すぐに共有できるような環境が整うことにもつながった。このような個人的写真はプリントされ，アルバムに収められたり，直接やり取りされたりするよりも，端末上に蓄積されたり，インターネット上で共有されたりすることが多い。共有される場合，ソーシャル・ネットワーキング・サービス（SNS）等の場が利用され，利用者は写真を提示するだけでなく，他のユーザーをフォローしたり，写真についてコメントを交わしたりできる。これまで直接顔を合わせることで成立したやり取りが，フォローやコメントによって機能するようになっているのである。やり取りされる内容にも従来の写真観賞とは違いがある。例えば，写真に対してきれい，楽しそうといったコメントをする代わりに，単に「いいね」と写真を評価することがある。これは，写真に対する反応と言えるだろう。反応としてのやり取りは，従来の写真にもあった。しかし，それらと違うのは，この写真とそれに対する反応がリアルタイムと言えるような時間感覚で，話し言葉のように次々にやり取りされる点である[4)]。このように現在の写真は，写真が撮影から時間を経ずに共有されることで，「即時的今」としてやり取りされていると言えるだろう。

以上のように，現在の写真は断片的で即時的な今を共有するという特徴がある。このような「断片的・即時的今」は，「現前された今」同様の仕方で現実を認識する手立てとなると考えて良いのだろうか。写真と観賞を隔てるものには，従来の写真においては時間的隔たりが存在した。それにも拘らず，観賞において様々な情報を補うことで，写真を介して過去の出来事をありありと思い浮かべることができた。一方，撮影者と観者が同じ時間的今を共有することで，写真の内容を現在進行形の現実の出来事であると印象付ける効果は強まるだろう。これらの写真は，厳密には現実の対象との痕跡的な結び付きを持たないが，写真と現実の対象との関係は写真の基本的性質として了解されている[5]。このように「現前された今」の認識の前提となっていた時間的隔たりが大きく後退した「断片的・即時的今」において，時間的隔たりと同様の役割を担うと考えられるのが，撮影者と観者の間の空間的隔たりである。撮影者と観者が同じ今を共有しても，この空間的隔たりが見知らぬ他者や見知らぬ場所との間に生じた場合，観者は写真の内容にリアリティを感じ難くなるだろう。従って，現在の写真にもリアリティの存在を認めるなら，空間的隔たりの解消の仕方と，リアリティを引き起こす要因や構造を明らかにする必要がある。そのために，次に従来の写真における時間的隔たりと比較して，観賞に対する空間的隔たりの作用について検討することにしよう。

2-2. 空間的隔たり

撮影者と観者の間の空間的隔たりは，従来の時間的隔たりがある観賞においても存在した。しかし，それらはどちらかと言えばそれぞれの時間性に付随するものに過ぎなかった。一方，即時的今の場合，二つの空間はいずれも同じ現在に位置付けられる。従って時間的な隔たりがなければ，「現前された今」同様，写真の対象を身近に感じられるように思われるかもしれない。だが，現在の写真はインターネット上で広く共有される。そのため，それまでは知ることのなかった見知らぬ他者の現在を見ることも多い。即時的な今は現実感をもたらすと同時に，空間的隔たりを強調し，違和感の要因になり得るのである。

このような空間的隔たりの作用について検討するために，まずは写真に関わる空間性を捉える方向性を示した上で，撮影と観賞における空間の関係について考えることにしたい。ここで参照したいのが，人文地理学と人類学で絶えず使われてきた場（place）の概念を写真へと適用したサラ・ピンク（Sarah Pink）の議論である。ピンクは，人文地理学者のドリーン・マッシー（Doreen Massey, 1944-2016）や人類学者のティム・インゴルド（Tim Ingold）

の議論を参照し，デジタル写真の議論に不可欠な場に関する二つの考えを示している［Massey 2005, Ingold 2008］。一つは，場（place）は局所性としての場（locality）によって構成されるものであり，両者を混同すべきでないという点である。私たちは写真を局所的な場において生み出し，提示し，観賞する。しかし，デジタル写真の生成，共有，観賞の場をより大きな視点で考えるならば，局所的と思われたそれらの場はデジタルプラットフォームや技術，社会的関係のみならず，幾つかの異なる物質的局所性によって構成されているかもしれないのである［Pink 2016: 187］。もう一つは，場は決して固定されることなく，常に変化しているという考えである［Ibid: 187］。先にあげた局所的な場自体が変化の可能性がある上に，それらによって構成される場も局所性間の関係によって異なる様相を見せる。特にデジタル写真は写真自体の改変が容易であり，写真が共有される場も様々に移り変わる。

以上の場と局所性の定義から，仮に局所性間やそれらが構成する場同士に空間的隔たりがあったとしても，その隔たりは局所性間の関係の変化によって擬似的に解消されることがあると考えられる。撮影者と観者の間の空間的隔たりが観賞において如何に作用するかについて論じたミッコ・ヴィッリ（Mikko Villi）の議論を参照することにしよう［Villi 2014］。ヴィッリによれば，空間的隔たりは時間的隔たりがそうであったように，不在の対象の代用として写真を見る要因となる[6]。例としてあげられるのは，家族の一人が旅行に出かけ，旅先で子供達の様子を写真で受け取る場合である［Villi 2014: 53］。撮影者と観者は空間的に隔たっているが，観者はその写真をアルバムやペンダントに収められた写真のように不在の対象の代用として見ると言う。つまり，この写真の観賞では，撮影と観賞の場という局所性間には隔たりがあるにも拘らず，違和感を感じさせるには至っていない。

この要因として，観者は確かに撮影者と被写体から物理的に隔たってはいるが，旅に出る以前は彼らと同じ空間を共有しており，その共有空間に対する違和感や心理的隔たりがそもそもなかったことが考えられる。勿論，観者が写真の対象を観賞の場には不在のものとして受け取り続けるならば，空間的隔たりが強く感じられるだろう。しかし，時間的つながりが擬似的に回復されることで過去性の印象を和らげたように，何らかの形で空間的隔たりが無効化されると考えればどうだろうか。観者は確かに撮影者と被写体から物理的に離れているが，空間的に不在の対象が現在に息づくものと感じられるような場を擬似的に作り上げることができれば，両者の物理的な距離は問題とならないだろう。つまり，物理的な観賞の場という局所的場と代用的対象としての写真という局所的場が構成要素となった一時的な場が形成されれば，同じ場の構成要素としての局所性間の隔たりが和らぐのである。このように空間的隔たりを解消し，写真の対象が現在の有り様としてイメージされるような空間を，本稿では「仮想的な場」と呼ぶことにしたい。ただし，この事例を含め，ヴィッリが想定していたのは，家族間や友人間等，比較的親しい間柄における物理的距離であるため，観者は被写体についてのイメージ形成に作用する情報を豊かに持っていることが前提となっている。現在のインターネットを介した見知らぬ者同士の写真共有のように，撮影者と観者の間に現実における場の共有があるとは限らない場合でも，局所性間の関係の変化や「仮想的な場」の構築は成立するのだろうか。そこで，次節ではInstagram[7]という具体的な共有の場を例に局所性と場の関係を考察するとともに，このような場と現実との関係性を検討することで現在の写真のリアリティの基本構造を提示することにしたい。

3．断片的・即時的な今のリアリティ

前節では，写真によって「断片的・即時的今」が共有されることで空間的隔たりに対して違和感が感じられること，そして違和感の有無は局所性間の物理的距離よりも，その局所性によって構成される場において局所性間の関係がどのようなものであるかが重要であることを確認した。本節では，Instagram での写真共有を例に，局所性による場の構成について検討すると

ともに，形成された場と現実の関係性を探ることで現在の「断片的・即時的今」におけるリアリティの構造を示すことにしたい。

3-1. Instagramにおける諸要素

前節では写真の局所性にはデジタルプラットフォームや技術等，写真を取り巻く環境や周辺技術も含まれることを確認したが，Instagramにおける写真の加工や共有のための機能はこのような局所性であり，場の形成に作用するものの一つと見なすことができるだろう。また，Instagram上の馴染みのない他者の写真は空間的隔たりを感じさせる条件を備えているにも拘らず，不特定多数のユーザー間で日々活発に写真やコメントがやり取りされている。このことは，局所性が前節で指摘したような「仮想的な場」を形成している可能性を示している。以上の点からIntagramは局所性と場の関係を考察する対象として適しており，本項ではこのような局所性の内，写真の分類や検索に用いるハッシュタグ，写真を特定の場所と関連付けるチェックイン機能，ユーザーのフォロー機能と写真が表示されるタイムラインそれぞれの役割を検討する。

一つ目の要素であるハッシュタグは，InstagramだけでなくTwitterやパソコン内のファイル等の様々な場面で，写真や文章，ファイルの分類や，関連するものをまとめて目を通すことに役立っている。Instagramの場合，あるハッシュタグを検索すると，同じタグ付けをされた写真のサムネイルが画面上に表示される。ただし，同じタグ付けがされていると言っても，写真と写真の間には少しずつズレがある。例えば，2016年8月のリオ五輪開催中に「#olympics」で検索すると，約190万件がヒットした。この検索結果の中で目立つのは選手や競技場，観客席，パブリックビューイングを写した写真よりも，競技を放送するテレビ画面を撮影したもの，それらを背景にした子供やペットの写真，関連するニュースのスクリーンショットや一見すると関係性のわからない食べ物や人物の写真である。このようにハッシュタグの検索によって得られるのは，実際にその出来事を写したものと間接的に関わる事柄とが混在した写真群である[8)]。この場合，サムネイル同士の結びつきも希薄で，「断片的・即時的今」の一覧は特定の意味を持った場を形成するというよりは，検索結果として眺められ，興味関心を引く写真に至るための通過点としての機能が強い。そのため，個々の断片的な写真に対する心理的な隔たりは依然として残るだろう。

これに対して，比較的関係する写真を集め，表示することができるのがチェックイン機能である。チェックイン機能は特定の場所と関連付けて写真を投稿する際に用いる他，逆に場所を指定して写真を検索する場合に役立つ。例えば，ある観光地や店の様子を確認したいユーザーがその場所を検索すると，関連する写真のサムネイルが表示される。しかしその内容は様々であり，ある飲食店での写真一つとっても料理がメインになることもあれば，人物が写り込むこともある。観光地等のより広範囲な場所の写真群では，何を写真の中心に据えるかがユーザーによって異なり，表示される写真には一層ばらつきが出る。それでも，ハッシュタグ検索に比べれば位置情報に基づく集合という共通項があり，表示されるサムネイルをその場所を多用な視点によって構成する一要素として捉えることができるだろう。

最後の要素，フォローとタイムラインを見てみよう。Instagram に限らず，SNS では他のユーザーをフォローしたり，フォローされたりすることで基本的な共有の範囲を広げていく。こうしたユーザー同士のつながりは，見知らぬ他者との関係を築く一要素となっている。例えばあるユーザーを Instagram でフォローすると，そのユーザーを含むフォローしたユーザーの写真がホーム画面に表示されるようになる。断片的で相互に関係を持たない写真が表示されたハッシュタグの検索結果と違い，これらの写真はユーザーの興味関心に適う写真である。しかも，フォローしたユーザーによって投稿された新たな写真はホーム画面に反映されるため，同じユーザーが新たに投稿した写真を追い続けることもできる。ただし，ホーム画面にはフォローした複数のユーザーの写真が並び，その順序は必ずしも時系列順であるとは限らない。従ってユーザーごとの動向を知るには，各ユーザーのタイムラインに移動する方がわかりやすい[9)]。このようにユーザーのフォローとユーザーごとのタイムライン表示は，単一の写真であれば「断片的・即時的今」でしかなかった写真を，同一のユーザーの複数の写真と関連付けながら見ることや新たな写真の投稿を期待しながら見ることを可能にする機能であると言える。

以上のように，Instagram における諸要素は複合的に作用しながら Instagram 内に様々な場を形成する。それらの場には，ハッシュタグによって形成される場のように局所性間の関係が希薄なものもあれば，チェックイン機能やタイムラインのように関連性の高い局所性が集合したものもあった。つまり，ハッシュタグ等の機能は断片的な写真を集め，一時的に見渡すことのできる場を生み出すが，それらの場を見ることが空間的な隔たりを解消するような「仮想的な場」の創出につながるとは限らないのである。Instagram 上で写真を見る中で「仮想的な場」が形成されるとすれば，それはむしろ上述の一時的な場から関心のある写真を取り出して眺めたり，そのユーザーをフォローしたり，タイムラインを訪れたりするような観賞の中で起こるのだろう。仮に，ハッシュタグの検索結果の一枚からそのユーザーのタイムラインに行き着くとしよう。この時，観者が空間的隔たりを意識しないとすれば，検索結果という場とそこから派生するユーザーのタイムラインという場それぞれが局所性として機能し，「仮想的な場」の構成要素となった結果と考えられる。このように Instagram において生じる場の数々は諸要素の作用や写真という局所性によって構成されるだけでなく，時に局所性として「仮想的な場」を形成するのである。そのような局所性は，常に変化する可能性を持った一時的な場によって構成されているため，「仮想的な場」も潜在的に変容可能性を持つものと言える。では，このような「仮想的な場」は，現実の空間とどのような接点を持ち，どのようなリアリティを可能にするのだろうか。そこで，以下では構成される空間と現実との関係から，現在の写真のリアリティについて考えることにしたい。

3-2. つながりと更新のリアリティ

Instagramの例では，複数の写真とタイムラインやハッシュタグ等の機能が，断片的なものから構成された一つの場を形作り，それらの場の観賞がさらに「仮想的な場」を構築することを確認した。このような局所性と場の関係によって空間的隔たりへの違和感が解消されることは，写真の観賞におけるリアリティにどのように関わるのだろうか。

まずは時間的・空間的隔たりの解消によって得られる現実感を比較することで，それぞれの観賞において得られるリアリティの質的違いを考えることにしよう。時間的隔たりの解消，つまり時間的なつながりを擬似的に回復することは，写真に対する強い過去意識を和らげ，撮影の時点に限定することなく様々な時点の被写体の姿を自由に思い浮かべることを可能にする。ただし，自由に思い浮かべることができるとはいえ，その内容は過去に限定される。従って，時間的隔たりの解消によって得られる従来の写真のリアリティは，実際の時間関係を一時的に無効化し，擬似的な「今」としての現実感を与えるものと言える。

一方，空間的隔たりの解消は，撮影場所や投稿者であるユーザーと観賞の場が物理的に隔たったInstagramの例に見たように，関連性の高い局所性で構成された場から，他者の現在への違和感や心理的隔たりが緩和された「仮想的な場」が形成されることで可能になる。前項で見たように，局所性によって構成される場は，その構成要素の組み合わせによって変化するものだった。例えば，検索結果としての場は新たな写真が加われば表示される写真の組み合わせは変化し，タイムラインは新しい写真が投稿されるとそれまでの写真は古いものとなる。このようにInstagram上の写真はオリジナルのコンテクストすら不明瞭であり，ユーザーの検索やフォローによって構成される場を次々に移り変わるのである。従って，これらの場を介して意識される「仮想的な場」も，それらの場の在り方に伴って変化する。また，このような場によって形成される「仮想的な場」が意識させるものにも，従来にない傾向がある。同じユーザーの写真をタイムラインで見ることを想定すると，これは一見アルバム等の観賞に類似するように思われる。しかし，アルバムの写真が同一の対象の複数の時点を観賞することで，被写体の様々な時点を思い起こすことを可能にしたのに対し，タイムライン上に見られる写真群は同一の対象を扱っているわけではないという点に違いがある。タイムラインに並ぶのはユーザー自身というよりも，撮影者であるユーザーが日常の様々な経験の中で目にし，スマートフォンのディスプレイ越しに見た経験の一部である。従って，これらの写真は特定の対象の有り様を様々な時点から再構成するためのものというよりも，撮影者の存在を浮かび上がらせるような場を構築すると考えられる[10)]。

このように空間的隔たりが解消された「仮想的な場」とは，ユーザーや特定の場所，対象が，擬似的な空間の中に，現在進行形のものとして存在するかのようなリアリティを与えると言える。しかし，この動的な「仮想的な場」の形成という点だけでは，リアリティを与える「仮想的な場」が現実とどのように関わるのかということを明らかにできない。1節で述べたように，従来の写真はその痕跡的性質によって現実との関係が保証されたが，画像の加工・修正が容易な現在の写真は指示すべき特定の時点や対象を確定できない。「仮想的な場」が現在進行形のものとして変化し続けるものならば尚のこと，同じく固定的でない現実との関係は新たに考えなおされるべきだろう。

そこで，写真を見ることによって構築される「仮想的な場」と現実の対象との関係性を，写真で見ることと観者自身が現実に経験することの対応関係から考えることにしたい。例えば，私たちは写真で見る友人，知人と実際に会うことや，検索した場所を訪れたり，写真で見たものを購入したりすることがある。また，実際に見ることにはつながらなくとも，写真で見た対象を別のメディア等を介して見聞きすることもある。流行の現象やフォローした有名人を別の媒体で目にすること等がこれに当たるだろう。この時，写真で見る内容と現実の対象には何らかの関連性が生じることになる。つまり，事前に写真で見ていたことが現実の対象に一致するものとして理解され，対象の見方に反映されることが起こるのである。仮に写真で見たことを別のメディアで見るようなことがあれば，それぞれの場で見聞きすることが局所的な場となり，それらの局所性によって更に広がりをもった「仮想的な場」が構築されることもあるだろう。このように考えると，現在の写真の観賞経験は「断片的・即時的今」を基に「仮想的な場」を形成することによってリアリティを持つだけでなく，それらの場が他のメディアや情報とともに「仮想的な場」を構築することで，現実の見方に影響を与えていると言える。

勿論，従来の観賞においても広告写真や観光名所の写真等，写真で見たものを実際に見る機会はあった。だが，それらは一つの広告や情報誌等，単一の視点で統一され，その多くが対象を的確に表すランドマーク的なものに過ぎなかった。つまり，それらの写真は現在の現実を表すものというよりも，見るべき点や象徴的な側面を表したものなのである。このように，従来の写真の観賞が補うことができるのは，対象についての限定的な見方であり，現在進行形の現実というよりも過去の出来事や対象だったと言える。これらの点を考慮すると，現在の様々なユーザーによって投稿された「断片的・即時的今」は複数の視点から現在の現実を再構成することに寄与しており，写真を介して意識される現実がより多様なものとして理解されるようになったと言えよう。このように従来写真の基本的性質を超えた写真と現実の関係性は，現在の写真特有のリアリティと言えるのではないだろうか。

結

本稿では現在の写真状況を踏まえ，写真のリアリティに関する議論を，生成プロセスを基盤としたものから如何に発展し得るかを考察してきた。特に，Instagramを例に現在の写真を考えると，これまでの写真が過去の現実を時間性の点で多様にイメージ化したのに対し，現在の写真は従来の性質を保ちつつも，その内容は断片的で一時的な観賞に適したものであった。これらの写真は，共有の場の諸要素との関係の中でその都度出来事や対象に関する場を構築することで，現実の対象のイメージを再構築することが明らかになった。このような場は，一時的なものとしてすぐに消えることもあれば，新しい写真が加わることで更新され続けることもある。このように，現在の写真は「仮想的な場」を構成する要素の一つであり，そのような場は別の媒体，現実の対象や経験と結びつくことで重層的な空間を形作る。このことは写真を共有し，観賞する以前の現実の経験との関係も含めれば，写真と現実の関係をより広く捉えることにもつながるだろう。本論で示した，局所的な場と場のつながりによって構築される写真と現実の関係，つまり重層的な空間によって生じるリアリティのモデルを更に彫琢し，写真だけにとどまらず，メディアにおける多種多様な視聴覚経験とリアリティとの関係の包括的な理論へと昇華させていくことは，筆者の今後の課題としたい。

注

1) 写真は被写体の物理的痕跡とみなすことができるため，インデックス的性質（痕跡的性質）を持つと考えられてきた。インデックス性の代表的な議論に，ロザリンド・E・クラウス（Rosalind E. Krauss）によるインデックス論がある。［Krauss 1985（1977）］
2) 例えばアンドレ・バザン（André Bazin, 1918-1958）は，絵画と比べての写真の独自性を，被写体と写真の間にカメラ以外のものが介入しないことによる客観性であると述べている。［Bazin 1981（1945）］
3) 例えばジークフリート・クラカウアー（Siegfried Kracauer, 1889-1966）は24歳の頃の祖母の写真を見るものの，その被写体が祖母であるという確証が持てず，「時代衣装の具体的説明に役立つ考古学的マネキン」と言い表した［Kracauer 1977（1927）: 22, 訳書 : 17］。このように過去と現在との隔たりが強く感じられる観賞は，その差異の大きさから親近感を抱けず，違和感を感じるような観賞になりかねない。
4) ジョゼ・ファン・ダイク（José van Dijck）は，デジタル化が個人的写真に与える影響について考察する中で，現在の写真の役割を言語に近いものとして捉え，そのバランスが「家族的利用から個人的利用へ，記憶ツールからコミュニケーション装置へ，対象（記憶）の共有から経験の共有へ」［Van Dijck 2008: 60］とシフトしていると指摘する。

5）銀塩写真には，事実を客観的に示す証拠能力が認められてきた。一方デジタル写真は，2010年に警察庁がデジタル写真の取扱い方を定める等，改ざんできない記録媒体の使用を条件に，証拠能力が重視される場でもフィルム写真と同様の利用が進められるようになった。

6）ヴィッリはこれを「距離としてのプンクトゥム」と呼ぶ。「プンクトゥム（punctum）」とはバルトの写真論における概念で，写真の内容を理解するだけの漫然とした観賞等の一般的関心（ストゥディウム studium）を壊し，観者固有の観賞経験をもたらすものである［Barthes 1980］。

7）Instagram は写真を中心に加工・共有するアプリケーション（アプリ）である。2010年にサービスを開始して以来利用者を増やし続け，日常的に広く利用されている。

8）検索結果にばらつきがあるのは，一枚の写真に対して複数のタグをつけられること，それらのタグが必ずしも写真の内容と一致するわけではなく，フォロワーを増やすためのタグやタグ本来の機能を無視して文章のように連ねる等，その利用の仕方が多様であることが原因であると考えられる。

9）Instagram では，写真は投稿日時が新しい順にホーム画面に表示されていたが，2016年６月に新たなアルゴリズムが導入され，現在ではフォローしているユーザーの投稿等，ユーザーの関心が高いと思われる写真順に表示されるようになっている。

10）Instagram には，2016年８月に「Instagram Stories」という新たな機能が加わった。写真や動画をスライドショー形式で投稿するもので，通常の投稿と違い24時間後に自動削除される。消えることが前提にあるため気軽に投稿でき，その内容はこれまで以上にユーザーの経験の断片を写したものになると考えられる。

参考文献

内野博子　2009「アンドレ・バザンからケンドール・ウォルトンへ――写真的リアリズムの系譜」青弓社編集部編『写真空間３』青弓社，33-46頁

江本紫織　2016「能動的プロセスとしての写真――コンテクストに対する有機的関わりの点から」『映像学』96号，110-128頁

河田学，清塚邦彦　2008「ウォルトンの写真論をめぐって」日本記号学会編『写真，

その語りにくさを超えて』慶應義塾大学出版会，52-67頁

Barthes, Roland. 1980. *La chambre claire――Note sur la photographie*, Paris: Le Seuil（『明るい部屋　写真についての覚書』（新装版）花輪光訳，みすず書房，1997年）

Bazin, André. 1981(1945). "Ontologie de l'image photographique", *Qu'est-ce que le cinéma?*, édition définitive, Paris: Éditions du Cerf（「写真映像の存在論」『映画とは何かⅡ　映像言語の問題』小海永二訳，美術出版社，一九七〇年）

Ingold, Tim. 2008. "Bindings against Boundaries: Entanglements of Life in an Open World", *Environment and Planning A*, 40, pp. 1796-1810.

Kracauer, Siegfried. 1977 (1927). "Die Photografie", *Das Ornament der Masse*, Frankfurt: Suhrkamp（「写真」『大衆の装飾』船戸満之，野村美紀子訳，法政大学出版局，1996年）

Krauss, Rosalind E. 1985(1977). "Notes on the Index: Part 1", *The Originality of the Avant-Garde and Other Modernist Myths*, Cambridge, MA: The MIT Press（「指標論　パート１」『オリジナリティと反復』小西信之訳，リブロポート，1994年）

Massey, Doreen. 2005. *For Space*, London: Sage（『空間のために』森正人，伊澤高志訳，月曜社，2014年）

Murray, Susan. 2008. "Digital Images, Photo-Sharing, and Our Shifting Notions of Everyday Aesthetics", *Journal of Visual Culture*, 7(2), pp. 147-163.

Pink, Sarah. 2016. "Photographic Places and Digital Wayfaring: Conceptualizing Relationships between Cameras, Connectivities and Transformed Localities" Edgar Gómez Cruz and Asko Lehmuskallio, eds., *Digital Photography and Everyday Life: Empirical Studies on Material Visual Practices*, London: Routledge, pp. 186-190.

Pink, Sarah. 2011. "Sensory Digital Photography: Re-thinking 'Moving' and the Image", *Visual Studies*, 26(1), pp. 4-13.

Van Dijck, José. 2008. "Digital Photography: Communication, Identity, Memory", *Visual Communication*, 7(1), pp. 57-76.

Villi, Mikko. 2014. "Distance as the New Punctum" Jonas Larsen and Mette Sandbye, eds., *Digital Snaps: The New Face of Photography*, London: I.B.Tauris, pp. 47-64.

Walton, Kendall L. 2010 (1984). "Transparent Pictures: On the Nature of Photographic Realism" Scott Walden, ed., *Photography and Philosophy: Essays on the Pencil of Nature*, West Sussex, UK: Wiley-Blackwell, pp. 14-49.

パリのヴィラ＝ロボス
――『ショーロス』から『ブラジル風バッハ』へ――

木 許 裕 介

序論：ヴィラ＝ロボス研究の現在

エイトール・ヴィラ＝ロボスは1887 年に生まれ，1959 年に亡くなったブラジルの作曲家である。チェロやギター，クラリネットやピアノをはじめ多数の楽器を弾きこなし，その生涯において約1000 曲とも言われる楽曲を作り出した。音楽史においてしばしば民族主義的音楽家と呼ばれる彼は，同時に，「保守的な民族主義者」[1]のように，出自である「ブラジル」に拘った保守性や民族性を強調されることも多い。もちろん，ピアノ曲「ニューヨーク・スカイ・ライン・メロディ」（楽譜の音型がニューヨークの町並みと重ね合わされている）のように，ヴィラ＝ロボスの音楽は保守的志向を前面に押し出したものばかりではないし，弦楽四重奏曲第一番から第四番，「神秘的六重奏曲」のような，ドビュッシー的な書法を感じさせる作品も多く残されているのだが，残された作品全体を見たとき，『ショーロス』や『ブラジル風バッハ』『ブラジルの童謡』のように，「ブラジル」的なもの（Brasilidade）を押し出した曲によってその独自性を築いて行った作曲家であるのは確かであろう[2]。

David P. Appleby（以下アプレビー）をはじめとした従来のヴィラ＝ロボス研究においてもしばしば指摘されているように，ヴィラ＝ロボスの作品を通時的に整理したとき，1920年代（とりわけ1923年から1930年）が一つの区切りとなる。この期間において，ヴィラ＝ロボスの作風は大きく変化を遂げ，「ブラジル性」が作品に色濃く反映されるようになるのである。1923年から

1930年という期間にヴィラ＝ロボスに訪れたもの，それはヨーロッパとの邂逅であり，「パリ体験」であった。

しかし，このように作風を変化させる契機となったパリ滞在中，ヴィラ＝ロボスがどのように過ごしていたかということは，日本で十分に紹介されているとはいえない。ニューグローヴ世界音楽大事典を参照しても，ヴィラ＝ロボスの項において，パリ滞在中の記載は数行に留まっている。一方でまた，数多くの研究が成されている1920年代パリをめぐる音楽史のなかでも，ヴィラ＝ロボスの位置づけというのは僅かな議論に留まっていることが多い[3)]。そこで本論では，1920年代パリの音楽文化状況を整理しながら，アプレビーらの先行研究をもとに，この「狂乱の時代」（Les Années Folles）におけるヴィラ＝ロボスのパリ体験を追うことで，ヴィラ＝ロボスの作風が変化していく過程を明らかにする。

ヴィラ＝ロボスのパリ体験を伝記的に追いつつ，1920年代のパリの文化的諸相の中に置き直してみること。それによって，ヴィラ＝ロボスの「ブラジル的な」作品を形成せしめた社会・文化的要素を浮き彫りにすること。そして，1920年代のパリに滞在した経験が，1930年以降に書かれて行く一連の『ブラジル風バッハ』の制作に影響を与えている可能性を指摘し，『ブラジル風バッハ』の位置づけを再考することを目指す。なお，Bachianas Brasileirasの訳語としては，『ブラジル風バッハ』は必ずしも適切ではないが，日本においては慣例上このように訳されることが多い事を鑑みて，本論ではさしあたり『ブラジル風バッハ』の訳を用いる。

ヴィラ＝ロボスのパリ体験

まずはじめに，ヴィラ＝ロボスのパリ体験を整理しておこう。

1923年７月-24年９月　第一次パリ滞在
1924年９月-26年12月　ブラジル帰国

1926年12月 -1929年 8 月　第二次パリ滞在

1929年 8 月 -1929年 9 月　ブラジル帰国

1929年 9 月 -1930年　第三次パリ滞在

ヴィラ＝ロボスは1922 年の「モダン芸術週間 Semana de Arte Moderna」に参加した後，1923 年にブラジル政府から援助金を獲得し，フランスに渡った。これがヴィラ＝ロボスにとってはじめてのヨーロッパ体験であり，これ以降，二度の帰国を挟みながらも，七年間にわたってパリを拠点として音楽活動を展開していくことになる。そしてまさに，第一次パリ滞在から帰国直後の1924 年から1930 年の間に，ヴィラ＝ロボスの代表作である14 曲の『ショーロス』の多くが作曲されることになる。青年期にブラジル国内を旅していたヴィラ＝ロボスは幼い頃より「ショーロ」（リオを中心として展開されたブラジルのポピュラー音楽の一ジャンルで，即興が重視される）に親しんでいたが，この『ショーロス』を本格的に書き始めるのがパリ滞在を経てからであるという点は，本論において重要な意味を持っている。そしてまた，パリから帰国したのちの1930 年から1945 年の間に，もう一つの代表作である「ブラジル風バッハ」が書かれることになることも見逃すことはできない。

1923年-24年 第一次パリ滞在

リオデジャネイロを発ってはじめてパリに向かうヴィラ＝ロボスは，パリにおける自身の成功を確信していた。リオデジャネイロにおける「アヴァン・ギャルド」として，また，ドビュッシー以来の革新を引き継ぐ作曲家としての自負を持っていたという。彼がパリについた直後になされたインタビューによれば，「私はここに勉強にきたのではない。自らが既に達成したものを見せるために来たのである。」と豪語している。アプレビーが指摘するように，

「1920年代には，ブラジルの芸術家や音楽家たちは，自分たちのことをブラジルとフランスという二つの国家の市民であると想像していた。」[4)]

のであって，ヴィラ＝ロボスも例外ではなかった。しかし当然のことながら，パリに到着したときのヴィラ＝ロボスは，マネージャーがいたわけでもなければ，コンサートの予定もなかったし，ヴィラ＝ロボスのことを知っているフランス人もほとんどいなかった。それに加えて，パリについてからしばらくのちに招かれた，画家タルシラ・ド・アマラウのアトリエにおける昼食会で，エリック・サティとジャン・コクトーに出会ったことが，彼の自負を打ち砕くことになった。ヴィラ＝ロボスはこの昼食会でコクトーの前で即興を弾いてみせることになるのだが，それに接したコクトーの感想としては，「ドビュッシーやラヴェルのスタイルの物真似以上のなにものでもない」という辛辣なものであった。これに対してヴィラ＝ロボスは激怒し，コクトーとほとんど殴り合う寸前までいったという。

ヴィラ＝ロボスが自身の才能にどれほど自負を持っていても，パリで作曲家として大成するうえで，ジャン・コクトーに認められないのは致命的であった。というのも，当時のコクトーは，ディアギレフやストラヴィンスキー，サティやピカソ，さらにはオーリック，ルイ・デュレー，オネゲル，タイユフェール，ミヨー，プーランクらいわゆる「六人組」など，この時代のパリに集った芸術家たちの交流における中心的立場を占めていたと同時に，«Je demande une musique française de France »（「私はフランスのフランス音楽を求める」）と自ら語っていたように，フランス音楽を保護するものとしての立場を鮮明にしていた。加えて，「19世紀の首都」（ベンヤミン）であったパリは，20世紀初頭の「ベル・エポック」あるいは「祝宴の時代」（ロジャー・シャタック）と呼ばれた時期においても，数々の芸術運動や先鋭的な上演の成される街であり続けていた。1912年5月29日には，シャトレ座でニジンスキー『牧神の午後』が初演され，

> 「上演中，観客は静まりかえっていたが終わったとたん，熱狂的な喝采と，ブーイングと，野次と怒号が同時に沸き起こる。」[5]

という反応であったし，翌年1913年の同日５月29日には，シャンゼリゼ劇場で『春の祭典』が初演されて大スキャンダルを巻き起こしていた。1914年以降の第一次世界大戦を経ても，

> 「戦争が終わる前から，サティやさまざまな若いパリッ子たちは世紀末のしかつめらしさを拒否し，ミュージック・ホールの音楽やラグタイム・ジャズを利用した。またノイズをつくりだすダダの精神にも賛同した。」[6]

という様相であり，20年代に入っても

> 「1920年代のヨーロッパ。そこでは，非西欧地域の異質の文化を積極的にとりいれながら，活気のある，自由な，開かれた感受性がくりひろげられようとした時代だった。1920年代のヨーロッパ音楽のひとつの特徴も，まさにこのことだった。ジャズやタンゴといった異文化の音楽，その未知の感受性をとりこんで，新精神（エスプリ・ヌーヴォー）の生き生きとした音楽を生み出していこうとしたのである。」[7]
>
> 「こうして，ジャズはあっという間にヨーロッパ中に伝染していった。”六人組”の作曲家たちにみられた1920年代のモダニズム。それはこのようにジャズの影響が異種交配されてかたちづくられていったのものだったのである。」[8]

というように，ジャズを代表に次々と新しいスタイルが取り入れられていく実験的な場であり続けた。ヴィラ＝ロボスがはじめて訪れたころのパリというのは，こうした人物や経験を抱え込んだパリであり，まさしく「狂乱の時代」の只中にあるパリであった。『春の祭典』初演の衝撃から10年が経ち，ジャズがカジノ・ド・パリに初めて登場してから５年が経過していた。ダダイスムとシュルレアリスムが闘争を繰り広げ，シェーンベルクが12音技法を試み，オネゲルが『パシフィック231』を完成させ，デュシャンが「大ガラス」を作成した年であった。

　こうしたパリの状況に身を置いたヴィラ＝ロボスは，コクトーとの争いか

らしばらくのち，自分の現在の作品では，さらなる新しさを求めるフランスの聴衆を惹きつける上で不足していることを自覚しはじめる。一方で，金銭的な支援を得るためにポリニャック夫人のサロン[9]に近付きながら，ブラジル滞在中に出会ったピアニストのアルトゥール・ルービンシュタインのサポートを得て，自身の作品の演奏機会を作っていくのである[10]。

1923年10月23日，パリではじめて，彼の作品が演奏された。曲目は『ヴァイオリンとピアノのための幻想的ソナタ一番』『ピアノのための無言歌』『ソプラノとヴァイオリンのための乙女と歌』という三曲であり，いずれも編成・タイトル・内容ともに，後年のヴィラ＝ロボスの作品にあるような「ブラジル的な」独自性を感じさせるものではなかった。ついで1924年2月14日に『赤ちゃんの家族　第二集』（A prole do bebê no.2）4月4日に『ピアノトリオ第三番』が演奏されることになるのだが，アプレビーも指摘するように，ヴィラ＝ロボスの最初のヨーロッパ滞在中のもっとも重要なコンサートは，1924年の5月30日夜9時から Salle des Agriculteurs で行われたコンサートであろう[11]。

このコンサートではアルトゥール＝ルービンシュタインが『赤ちゃんの家族　第一集』（A Prole do bebê no.1）を弾き，また，『ノネット ブラジルの簡潔な印象』（Nonetto:Impressão rápida de todo o Brasil）が初演されて大きな注目を浴びた。

確かにこの『ノネット』はフルート，オーボエ，クラリネット，サックス，ファゴット，ハープ，チェレスタ，打楽器に加えて，混声合唱が組み合わされた編成という点でも斬新であった。大量の打楽器を利用した強烈なリズムに貫かれており，そのなかに加えられた，歌詞というよりはリズムを補強する側面の強いプリミティブな合唱は，当時のパリにおいてもほとんど聞かれたことのないものであっただろう。そして，これはパリで演奏されたヴィラ＝ロボスの作品としてはじめて，タイトルに「ブラジル」を用いた作品でもあった。

（Nonetto:Impressão rápida de todo o Brasil 譜例 最終ページ）

1924年８月11日，ヴィラ＝ロボスはヨーロッパ滞在を延長するために，自身のパトロンのアーノルド・グインレにさらなる支援を要求するが，グインレのアドバイスから，ブラジルに一時帰国して資金調達を行うことでヨーロッパ滞在延長を狙うことへと方針を転換する。Max Eschig 社から自身の作品の楽譜の出版契約をしたのもこの時期であった。

1925年の一時帰国と『ショーロス』

1925年２月18日，サンパウロの Theatro Sant' Anna で，コンサートを開催する。前年にパリで好評を博した『ノネット』を含むプログラムであり，このコンサートが Olívia Guedes Penteado と Dr.Paulo Prado という彼の二人のパトロンに捧げられていることからも，パリにおける自身の成功を示して，ブラジル国内でさらなる資金調達に繋げることを狙っていたことを読み取ることが出来るだろう。ついで1925年９月17日には，ヴィラ＝ロボスの作品を集めた室内楽コンサートがリオデジャネイロ国立音楽学校で開催され，好評を博す。しかし，このブラジル一時帰国中における活動としてコンサート以上に注目すべきは，後に彼の代表作となる『ショーロス』の多くがこの期間に作曲あるいは構想されていることである。ヴィラ＝ロボスの作品一覧を概観したとき，1925年前後に完成された作品というのは，ほとんどがこの『ショーロス』であり，他にはピアノ曲『シランディーニャス』(Cirandinhas)が挙げられるぐらいであろう。

若い頃から親しんだブラジルの民族音楽「ショーロ」を一連の『ショーロス』として昇華させ，作品の形に結実させるために，故郷を相対化する機会としての異国体験を必要としただけではない。ジョルジェ・コリが指摘するように，「1922年以前の作品は圧倒的に，議論の余地もなくフランス的である」のだが，「狂乱の時代」のパリにしばらく身を置いた結果として，自身がパリで作曲家として生きていくためには，ブラジル的な要素を用いたエキゾチックでセンセーションな曲想が必要とされていることを認識し，「ブラジルの野性」(le sauvage brésilien) を求めるパリの聴衆の希望に応える形で，自身の作風を戦略的に変化させていったのである[12]。

「ヴィラ＝ロボスは，その天才性からだけでなく，〈南国の〉作曲家としての地位を確保するために，ヨーロッパでブラジル風の音楽を書いたのである。」[13]

1926年12月，第二次パリ滞在以降

パトロンのグインレからの資金援助を受け，このブラジル滞在期間に書き上げた『ショーロス』を携えて，ヴィラ＝ロボスはふたたびパリに戻った。今度は妻・ルシリアを伴っての渡航であった。第二次パリ滞在中のヴィラ＝ロボスは，1927年３月２日，「私は困惑の極みにあり，経済破綻に怯えています。」とグインレにさらなる資金援助を要請することになるのだが，ヴィラ＝ロボスが資金援助によって達成しようとする目標は，Max Eschig 社から自身の作品の楽譜を出版するための費用を捻出することにあった。というのも，この時期のヨーロッパにおいて，作曲家としての名声を確立するための方法は，第一にコンサートで自作を上演して批評家から好評を得ることであり，第二に作品の楽譜を出版して，演奏家にとって作品をアクセス可能にすることであったからである。パトロンであったグインレは，ヴィラ＝ロボスのこの要求を許し，結果として Max Eschig 社から彼の15作品が年内に一挙出版されることになるのである。

1927年10月24日と12月５日には，パリのメゾン・ガヴォーのコンサートホールで，ヴィラ＝ロボスの作品ばかりを取りあげる演奏会が開かれるに至った。10月にはショーロス２番，ショーロス４番，ショーロス７番，ショーロス８番，12月にはこれに加えてショーロス３番，ショーロス10番が演奏された。ルービンシュタインの記録によれば，このコンサートにはプロコフィエフやラヴェルも同席していたという。

この『ショーロス』をメインとしたコンサートに対して，パリの批評家た

ちは惜しみない賞賛を贈った。たとえばフローラン・シュミットはLa Revue de Franceにおいて，「この並外れたブラジルの音楽家は，いま，私たちを圧倒した」と絶讃し，アンリ・プルニエールはLa Revue Musicalにおいて，この二つのコンサートが

> « C'est la première fois qu'en Europe on entend des œuvres venues de l'Amérique latine et qui apportent avec elles les enchantements des forêts vierges, des grandes plaines, d'une nature exubérante, prodigue en fruits, en fleurs, en oiseaux éclatants. »[14)]

> 「それはヨーロッパにとって，ラテンアメリカからやってきた作品をはじめて聞いたときであった。原生林や巨大な植物，生い茂る植物に豊富な果実，花々，そしてさえずる鳥たちといった熱帯の魅力が，ヨーロッパにはじめてもたらされたのだ。」

として，その感動がプリミティブなものの集大成[15)]であったことや，全くもって新しい経験であったことを描いている。「ドビュッシー風の」などという派閥を継ぐ形ではなく，「はじめて」(première fois) と形容されること - これはヴィラ＝ロボスにとって，狙っていた通りの反応であっただろう。なぜならばヴィラ＝ロボスは，ブラジルあるいはフランスのどの「モダニズム」にも属そうとはせず，独自の作風を打ち出すことを目指していたからだ[16)]。1920年代パリの聴衆の希望に応える形で自らの作風を変容させながら，しかし派閥に頼ることなく評価を確立していったということがヴィラ＝ロボスの特徴であった。

しかし，アプレビーが指摘するように，パリの聴衆が求めるようなエキゾチックな音楽を作れば作るほど，ヴィラ＝ロボスは板挟みの状態に陥っていったようだ。エキゾチズムを増せば増すほどブラジル＝野性 (Sauvage) ／パリ＝文明 (civilization) というイメージを強めていくことになり，結果として，ブラジル人たちからの反発を買うことになった。ヴィラ＝ロボスのパリ

滞在中について執筆している Anaïs Fléchet が描くように，ブラジルとフランスを繋ぐ音楽家として地位を確立したヴィラ＝ロボスは，その地位ゆえに，自身の作品を通じて，ブラジルのイメージ（image）と神話（myth）を生産し，フランスの中に広めていく役割を担ってしまうことになるのである。そのような状況を抱えつつ，1929年の８月から９月にかけて，ヴィラ＝ロボスはブラジルへ帰国してリオデジャネイロとサンパウロで彼の作品のコンサートを指揮し，ブラジルでの評価を高めるが，すぐにまたパリに戻る。そして，1930年５月のパリでのコンサートを区切りに，以後は拠点をブラジルに戻すことになるのである。

『ブラジル風バッハ』の成立

パリからの帰国後，すなわち1930年以降，ヴィラ＝ロボスの代表作である一連の『ブラジル風バッハ』が作曲されていく。ヴィラ＝ロボスのバッハへの傾倒については，1921年の時点ですでに，J.S. バッハの『平均律クラヴィーア曲集　第二巻』の「フーガ第21番」を８台チェロ用に編曲していることが知られており，またヴィラ＝ロボス自身，1945年の手紙の中で「芸術の世界において，最も聖なる贈り物であることは疑うべくもない」とバッハの音楽の特別性を表明している。しかし，バッハへの傾倒や，バロック音楽とブラジルのポピュラーミュージックの即興に同じ要素を見出したというヴィラ＝ロボス本人の言説が残されているゆえに，なぜ1930年というこの時期に，彼のアイデアが Bachianas Brasileiras というタイトルのもとで結実したかということについては，十分な考察が成されてこなかった。

まずは1920年代の音楽状況として，たとえばストラヴィンスキーが『プルチネルラ』組曲で展開していったように，新古典主義の潮流が生まれていたことにも目配りする必要があるだろう。新古典主義の特徴は，ロマン主義以前の様式，とくに秩序をもった様式的なバロック音楽を現代的な手法で洗練・発展させることにあるが，その意味においては，ヴィラ＝ロボスのバッハへの回帰というのは，ある種の新古典的主義的転回だと位置づけることも可能だからだ。しかし，そうであるとするならば，ヴィラ＝ロボスは1930年よりも早い段階で新古典主義の作風へ移行することもできたはずであり，1930年以降になってはじめて，この一連の作品が生み出される理由としては，不十分であると言わざるを得ない。そこで，1926年から1930年にかけてヴィラ＝ロボスが遂げた作風の変容と，それゆえに陥った先述の「板挟み状態」を鑑みて，ひとつの仮説を提示しておきたい。

Bachianas Brasileiras とは，1920年代後半のパリにおいてヴィラ＝ロボスが経験した「板挟み状態」に対する打開策として編み出された作品だったのではないだろうか。先述したように，エキゾチズムを増せば増すほど「野性」と「文明」のコントラストが際立ってしまうという板挟み状態から脱し，それでいて，西洋の聴衆が求めていたエキゾチズムやプリミティブな要素を自身の作品のなかで確保するためには，両者を融合させた作品を書く必要があったのではないか。

当時のブラジルをめぐる政治状況とヴィラ＝ロボスの政治的立場を考慮すると，この仮説はさらに補強されることになる。ブラジルでは，1920 年代にナショナル・アイデンティティを求める動きが高まっており，1930 年のヴァルガス革命以降はナショナル・アイデンティティ（すなわち Brasilidade）の獲得が国家レベルで推進されていた。ナショナル・アイデンティティ獲得の一環として，西洋に通用する「ブラジルを代表する作曲家」の存在が切望される社会的背景があったのである。1930 年にフランスから帰国したヴィラ＝ロボスは，すぐに教育庁の文化顧問に就任することになるのだが，その立場ゆえ，パリ滞在中のようにブラジル的なものを「エキゾチック」な要素として作品に取り込むのではなく，西洋的要素と並びうるものとして取り入れて自らの音楽表現を確立していくことを自他ともに要求されることになったのではないだろうか。

プリミティブでエキゾチックな要素を，あらゆる派閥や音楽の源流にあるような「バッハ」と組み合わせること。Bachianas Brasileiras，正確に訳すならば「バッハ風・ブラジル風の音楽」あるいは「バッハ風のブラジル音楽」となるように，少なくとも表題のうえでは，この二つはほとんど対等なものとして扱われていることに注意したい。こうした発想は，タイトルのBachianas Brasileirasという表記のみならず，九曲あるBachianas Brasileirasの各楽章の表題を参照しても読み取ることができる。以下にBachianas Brasileiras全9曲の内訳と作曲年代，編成を掲げる。

第一番（1930年・1938年作曲，チェロ八重奏）
第一楽章：序奏／エンボラーダ
第二楽章：プレリュード／モヂーニャ
第三楽章：フーガ／コンヴェルサ

第二番（1930年作曲，民族楽器を用いた一管編成オーケストラを想定）
第一楽章：プレリュード／カパドシオ（ペテン師）の歌
第二楽章：アリア／われらが大地の歌
第三楽章：舞曲／奥地の思い出
第四楽章：トッカータ／カイピラの小さな汽車

第三番（1934年作曲，ピアノと管弦楽のための協奏曲的作品）
第一楽章：前奏曲／ポンテイオ
第二楽章：幻想曲／脱線
第三楽章：アリア／モヂーニャ
第四楽章：トッカータ／ピカプ

第四番（1930年から1941年の間に作曲，ピアノ曲，1942年に管弦楽化）
第一楽章：プレリュード／序奏

第二楽章：コラール／セルタン（ブラジル奥地の歌）

第三楽章：アリア／カンティガ（歌，古謡）

第四楽章：舞曲／ミウヂーニョ（黒人に伝わる小刻みな足踊り）

第五番（1938 年作曲，1945 年改訂，チェロ八本とソプラノのための作品）

第一楽章：アリア／カンティレーナ

第二楽章：踊り／マルテロ

第六番（1938 年作曲，フルートとファゴットのデュオ）

第一楽章：アリア／ショーロ

第二楽章：幻想曲

第七番（1942 年作曲，管弦楽曲）

第一楽章：前奏曲／ポンテイオ

第二楽章：ジグ／カイピラ風カドリーユ

第三楽章：トッカータ／一騎打ち

第四楽章：フーガ／対話

第八番（1944 年作曲，管弦楽曲）

第一楽章：前奏曲

第二楽章：アリア／モヂーニャ

第三楽章：トッカータ／カティーラ・バティーダ

第四楽章：フーガ

第九番（1945 年作曲，合唱曲・弦楽合奏曲）

第一楽章：前奏曲／ゆっくりと神秘的に

第二楽章：フーガ／少しテンポを上げて

このように，九曲からなる「ブラジル風バッハ」あるいは「バッハ風ブラジル音楽」は，そのタイトルに「ブラジル」を冠するのみならず，ほとんどの楽章において，西洋音楽の楽章にわれる様式表現と共にブラジル的な副題が併置されているという特徴を持つ。しかし，第九番のみ，どの楽章においてもブラジル的副題が付されていないことに注目する必要がある[17)]。

おそらくそれは，ブラジル的要素を失ったものとしたのではなく，ブラジル的要素と西洋音楽の要素が完全に一体化したことを示すものではないだろうか。カンドンブレ（ブラジルの民俗信仰）の儀式の音楽を思わせる荒々しく執拗なリズムが流れ続ける一番の第一楽章から始まったブラジル風バッハは，九番に至って「バッハ風」と「ブラジル音楽」の完全なる融合を果たすのである。

とりわけ第九番第二楽章の八分の十一拍子のフーガは，五拍子（＝ブラジル音楽に特徴的なリズム）＋六拍子（＝西洋音楽の源泉となるリズム。12世紀末のノートルダム楽派の当初は，三位一体説を反映して，八分の六拍子が主要であった。）の組み合わせであり，ブラジル的な音楽と西洋的な音楽が拍子のうえでも緊密に結びつけられている。

そしてまた「九番」においてブラジル風バッハを完結させたことには，西洋の偉大なる作曲家として九つの交響曲を書いたベートーヴェン，シューベルト，ドヴォルザーク，マーラー（それぞれ九つの交響曲を書いている）らと並ぶブラジル音楽の金字塔をその作曲生涯において打ち立てようとしたという意図を読み取ることが出来る。九番が当初合唱曲として構想されていたこと（ベートーヴェンの第九番『合唱つき』を想起させる），ブラジル風バッハ第九番フーガの最後の和音が，Cの音一種類に集中することも，この九番をもって連作の到達点とする構想が当初からあったことを裏付けるだろう[18)]。

結語：『ショーロス』から『ブラジル風バッハ』へ

以上，1920年代のヴィラ＝ロボスのパリ体験を追いながら，『ショーロス』から『ブラジル風バッハ』にいたる作風の変遷を生み出した様々な要因を考察してきた。端的に纏めれば，本論は，『ショーロス』の成立がパリ体験に大きく影響されていることと，ブラジル性を強めて行くヴィラ＝ロボスの作風の変化が，作曲家本人の芸術的思考の変遷はもちろんのことながら，社会的状況に大きく影響されていることを示すものであった。ヴィラ＝ロボスについて多くの研究を成している Lisa Peppercorn の表現を用いれば，ヴィラ＝ロボスという作曲家は「戦略的な天才」（génie stratégique）なのである。

すなわちヴィラ＝ロボスの作品に「ブラジル性」が強まっていくのは，パリ体験という出来事を経てからであり，その結実が『ショーロス』であった。ヴィラ＝ロボスが幼少期から接してきたブラジルの民族音楽を「ブラジル性」として昇華するためには，海外へ渡ることによって自らを相対化する機会を持たなければならなかったし，パリの聴衆にあわせて作風を変化させたという側面を見過ごしてはならない。しかし，このようにブラジル性を強めて行く作風の変遷が，ある種の板挟み状態を生むことになり，打開策として『ブラジル風バッハ』が生み出されることになった。その意味においては，『ブラジル風バッハ』もまた，ヴィラ＝ロボスの1920年代のパリ体験が生み出した楽曲であったといえるだろう。とはいえ，本論では『ブラジル風バッハ』の成立をめぐって仮説を提言するに留まった。1930年以降のヴィラ＝ロボスの動向，および『ブラジル風バッハ』をめぐる詳細な分析については，また稿を改めて議論することとしたい。

注

1） ヒュー・ミルトン・ミラー『新音楽史』（村井範子訳，東海大学出版会，1989）p. 232

2） 彼の音楽に「ブラジル性」が宿るルーツの一つには，ヴィラ＝ロボスが幼少より旅と共に生きた作曲家であったことが挙げられる。リオ・デ・ジャネイロに生まれた彼は，5歳にてミナス・ジェライスの奥地へと旅し，18 歳から25 歳の間にはブラジル国内を転々として，民謡のメロディを記譜し，民衆の歌や踊りなどと親しんだ。こうして青春の時期にブラジルを旅し，ブラジルの民衆の音楽を身体に吸収したことが，彼の中に「ブラジルの魂」のようなものが育つきっかけになったことは疑いようがない。

3) 1946年に出版されたルネ・デュメニル『両大戦間におけるフランス音楽』（La Musique en France entre les deux guerres 1919-1939）においても，ヴィラ＝ロボスの扱いはわずか一行に留まっている。また，2010年に出版された井上さつき・今谷和徳『フランス音楽史』は，日本語で書かれたフランス音楽史の数少ない通史書であり，パリを中心としたフランスのクラシック音楽の通史書であるが，ヴィラ＝ロボスについては全く扱われていない。

4) Appleby, David P. Heitor Villa-Lobos, A Life（1887-1959）, p.65
In the 1920s, Brazilian artists and musicians imagined themselves to be citizens of two nations: Brazil and France.

5) シェング・スヘイエン『ディアギレフ　芸術に捧げた生涯』（鈴木晶訳，みすず書房，2012）p.243

6) アレックス・コス『20世紀を語る音楽 1』（柿沼敏江監訳，みすず書房，2013）p.81

7) 秋山邦晴『エリック・サティ覚え書』（青土社，2016）p.198

8) 同上, p.198

9) ポリニャック公爵夫人から支援を受けていた代表的な作曲家には，ストラヴィンスキーやラヴェルらが挙げられる。しかし，実質的にこのポリニャック公爵夫人のサロンを運営していたのは，ナディア・ブーランジェであった（ジェローム・スピケ『ナディア・ブーランジェ』pp.107-109参照）。ナディア・ブーランジェとヴィラ＝ロボスが交流していた記録は本論執筆段階では発見することができなかったが，互いに名前は知っていたであろうことが予想される。

10) サロンの庇護を受けることは，19世紀のパリに集まった芸術家たちに一般的であったが，この構造は1920年代になっても変わっていなかった。
「20年代のパリは一つの矛盾を露呈していた。一方ではこの騒々しい10年のあらゆる流行 - ミュージック・ホール，アメリカのジャズ，スポーツと娯楽文化，機械の騒音，グラモフォンとラジオというテクノロジー，キュビスム，未来主義，ダダイスム，同時主義，超現実主義への音楽の追随 - をすべて抱き込んでいた。それでいて超現実的な表面の下では，芸術家の活動に対する十九世紀的な支援構造が存続していたのである。」アレックス・ロス『20世紀を語る音楽 1』（柿沼敏江監訳，みすず書房，2013）p.104

11） Appleby, p.69

12） Appleby, p.75

Villa-Lobos apparently was convinced that to succeed in Paris, a musician must be “exotic” and “sensation ” . The French were eager to hear the music of “le sauvage brésilien”

13） ジョルジェ・コリ「近代的で民族的なエイトール・ヴィラ＝ロボス」ブラジル外務省文化部編『ブラジリアン・クラシック・ミュージック』所収，P.76

14） Prunières Henri, Revue Musicale, janvier 1928.

15）「プリミティブ」という言葉はヴィラ＝ロボスのこの時期の音楽を表現する重要な要素である。ヴィラ＝ロボス自身，ショーロス11番によせて書いたイントロダクションにおいてもこの言葉を多用している。

16） Appleby,p.76.

He wished to be considered innovative and original without being identified with modernist groups in Brasil or France.

17） 部分的に副題が示されていないのが第六番と第八番である。第六番二楽章は「幻想曲」のみで副題が示されていないが，これは幻想曲 Fantasia という題がブラジル的要素も含んでいるという点で併記することを避けたのか，あるいは第一楽章に示された副題「ショーロ」が継続している可能性が考えられる。第八番については，第一楽章「前奏曲」と第四楽章「フーガ」のみに副題が示されていないが，第九番の「前奏曲」「フーガ」へと繋がる思考をここに見出すことが出来るだろう。

18） ヴィラ＝ロボスは1959 年まで存命であったから，ブラジル風バッハ九番を完成させた1945 年以後もブラジル風バッハを書く時間的余裕はあったと考えられる。にも関わらず九番で打ち止めにしたということには，このシリーズを九番で完結させるつもりであったという意図を読み取ることができる。

参考文献一覧

秋山邦晴『エリック・サティ覚え書』（青土社，2016）

井上さつき『音楽を展示する』（法政大学出版局，2009）

井上さつき，今谷和徳『フランス音楽史』（春秋社，2010）

岡田暁生『西洋音楽史 「クラシック」の黄昏』（中公新書，2005）

山田勝『回想のベル・エポック―世紀末からの夢と享楽』（NHK 出版，1990）

エクスタインズ（モードリス）『春の祭典　第一次世界大戦とモダン・エイジの誕生』

（金利光訳，みすず書房，2009）

カーン（スティーブン）『空間の文化史』（浅野敏夫・久郷丈夫訳，法政大学出版局，1993）

カーン（スティーブン）『時間の文化史』（浅野敏夫・久郷丈夫訳，法政大学出版局，1993）

コクトー（ジャン）『エリック・サティ』（坂口安吾・佐藤朔訳，深夜叢書，1991）

コリ（ジョルジェ）「近代的で民族的なエイトール・ヴィラ＝ロボス」ブラジル外務省文化部編『ブラジリアン・クラシック・ミュージック』p.72-77（2008）

シェフネル（アンドレ）『始原のジャズ　アフロ・アメリカンの音響の考察』（昼間賢訳，みすず書房，2012）

シック（アンナ・ステラ）『白いインディオの想い出／ヴィラ＝ロボスの生涯と作品』（鈴木裕子訳，トランスビュー，2004）

シャタック（ロジャー）『祝宴の時代　ベル・エポックと「アヴァンギャルド」の誕生』（木下哲夫訳，白水社，2015）

スピケ（ジェローム）『ナディア・ブーランジェ』（大西穣訳，彩流社，2015）

スヘイエン（シェング）『ディアギレフ　芸術に捧げた生涯』（鈴木晶訳，みすず書房，2012）

ミラー（ヒュー・ミルトン）『新音楽史』（村井範子訳，東海大学出版会，1989）

ルービンシュタイン（アルトゥール）『ルービンシュタイン自伝―神に愛されたピアニスト（上）』（木村博江訳，共同通信社，1983）

レヴィ＝ストロース（クロード）『サンパウロへのサウダージ』（今福龍太訳，みすず書房，2008）

レイノルズ（ナンシー）『20世紀ダンス史』（松澤慶信訳，慶應義塾大学出版会，2014）

ロス（アレックス）『20世紀を語る音楽 1』（柿沼敏江監訳，みすず書房，2013）

Appleby, David P. *Heitor Villa-Lobos, A Life (1887-1959)*, Scarecrow Press, 2002.

CARADEC, François. *Le Café-concert (1848-1914)*, Fayard, 2007.

COCTEAU, Jean. *Écrits sur la musique, textes rassemblés, présentés et annotés par David Gullentops et Malou Haine,* Paris, Vrin, collection Musicologies, 2016.

DUMESNIL, René. La Musique en France entre les deux guerres 1919-1939, Collection « BILANS » III　Milleu du monde, 1946.

GUÉRIOS, Paulo Renat. *Heitor Villa-Lobos and the Parisian art scene: how to become a Brazilian musician,* Mana vol.1 no.se Rio de Janeiro, 2006.

FLÉCHET, Anaïs. *Villa-lobos à Paris: Un écho musical du Brésil,*　L'harmattan,

2004.

HARVEY, David. *Paris, capital of modernity*, Routledge, part of Taylor & Francis Books, Inc, 2003.

MARCHAND, Bernard. *Paris, histoire d'une ville. XVIIIe - XXe siècle*, Seuil, 1993.

ORY, Pascal et al. *Paris et ses expositions universelles: architectures, 1855-1937*, Éditions du patrimoine, 2008.

PRUNIÈRES, Henri, *Revue Musicale*, janvier 1928.

ジャン・アヌイ『アンチゴーヌ』における二つの喪の変奏

大谷理奈

0．はじめに

1930年代から半世紀以上に渡り，パリを拠点に活躍したフランス人劇作家ジャン・アヌイ（Jean ANOUILH, 1910-1987）の代表作である『アンチゴーヌ』[1)]は，ギリシア神話に登場するテーバイ王オイディプスの娘であるアンティゴネーを題材とした戯曲であり，古代ギリシア以降さまざまな作家によって受け継がれてきた「アンティゴネーの系譜」[2)]に連なる作品である。わけても，本作がソポクレスになるテーバイ三部作の一作『アンティゴネー』（c.441BC）を下敷きとした変奏劇であることは明らかである。

このように変奏や翻案によって文学テクストが創出される場合，読者あるいは観客の脳裏には自ずと原作と新作との異同への疑問がよぎる。本論では，アンティゴネー神話の主題である喪と追悼の観点からこの異同を検討することで，ジャン・アヌイによる二人の主要登場人物であるアンチゴーヌと王クレオンの書き換えについて分析し，アヌイが書き換えによって現代人の喪を提示していることを論証したい。

1．アンティゴネーの喪の挫折：運命的悲劇

アンティゴネーの物語が語られるとき，主眼がおかれてきたのはアンティゴネーを動作の主体とした「喪の仕事」の遂行である。ヘーゲルはこの悲劇の中心的葛藤が，クレオンが代表するところの「人間の掟」とアンティゴネーの担う「神の掟」の相克にあるとした[3)]。アンティゴネーが「神の掟」へ

の従順によって試みるのは兄ポリュネイケスの埋葬である。アンティゴネーは，死の危険を覚悟の上で王による埋葬の禁止に逆らう。しかし，埋葬は失敗に終わる。ヘーゲルは，番人によってクレオンの前に引き立てられたアンティゴネーが神々の名のもとにクレオンが象徴する国家権力による抑圧を拒んでいると指摘している。それによれば，アンティゴネーの体現する「自然な共同体精神」こそ，家族という共同体の精神であり，また神の掟と言い換えられるものである[4]。

ゼウスへの言及はコロス（合唱）の詞章にもある：「ゼウスは大言壮語する人の思い上がりを憎悪なさる。[…] 彼ら［アルゴス勢］を見そなわすや，雷槌を振りかざし給いて，胸壁の頂にて，そこで勝鬨を轟かせんとしていた者を撃たれ給うた」(77)。オイディプスの息子ポリュネイケスとエテオクレスは攻守に分かれ相討ちとなる。引用は，攻勢にあったポリュネイケス率いるアルゴスの侵略軍の「思い上がり」がゼウスの憎しみを買ったことを伝えている。このように古代ギリシアの劇世界において，神々（immortel）が人間（mortel）と同じ次元で語られることが注目に値するのは，神々の濃厚な存在感[5]が，劇中人物たちや当時の観客の死生観に直結しているからである。

また，ここでは自ずとオイディプスの思い上がりも思い起こされる。傲慢なる人の子オイディプスが生まれながらに負う神からの憎悪は正当なる財産としてその子に相続され，そのためにポリュネイケスのみならずテーバイを守護したエテオクレスもまた落命するのである。

アンティゴネーもまた，このオイディプスの血脈に連なる。彼女は劇中では神の掟の忠実なる巫女であり，傲りを罰されるべきはむしろクレオンである。にもかかわらず，彼女がその悲劇的な運命から救済されることはない。彼女もまた呪われたオイディプスの家の一員であることから逃れられないのだ。このように，「アンティゴネー」によるポリュネイケスの弔いが頓挫するのは彼女の体を流れる「血」に起因するところが大きい。そのため，彼女の埋葬の挫折は一種の宿命であり，その悲劇は運命的悲劇といえる。

2．アンチゴーヌの喪：喪の完了と死の願望

アヌイの『アンチゴーヌ』は筋の上でソポクレスを踏襲している。アンチゴーヌは兄の埋葬を企て，実行し，捕まる。しかし，「アンチゴーヌ」の失敗が「アンティゴネー」の失敗と本質的に異なることを以下に論証したい。

「アンチゴーヌ」は，奔放で捉えどころがない情熱的なアヌイ・ヒロインの典型である。彼女の行動原理はアンティゴネーのそれとは根本から異なっている[6)]。アンチゴーヌが追い求めるのは，神々の掟への従順でもなければ，兄の霊魂の安眠でもない。それどころか彼女は首尾一貫して，自らの死そのものを希求するかのように振る舞う。幕が上がって最初の口上ですでに，アンチゴーヌの名は死のイメージと結びつけられる（「彼女は考えています，自分がこれから死ぬのだと，まだ若く，自分だって生きたかったのにと。けれどどうしようもありません。彼女の名はアンチゴーヌで，最後までその役をつとめなければならないのです…」[629]）。アンチゴーヌという少女は，舞台上での誕生の瞬間から死を思う娘なのである。この「前口上／プロローグ」につづいて物語は，アンチゴーヌが早朝どこかから，怯えつつも奇妙に満足気な様子で帰宅することではじまる。そこへ姉イスメーヌがやってくる。良識的な彼女はアンチゴーヌの計画に反対している。

イスメーヌ　王は私たちを殺させるわ。
アンチゴーヌ　それはそうね。それぞれ役目があるもの。彼のは私たちを殺させること，そして私たちのは，お兄さんたちを埋葬しに行くこと。そんな風に割り振られているんだわ。どうしたらいいというの？
イスメーヌ　私，死にたくないの。
アンチゴーヌ　（優しく）私もよ，死なないでいられたなら良かったわ（635）

ここでアンチゴーヌは，「死なないでいられたなら良かったわ（« j'aurais bien voulu ne pas mourir »）」と条件法過去を用いる。それによって彼女がすでに « mourir » を決定済みの運命として期待していることがわかる。後に

わかることだが，この時点で彼女はすでに第一の埋葬の試みを終えている。またイスメーヌを「私は理解なんてしたくない，理解なら歳をとってからするわ［…］もし歳をとるならね。今ではないわ」(636）と激しく拒絶する，その仮定形にも同様の意志を読み取ることが出来る。やがて婚約者エモンが現れると，アンチゴーヌは彼に向かって唐突に未来の話をはじめる。ここでも条件法過去の繰り返しが不穏な決意を暴露する（「あなたに言いたいことがあったの…私たち二人に生まれるはずだった小さな坊やのことね…」「ねえ私，その子のこと全てのものから守るつもりだったの」[641]）。「生まれるはずだった（« nous aurions eu »)」，あるいは「守るつもりだった（« je l'aurais bien défendu »)」二人の間の小さな坊やは，彼女にとって最早実現しない未来となっているのだ。劇序盤のこうした伏線から，彼女が早い段階で既に自らの死を覚悟していることが理解される。それどころか彼女は自ら死に向かうようですらある（「それじゃあお前は死にたいんだな？［…］お前を救けてやりたいのだ，アンチゴーヌ。」／「[…］あなたに出来るのは，私をこのまま死なせることだけだわ」[655]）。

家族に死に別れた少女が自ら死を求め，破滅へと身を投じる。そこに自罰的な素振りや絶望は見られず，むしろ彼女は周囲に対する軽蔑の眼差しを隠そうとしない。とりわけ彼女は「理解 comprendre」と「幸福 bonheur」いう言葉に強い拒絶を示す。「理解」という単語を最初に用いるのはイスメーヌだ：「私だってお兄さんは可哀想だと思うわ，でも叔父様のお考えも少し分かるわ」「せめて理解しようとしてちょうだい」([635-6]，強調は引用者)。しかしアンチゴーヌはそれをはねつける，「理解する，いつだって理解なのね。私は理解なんてしたくない」と。「理解」はここでは理性的な行為であり，同時に妥協であり，ある種の老獪さと結びついている。ソポクレスがアンティゴネーの妹としたイスメーネーを姉と改めたアヌイの意図も，この老い・成熟と理解・妥協の関係性を踏まえたものであるかもしれない。王としての自身の立場への「理解」を求めるクレオンを，アンチゴーヌは最も激しく糾弾する（「ノンと言えば良かったのよ，その時！［…］私は，まだ気に入らない全てのものに向かって「ノン」と言えるの，自分一人で決められるの」[657]）。「ノン」を振りかざし「理解」という名の恭順を社会に示した人々に対する侮蔑を隠そうとしない彼女の「エディプ［＝オイディプス］の傲慢」（652）をクレオンも指摘している。

しかしそんな彼女も，後述するクレオンのある暴露によって一度だけ屈しかける。ところがそこでクレオンは，もう一つの単語を用いてしまう。

クレオン　いいかい，あることに気がつくことが，老いゆく者の僅かな慰めなのだ。人生というのは，結局はただ幸福ということなのだって。
アンチゴーヌ　（ぼうっとしたまなざしで呟く）幸福…（662）

アンチゴーヌはこの「幸福」という言葉を契機に息を吹き返し，激しい「ノン」を振りかざして破滅へと突き進む。この幸福からの逃避，理解への激しい拒絶，そして保身としての破滅の志向は，『野生の女』『ユリディス』といったアヌイの初期ヒロインたちに共通の性質である。彼女たちは，いずれも物語の過程である岐路に立たされ，選択を迫られる。一方の道は光が溢れ，小さな世界で安寧に包まれる道である。他方の道は暗く凍てついて，その先には何もない。しかし，その過酷な道を選ぶ者はどんな紗も通すことなくくっきりと世界を見通すことが出来る。『野生の女』のテレーズは，「幸福」に次のように疑問を呈した。

アルトマン　［…］いいですか，少しずつですが，あなたも全く苦しまないようになります。彼らに何も求めないようになります，ただその喜びの中に，小さな居場所だけ貰えればね。
テレーズ　（間）でもそれって，なんだか死んだみたいね……（314-15）

小さな幸福の姿をした緩慢な死への軽蔑ゆえに，アヌイ・ヒロインたちは破滅へと歩み出すのだ。

とすると，アンチゴーヌが兄の埋葬に固執する理由が見えてくる。兄の魂の救済を求めて，あるいは一族における自分の責務と信じてそうするのではない。彼女は躊躇う姉に対しこう諭す：「それぞれ役目があるもの。彼のは私たちを殺させること，そして私たちのは，お兄さんたちを埋葬しに行くこと」。ここで挙げられている「役目 son rôle」は演劇の rôle，すなわち配役を意味し，エディプの娘として，ポリニスの妹としての「役割」をも意味している。アンチゴーヌにとって喪の行為は，役割の完遂であり，その結果として彼女に死をもたらすものと捉えられているのだ。

さらにアンチゴーヌが喪の行為による死者の救済，あるいは一族の名誉の保持を拠りどころとするのではないことが，以下の対話で明言される。

> **クレオン**　それじゃあ本当にお前は信じているというのか，お決まり通りの埋葬ってやつを？　すこしばかりの土と坊主の決まり文句を投げかけてやらなければお前の兄さんの亡霊が永遠に彷徨うだなんてことを？　お前だって聞いたことがあるだろう，テーベの坊主たちがお祈りを唱えるのを？　疲れ果てた雇われ坊主が身振りを抜かして，文句を飲み込んで，昼飯前にもう一件，と死をこなしているのをお前は見ただろう？
> **アンチゴーヌ**　ええ，見たわ。
> **クレオン**　その時思ったことはないのか，そこに，その棺に横たわっているのが，お前の本当に愛している人だったなら，お前は突然叫び出さずにいられないだろうって。黙ってくれ，ここから立ち去ってくれと彼らに叫ぶだろうって。
> **アンチゴーヌ**　ええ，思いました。
> [···]
> **クレオン**　人のためでも，兄さんのためでもない？　じゃあ誰のためだ？
> **アンチゴーヌ**　誰のためでもありません。私のためだわ。(654)

この対話の中でアンチゴーヌは，聖職者たちによる葬送の儀式を「本当に信じている croire vraiment」わけではない，ということを認めている。そしてまた，「棺に横たわっているのが，［彼女］の本当に愛している人だったなら［···］突然叫び出さずにいられない」とも認めている。すなわち彼女は，儀礼的な弔いが遺族を霊的にも情緒的にも救済すると信じていない。そのため，彼女が弔いの身振りを「私のため」と宣言するとき，弔いによって喪失に伴う苦痛が慰められるから，という意味合いでないことは明らかだ。アンチゴーヌは喪の仕事の完了を彼女自身の役割として捉えており，それを達成することに意味を見出しているのだ。

ここで再び，戯曲序盤のアンチゴーヌの言動に注目しよう。乳母やイスメーヌ，エモンとのやりとりにおける彼女の不自然な様子がト書きにて指定されていた。曰く，「奇妙なほほ笑みを浮かべて」，「解しがたい笑みを浮かべたまま」，あるいは「不意に深刻に」(632-33)。このような奇妙に満足気な様子を彼女がみせるのは，これらの対話の以前に彼女が，白みかけた夜の底で兄の側に膝まずいてその骸を土で覆う葬送の儀式をすでに一度やりおおせているからだ。

彼女の意識がすでに行為の帰結であるところの死へと向かっているのは，彼女が「喪の仕事」にすでに着手しているからだと解釈できる。一度目の埋葬でポリニスの遺骸にふりかけた土は番人たちによって取り払われ，二度目の試みで彼女自身は捕縛される。これによって，儀式は無効化され，アンチゴーヌの喪は挫折したかのように思われる。しかし，アンチゴーヌが儀式にこだわりがないのであれば，儀式の成立は彼女自身の「喪」に関係がない，とさえいえる。つまりアンチゴーヌにとっての喪は，幕が上がる前に一度完了している。そしてそれは，必ずしも彼女がおこなった土による弔いの身振りによって完了したのではない。彼女が自ら喪の仕事に着手したことによって，彼女自身の「喪の感情」が解消しており，その役割が達成されているということが肝要なのである。

3．統治者クレオン：喪の予感

さて，本作にはもう一つ重要な喪の描写がなされる。クレオンの喪である。

ソポクレスの『アンティゴネー』におけるクレオンは，都市国家の代表者，誇り高き君主として描写されている。王は従者を従えて入場し，神とテーバイの民草に語りかけ，「国の敵を自分の友などとはすまい（79）」と，彼の統治の根底にある思想を開陳する。彼は自分こそが国家そのものであり，国家の敵は彼の敵，彼の敵は国家の敵であると主張する。ところが実の息子ハイモンは，そんな彼の君主論を厳しく糾弾する[7)]。国はその主権者に属すると言うその主張や「神々への務めを蹂躙なさる」のかと詰め寄るハイモンの姿が，クレオンを暴君たらしめる。

『アンティゴネー』は紀元前441年頃，サモス島への軍事侵攻を控え，士気を高めつつあったテーバイの市民たちに向けて上演された。自分たちの民主制に非常な誇りをもっていたテーバイ市民にとって本作は，誤った決断により悲劇を手繰り寄せる王と，それを止め得ない臣民たちの姿は過去の王制の闇の体現と映ったかもしれない。以降今日に至るまで多くの演出において，ソポクレスのクレオン王は暴虐の君主として演じられてきた。

他方，時代が下ると，クレオンは実は法の理想に燃える為政者なのだとする解釈が出てくる。ヘーゲルはクレオンについて『宗教哲学講義』にこう書いている。

> クレオーンは僭主ではなく，同じように一つの共同体の威力であるものを代表している。クレオーンは不当ではない。彼は，国法と統治（政府）の権威は守られなければならず，それを侵害すれば罰せられるということを主張しているのだ。（259）

このようなクレオン擁護の潮流はヘーゲル以降，主に政治哲学の文脈において脈々と受け継がれてゆくことになる。

いずれにせよ破滅の引き金となるのはクレオンの翻意である。テイレシアスの「一つの骸の代償に，そなたはもう一つの骸を差し出すことになるだろう。それもそなた自身の血肉を分けた者をだ！」（112）という予言にクレオンは胸を騒がし，アンティゴネーを閉じ込めた岩穴へと急ぐ。コロスの祈りもむなしく，息子ハイモンも恋人を追って自殺を遂げたことが語られる。これこそがテイレシアスの予言にあった「そなた自身の血肉を分けた者」の死であった。アンティゴネーとハイモンの死はギリシア劇の作法に則り舞台の外で起こり，外から内への報告の形をとって披露される。

> **死者**　[…] 墓穴のいちばん奥に，あの娘［アンティゴネー］が下がっているのが眼につきました，麻の腰紐で頸を吊ってね。そして彼［ハイモン］は，彼女にすがりつき，掻き抱いて泣いておいででした。[…] ハイモン様は凶暴な目をして，狂ったような眼差しを周りに巡らせました。その顔は嫌悪を示し，なにも答えずに十字の鍔の短剣を抜いたのです。父君は飛び退きました。不幸なその人はそれで憤怒をご自分へと向けられたのです。勢い良く脇腹を広げられると短刀を半ばまで沈められました。そうしてから，意識を失う前に，ぐったりとした両腕で乙女を抱き締められたのです。そうしながらも，突然烈しい喘ぎとともに，その青ざめた頬を，血潮の混じった泡がどくどくと滴ったのです。(118)

クレオンがハイモンの棺を伴い，「ああ，息子よ［…］お前は死んだ，逝ってしまった。破滅してしまったのだ，私の狂気のゆえに！　お前は悪くないのに！」(119) と息子の死を嘆きながら登場し，さらに下僕が報告する，「奥方がおかくれです。このご遺体の実の母君が［…］今しがた受けたばかりの痛手のために斃れられました」(120)。こうしてクレオンは二人の家族を喪う。

妻子を喪い，独りになったクレオンは「おお，はよはよ従者ども，私を連れ去ってくれ，ここから遠く連れ去ってくれ！　私の存在はもはや無に過ぎないのだ」(121) と嘆く。

> **クレオン**　連れ去ってくれ，心ならずもお前を殺してしまったこの狂人を，それにあそこにいるお前の母親も私が殺したのだ！　この不幸な男は，どうしてよいかもわからない，どちらにすがっていいのかもわからない。この手の内であらゆるものが崩れ去り，とても背負いきれない運命がこの額を打つのだ。
> (クレオン，従者に扶けられてよろめきながら王宮の中に退場する［…］) (122)

クレオンは繰り返し自分をどこかへと「連れ去ってくれ」るよう懇願する。身近な人の訃報のような，大きなショックに見舞われた人は，心理的防衛としてある種の決まった反応を見せることがある。その一つが逃避反応である。

クレオンは愛しい人の死を知った直後の錯乱状態にあるままに，従者に縋りながら退場してゆく。彼は明らかに，喪の悲しみの最初期の状態にある。しかし，その激情を整理し消化するための喪の仕事には未だ着手し得ないままに，つまりは喪の解消・終結に関する一切の見通しのたたないままに幕が下りる。

『アンティゴネー』におけるクレオンという人物は，解釈の余地はあるものの，概ね人間性から乖離した存在である。彼はアンティゴネーと敵対し彼女を抑圧する人物，ミノトールの巣のごとく出口のなき墓穴へと彼女を追いたてる人物であり，独裁者としてであれ，厳格なる法の番人としてであれ，彼にとっては都市国家を益することこそが最優先事項となる。さらに彼は，家族を皆喪った喪の状態のなかで観客の目の届かないところへと行ってしまう。彼は自分がかつて姪に禁じた喪の仕事をやり遂げるのか，憂鬱症の中に沈み込んでいってしまうのか。クレオンの喪がいかなる結末を迎えるかは，誰にも分からないのだ。

4．クレオンの喪：生き残り

では，アヌイはそんなクレオン王をどのような人物に書き換えたのか。『アンティゴネー』においてクレオンが堂々たる演説を打って登場となすのに対して，アヌイのクレオンはごくさりげなく舞台に現われる（644)。自説の統治論など展開せず，衛兵が登場し報告の場面へと進行する。報告は大筋において『アンティゴネー』を踏襲している。しかしアヌイのバージョンではこの弔いが神の手によるものではないか，というコロスの台詞は削除されている（「王さま，この事件というのは，どうやら神の望まれたことではございませんか」[82]）。アヌイは「合唱」を，神々を畏れ敬うテーバイの長老たちではなく，一人の俳優の演じる狂言回しとして描いている。

さらに，コロス＝長老たちを奪われたクレオンは，孤独な王として舞台に立たされることとなる。ソポクレス劇におけるコロスの人数は，15人前後であった[8]と考えられている。当時の劇場において，コロスは舞台前方の平土間上のエリア・オルケストラ[9]で歌い踊ることで劇の進行を補助した。彼らは劇中においてクレオンの相談役であると同時に，上演面においてもクレオン役の俳優を支えた。取り巻きを失った20世紀のクレオンは，プロセニアム・アーチで客席と隔たれた舞台の上で，年若い一人の少年を引き連れているだけである。

さて，戯曲の中心となるアンチゴーヌとの対話においても，アヌイは従来とは異なるクレオン像を強調する。クレオンはまず姪であるアンチゴーヌに２つの質問を投げかける：「この計画を誰かに話したかね？」「途中で誰かに会ったかね？」(651)。クレオンにとっての優先事項は，この事件を闇に葬ることにある。それはテーベの秩序を保つためであると同時に，姪の罪を不問に付すためなのである。このように姪の処刑を回避しようとする姿勢はソポクレスのクレオンには見られなかった。アヌイはクレオンとアンチゴーヌの間の血縁を拾い上げ，それを近代的な家族関係に擬えて再現している。そこには，肉親ゆえの愛情と，その反動としての憎悪が付加される。

> **クレオン**　お前は私を人でなしと思っているだろう，わかってる，それになんてつまらない男だとも思ってるに違いない。それでも，お前がどんないじけた性格だろうと，私はお前を愛している。最初の人形をお前にプレゼントしたのは私だってことを忘れてはいけないよ，そんな昔のことじゃあないんだから。(653-54)
> **クレオン**　確かに私はお前の叔父だ，だが私たち一族は互いに愛情深く接していたわけではなかった。(655-56)

これらの引用でクレオンは劇中に描かれることのないアンチゴーヌの幼少期へと言及している。アンチゴーヌの最初の人形はクレオンからの贈り物であった，あるいは，彼らラブダコスの一族が，常に愛情深い家族であったわけではなかったという挿話。これらはいずれもこの上なくありふれたものであり，それゆえにアンチゴーヌとクレオンの間の血縁関係が生々しく強調される。このように，アヌイがクレオンに付与した第一の人間性はアンチゴーヌとの血縁関係における叔父としての性格である。

さらに遡ってみると，前口上ではクレオンが「宮廷一の権力者ではなかった頃は，音楽を愛し，美しい装丁本を，テーベの小さな古道具屋を冷やかす長いそぞろ歩きを愛し」(630) た男であったことが語られている。暴君どころか，彼は「エディプも，その息子たちも死んでしまった」ために「本も工芸品も捨て，腕まくりをして，王座についた」，いわばエディプの犠牲者である。それは権力とはかけ離れたところに生きる一人の人間の姿であり，外出禁止令の合間を縫うように劇場に足を運んだ1944年当時の観客たちの共感を呼ぶ一人の男の姿である。こうしてクレオンには第二の人間性として，個人的嗜好が与えられる。

このように好ましい人物としても描きなおされるクレオンであるが，決して清廉潔白というわけでもない。彼には真摯さと背中合わせの保身がある。彼がアンチゴーヌに恐ろしい秘密を打ち明けた場面をみてみよう。

> **クレオン**　お前に話そうと思う，私だけが知っている，恐ろしい事実を。エテオクルの品行というのもまた，ポリニスと同じようなものだったのだ。善き息子もまた，お父さんを暗殺しようとしていた。忠実な王子もまた，一番の値段をつけたものにテーベを売り払おうと決めていたのだ。[…] 私はどちらか一人を英雄に祭り上げる必要を感じた。それで，死骸の山の中から二人の死骸を探させた。[…] 二人は刺し違えていた，そのあとにアルゴスの騎兵隊がその上を走り抜けたのだ。ぐちゃぐちゃだった，アンチゴーヌ，見分けなんてつかなかった。私は一方の遺体を回収させた，まだしも損傷が少ないほうだ，国葬を上げるためにね。それからもう一方について，その場で腐らせておくように命令した。どちらがどちらかなんて分からないんだ。本当のところ，どちらであっても同じことなのだ。(661)

ここでクレオンの明かす秘密こそ，『アンチゴーヌ』の中核を為す重大な創作である。救国の英雄であったエテオクルと反逆者であったポリニスを天秤にかけることなく同等に弔う，という目的意識がアンティゴネーを悲劇のヒロインたらしめているとしたなら，この秘密の暴露はその目的を無効化するように作用するからである。善き兄と悪しき兄のいずれが弔いの対象となっているとも知れない，いいやそもそも善き兄などいなかった，というのだから。作中に，エテオクルとポリニスを分かつ記述はただ一点，前口上にて「善き兄エテオクル」と「ろくでなしのポリニス，反逆者でやくざなポリニス」(631) とあるだけだ。そしてこの善悪の隔てが取り払われたなら，もはや両者は「ぐちゃぐちゃ en bouilie」に，渾然となってしまう。「どちらであっても同じこと」であるかのように。

この告白はアヌイによる創作であるが，クレオンの秘密の暴露は彼の真摯さと打算を表すこととなる。秘密の保持は君主の職務の一つであり，それを放棄することで，クレオンは再び自らが血の通った人間であることを証する。ソポクレス・クレオンの優先事項はあくまでも都市国家の利益にあった。しかしアヌイ・クレオンは必ずしも都市の利益を唯一の行動原理としない。アンチゴーヌを「救けたい」という彼の言葉が政治家の話術にとどまらないことは，ここまでに考察した彼の人間的造形によって裏打ちされる。その姿勢は，反逆者を断罪する君主というより親戚間の厄介事に取り組む家長のそれである。人間的性格を付与されたクレオンは，より個人的な動機によって行動する現代人として描かれているのである。

このような変貌を遂げたクレオンだが，彼もまた破滅の運命を辿る。姪を死の床へと送り込んだ彼は，そのために息子と妻を亡くし，一人家臣に付き添われて退場する。この一連の流れは変わらないものの，大きく二点の改変が目立つ。

まず一点は，改心の有無である。前項で示したとおり，『アンティゴネー』においてクレオンは不吉な予言に胸騒ぎを覚え，アンティゴネーのもとへと向かう。『アンチゴーヌ』では，そもそも予言者テイレシアスが存在しない。神との媒介である予言者の不在が象徴するように，この世界では神が明確に意識されることはない。これはソポクレス劇に神々の濃厚な存在感があったのと対照的である。アンチゴーヌが静かに舞台を下りる。合唱による一言を挟み，すぐに伝令が飛び込んでくる。ここで時間の飛躍が起こり，たった今出て行ったはずのアンチゴーヌの末路が語られる。

伝令　恐ろしい報せです。アンチゴーヌを穴に放り込んで間もなくです。穴を封じる最後の岩を転がし終えぬ内に，突然クレオン様と周りの者達は穴の奥から嘆きの声を聞きとったのです［…］アンチゴーヌの声ではありませんでした［…］クレオン様は真っ先にことを理解なさったのです，誰よりも先に［…］アンチゴーヌは墓穴の底，ベルトで頸を吊っていました。おもちゃの首飾りのように，青い紐，緑の紐，赤い紐が組み合わさっていました。彼女を抱き抱えてエモン様が膝まづいて呻いていらっしゃったのです［…］王はエモン様を起こそうと懇願なさいましたが，エモン様は聞き入れません。それから急に，昏い眼をして立ち上がったエモン様は，これまでになく子供の頃のお姿を思い出させました。しばらく何も言わず父君をじっと見詰め，突然，その顔に唾を吐きかけ，剣を抜いたのです。クレオン様は間合いから飛び退かれました。［…］エモン様は洞穴の反対側で震える老人を見，物言わず，自ら剣を腹に沈め，アンチゴーヌ様に並んで横たわったのです，真っ赤な血潮の中で彼女を抱きしめながら。(672)

予言者が不在となったことで，クレオンには改心に至る暇が与えられないこととなる。彼は処刑人の一人として洞穴に向かうのであり，入り口を開かせるのは改心ゆえではなく，あくまでもエモンの声を耳にしたからだ。これはソポクレスがクレオンの翻意を描きつつ，それが遅すぎた翻意であった，というように運命的悲劇を構築したのとは異なる。

アンチゴーヌとエモンの死に様についても，大筋において『アンティゴネー』を踏襲している：紐による首吊り，王の懇願とエモンの睥睨，エモンの切腹と，折り重なる恋人たち。唯一注目すべきは，父を睨み付けるエモンの姿が「子供の頃」を思い出させると表現されることであろうか。ここにはアヌイに特有の幼年時代への絶え間ない切望と憧憬が読み取れる。

さて，いよいよクレオンは一人きりになる。彼は孤独な生き残りだ。

クレオン　二人［アンチゴーヌとエモン］を並んで寝かせてきた！綺麗に洗われて休んでいる。少し青褪めてはいるが安らかな顔だった。初めての夜を明かした

恋人たちのような。二人は死んでしまった。(672)

クレオン　良い妻だった，いつも自分の庭やらジャムやら編み物の話をしていた，貧しい者たちのための，終わりのない編み物だ… (672–73)

クレオンは極めて冷静な様子で息子と姪の死の事実を肯定する。そしてこれまた淡々と妻の思い出を振り返る。その様子はごく日常的なものであり，まるで何事も起きてはいないかのようである。感情の著しい抑圧は喪の悲しみの急性期における精神的拒絶反応の現れである。

『アンティゴネー』において，一人きりになった老王は自らの境涯を嘆き，自分をどこかへ「連れ去ってくれ」るよう哀願する逃避反応[10]を示していた。アヌイ版クレオンは拒絶反応の兆候を見せながらも，故人の思い出を振り返り，妻を象徴する「編み物」という想念に執着を見せる。早くも一段進んだ探索行動へと進んでいるのだ。時間の飛躍はこれまでも度々見られた劇的特権である。

次にクレオンは死者たちの安らかな眠りへの，かすかな憧れを口にする。「みんな眠っている。結構なことだ。手強い一日だった［…］眠るのは気持ち良いだろうなあ (673)」「一人きり」となった彼は，憂鬱症に陥るのだろうか。そうではない。静かな調子のままに，一人きりの生き残りは，傍らの少年に話しかける。

クレオン　（沈黙。小姓の肩に手をかける）坊や…

小姓　はい，陛下。

クレオン　お前に話そうかな。他の連中はわかっていないのだ，仕事を前にして，腕組みしているわけにはいかないのに。汚い仕事だというが，私がそれをしなければ，誰がするのだ？

小姓　わかりません，陛下。

クレオン　もちろん，お前は知らないだろうね

［…］５時か。今日は何があったかね，５時から？

小姓　閣議です，陛下。

クレオン　そうか，閣議があるなら，出向こうではないか。

（クレオンは小姓にもたれながら退場する）（673-74）

ソポクレスにおけるクレオンの退場と比べてどうだろう。こちらのクレオンは，ごく落ち着いて穏やかな様子だ。彼は小姓に向かって不平を漏らし，さらに仕事の予定に思いを馳せながら，自ら退場してゆく。合唱が閉幕の辞を述べる。

> **合唱**　［…］今や全て終わりました。誰もが結局穏やかになりました。死ぬべき者たちは皆死にました。あることを信じていた者たちも，その反対のことを信じていた者たちも，何も信じはしなかった者たちも，物語に巻き込まれながらも，何も理解していなかった者たちも。死者たちは似ています，いずれも醜く，役立たずで，腐ってゆきます。そしてまだ生きている者たちはゆっくりと彼らを忘れ始め，彼らの名前を取り違えるようになってゆくのです。これでおしまいです。アンチゴーヌは鎮められ，今となってはどんな情熱に駆られていたのか知る由もありません。彼女の務めは免除されたのです。大きな哀しい安らぎがテーベに，クレオンがこれからそこで死を待つことになる，この空っぽの王宮の上に訪れます。（674）

幕開きで「前口上」として俳優たちを一人ひとり示したのと対を為すように，「合唱」は再び客席に向かい，舞台を描写する。しかし今度は，とても簡潔に。「今や全て終わり」，「死ぬべき者達は皆死にました」。舞台上の世界からもクレオンの喪からも距離を置く彼は，全く科学的な視点から状況を断ずる。死者たちに区別はなく，「いずれも醜く，役立たずで，腐って」ゆくのだと。

さらに合唱は生き残りたちが「ゆっくりと［死者たち］を忘れ始め，彼らの名前を取り違えるようになってゆく」と予告する。彼は，これからクレオンが取り組むことになる喪の仕事に，いや喪の仕事の終焉に言及しているのである。やがてクレオンは死んでしまった者達のことを少しずつ忘れてゆく。生き残った者達が，「生き残り続ける」ためには，死者たちを忘れるしかない。死者の忘却こそが，人間が一人取り組まねばならない喪の核心なのである。この忘却こそが，クレオンの，すなわち生き残りにとっての，喪の全てである。退場していったクレオンは，劇場空間の凝縮された時間軸のなかで，喪の悲しみを経て喪の仕事へと進むだろう。その喪の仕事が完了することが合唱によって暗示されることで，物語の幕が下ろされる。

『アンティゴネー』においてクレオンの喪はただ喪失によって引き起こされたリアクションとしての情動が描かれるに過ぎない。アヌイは宙吊りで途切れたその喪を紡いで，現代人としてのクレオンに相応しい，喪のプロセスを構築している。

5．結びに：ジャン・アヌイによる二つの喪の変奏

アヌイが提示するクレオンの喪は，神なき時代に生きるわれわれ現代人にとっての喪でもある。共通の信仰心を失った現代人にとって，死の世界もまた，確かに信じることは出来ない。クレオンは死んでしまった愛しい人たちを弔いによって死の世界に送り込むことが出来ない。それゆえ，ただ時間を重ね彼らを忘却する以外に，彼が生き残る術はないのだ。アヌイの描いたこのクレオンの喪は従来のクレオン像の解体と再構築を達成しただけでなく，共同体的弔いに対する個人的喪の一つの範例をも提示している。

注

1）　ANOUILH, Jean. « Antigone » *Théâtre.*（2007）pp.629-674. 引用者訳。以下，引用箇所には負数を附す。

2）　アンティゴネー伝説の翻案の系譜について詳しくはSTEINER, *Antigones* を参照されたい。

3）　ヘーゲルは『精神現象学』においてソポクレスの『アンティゴネー』を取り上げ，アンティゴネーとクレオンの対立を分析している。これが「神の掟」と「人間の掟」の対立にあるとする二元論的な立場は，以降のアンティゴネー研究における定説となっている。「[…] 公然たる共同体権力に対立するものとして，神の掟という，もう一つの権力がある。[…] 現実に共同体を支配する国家権力は個人の自立を制

限しようとする力であって，そうした現実とはちがう秩序が個人の内面に形成されざるをえないのだ。」（『精神現象学』p.302）

4) 「[…] 自分の本質と核心が他者のうちにあるのをおのずと意識するような『自然な共同体精神』こそが，家族である。家族は，無意識の，内面的な共同体として意識的な現実に対立し，民族の現実性の育つ場として民族そのものに対立し，自然発生的な共同体として，全体のための労働によって形成され維持される共同体と対立し，ペナーテース（家庭の守護神）として国家の神に対立する。」（『精神現象学』p.303）

5) 同時代のアイスキュロスなどと異なりソポクレスの登場人物たちは名を挙げながら直截的に神に働きかけることがない。しかしそれは存在の希薄さを意味せず，その作品世界は常に「隠れた神 deus absconditus」に見守られている。登場人物たちに振りかかる悲劇の気紛れさの中に神々の濃厚な存在感が潜んでおり，またディオニュソス神への捧げ物である上演を見守る観客をも包み込んでいた。彼らは悲劇と地続きの世界に生き，神々の存在を強く感じながら日々を送っていたのだ。

6) 以降，ソポクレス『アンティゴネー』の登場人物とアヌイ『アンチゴーヌ』の登場人物についてはそれぞれギリシア語依拠（アンティゴネー，イスメーネー等）とフランス語依拠（アンチゴーヌ，イスメーヌ等）にて表記分けする。

7) SOPHOCLES, pp.99-100.

8) コロスの人数は紀元前5世紀の初頭には50人前後であったのが，のちにソポクレスが15人として，その後それが踏襲されたという。[WEINER]

9) オルケストラとは「踊る場所」を示し，コロスの重要な役割の一つはこのオルケストラ・エリアにおいて舞うことであったと考えられる。[KITTO]

10) バッケとアヌスは，一般的な喪の悲しみの経過を整理する上で，突然の訃報に見舞われた人の反応を拒絶反応と逃避反応に分けている。これらはしばしば本人の意識せぬままに起こるという。これらの自動反応を経てのち，遺族は故人の探索行動へと駆り立てられる。ここでは，個人の名を呼び，あるいは故人につながる事物や記憶を求め，さらに幻覚症状をみることもある。こうした初期段階を終えると，遺族は故人の死を現実として認識し，諦めの領域に踏み入ることになる。[BACQUÉ et HANUS]

参考文献一覧

Sur Anouilh

ANOUILH, Jean. « Antigone » *Théâtre*. Tome I-II. Paris : Ed. Gallimard, coll.

« Bibliothégue de la Pléiade », 2008. pp.627-674.

—« La Sauvage » pp.241-327.

Sur Sophocles

SOPHOCLES. *Antigone*. traduit par MEURICE, Paul et VACQUERIE, Auguste. Paris : Calmann Lévy, 1893.

—『アンティゴネー』呉茂一訳．岩波書店，1980.

—「アンティゴネー」『ギリシア悲劇全集３』柳沼重剛訳．岩波書店，1990.

KITTO, H. D. F. “The Greek chorus”. *Educational Theatre Journal*, Vol. 8, No. 1. Mar. 1956, pp.1-8.

WEINER, Albert. “The Function of the Tragic Greek Chorus”. *Theatre Journal* Vol. 32, No. 2. May 1980, pp.205-212.

Autres

BACQUÉ, Marie-Frédérique et HANUS, Michel. *Le Deuil*. Paris: Presses universitaires de France, 2010.

—（『喪の悲しみ』西尾彰泰訳．白水社，2011.）

STEINER, Georges. *Antigones*. New Haven: Yale University Press, 1996.

—（『アンティゴネーの変貌』海老根宏，山本史郎訳．みすず書房，1989.）

フロイト「喪とメランコリー」『人はなぜ戦争をするのか：エロスとタナトス』中山元訳．光文社，2013.

ヘーゲル，G.W.F.『精神現象学』長谷川宏訳．作品社，1998.

—『宗教哲学講義』山崎純訳．創文社，2001.

ビルダングスロマン（“Bildungsroman”）としてのアメリカマイノリティ文学
——サンドラ・シスネロスの『マンゴー通りの家』とエドウィッジ・ダンティカの『息吹，まなざし，記憶』——

仲 本 佳 乃

はじめに 「ビルダングスロマン（“Bildungsroman”）」とは何か？

「ビルダングスロマン」とは，ドイツ文学に起源をもつ批評用語であり，英語でも，若い主人公の成長が描かれた小説のジャンルを指す。その定義は次の通りである。

> 「養育」または「教養」小説。広くはドイツの文学批評にて用いられる言葉であり，未成年の主人公（主に男子）の発達を描く作品を指す。作品では人生の様々な浮沈を経験する中で，主人公が成熟していく様が描かれている。（*A Dictionary of Literary Terms and Literary Theory* 81-82）[1)2)]

このように，ビルダングスロマンとは，主人公が様々な問題や出来事に直面し悲喜を経験する事で成長する過程を描いた文学作品なのである。一方で，人物が人間として成長する過程は，しばしば人物の「アイデンティティ」の形成と不可分であるとも考えられる。ビルダングスロマンの主人公は，新たな価値観に直面した際，初めはそれを理解できなくても，様々な経験の中で，その価値観を受容するか否かを決め，如何に社会と折合うかを学ぶという経験を繰り返しながら，主人公独自の価値観を形成する。この自ら構築した価値観が個人のアイデンティティの礎となるのである。若き主人公が異なる価値観と衝突し，どうにか折合いをつけようと葛藤する姿を描くビルダングスロマンでは，主人公が自らのアイデンティティの基礎をなす価値観を変え得る他者との様々な葛藤を経験しながら，周囲の環境に適応していこうとする過程での精神的な成長を描いた物語であると言える。

物語の主題としての子供

なぜ作者は自らが大人であっても敢えて子供を物語の主題に据えるのか。この疑問を解くには，物語の主題としての子供の重要性を考える必要がある。高田賢一は次のように述べている。

> 作家が記憶や思い出から呼び寄せた子どもであれ，今を生きる子どもであれ，子どもを表現の対象とするとき，その行為はほとんど確信犯的な，なんらかの戦略がある行為だと考えるべきだろう。子どもは大人にとって親密な存在であるばかりか，社会とその文化を映し出し，さらには社会の夢と理想が投影される存在でもある……社会的には小さくて無視されがちな子どもだが，子どもは意表をつくほど大きな存在なのである。（4）

すなわち，子供は世界を映す鏡であり，小説に描かれる子供たちは読者の世界観を変える力を有する。なぜなら，高田の言うように「子どもの視点が，既知の世界を未知のものへと転化していく」からである（7）。

子供の見る世界は，大抵の大人の目には新鮮に映る。なぜなら大人は既知のものを疑わないからである。物語の中で子供が大人へと投げかける疑問は，作者が既存の価値観を変えるべく，疑うことを忘れた大人の読者へと投げかけた疑問なのだ。従って，ビルダングスロマンの作品には，子供の目線で語ることで，社会へと疑問を呈し，読者の価値観を変えんとする作者の戦略が込められているのである。

差別的環境に生きるアメリカの非白人

一方，従来のアメリカ文学のビルダングスロマンの作品で成長の主体として描かれてきたのは，白人少年であったことも事実である。マリア・カラフィリス（Maria Karafilis）は，ビルダングスロマンを「（男性の）主人公が文化適応する過程で成熟し，最終的に周囲の環境と調和する姿を描いた小説」であると定義している（63）。

例えば，アメリカ文学においてビルダングスロマンの作品として挙げられるマーク・トウェインの『ハックルベリーフィンの冒険』では，白人少年ハックの精神的な成長，道徳観の変化が物語の中心であり，もう一人の主要な登場人物である黒人奴隷ジムの成長には焦点が当てられていない。けれども，これは作品が1885年に出版されたことを考慮すると何ら不思議なことではない。なぜなら，非白人の人々が社会の周縁へと追いやられていた当時，白人作家による作品で非白人であるジムが脚光を浴びるはずがないからである。

しかしながら，20世紀，特に公民権運動後の1960年代になると状況は一変する。多くの非白人作家が非白人の登場人物を物語の主題として描くようになったのだ。では，身体的，精神的，経済的に苦難を強いられる非白人主人公の成長と白人のそれには，何か大きな違いはあるのだろうか。社会学者のマリア・デ・ヘスス（Maria De Jesus）とM. ブリントン・ライクス（M. Brinton Lykes）は次のように論じる。

> 20世紀後半は，乱闘（小競合い）も含め多くの社会運動が起こった時代である。長きに渡り社会の周縁へと追いやられ，権力や資源とは縁遠い人々（大抵は共通のアイデンティティを有するグループ）が自らの権利を要求すべく立ち上がった。しかし，経済的不平等や構造的貧困，制度化された人種差別を正すことを求めた多くの運動は，国際的な力の後押しもあり，政府の冷酷で時に暴力的な抵抗により抑え込まれた。結果として，大規模な人権侵害が引き起こされ，多くの人命が失われた。（331）

非白人の人々は長きに渡り，白人の人々が生得的に有している権利を自らも有するべきだと社会へ訴えてきた。しかし，彼らの声は公民権運動後でさえも無視されていたのである。

この謂われ無き差別の原因が，「白人性（"whiteness"）」というイデオロギーの存在である。ピーター・マクラレン（Peter McLaren）は，「白人性は資本主義や植民地主義と連なり生み出された意識の社会的，歴史的な考えの型であり，これにより集団間に支配・被支配の関係性が発現した」と分析し(66)，「差別そのものが人々の間に優劣の階層による差異を生み，その差異が普遍化されるのだ」と論じる（64）。非白人は白人性というイデオロギーの下，白人によって，彼らより劣位にある人種であると分類された。肌色の違いが人種の階層を創り出し，結果として非白人に対する差別が正当化されたのだ。

しかし，公民権運動からも分かるように，非白人の人々は差別に対し沈黙し続けた訳ではない。彼らは，差別に抵抗しようと社会へと声を上げるようになったのだ。文学も抵抗を示す一つの方法であると言える。非白人の作家たちは，自身の作品の中で人種及び性差別的環境とそこに生きる人々を描写するだけでなく，同時に必死に生きる人々の姿も描いた。そのような非白人作家によるビルダングスロマンでは，若き主人公が困難な環境下で成長する姿が描かれている。困難を極める環境で主人公たちはどのように成長したのだろうか。その成長は白人の場合と同様であると言えるのか。また，カラフィリスが指摘したように，ビルダングスロマンにおいて人種やジェンダーは主人公の成長にどのような影響を与えるのか。これらの疑問を解き明かすべく，本論文では，チカーナ（メキシコ系アメリカ人女性）作家であるサンドラ・シスネロスの『マンゴー通りの家（*The House on Mango Street*）』とハイチ系アメリカ人女性作家であるエドウィッジ・ダンティカの『息吹，まなざし，記憶（*Breath, Eyes, Memory*）』に焦点を当て，これらをアメリカ文学における非白人の女性作家によるビルダングスロマンの作品とみなし，それぞれの作品に表現される女性の成長やアイデンティティ形成過程の特徴について論じる。

非白人女性のビルダングスロマンにおける「伝統」

非白人女性を主人公とするビルダングスロマンの小説では，伝統が主人公の成長において重要な要素として位置づけられる。その伝統は，異なる２つの側面を持つ。１つは，例えば歌や踊り，おとぎ話のように自らの文化を伝承する為に，大人が次世代へと語り継ぐべき側面である。他方は，女性蔑視や児童婚など次世代の為に断ち切るべき側面である。後者のように，もし，伝統とされる習慣によって誰かの権利や自由が著しく制限，抑圧されるならば，抑圧に気付いた人によって，その伝統は断ち切られなければならない。しかし多くの場合，人々はその異常性に気付くことなく，伝統として次世代へと継承してしまう。なぜなら，彼らはその伝統が正しいものだと信じ込んでいるからである。その為，抑圧的な伝統の被害者は傷を負っていたとしても，社会の中で沈黙することを強いられるのだ。

本稿で論じる二作品はいずれもエスニック・マイノリティ出身の女性作家によって書かれたものである。双方に共通しているのは，有形・無形を問わず，家父長制と強く結びつく伝統的な慣習によりコミュニティの中で様々な困難を強いられる女性たちが描かれている点と，コミュニティの中でその伝統を理解しようと葛藤し，その伝統に抗い，新たな道を切り拓いていこうと，他の女性とは異なる決意する主人公の姿が描かれている点である。

サンドラ・シスネロスによる短編集『マンゴー通りの家』で描かれている伝統的慣習とは，男性中心のコミュニティに起因した様々な自由を奪われた女性たちの生活である。その事実は，冒頭の章「私の名前（“My Name”）」にて主人公・エスペランサが自身の名前の歴史を語る場面に示されている。彼女の名前は，チカーナの伝統を語る上で非常に重要である。なぜなら，主人公のエスペランサが「英語では希望を意味して……スペイン語では悲しみとか待ちぼうけを意味する」と述べるように（Cisneros 10），そこには２つの相反する意味が込められており，その１つが歴史的に抑圧されていたチカーナの生活を反映していると言えるからである。エスペランサは，この名前を曾祖母から受け継いだが，彼女の曾祖母は，「（他の多くの女性のように）窓辺で悲しげに肘をついて生涯を過ごした」人物であった（Cisneros 11）。後の章にて描かれている現代のマンゴー通りに住む女性たちと同様，チカーナの女性は，何世代にもわたって抑圧され，コミュニティに閉じ込められてきたのである。レジーナ・M・ベッツ（Regina M. Betz）がエスペランサの名前は「伝統を反映しており，その先祖代々の繋がりが個人のアイデンティティの土台を形成する点で重要である」と分析するように（19），その名前を受け継ぐということは，すなわちそこに込められた伝統も受け継ぐことを意味するのだ。

しかし，エスペランサは作品冒頭の章にて既に「曾祖母の過ごした場所までは受け継ぎたくはない」と，代々受け継がれてきた運命とも言える女性の抑圧された生活様式を拒絶する意志を示している（Cisneros 11）。これは，物語の終盤にて，抑圧された生活から解放されることを望み，新たな生き方を求めマンゴー通りとの別離を選ぶエスペランサの成長を暗示する言葉である。彼女の意志は，叔母に宛てた自作の詩にも垣間見える。

私はなりたい／海の波のように／風に漂う雲のように
でも私は私
いつか飛び出そう／私の皮を破って
空を揺さぶろう／無数のバイオリンのように（Cisneros 60-61）

ここでの「海」や「風」といった言葉には，一族に代々受け継がれてきた抑圧的な生活の連鎖から解放されたいというエスペランサの願望が表れている。なぜなら，どちらも明確な形のない自然界の存在物だからである。また，「皮を破る」という表現は，彼女の外の世界への意識を表していると推測できる。従って，マンゴー通りに住む女性たちの伝統的に抑圧された生活をエスペランサが嫌悪していたのは明らかである。

しかし，この段階でのエスペランサの伝統を拒絶する姿勢は，あくまでも個人的な意志に過ぎない。なぜなら，彼女はまだ視野が狭く，周囲の女性たちの状況を理解し共感するには至っていないからである。そのエスペランサが成長するきっかけとなったのが，他の女性たちが貧困や暴力の中で過ごす姿を目の当たりにしたことである。

一方，エドウィッジ・ダンティカの『息吹，まなざし，記憶』では，チカーナが苦しむ貧困や暴力よりも，もっと明確な形を残した習慣が伝統として描かれてきる。それは，女性たちの間で「検査（“*test*”）」と呼ばれ繰り返されてきた，いわゆる処女膜検査のことで，母親から娘への性的暴力である。作品では，この伝統によってハイチ女性が身体的にも精神的にも苦しむ姿が描かれているが，他の多くの女性同様，主人公・ソフィーも18歳の時，恋人・ジョセフと付き合うようになったことがきっかけとなって初めて受けた母親・マーティンからの検査により，心身に大きな傷を負ってしまう。

ではなぜ，女性たちは検査やその後の苦痛を自身も経験しながら，この忌まわしい習慣を伝統として継承し続けるのだろうか。その理由には，ハイチで根強く信奉されている，作者が「処女信仰」と表現する考えが深く関わっている（Danticat 154; 玉木 195）。家父長制が残るハイチでは，女性は結婚するまで純潔であるべきと信じられており，結婚時には純潔であることが最重要視される。しかし，それと同時に女性たちは，強姦の被害に遭う危険性に常に曝されている。ハイチは処女信仰とその喪失が背中合わせのように共存している国なのである。これについてヘザー・ヒュイット（Heather Hewett）は次のように論じる。

> 『息吹，まなざし，記憶』は，検査と強姦の関連性を色濃く描いており，この両者は社会が女性の性や振舞いを支配しようとした結果，生み出された女性への暴力だと認識されるべきである。（133-34）

実際，物語では母・マーティンが強姦されたことで，ソフィーが誕生した事実が語られている。このようなハイチの二面性をソフィーは以下のように表現している。

> ハイチの歴史をひもとけば，わたしたちの先祖がふたりの人間を同時に生きることがよくあった……そうでなければ……強姦したりするいっぽうで，家に帰って

子どもと遊んだり妻を抱けるわけがない。(Danticat 155-56; 玉木 196-97)

女性にとって，検査と強姦に大差はない。なぜなら，どちらも性暴力であることには変わりなく，被害者は常に女性だからである。

この「処女信仰」の存在により，母親は娘の純潔を守る責任を負う事となる。その責任を果たす方法こそが検査なのである。母親たちは，検査が娘たちを守る為の良い方法であると信じ込んでおり，そして何より娘が純潔でなくなることで，一家の名誉が傷つけられたなどと自らが家族から責められないようにする為に，伝統と責任という大義名分の下，娘が恐れ，拒否しても検査を行うのである。実際，ソフィー自身が母親となりハイチへ帰郷した際，祖母・イフェは検査についてソフィーに「夫に渡すまでは，娘ふたりの純潔はあたしの責任だったんだよ」と伝えている（Danticat 156; 玉木 197)。加えて，マーティンも検査の理由をソフィーに問われると，「わたしが検査をしたのは，母親もわたしに検査をしたから」であると答えている（Danticat 170; 玉木 215)。

しかしながら，マーティンのソフィーへの検査の動機は単純に伝統と責任からであるとは言い切れない。なぜなら，そこには12年間離れて過ごしたソフィーへの執着と孤独への恐怖が存在しているからである。これは，マーティンは検査の最中に娘の気を紛らわせる為に聞かせた以下の物語の記述から明らかである。

双子のマラサは一心同体の恋人どうしでした。ひとりの人間が，ふたりに分かれたのです……母と娘の愛は，海よりもはるかに深いものなのよ。一年前には知りもしなかった年上の男のために，あんたはわたしを捨てるつもりなの？　あんたとわたしは，双子のマラサのようになれたかもしれないのに。(Danticat 84-85; 玉木 108-09)

ナンシー・F・ガーバー（Nancy F. Gerber）によると，マラサとはカトリックとアフリカの民間信仰とが融合したブードゥー教の「双子の神」である

(189)。マーティンは，娘とマラサのように一心同体になることを望んでいたのだ。彼女は，ソフィーを手放したくないが為に，伝統という言葉により正当化された暴力で，その意義を理解できないソフィーの心身に深い傷を刻み込んだのだ。その結果，ソフィーは自己の存在を否定するようになり，それは悪夢となって結婚後もソフィーを苦しめることとなった。

その検査という母親が自らに行った暴力の意義を理解できないソフィーが成長するきっかけとなったのが，自らの意志で母親のもとを離れたことと，ジョセフと結婚した後，娘のブリジットを連れ，故郷・ハイチへと帰った際，祖母から聞かされた様々な物語で語られる女性たちの悲しい状況を理解したことである。

女性の伝統，連帯，成長

女性にとって生き難い環境下で女性たちは互いの経験を理解し，連帯を強める。そして，それが女性たちに成長をもたらす。生き難い日々を過ごす2人の少女，エスペランサとソフィーは，同じ境遇の女性たちと交流することで，自らのコミュニティに根付く伝統と向き合い，理解しようと葛藤する。その理解が自身だけではなく他の女性へと目を向けることにつながり，次第に視野が拡がることによって成長していくのである。

エスペランサが成長するきっかけは，同じマンゴー通りに住む女性たちとの交流を通して，彼女たちが如何に社会の中で抑圧され，辺境へと追いやられているかを見つめたことにある。作品では，そのような女性たちが貧困や男性からの暴力に耐えながら，日々を必死に生きている姿がエスペランサの視点で描かれる。例えば，「火曜日にココナッツパパイヤジュースを飲むラファエラ（“Rafaela Who Drinks Coconut & Papaya Juice on Tuesday”）」という章では，男性の身勝手な考えにより社会から孤立してしまう若い女性が描かれている。ラファエラは，エスペランサの曾祖母と同様に，「窓辺にたたずみ，年を重ねていく」女性であるが (Cisneros 79)，その原因は彼女の夫が

「妻は美しすぎるからいつかは自分のもとを去ってしまうのでは」という非常に利己的な考えによって彼女を失うことを恐れるあまり（Cisneros 79），ラファエラを自宅に閉じ込めているからである。しかし，このような状況下で外の世界への憧れを抱きながらも，ラファエラは実際に外へ飛び出すという行動を起こそうとはしない。なぜなら，彼女は「空っぽの部屋」に「苦々しい孤独」を感じていても（Cisneros 80），夫からの暴力を恐れている為，自分で外へ出ていくという選択肢自体が存在しないからである。

ラファエラと同じく「リノリウムのバラ（“Linoleum Roses”）」という章で描かれるサリーも夫に逆らえない女性として描かれている。エスペランサによると，彼女の夫は「彼女が電話で話すのを快く思っていないし……［彼女の］友人のことを嫌っている」人物である為「彼が仕事で不在でないと誰も家に訪ねてこない」という（Cisneros 101-02）。しかし，サリーは外の世界から隔絶されていても，夫が暴力を振るう時以外は「夫のお金で自分のものを買うことができる」から「幸せ」だと感じている（Cisneros 101）。エスペランサはそんな彼女の結婚した理由をただ困窮と父親の暴力から「逃れる」為だと思っている（Cisneros 101）。サリーは，自身の自由と引き換えに父親の抑圧から逃れ，お金を得ることに成功したのだ。彼女の世界の全ては夫の手中にあるものの，彼女もラファエラと同様に，夫の暴力を恐れるあまり，抵抗の意志すら示そうとしない。だが，ここで描かれている女性たちが自由のない環境で生活していても，自らのおかれた状況を変えようと行動できないのは，女性がか弱いからではなく，男性がその経済力や暴力に訴えて，彼女たちの自由を厳しく制限しているからに他ならない。そして自由を制限されたことで，外の世界を知らない女性たちの頭には，男性に抵抗し状況を改善するという考えすら浮かばないのである。

このような女性たちの状況を目の当たりにしたエスペランサだが，彼女はラファエラやサリーのことを父権的伝統の哀れな「被害者」とは決して見なしていない。なぜなら，エスペランサにとって彼女たちは部外者が思うような「可哀想な女性」ではなく，同じコミュニティに住む友人だからである。よって，彼女自身も他人から見るととても人が住んでいるとは思えない「古びた家」に住んでいる状況を卑下するようなことはしないし，その恰好や態度から男性に性的対象として見なされる女性を自分より「物知り」だと尊敬していたりする（Cisneros 27）。作品の冒頭で，エスペランサが「何も知らない隣人は私たちを恐れるけど……私たちは怖くなんかない」と言っているように（Cisneros 28），事情を何も知らない人が困難な環境下で必死に生きる女性たちを「可哀想」と思うのは，他者による偏見に満ちた決めつけ（labeling）なのである。作者シスネロスはあるインタビューにて，次のように述べている。

> 私は，メキシコ女性は代々強い人々だと思っている。被害者と見なされる場面が多々あるが，それでも私たちは強いと思う。私たちも母たちもとても強いのだ。私たちは（他者から）どんなに被害者と見なされても，とても強いのだ。私はそう信じている。（Dasenbrock and Jussawalla 300）

作者がそれぞれの短編の中で描いた女性たちの生活は，何も知らない読者が一見すると哀れなものに映るかもしれないが，彼女たちはか弱いばかりの可哀想な人々ではなく，強さも持ち合わせているのである。

その作者が思う，強さを持ち合わせた女性こそ，エスペランサである。作品の冒頭にて既にマンゴー通りの女性たちのような暮らしを拒否する強さを見せていた彼女は，女性たちとの交流によって，徐々にそのアイデンティティをマンゴー通りへと根付かせていく。その変化が分かるのは「４本の細い樹木（“Four Skinny Trees”）」という章の以下の場面である。

> ４本の木々は，力強く地に根を張る。それぞれが枝をはり巡らせて成長し，根っこは地面をしっかりと掴み，止むことのない怒りで空へと噛みつく。これが彼らの生き抜く術なのだ……固いコンクリートの上で強かに成長する４本。私たちは枝葉を伸ばすことを忘れはしない。それはただこの地で生きていく為に。（Cisneros 74-75）

この一節は，エスペランサの心境と彼女とマンゴー通りとの関係性を木々に擬えて表現していると解釈できる。なぜなら，「コンクリート」は女性たちの生きるマンゴー通りの厳しい環境を表しているし，そこに木々が「根をはる」姿はすなわち，エスペランサがコミュニティへの帰属意識を根付かせていく姿と重ねることができるからである。

さらに「怒りで空へ噛みつく」という表現は，彼女の持つ強さと環境を変えたいという望みの強さを表している。チカーナの伝統的な自由を制限された生活を嫌っていたエスペランサは，他の女性たちの状況を目の当たりにし，理解することでコミュニティとの関係性が強固になってもなお，一貫して自らの環境を変えたいと渇望していたのである。

その環境を変えるという望みを叶えるべく，エスペランサはついに行動に出る。その第一歩となったのが，女性の役割を拒絶し，意図的に男性のように振舞うことであった。

> 私は家の入口で大人しく飼い主を待つような淑やかな女性にはならないと心に決めた。
> 映画の中の赤い口紅をつけた女は，いつだって美しく残酷で，男を手玉に取り彼らを笑い飛ばす。彼女の力は彼女だけのもので，それを手放す気はないのだ。
> 私は静かな戦いを始めた。単純で明快な。私は男性がそうするように，食器を片付けることも椅子を直すこともせずに席を立った。（Cisneros 88-89）

エスペランサは，他の女性とは異なる道を歩む為に誰にも左右されない「自分だけの力」を手にしたかったのである。ジェニファー・ジュー（Jennifer Jue）は，「エスペランサは受動的にならないこと，環境に自らの運命を左右させないことを心に誓った」と論じている（456-57）。エスペランサは，男性の言いなりにならないと決めたことで，自身の生き方を変えようと試みる強い女性なのである。

一方，ソフィーが成長する為の第一歩となったのが，母の検査から物理的に逃れる為に自分自身を傷つけたことであった。彼女は母親から繰返し受ける検査に耐えかねて，自らの意志で乳棒を使い，処女膜を傷つける決心をする。それが彼女にとって検査を受けなくて済む唯一の方法だったのだ。エリーナ・ヴァロヴィルタ（Elina Valovirta）はこの行為を「自傷行為」と表現し，次のように論じる。

> この自傷行為は，自身の身体を検査という罪深い暴力から守る為に，何か—処女膜—を壊すことで境界を描こうとしたものだと考えられる。それが母の目には家族の名誉を傷つけるような行為であるとわかっていても，ソフィーは自分の身体をどう扱うかを自らで決めることにより，その清廉さを守ろうとしたのだ。(84)

ソフィーのとった行為は，母マーティンを失望させた為，彼女は家から追い出されてしまう。しかし，ソフィーが後に語っているように，この痛みを伴う自傷行為は彼女にとって「束縛から逃れるための，一種の自由になるための行為」であり（Danticat 130; 玉木 164），結果として，母親の支配から解放されるきっかけとなった。

母の許を離れた後，ジョセフと結婚し娘が生まれたソフィーであったが，彼女の負った心の傷は癒えてはいなかった。なぜなら，自傷行為はあくまでも検査という身体的苦痛から逃れる為の一時的な手段でしかないからである。ソフィーは心の傷を癒し，悪夢を克服しようと自身を苦しめた伝統と向き合う決心をする。その向き合う為の行動が娘を連れてのハイチへの帰郷であった。故郷で女性たちから様々な物語を聞いたソフィーは，ハイチでは女性蔑視の考えが根強く残っていることを理解する。

女性蔑視の考えは以下の２つの物語に如実に表れている。１つ目は，結婚にまつわる物語である。

> 大富豪の男が処女であるという理由で，貧しい黒人少女と結婚することになった。結婚初夜，彼は彼女が流した血が分かるようにと真っ白なシーツを用意したが，実際は，彼女は処女ではなく流血することはなかった。躍起になった男は，自身と家族の名誉を守ろうと少女の足の間を傷つけ，シーツに血を付けた。しかし残

念ながら少女はこの傷のせいで失血死してしまう。(Danticat 154-55; 玉木 195-96)

この少女は，処女信仰と家族の名誉を守りたいという男性の身勝手な行為により命を落としてしまう。先述のガーバーは，このような考えにより引き起こされる悲劇を「父権的暴力」と表現し，これらは「代々女性たちにより次世代へと伝承されることで内在化，永続化される」と論じる（188)。少女たちの命は，この社会ではまるで「モノ」のようにぞんざいに扱われるのである。

女性蔑視を示す2つ目の物語は，祖母・イフェが語って聞かせた子どもの誕生した時のハイチの悲しい風習についてである。

「赤ん坊だ，赤ん坊が生まれるんだよ……男の子が生まれたら，灯りはそのまま小屋の外に出しておくんだよ。子どもに父親がいれば，生まれたばかりのその子と一緒に一夜を寝ずにすごす……女の子のときは，産婆さんはへその緒を切るとそのまま帰ってしまうんだ。あとは母親がたったひとり，赤ん坊と暗闇にとりのこされる。ランプもろうそくもない，真っ暗闇の中にとりのこされる」(Danticat 146; 玉木 184-85)

この物語から，ハイチの家父長的社会において，女の子の誕生が歓迎されないことであるのは明らかである。マンゴー通りに住む女性たちがそうであったように，ハイチでも女性は男性に従うことが美徳とされ，自分の人生を自己決定する自由はないのである。ランプやろうそくの灯りが未来を表現していると解釈するならば，望まれない女の子たちの未来は，言葉通り真っ暗闇に包まれており，何の希望もないのだ。

先述のヒュイットは，ソフィーの帰郷の理由を「負った傷を癒し自己を受け入れる為の葛藤が，遂にソフィーを叔母や祖母と過ごす為にハイチへの帰郷を決意させた」からであると分析する（129)。ハイチで過ごすことで，ハイチ女性を取り巻く女性蔑視の悲しい物語に触れた彼女は，自身の母親も含め，女性たちが検査という非道な伝統的習慣に囚われていることを理解する。

彼女の帰郷は，検査を経験した大人として，自らを長年苦しめる悪夢の原因の背景を知ることで過去と向き合う為の旅であった。母親からの検査によって自己肯定感を失ったソフィーであったが，伝統の背景を理解する為の帰郷を終えた後は，徐々に傷ついた自身を受け入れることができるようになった。

そして，ハイチからアメリカへ戻ったソフィーは，自らを長年の苦しみから解放するべく新たな行動に出る。この行動が作品にて描かれる彼女の成長の最終段階であり，これは彼女が過去を乗り越え，未来へと目を向けるきっかけとなった。

成長の証左としての行動

それぞれのコミュニティで，伝統による抑圧によって自らの意志で行動できない女性たちの状況を理解したエスペランサとソフィーは，各々の方法で伝統の連鎖を断ち切ることを決意し，未来へと目を向けるようになる。

エスペランサのとった行動は，マンゴー通りを離れることであった。冒頭の場面から伝統を受け継がないと決意していた彼女にとって，この行動は当然のように思えるが，自分自身のことしか考えられていなかったその時とは，異なる心情であることは，「屋根裏の浮浪者（“Bums in the Attic”）」という章にある「私は自分が何者でありどこで生まれたのかを決して忘れない」という言葉から明らかである（Cisneros 87）。エスペランサは，他の女性の状況を理解した者として，自身の為だけではなく，彼女たちの為にも新たな道を進んでいくことを決意したのだ。

このコミュニティからの旅立ちで興味深いのは，エスペランサ自身が故郷へと「戻ってくる為に」離れるのだと言っていることである（Cisneros 110）。この言葉には，自らの意志で外へと出て行けない女性たちがソフィーに託した思いが込められている。三姉妹の占い師は，ソフィーを次のように諭した。

旅立つときは，他の人々の為に戻ってくることを忘れないでおくれ。（お前さん

> の行いが）環のように巡り巡るんだ，分かるかい？　お前はいつだってエスペランサなんだ。いつだってマンゴー通りの人間なんだ。知ってしまったことを無かったことにはできないし，何者であるか忘れることもできない……戻ってこなくちゃならないんだ。お前のように簡単にはマンゴー通りを離れられない人々の為にも。（Cisneros 105）

ここでの「知ってしまったこと」とは，エスペランサが女性たちと交流する中で見聞きしたこと，すなわち抑圧や貧困による悲哀のみならず，困難にくじけることなく必死に生きる女性たちの強さを指している。姉妹は，エスペランサ自身がマンゴー通りのことを忘れさえしなければ，彼女が外へ出た経験を持ち帰り，コミュニティに閉じ込められた女性たちの生き方を変えてくれるのではと期待していたのだ。

マンゴー通りで女性たちと交流し視野を拡げ，成長したエスペランサの旅立ちは，自らの人生を自由に選べない女性の生き方に新たな選択肢を見出す，大いに意味のある行動である。作品はエスペランサが旅立つ場面で幕を閉じる為，その後は描かれていないが，ジャクリーン・ドイル（Jaqueline Doyle）が「（エスペランサは）彼女の受け継いだものを変える為に戻ってくる」と論じているように（21），それまでの伝統的な女性の生き方を拒絶し，マンゴー通りから旅立たんとするエスペランサの生き方と彼女が外の世界で得るであろう経験は，コミュニティに残る女性たちにとって，新たな道を自分の意志で歩めるというこれまでにないロールモデルの提示であり，未来への希望なのである。

一方のソフィーがハイチからアメリカへ戻った後にとった行動は，検査により負った心の傷を治療し前へ進む為に，グループセラピーに参加することであった。自らと同じように家族からの性暴力を経験した2人の女性，ブキとダビナと共に行うこのグループセラピーの目的は，検査によって植え付けられた性行為に対する嫌悪や悪夢と向き合うことで，過去に受けた苦痛を事実として受け入れ，悪夢から解放され，加害者である家族を許すことである。

セラピーは，「わたしたちは強い体を持つうつくしい女性です」や「自分たちに悩みがあるからこそ，他人の深い苦しみも理解できます」といった自らを肯定し，他人への共感を示すような誓いの言葉で始まる（Danticat 202; 玉木 256)。その後，ブキが自身の過去に対する気持ちを記した手紙を読み始め，ソフィーが後を受け，彼女に代わって読み上げる。

> あなた［ブキの祖母］はわたしの心を引き裂いておきながら，心の傷をだれにも見せてはならないと命じました……おばあさんのおかげで，わたしは情けない無力な人間になりました。自殺を考えることもあります。いやとも言えず，自分を守ることすらできない子どもに，あなたがやったあのことのせいです。あなたを憎めばすむのでしょうが，あなたはわたしの中にいて，あなたはわたしでもあるのです。（Danticat 203; 玉木 257)

検査のような性暴力を経験した女性たちは，その経験や心情を言語化し他者と共有することで，何とか家族を恨むことなく過去を受け入れ克服しようと葛藤する。「あなたはわたしの中にいて，あなたはわたしでもあるのです」という言葉には，家族による暴力が伝統として代々受け継がれてきた事実が示されている。彼女たちが真に憎むべきは，加害者である家族ではなく，自尊心を破壊した家父長的な伝統の連鎖なのである。

先述の批評家ヴァロヴィルタは，セラピーで自身が味わった苦痛を言語化することの重要性を次のように指摘する。

> 痛みや羞恥心を言語化することは，女性たちの治したいという意志を示すのに役立つ修復行為である。個々の痛みを声にすることで他人の痛みを理解することにも繋がる。それが「共同体」の感覚を生み，結果として自身と他人の痛みを同一のものとして捉えることが可能になる。(120)

痛みを共有することにより，ソフィー，ブキ，ダビナの３人はそれぞれに対し共感を抱き，それは彼女たちが自らの痛みを癒す力となった。他人への共感は彼女たちがトラウマを乗り越え，屈辱的な伝統の記憶を断ち切る勇気を与えたのだ。

彼女たちのセラピーは，加害者である家族の名を記した紙片を燃やすことで終わりを迎える。セラピーを終えた時，彼女たちはもはや哀れな被害者ではなかった。3人は過去の痛みから解放され，自らを傷つけた家族と折合いをつけたのだ。ヴァロヴィルタは，これがソフィーの成長にとって重要な行為であると論じる。

> 名前を燃やすことは，何世代にも渡り検査に耐えてきた女性たちが囚われていた鎖を焼き切るように，ソフィーと母との関係性が断ち切られたことを象徴している……名前を燃やすことは，異常な関係性から解放されるための究極の行動なのである。(122)

母の名前を燃やしたことで，ソフィーが「すこしだけ自由になったような気がした」と感じているように（Danticat 203; 玉木 257），グループセラピーでの一連の行動は，母の暴力を許し，ハイチに根付く伝統的習慣によって植え付けられたトラウマから自由になる為のものだったのだ。

そして，ソフィーは過去と向き合いそれを乗り越えたことで，未来へと目を向ける。セラピーによって「わたしの名を書いた紙が炎に燃やされないようにするのは，わたしの務めだ」と気付くことができた彼女は（Danticat 203; 玉木 257），娘に検査をしないことを決意したのだ。ソフィーの成長とは，伝統という言葉のもと正当化され繰り返される，母の娘への暴力から自分自身を解放しただけではなく，娘が自分のように傷つかなくても済むように伝統の連鎖を断ち切ると決意するまでに至った，未来を見据えたものなのである。

結論～未来を生きる女性の為に

成長過程を描いた作品として，エスペランサとソフィーという2人の女性に共通していたのは，男性中心のコミュニティの中で，伝統的な生き方や習慣により困難を強いられたとしても，現実から逃げ出さずに困難と向き合い，その困難の背景を理解することで自尊心を持つこと，そして自分自身と未来を生きる女性の為に，自らの意志で，過去の女性たちができなかった新しい生き方を選択したことである。

シスネロスもダンティカも自身の作品を単なる可哀想な女性の物語では終わらせなかった。彼女たちは，未来を変える意志の強さを持つ女性を主人公として描くことで，男性に従属しない新しい女性像を世に提言したのである。『マンゴー通りの家』において，作者シスネロスは，エスペランサが作品を通してチカーナの典型的なバックグラウンドを理解する過程を描き，そして伝統を断ち切り新たな人生へと踏み出す姿に，彼女の英語名の通り，希望を託した。エスペランサの旅立ちは，彼女の故郷であるマンゴー通りの未来が，外の世界での彼女の経験によって変わっていく可能性を秘めたものであること，すなわち，彼女の成長が今後も続くことを暗示しているのである。

また，『息吹，まなざし，記憶』において，ソフィーが理解したのは，検査という忌まわしい伝統の連鎖と，その連鎖は自らの強固な意志さえあれば断ち切れるということである。彼女は，他の女性とは異なり，過去を過去として受け入れ，過去に囚われることなく未来は自分次第で変えられると気付く強さを持つ女性へと成長した。小説の終盤，祖母イフェはソフィーに「娘よ，自由になったかい」と尋ねる（Danticat 234; 玉木 297）。彼女の答えは，祖母に遮られている為，明確に描かれてはいない。これはソフィーの伝統を断ち切る為の行動がまだ終わってはいないことを示唆している。真に伝統の連鎖に終止符が打たれるのは，娘のブリジットが検査の心身的な苦痛を知らずに母親になった時である。ソフィーの伝統の連鎖を断ち切らんとする勇敢な姿勢は，未来を生きる娘がハイチ女性としての痛みを経験することなく，自尊心を持った女性へと成長することを約束するものである。

非白人の女性作家であるサンドラ・シスネロスとエドウィッジ・ダンティカは，それぞれの作品にて，第三者の私たちが想像できないような環境で苦しみながらもたくましく生きる女性たちの姿を生き生きと描き出した。2人の主人公を通した彼女たちの声は，自分たちは抑圧された哀れな被害者ではないと訴え，同様の環境に生きる女性たちへ向けては，未来は自らの手で切り拓けるのだという強いメッセージを発する。そして，恵まれた環境に生きるマジョリティの読者に対しては，マイノリティの人々へ抱きがちな偏見や差別へと疑問を投げかけ，その狭い世界観を変える機会を与えてくれる。ビルダングスロマン作品で描かれる主人公の成長は，読者である私たちをも成長させてくれる力強さを有しているのである。

注

1）英語文献の翻訳はすべて執筆者によるものである。

2）引用の形式はMLA（Modern Language Association）スタイルに準拠しており，（作者項数）を引用後に示している。また，引用元の作者が文中で明確な場合は，項数のみを示している。

引用文献

髙田 賢一『アメリカ文学のなかの子どもたち』京都：ミネルヴァ書房，2004.

ダンティカット，エドウィッジ．玉木幸子訳．『息吹，まなざし，記憶』東京 :DHC, 2000.

Betz, Regina. *"Chicana 'Belonging' in Sandra Cisneros' The House on Mango Street."* *Border Crossing*. Ed. Feroza Jussawarra. Spec. issue of Rocky Mountain Review 60（2012）: 18-33. Web. 16 Oct. 2015.

Cisneros, Sandra. *The House on Mango Street*. New York: Vintage Books, 2009. Print.

Cuddon, J. A., ed. *A Dictionary of Literary Terms and Literary Theory*. 4th ed. Malden: Blackwell, 1998. Print.

Danticat, Edwidge. *Breath, Eyes, Memory*. New York: Vintage, 1994. Print.

Dasenbrock, Reed Way., and Feroza Jussawarra, eds. *Interviews with Writing of the Post-Colonial World*. Mississippi: UP of Mississippi, 1992. Print.

Dasenbrock, Reed Way., and Feroza Jussawarra. *"Sandra Cisneros."* Dasenbrock and Jussawarra Interviews 286-306.

Doyle, Jacqueline. *"More Room of Her Own: Sandra Cisneros's The House on Mango Street." MELUS* 19.4（1994）: 5-35. Web. 26 Jan.2015.

Gerber, Nancy F. *"Binding the Narrative Thread; Storytelling and the Mother-Daughter Relationship in Edwidge Danticat's Breath, Eyes, Memory." Journal of the Association for Research on Mothering* 2.2 (2000) : 188-99. Web. 9 Dec. 2014.

Hewett, Heather. *"Mothering Across Borders: Narratives of Imigrant Mothers in the United States." WSQ: Women's Studies Quarterly* 37.3-4 (2009) : 121-39. Web. 27 Sep. 2015.

Jesus, Maria De, and Lykes, M. Brinton. *"Racism and 'Whiteness' in Transitions to Peace: Indigenous Peoples, Human Rights, and the Struggle for Justice." Off White: Readings on Power, Privilege, and Resistance.* 2nd ed. Ed. Michelle Fine, Lois Weis, Linda Powell Pruitt and April Burns. New York: Routledge, 2004. 331-344. Print.

Jue, Jennifer. *"Breaking The Silence: Women of Color and Issues of Voice and Cultural Identity." Religious Education* 88.3 (1993) : 451-63. Web. 20 Oct. 2015.

Karafilis, Maria. *"Crossing the Borders of Genre: Revisions of the Bildungsroman in Sandra Cisneros's The House on Mango Street and Jamaica Kincaid's Annie John." The Journal of the Midwest Modern Language Association* 31.2 (1998) : 63-78. Web. 26 Jan. 2015.

McLaren, Peter. *"Whiteness Is... The Struggle for Postcolonial Hybridity." White Reign: Developing Whiteness in America.* Ed. Joe L. Kincheloe, Shirley R. Steinberg, Nelson M. Rodriguez and Ronald E. Chennault. New York: St. Martin's Griffin, 1998. 63-75. Print.

Valovirta, Elina. *Sexual Feelings: Reading Anglophone Caribbean Women's Writing Through Affect.* New York: Rodopi, 2014. Print.

初出漢字筆記過程からみた子どもの書字習得の発達
――「なぞり」と「視写」の比較による――

尾　上　裟　智

1．問題及び目的

書字は，全ての教科に関わる重要な活動で，学校教育の様々な学習場面で書字を用いた学習が取り入れられている。文字書きの指導は小学校１年生から行われるが，近年は文字の読み書きの習得時期が早期化しており（国立国語研究所，1972），定型発達児の場合，５歳頃に92％以上はかな文字を習得している（島村・三神，1994）。その背景として，家庭での取り組みに加えて幼稚園や塾など家庭以外の外部機関での働きかけも考えられる（島村・三神，1994）。また，文字は書けていても，自己流の書き方が身についてしまっている場合もあり，幼児期の子どもが書字を身に付ける際には，それらの点に留意すべきであることも指摘されている（齋木，2015）。

そもそも書字・描画には，視覚スキル－運動スキル，運動スキル，認知スキル，言語スキル，モチベーションなど様々な能力が関与している（Tseng & Chow，2000）。そのうち運動スキルには，体幹の姿勢を支えて，手の小筋を独立させて動かすことから，利き手の確立，運動プランニング，眼と手の協応に至るまでの諸能力が関わっている。書字に先だち，このような諸スキルを習得・駆動させながら筆記具による殴り書きやなぞりなどの前書字段階が先行する。さらに，線画のなぞりは４歳頃から始まり，４歳８ヶ月頃からは仮名文字をなぞり始める。５歳頃からは文字の視写が可能となった後，５歳７ヶ月頃になると自筆で仮名単語を書ける段階に至ると言われている（渡辺，2010）。

ひらがな書字に関わる認知能力の目安として三塚（1994）は，以下の4点を挙げている。

①読字は書字に先行して獲得されるので，書字獲得には読み能力を高めることが大切である。

②△☆などの図形模写能力が書字習得の一つの目安になる。

③目と手の運動調整能力に関連して，3mm幅の帯状の直線枠内に線が書けることが一つの目安になる。

④刺激を構成する種々の線分を見分けて，特定の図形を抽出する能力が必要である。

このような三塚（1994）の知見を踏まえて郡司・勝二（2015）は，平仮名書字に関わる認知的要因を詳細に検討し，視空間認知能力や視覚運動統合能力を必要とする見本図形描画や三角形模写の課題には，平仮名書字が密接に関わっていることを示唆した。このように，書字習得には様々な能力が絡み合っているため，子どもが書字困難をきたすに至るには，実に多様な要因が関与しているものと思われる。

書字習得の学習の際には，「なぞり」や「視写」がよく用いられている。小野瀬（1987）は，幼稚園年少児・小学校1年生の児童を対象に書字習得における「なぞり」と「視写」を比較した。その結果，「なぞり」よりも「視写」が書字技能習得により効果があることを指摘している。また小野瀬（1988）は，「なぞり単独」，「視写単独」，「なぞりと視写の組み合わせ」による書字習得についても検討し，「なぞり」の有無にかかわらず，「視写」をさせると効果があることを報告している。すなわち，手先の運動技能が十分に発達していない段階でなぞらせると，「なぞり」自体に集中してしまい，文字の全体像の記憶を含む認知プロセスへの注意が拡散されてしまう。一方，「視写」の際には文字を書く際に絶えず文字像全体をイメージ化させる必要があることから，書字技能習得には「視写」が有効であると指摘している。さらに，書字技能が低い群では，より明確に視写練習の効果は示されることもわかっている。加えて，小野瀬（1995）は，就学前の幼児と大学生を対象に「なぞり」と「視写」の際の筆圧・筆速を計測し，書字習得に及ぼす効果を検討した。その結果，大学生では「視写」より「なぞり」において筆圧が有意に大きかったのに対して，幼児では「なぞり」より「視写」において筆圧が有意に大きかった。このような結果について小野瀬は，幼児では筆跡にゆれをともなう者が多く，鉛筆をはじめとする筆記具操作技能が未熟なためペンを握る指や手先全体の筋に大きな緊張が生じた結果，圧がペン先にストレートにかからず小さくなったものと考察している。また，幼児・大学生ともに「視写」よりも「なぞり」で長い時間を要するものが多く，「なぞり」では細かく修正をするためにより多くの筋が関与していることを示唆している。しかし書字習得に必要な認知能力や習得過程の詳細については，未だ不明な点も多く（石川・谷岡・苅田，2007），「なぞり」と「視写」の筆記過程を詳細に把握することが必要となる。さらに，「なぞり」と「視写」の書字技能習得に及ぼす効果は，年齢や発達段階が重要な要因であるが（小野瀬，1988），これらの諸要因がどのように関与しているかについては解明が待たれている。

そこで，本研究では幼稚園年中・年長，小学校１年生の子どもを対象に，「なぞり」と「視写」による漢字筆記過程を検討し，発達過程でこれらの方略をどのように使い分け，書字習得を高次化させるのかについて明らかにすることを目的とする。

2．方法

(1)　対象児

本実験の実施に先立って，幼稚園・小学校を通じて，調査の趣旨や内容，個人情報の取り扱いに関する説明を文書にて保護者に送付し，同意が得られた者のみを対象として調査を実施した。その際，橘（2013）を参考に保護者による記入式の利き手調査を実施した。その結果にもとづき，本研究では

Ａ幼稚園在籍年中児12名（平均５歳５ケ月，男児５名・女児７名）と年長児17名（平均６歳３ケ月，男児６名・女児11名），Ｂ小学校１年生12名（平均７歳７ヶ月，男児４名・女児８名）を対象とした。対象者の利き手は，年中群では右利き10名，左利き１名（男児），両利き１名（女児），年長群では右利き15名，左利き２名（女児），１年生群では右利き９名，矯正右利き１名（女児），左利き２名（男児，女児）であった。なお，本研究については茨城大学教育学部研究倫理委員会の承認（承認番号15012号）を得ている。

⑵　課題

2.5cm 四方マス内に「なぞり」と「視写」により漢字「牛」を５回ずつ筆記してもらった（図１）。「牛」は小学２年生の学習漢字で，いずれの対象児にも新奇な文字であり，ストローク数は少なく，かつ文字の要素（縦線，横線，斜線）を比較的多く含んでいることから（小野瀬，1995），本研究での課題文字として採用した。「なぞり」では線からはみださないように教示し，「視写」では手本を右利きにはマスの左側に，左利きにはマスの右側になるように配置し，それらを見て書くよう教示した。また，書き始める直前に，「この漢字を見たことがありますか」と質問し，わからない場合には牛のイラストを見せて，その漢字が「牛」であることを理解させた後，筆順を教示し，その順番の通りに書くよう促した。

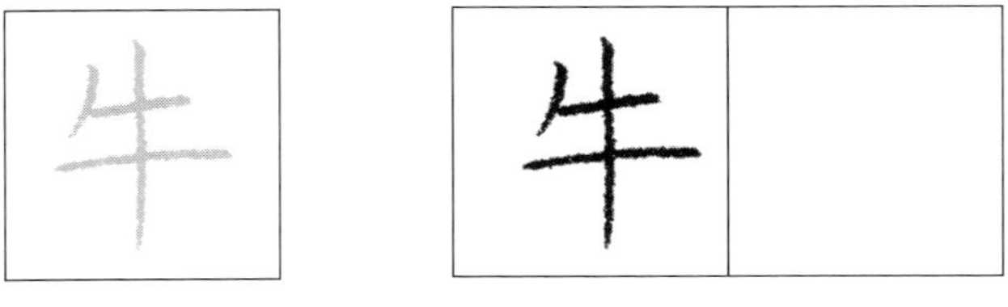

図１　なぞり課題と視写課題

(3) 筆記計測方法

紙上に書かれるアナログ情報をデジタル情報に変換できるAnoto digital pen（アノト・マクセル社製）とその専用紙（Seldage社製）を用いて課題遂行中の軌跡を計測した。

(4) 分析

「視写」で書かれた文字について，崎原（1998）による文節・構成の観点からの評価段階に基づいて，その形態を評価した（表1）。評価は評価者2名により実施され，評価者2名の評定一致率は88％で，評価が一致しなかった文字は再度合議により評価を決定した。さらに，Elian software（Seldage社製）を用いてそれぞれの課題5回の総距離，筆記時間，休止時間，平均速度，平均筆圧についてピアソンの積率相関係数を算出するとともに，学年（年中群・年長群・1年生群）×条件（「なぞり」・「視写」）について二要因分散分析を実施した。

3．結果

(1) 「視写」における「牛」の筆記結果

「視写」での筆記特徴を崎原（1998）の基準を用いて4段階で評価したところ，最も低いレベルⅠに該当したのが10人，レベルⅡが11人，レベルⅢが10人，レベルⅣが10人であった（図2）。この図において，レベルが低いレベルⅠやレベルⅡでは，変形された「牛」やバランスが崩れて異なる字形になるなどの特徴が認められた。しかし，レベルⅢとレベルⅣではいずれの子どももほぼ正確に「牛」の文字を書くことができていた。また，年中グループではレベルⅣに該当する子どもはおらず，一方，小1グループではレベルⅠやレベルⅡに該当する子どもはいなかった。

そこで，各レベルでの月齢散布図でより詳細に見ると，レベルⅠの子どもの月齢は76ヶ月以下であるのに対して，レベルⅣの子どもの月齢は80ヶ月以上であり，レベルは月齢に依存する傾向が認められ（図3），ピアソンの積率相関係数でも，有意な正の相関が認められた（r (41)$=0.717$，$p<0.01$）。

表1　評価段階と誤りのカテゴリー（崎原，1987）

不能	課題を拒否あるいは取り組めない
レベル1	判読不能
レベル2	誤りのカテゴリーが2つ以上
レベル3	誤りのカテゴリーが1つのみ
レベル4	誤りのカテゴリーが0

カテゴリー	定義
過剰	手本の文字に比べて構成要素の数が多い。
欠落	手本の文字に比べて構成要素の数が少ない。
変形	手本の文字の一画に対応する構成要素とは異なる構成要素の組み合わせによって構成されている。
バランス	構成要素の配置について扱い，下記のうち，該当するものがある場合対象とする。 1．手本の文字の構成要素の配置に比べて，互いに離れすぎていたり，近すぎたりする。 2．手本の文字の構成要素が他に比べて，長すぎたり，短すぎたりする。 3．手本の文字の構成要素の配置に比べて，ある構成要素が他に比して大きすぎたり，小さすぎたりする。
歪み	手本の文字の一画に対応する構成要素の構成のされ方について扱い，下記のうち，該当するものがある場合，対象とする。 1．構成要素を構成する描線が明らかに波打っている。 2．構成要素の部分が歪んでいる。 3．構成要素の部分が欠損している。
鏡映	構成要素の配置について，左右関係が変換しているものを対象とする。

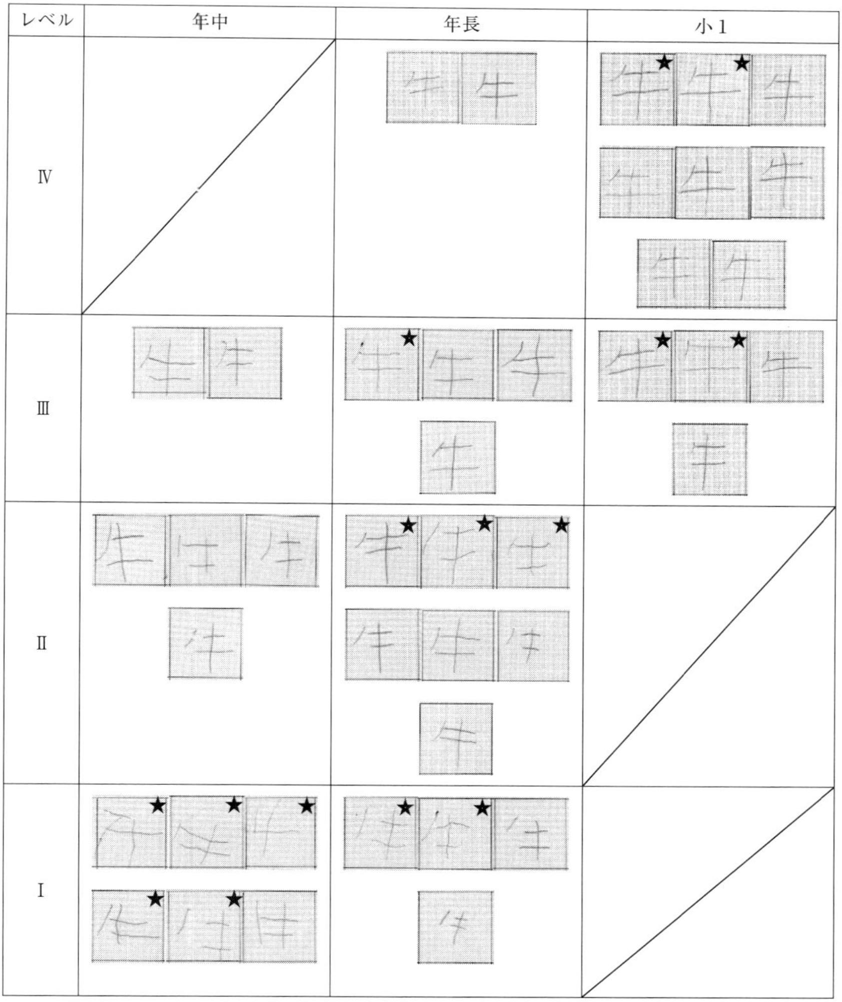

図2　視写のレベル別一覧（★：男児，なし：女児）

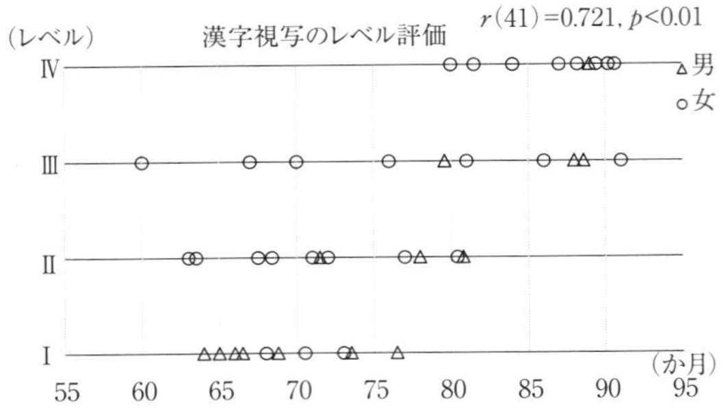

図3　視写のレベル別散布図

⑵「視写」と「なぞり」の筆記結果の比較

「視写」では，筆記箇所脇に示されている文字を参照してテンプレートの文字像を視覚イメージとして捉えて，空白欄に筆記・構成することになるため，筆記の際の自由度は限りなく大きい。一方，「なぞり」では，書こうとする文字は絶えず示されているので文字像を保持する必要はないが，それを筆記具で「なぞる」際の筆記の自由度は少ない点に特徴がある。

そこで，本研究で実施した「視写」による筆記軌跡を，同一対象者の「なぞり」での筆記軌跡とレベル毎に比較した（図4）。「なぞり」の書記結果では，いずれのレベルでもほぼ完全な形の「牛」が記載されているのに対し，レベルⅠの「視写」の筆記結果は手本文字の「牛」とはかけ離れた形状となっていることが分かる。しかし，レベルⅡやレベルⅢでの筆記結果は手本文字に近づき，レベルⅣではほぼ正確な「牛」が書かれている。

⑶「視写」と「なぞり」の筆記過程の比較

本研究では，Elian software を用いてそれぞれの課題5回の総距離，筆記時間，休止時間，平均速度，平均筆圧を算出した。二要因分散分析の結果，交互作用の認められた筆記時間のみの結果について述べていく。

「なぞり」での筆記時間には一定程度個人差はあるものの，月齢による違

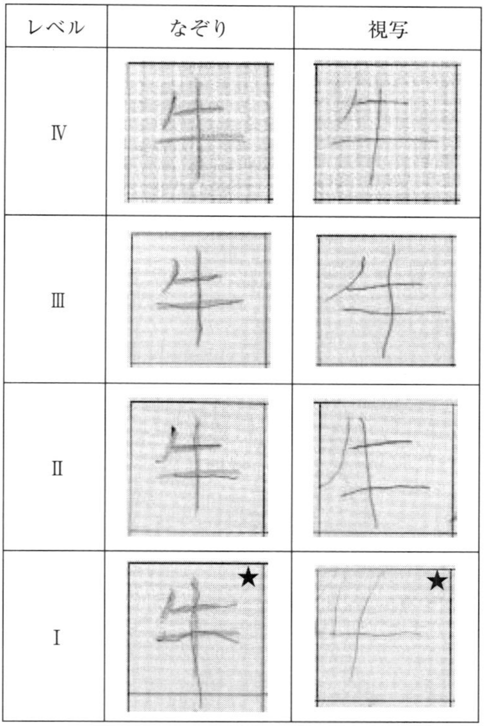

図４　レベル別にみた筆記軌跡（★：男，なし：女）

いはあまり認められなかった。一方「視写」では，月齢が上がるにつれて筆記時間が長くなる傾向が認められた。そこで，月齢と筆記時間についてピアソンの積率相関係数を求めたところ，「なぞり」では有意差は認められなかったが（r（41）$=0.24$, n.s.），「視写」では有意に正の相関が認められた（r（41）$=0.418$，$p<0.01$）。そのため，筆記時間についてレベル（レベルⅠ・レベルⅡ・レベルⅢ・レベルⅣ）×条件（「なぞり」・「視写」）に関する二要因分散分析を実施した結果，主効果ならびに交互作用が認められた（図５，レベルの主効果（F（3,37）$=3.554$，$p<0.05$），条件の主効果（F（1,37）$=8.868$，$p<0.01$），レベル×条

件の交互作用（$F\ (3,37) = 5.702$，$p < 0.01$））。さらに条件要因について検定を行ったところ，レベルⅠ・レベルⅡについて有意な単純主効果が認められ（レベルⅠ：$F\ (1,37) = 15.754$，$p < 0.01$，レベルⅡ：$F\ (1,37) = 7.427$，$p < 0.01$），ボンフェローニ法による多重比較を行ったところ，レベルⅠ・レベルⅡにおける「なぞり」の書字時間は「視写」の書字時間より長いことが判明した。次に各条件におけるレベル間の単純主効果検定を行った結果，「視写」において，有意な単純主効果が認められ（$F\ (3,37) = 4.957$，$p < 0.01$），ボンフェローニ法による多重比較から，「視写」ではレベルⅣの平均筆記時間はレベルⅠ・レベルⅡより有意に長いことが判明した。

4．考察

(1)　就学期における漢字書字からみた筆記の発達

書字には様々な能力が関与しており，発達に伴い子どもはそのスキルを獲得していく。本研究においても，小学1年生の子ども達は構成要素を意識してバランスよく書くことができており，筆記レベルの向上が認められた。文字の構成要素を再生してバランスよく配置する能力は，視空間認知能力や視

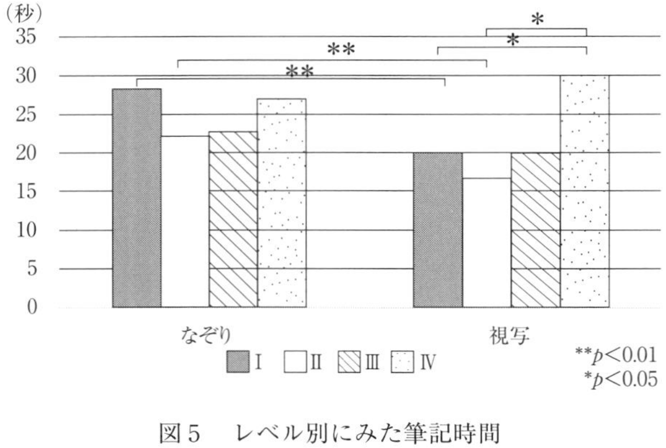

図5　レベル別にみた筆記時間

覚運動統合能力と関わっており，それらの認知スキルは発達に伴って向上していくことが指摘されている（郡司・勝二，2015）。本研究においても，発達に伴い認知スキルは向上してゆくことが再度確認された。

しかし，レベルの分布状況は群によって様相が異なっていた。年中群はレベルⅠ・Ⅱ・Ⅲに，年長群は全てのレベルに散布していた。「絵を描くことが好き」や「読み書きを教わっている」と答えた多くはレベルⅢ・Ⅳの高いレベルであったが，「読み書きを教わっている」と答えた者でレベルⅠかⅡに含まれる子もおり，個体差が著しかった。特に年中の男児は5人全員がレベルⅠであるという特徴がみられた。女児は男児よりも速くから文字に関心を持ち，文字を書き始め（浜野・内田，2012），視写速度においても女児の方が男児よりも速い傾向にあることが報告されている（Tseng, M, H. & Chow, S, M., 2000；河野・平林・中邑，2008；Graham, S., Berninger, V., Weintraub, N, & Schafer, W., 1998）。一方で，小学1年生群は全員がレベルⅢかⅣであった。小学校入学後8ヶ月経過時に測定したこともあり，幼児に比べ筆記学習・筆記経験量は圧倒的に豊富である。小学1年生群は就学後，日々の学習で書字に必要なスキルを習得し，未学習の漢字であってもほぼ正しく書くことができていると推察される。従って，筆記能力獲得には筆記学習・筆記経験の関与が大きいことが想定され，幼稚園では筆記レベルが低くとも，小学校での系統的な学習を経れば，1年の間に大半の子どもはレベルⅢやⅣに到達しうると考えられる。それ故，レベルⅠ・Ⅱであっても筆記レディネスが未発達な状態で書字学習を強要することは不適切で，文字への不適応や自尊感情・学習意欲の低下につながりかねないとの指摘もあり，慎重な対応が望まれる。

(2)　書字習得における「なぞり」と「視写」

書字学習の際には「なぞり」か「視写」のいずれかの方略がしばしば用いられる。「なぞり」と「視写」について検討した小野瀬（1987）は，「なぞり」は手先の運動技能が十分に発達していない段階では困難な課題であるとしている。「なぞり」を行う事のみに集中し，その結果文字の全体像の記憶を含む認知プロセスへの注意が拡散されてしまうからである。一方で，「視写」では文字を書く際に絶えず文字の全体像をイメージ化させる必要がある。そのため，書字技能のように手本なしで文字を書くことが求められる課題では視写練習の効果が優れていたと考えられている。

本研究ではこのような「なぞり」と「視写」による筆記の特徴を検証するために，幼稚園年中児・年長児と小学1年生におけるそれぞれの方略での筆記過程を比較した。その結果，「なぞり」での筆記時間はレベルによって違いは認められなかった。いずれのレベルであろうとも予め書かれているテンプレート文字をなぞるには，必ずしもイメージを形成せずとも可能であるため，結果的に類似した時間で「牛」をなぞることができたものと考えられる。一方，レベルⅢ・Ⅳの「視写」の筆記時間は，レベルⅠ・Ⅱより長く，またレベルⅠ・Ⅱの「視写」での筆記時間は「なぞり」の場合より有意に短かった。小野瀬（1987）も幼稚園年長児を対象に「なぞり」と「視写」の筆記時間を比較し，本研究と同様，「視写」での筆記時間が「なぞり」での筆記時間より短かったと報告している。「なぞり」での筆記には「視写」の場合より運動スキルが重要となるが，手先の運動技能が十分に発達していないと負担が大きく，自由度の高い「視写」では正確には書くことが難しいため短時間での大まかな筆記となったものと考えられる。一方，「視写」での筆記には，運動スキルとともに視覚的認知スキルも重要であり，高い筆記能力を必要とすると考えられている（加藤・橋本，2005）。「視写」するには文字を書く際に絶えず文字の全体像をイメージ化させる必要があるが，レベルが高い群は正しく文字を書くことができていることから，筆記スキルが一定程度身につくと，「視写」の際に視覚的認知スキルを駆使して正確性を重視しながら構成要素を再現していることが推測される。書字技能は，最終的には手本なしで文字を書くことが要求されるが，書字レベルが低い段階では，テンプレートを丁寧になぞるのは，筆記具操作に習熟する上でも有効であると考えられる。一方，書字レベルが上昇するにつれて「視写」を通して筆記具操作をさらに向上させて視覚イメージ形成を育み，ひいては文字の形状の記憶を導くことにつながってゆくものと考えられる。

最後に，本研究では「牛」という漢字一文字の書字結果をレベル分けし，それに基づいて書字の特徴とその過程をかなりの程度で捉えることができた。このような計測過程を詳細に捉えることで，子どもが書字筆記を獲得する過程や書字困難児の背景解明などが期待される。

引用文献

石川侑香・谷岡真衣・苅田知則（2007）平仮名学習入門期の書字について：読み・聴写・視写の比較から．愛媛大学教育学部紀要，154(1)，69－72.

大庭重治（2010）通常の学級における低学年児童の書字学習状況とその支援課題．上越教育大学研究紀要，29, 151-157.

小野瀬雅人（1987）幼児・児童におけるなぞり及び視写の練習が書字技能の習得に及ぼす効果．教育心理学研究，35(1)，9-16.

小野瀬雅人（1988）なぞり及び視写練習の組み合わせが幼児・児童の書字技能に及ぼす効果．教育心理学研究，36(2)，129-134.

小野瀬雅人（1995）書字モードと筆圧・筆速の関係について．教育心理学研究，43(1)，100-107.

加藤宏昭・橋本創一（2005）発達障害児の仮名文字視写技能の獲得とその要因に関する研究．東京学芸大学紀要，56(1)，367-376.

河野俊寛・平林ルミ・中邑賢龍（2008）小学校通常学級在籍児童の視写書字速度．特殊教育学研究，46(4)，223-230.

郡司理沙・勝二博亮（2015）幼児におけるひらがな書字習得に関わる認知的要因．LD研究，24(2)，238-253.

国立国語研究所（1972）幼児の読み書き能力．東京書籍

齋木久美（2015）小学校入門期のひらがな書字指導に関する一考察．茨城大学教育学部紀要，64, 325-334.

崎原秀樹（1998）幼児における文字の視写の発達的変化―分節・構成の観点からの検討―．教育心理学研究，46(2)，92-100.

島村直己・三神廣子（1994）幼児のひらがなの習得―国立国語研究所の1967年の調査

との比較を通して―．教育心理学研究，42, 70-76.

橘廣（2013）幼児における利き手の発達と利き手の変更．東邦学誌，42(2)，129-141.

浜野隆・内田伸子（2012）幼児期における読み書き能力の獲得過程とその環境要因の影響に関する国際比較研究（国際的格差領域）．お茶の水女子大学人間発達教育研究年報，4, 13-41.

三塚好文（1994）健常児における書字能力と形態認知との関連について－精神遅滞児の書字能力を高めるための基礎的検討 - ．特殊教育学研究，31(4)，37-43.

渡辺実（2010）知的障害児における文字・書きことばの習得状況と精神年齢との関連．発達心理学研究，21, 2, 169-181.

Graham, S., Berninger, V., Weintraub, N., &Schafer, W.（1998）Development of handwriting speed and legibility in grades 1-9. *Journal of Educational Research, 92, 42-52.*

Lisa,A.Kurtz（2008）*Understanding motor skills in children with dyspraxia, ADHD, autism, and other learning disabilities-a guide to improving coordination-*.Jessica Kingsley Publisher,London.

Tseng, M. H., Chow, S. M.（2000）Perceptual-motor function of school-age children with slow handwriting speed. *American Journal of Occupational Therapy,* 54, 1, 83-88.

特別支援学校における音楽アウトリーチ導入の意義と課題
――重複障害児を対象に――

市川友佳子

0．本研究の動機

筆者の長女は2歳の時に受けた手術の後遺症で四肢麻痺が残った。回復期に2ヶ月間の集中リハビリを受けるため，都内の施設に母子入園した。私が弦楽器を演奏していることを知った看護士から，是非演奏して欲しいと言われ，娘を含め，10人の障がい児と母親，看護士，医師へ向けたミニコンサートを急遽開催した。弦楽器だけの音を楽しんでもらいたいと思い，ヴァイオリンとヴィオラの二重奏で演奏した。息づかいも感じて欲しいと考え，フラットな場所で至近距離にて演奏した。

皆様々な障害があり，すぐ声を発してしまう，大人数が苦手，病弱など，色々な理由からコンサートホールでの演奏会には行ったことがなく，ましてや弦楽器の音に触れたことなどあるはずもなかった。私自身，障がい児の初めて聴く音への反応や，弦楽器の見た目への反応が心配だった（過度の興奮から発作が出てしまったり，楽器への恐怖を感じたりしないか等）。

実際に演奏が始まると，皆食い入るように真剣に受け止めてくれた。全く知らないクラシック音楽でも，曲の終わりを感じ取り，もう終わってしまうと泣き出してしまう子がいた。難聴の子もいたが，音楽を感じてくれたのか，今まで見たことのない笑顔を見せてくれた。私は障がい児が「生演奏」という形の刺激を必要としていることを肌で感じた。

また，一言で障がい児と言っても，障がいの程度，種類は様々である。近年，重度重複児が増加傾向にあるとも言われている。障がい児を対象とした，日中一時支援やデイサービス，レスパイト・ケア[1)]等，地域支援システムにより保護者の介助負担（主に母親）を軽減させる目的のサービスも充実してきてはいる。しかしそういったサービスも課題を抱えており，まだまだ発展途中であると言える。つまり，保護者の負担は決して軽くはないと言えるのである。

平成15年３月に文部科学省で取りまとめられた「今後の特別支援教育の在り方について（最終報告）」では，次のように記されている。

> 家庭において，教育はもちろん生活全般で障がいのある子どもに幅広くかかわる保護者は，重要な支援者の一人である。保護者が家庭等において子どもと接し，教育や療育との関わりの中で適切な役割を担うことは重要なことであり，そのためには障害や子どもの成長や発達についての知識を深めていくことが必要になる（以下略）。

これは紛れもない事実であり，先ほど述べたサービスによって保護者の負担が軽減されたとしても変わらないことである。障がい児にとって重要な支援者である保護者が，日々の生活の中で障がい児をよりよく理解し，親子関係をさらにスムーズにしていくことも大切なことではないだろうか。

障がい児が日々の大半を過ごす，特別支援学校での教育内容を充実させていくことは，児童の人生をより豊かにするために欠かせないことだと考える。特別支援教育の音楽教育の観点から，継続的な音楽アウトリーチ[2)]を通して，児童の成長をさらに後押ししていけるよう，その成長を重要な支援者が認識できるよう，働きかけていきたい。

0-1　本研究の目的

本研究の目的は，特別支援学校において重複障害児に対する継続的な音楽アウトリーチを実施し，本物の楽器の音，生演奏を介した音楽アウトリーチの重要性や効果を，観察と記録分析，インタビューを通して明らかにすることである。

また，継続的な音楽アウトリーチによってあらわれてくる児童の変化を捉えていく中で，障がい児に対する音楽アウトリーチをどのような方法で行うことができるのかを考察し，特別支援学校における音楽アウトリーチ導入の可能性を見い出したいと考える。

0-2　本研究の意義

本研究では筆者自身が，①障がい児を育てる保護者であること，②弦楽器奏者として演奏活動をしていること，③本研究を進めるにあたって，音楽アウトリーチのコーディネーター役を担っていること，④本研究の研究者であること，という4つの立ち位置にあることを，まず断っておきたい。

本研究は，児童が本物の楽器の音，生演奏に触れる音楽経験を通して，児童の学校生活の充実を図ることができ，児童の気づきによってさらなる感性の育成を目指しているものである。そのことから，特別支援学校における音楽アウトリーチの教育的意義も問えるのではないだろうか。特別支援学校における音楽アウトリーチを，特別支援教育の音楽科においての，新しい視点として取り入れることができるのではないかと考えている。

さらに特別支援学校における音楽アウトリーチは，若手の演奏家達にとっても新境地を開くことになる。舞台で演奏するだけが演奏家なのではない。児童との音を介したコミュニケーションにより，障がい児に寄り添った独自のスタイルを構築できるようになることは，演奏家自身にとっても，さらに開かれた音楽人生になるはずである。

1．特別支援学校における音楽アウトリーチの実施計画

1-1　音楽アウトリーチの構想と対象の選定

本研究には特別支援学校と，教師，保護者，児童の協力が不可欠となる。選定にあたって，筆者が母子入園の際にA君とその母親と知り合っており，A君がS特別支援学校に入学したことが，一番の理由である。A君の担任

だったK先生に音楽アウトリーチの計画を話した際に，筆者がこだわっていた，教室で音楽アウトリーチを行うこと，継続的に児童達の様子を見させてもらうことを快く受け入れてもらえたため，S特別支援学校に本研究の協力をお願いした。

1-2　音楽アウトリーチの構想と記録方法

少人数の児童に対し，児童が日頃過ごしている教室で，演奏家が至近距離にて演奏する。それを年に3回程度，継続的に行う。児童は初めての楽器，初めての音楽との出会いを経験し，気づき，その気づきを積み重ねていく。曲によっては参加を促し，児童達の自発性に働きかける。

音楽アウトリーチを通し本物の楽器の音，生演奏に触れる経験をすることで，児童に感動体験をさせたい。そういう経験を積み重ね，演奏家との音を介したコミュニケーションを記憶していくことにより，児童自身が今感じている喜びを表現したいという熱意に繋げていくことができるのではないかと考えた。

今回の音楽アウトリーチは，体育館で全校に向けた出前演奏ではなく，授業補助という形で，演奏家が教室に入り，児童の間近で，継続的な音楽アウトリーチを実施する。

対象となるグループは2年とも児童6名（男子4名，女子2名），教師4名である。1年生から2年生に上がる際にグループ替えがあり，メンバーの入れ替わりがある。2年間経験できた児童はA君を含め，男子3人である。また，基本的に全面介助が必要な児童のグループであり，医療的ケア対象児も含まれる。移動は車椅子である。声を出す児童もいるが，言葉を介したコミュニケーションは難しい。聴覚優位であり，視覚はどこまで見えているか定かではないため，視覚的な情報は近くで見ることが必要な児童である。ほとんどの児童が，全身の筋緊張が強いため，長時間同じ姿勢でいることが難しい。クッションチェアに座ったり，教師の抱っこや布団に寝転がったりしながら音楽アウトリーチを経験する。

音楽に対しては，笑顔で反応する子，好きな曲嫌いな曲がはっきりしている子，新しい刺激には必ずと言っていいほど泣いて反応する子，聴覚に集中したい時は目を塞ぐ子，曲の好みが分かりにくい子等，様々である。

2．特別支援学校における音楽アウトリーチの成果と課題

2-1　対象児の選定

音楽アウトリーチの構想段階では，１人の児童に特に注目して観察することは考えていなかった。しかし初めて音楽アウトリーチを実施した際に，児童達の細かな様子（変化）を第三者が読み取るのは想像以上に難しいことを実感した。それで，教師だけでなく，児童にとって一番の支援者，理解者である母親が付き添ってくれるＡ君に特に注目して，母親からの様子観察もお願いすることにした。母親は，初めて継続的な音楽アウトリーチを経験する息子がどんな反応を見せてくれるのか，非常に期待していた。

2-2　児童の変容から見た音楽アウトリーチの効果

児童は非常に素直に音楽を，演奏家達を受け入れてくれた。また，回を重ねるごとに少しずつ新しい面を見せてくれた。筆者が演奏しながら観察したことと，ビデオ記録から文字起こししたフィールドノーツをもとに，筆者が印象に残った場面を記述する。

ただし，場面４に関しては，音楽アウトリーチの中で起こったこと以外のＡ君の様子である（場面３，場面５は省略）。

１．場面１　第３回音楽アウトリーチ「1. 活動への能動的な参加」

⑴活動の概要

201X.3.10.㈫ 11:00-11:40の授業内で，児童３名に対し，弦楽四重奏で『シンコペイテッドクロック』を演奏した場面である。

児童達自身に小物楽器をもたせて，音楽の中に誘う。演奏への参加を促し，児童達の自主性に働きかけることを心掛けた。

⑵活動の流れ

小学部1-3G の教室にて行う。教室の窓側で２名の児童がクッションチェアに座って，１名の児童が教師に抱かれて，計３名の児童が，教室の廊下側にいる弦楽四重奏の演奏を鑑賞している。３名の教師と１名の母親も同席している。

演奏者が「次は鈴で参加して貰えるかな？」と児童達に呼びかけ，児童達は教師達に手伝って貰いながら鈴を持つ。その時に揺れて鈴の音が少し鳴るが，その鈴の音に児童達は目をキョロキョロさせて様子をうかがう。そして教師達にも鈴を持って参加して貰う。

この『シンコペイテッドクロック』ではヴィオラ奏者が，ウッドブロック，トライアングル，カウベル，笛を担当し，他３名（ヴァイオリン２名とチェロ１名）が弦楽器を演奏する。弦楽器だけではない音も参加し，非常にリズミカルな一曲となっている。

【A 君が鈴を持って演奏に参加した場面】

(24'15"～27'50")

演奏が始まると，教師達が鈴を鳴らし始める。すると鈴をもっていた（もたされていた）A 君が，教師達の鈴の音とウッドブロックの一定のリズム音に誘われるかのように，持続的に鈴をもち，またさらに鈴を振って，わずかではあるが鳴らし始める。曲の中間部でトライアングルが鳴り始めると，始めは聴き入っているが，途中で笑顔が見られる。そして笑顔のまま再現部に入り，また鈴を振り始める。曲の終わりまで鈴を持続してしっかり握っている。

そして，曲の最後にカウベルと笛がいきなり登場すると，初めて登場した音に A 君はその瞬間じっと固まって聴いている。

⑶考察

A君の一連の行動は，普段何かを持続的にもつという経験が少ない（教師からの証言による）A君が，演奏に誘われて，能動的に，自発的に，音楽に参加した結果と言えるだろう。

トライアングルの音に聴き入って，少し時間が経ってから笑顔が見られていた。母親からの証言では気に入ると笑顔になるとのことだった。この様子からA君が新しい音を集中して聴いていたことが分かる。音楽への意欲的な関心が見られ，注意が続いている結果として，じっと聴いているという態度に現れていると推測できる。さらに自発的に笑みがこぼれている。

そして再現部になるとまた鈴を振り始めている。カウベルと笛の音がした瞬間にじっと固まっていることから，曲の終わりの音まで，A君の音楽の聴き方が能動的であることが分かる。またA君が聴覚的な刺激から，様々な情報を得ていることも分かる。

持続的に鈴を持ってA君が音楽に参加したのは，この回が初めてだった。

2．場面2　第4回，第5回音楽アウトリーチ「2.全身で音楽を聴くこと」

⑴活動の概要

①第4回音楽アウトリーチは，201X.7.15.㈬ 11:00-11:40に児童5名を対象に，②第5回音楽アウトリーチを，201X.9.24.㈭ 11:00-11:40に児童4名を対象に，いずれもヴィオラとシロフォンで，『ユモレスク』を演奏した場面である。

第4回と第5回は打楽器奏者2名，ヴィオラ奏者1名の計3名で行った。『ユモレスク』の際は下の図のように打楽器奏者1名は演奏せずに観察していた。また，ビデオカメラの位置は第4回の途中から移動した。

児童の間近に近寄って演奏することで，さらに臨場感を感じ，誰が何を演奏しているのか，興味関心を持たせることをねらいとした。

⑵活動の流れ

①第４回音楽アウトリーチを小学部2-6G の教室にて行う。教室の窓側で３名の児童がクッションチェアに座って，２名の児童が教師に抱かれて，計５名の児童が，教室の廊下側にいるヴィオラとシロフォンの演奏を鑑賞している。４名の教師と１名の母親も同席している。

②第５回音楽アウトリーチを小学部2-6G の教室にて行う。教室の窓側で３名の児童がクッションチェアに座って，１名の児童がマットレスに横になって（発作が出てしまったため），計４名の児童が，教室の廊下側にいるヴィオラとシロフォンの演奏を鑑賞している。４名の教師と１名の母親も同席している。

①も②も演奏開始後，ヴィオラ奏者が弾きながら児童達に近づく。

【児童達が，演奏者が移動する様子を追視した場面】

① （21’12”～24’12”） ② （08’00”～11’20”）

①近づいてきたヴィオラ奏者を目にした児童達は笑顔を見せる子もいれば，近づいてくるヴィオラ奏者の方を注視している子もいる。 横一列に座って聴いている児童達に対して，ヴィオラ奏者が左から右へ，（腰を屈めながら，または膝立ちで弾きながら），一人ずつ近づいて横移動していく。すると児童達も横移動していく奏者を追視していく。 奏者が右から左へ戻りながら横移動すると，また児童達も追視する。曲の中間部に入り，奏者が譜面台の置いてある元の場所に戻っても，児童達は曲の最後まで奏者たちの方を注視している。 ②でも同様のことが起こっているが，さらに，奏者が演奏し始め，児童に近づこうという素振りを見せた瞬間から，それを察知し，笑顔で迎えてくれる児童がいる。

⑶考察

ヴィオラ奏者が目に入ったのか，音が近づいてきたのを聴き取ったのか，そのどちらもなのか，またどちらが先なのか等，詳細までは定かではないが，児童達が敏感に感じ取ろうとしていることが推察できる。

顔の向きをスムーズに動かせなくても，目線をはっきり動かして表現してくれる児童もいた。このことから興味関心を抱いたことが分かる。また聴覚優位な児童達が，聴覚だけでなく，身体全体を使って近づいてくる奏者や音楽を，受け止めていることも分かる。②でも同様のことが起こったことから，再現性があると言える。さらに演奏や奏者を察知するタイミングが①よりも早くなっていることから，児童が前回のことを記憶していると考えられる。

また奏者も①の時よりも②の時の方が少しゆっくりとしたテンポで演奏している。児童に寄り添おうとしている姿勢が自然と演奏にもあらわれていると言える。

3．場面4　A君の自宅にて起こった出来事「4.音色への気づきがあること」

⑴状況

201X.9.28.㈪ 19：47-20：16に母親から複数回のメールと，笑っているA君の写真が届く。この場面は他の場面とは違い，A君の家庭内で起こったことであり，母親が感動して送ってくれたものである。

【A君が音楽アウトリーチ以外で見せた音楽に対する反応】

> ご家族で一緒に見ていたテレビ番組にヴァイオリニスト葉加瀬太郎氏が出てきて，葉加瀬太郎氏の指揮で，弦楽器による室内楽で，『G線上のアリア』を演奏する様子が映った。
>
> その様子が映った瞬間に，演奏が聴こえた瞬間にA君が笑った。その反応を発見した母親が，テレビをA君に向けて映像を見せながら，「ヴァイオリンだね，この間聴いたよね」と話しかけると，母親の目を見てキラッとした目をしたという。
>
> 音楽を聴いた後，テレビが終わっても，胃瘻からの栄養注入が終わっても，ベッドに行っても終始穏やかだったという。

⑵考察

音楽アウトリーチを経験するまで，A君はヴァイオリンを，そして弦楽器の音を知らなかった。音楽アウトリーチを継続的に経験することによって，演奏家の生演奏に触れることによって，A君の音への気づきが蓄積されて，テレビから流れた音色が，弦楽器の音色であることに気づくことができたのである。

このことから音楽アウトリーチではない時でも，A君の経験したことの記憶が繋がる瞬間が出てきた場面であると言えるだろう。

母親の目を見て，A君自身の目をキラッとさせるのは，母親とA君のオリジナルなコミュニケーション方法である。A君にとって喜びの表現であり，母親と感情を共有できた嬉しさや，ポジティヴな気持ちの動きがあったであろうことが推測できる。A君の母親の言葉を借りると「A君の世界が広がった」瞬間である。

また落ち着ける瞬間があった後，その落ち着きが持続できたことも，日頃から身体の緊張が強いA君にとって大切な経験と言える。その経験が積み重ねられることで，日常生活でも身体の緊張を自発的に緩めていくことに繋げていけるのではないだろうか。

2-3　教師・親から見た音楽アウトリーチ

201X年9月30日㈬ 15:30-16:30に，S特別支援学校にてA君の1年生の時の担任だったK先生，現在（2年生）の担任A先生，A君の母親Hさんの3人に，2014年9月より継続して実施してきた音楽アウトリーチの効果について，インタビューを行い，以下の点があげられた。

1．生演奏を提供する意義

⑴物理的制約の緩和

まず，K先生はインタビューの冒頭にこう話してくれた。

K先生「まず，本校の児童が実際にコンサート会場とか行って聴くということは，難しいのかなと思っています。」

K 先生の言葉の理由として以下のことが考えられる。まず思いつくこととして，コンサート会場においてのハードルである。バリアフリーの会場かどうか（車椅子でも入れるのか），多目的のお手洗いがあるかどうか，パニック症状や発作が出てしまった時に落ち着けるようなスペースがあるかどうか，長時間同じ姿勢で静かに聴けるかどうか，コンサート会場のスタッフの方々が，障がい児者の対応に慣れているかどうか等である。

また，児童は毎日の通学に加え，定期的な通院，リハビリ，放課後デイサービス…と通っていて日々忙しい。そのスケジュールにコンサートを加えることは容易ではない。さらに，イレギュラーなスケジュールを入れることで，児童自身の生活リズムを崩してしまうかもしれないことへの懸念がある。

そして大事なこととして，障がい児を連れて出かけるには，当然家族の手助けが必要になる。その際，日頃から家族が（特に母親が），児童とどう向き合えているか，どう生活しているかが関係してくる。そこを切り離して考えることはできない。小林（2008）によれば，以下のような観点が取り出されている。

・子供を人前に連れ出しているか，子供と共に外出することに抵抗がないか
・障害児を持たない友人たちと平気で付き合っているか
・障害児のための活動に加わっているか
・この子が確実に成長していると感じているか

この観点は非常に当を得ていると言える。障がい児を育てている保護者は少なからずこのような点において，葛藤を抱えながら育てているからである。

物理的制約の緩和として，児童が状況を捉えやすい環境を設定する重要性についても，話してくれた。今回の音楽アウトリーチで関わった児童達は，重複障害を抱えている。肢体不自由と視覚障害，また知的障害である。第三者と言葉でコミュニケーションをとることが難しいため，実際にどこまで物事を理解しているのか，どこまで見えているのかを第三者が的確に判断する

ことはなかなか難しいと言える。日頃から関わりながら，時間をかけながら，教師達も一人一人の児童の様子を把握していく。

そのような状況を筆者は想像できたため，音楽アウトリーチをいつも過ごしている教室で，なるべく児童達の近いところで演奏することにこだわった。いつも過ごしている教室で行うことで，新しい刺激を受けるために環境が変わる，というストレスは軽減できる。ただ，至近距離で新しい音刺激を与えることで，どんな反応が出てくるか，不安はあった。

しかし教師達の「自分たちが理解できる範囲でやって貰えることが大きいかな」や，「少人数で情報がそれだけっていうものであれば，それだけ受け入れも凄くしやすいので，子供達も落ち着いて聴き入ることができるって思いますね」という発言から，演奏家が教室に入って行って演奏すること，新しい刺激を間近で受けられることが，児童にとってプラスに働いたと思われる。

⑵聴覚刺激の効果

児童が聴覚優位であるため，聴覚刺激によって様々な変化が見られた。児童は皆，常に聴覚から色々な情報を得ているため，聴覚からの刺激には良くも悪くも非常に敏感である。だからこそ，嫌なものは嫌，良いものは良いと，はっきり態度で表現してくるのだろう。さらに生演奏であることで，耳からだけではなく，振動が身体に直接伝わる。そういった臨場感，全身で音，音楽を受け止める経験は，生演奏だからできることである。

また，児童のリラクゼーション効果も見逃せない事実である。日頃から意図しない身体の緊張が高く，10分程度クッションチェアに座っていられない児童が，音楽アウトリーチの際は，最初から最後まで座っていられる。また，別の児童は呼吸が落ち着くという変化が見られる。身体の緊張によって呼吸が浅くなってしまう子が多いため，深く呼吸ができる経験も児童にとって必要な，貴重な経験である。

2．継続することの重要性

K先生から，6回継続して音楽アウトリーチを行ったことに関して評価をいただいた。それは，子どもの「気づき」の蓄積である。

K先生「ある刺激に対して，「気づき」っていうのを重ねていくことが，色々な経験に繋がっていくのかなっていう風に思うんです。」
K先生「あっ！　これはどこかで聴いたことがあるぞっていう……。」
K先生「音楽の良さっていうのはやっぱりそれを自分で選んで，どこの場面が好きっていうのが見つけられる，そこなんじゃないかなって思うんですよね。…子供は正直です。良いものは良いし，嫌なものは嫌だし，曲に対してそれが選べるっていうのが，生演奏の良いところだと思っています。」
K先生「本物を体感するっていうことが，いかに知らず知らずのうちに，その子の経験として，活かせるところを活かそうっていう意識に繋がっていくっていうのは凄く感じています。……低い音で攻められてきて，それで恐怖心を感じてしまうっていうのも，それも本物だからなせる業なんじゃないかなって思うんですよね。」

K先生の言葉から，発達段階にある児童にとって，物理的制約があったとしても，何の分野でも，繰り返し本物の楽器の音，生演奏に触れる機会が大変重要であることが分かる。それは障害があろうがなかろうが変わらないことである。そして芸術の分野においては，障害がある，ないという境界線がないことも実感できる。児童自身が感じ，気づくことを何度も繰り返していくことで，気づきが蓄積されて，その子の経験が広がり，様々な記憶と繋がっていく。

今回は受け入れ側の協力により，複数回の音楽アウトリーチを実施できた。そのため，子どもの気づきを教師，保護者，演奏家の皆が読み取ることができた。このことは複合的な意味で良いことであり，とりわけ1回では状況を理解しにくい児童にとって，できるだけ継続的に音楽アウトリーチを行うことが望ましいと考えられる。

3．教師が音楽アウトリーチに期待すること

⑴授業や教師との連携

授業や教師との連携をどのように図っていけるかについて幾つかの点をあげてくれた。

ⅰ K 先生「Ⅰ，Ⅱ類のお子さんについては，例えばタンバリンで色々なパフォーマンスを見せて貰ったりだとか，その中で跳ねた音だったりだとか，小さな音から段々段々大きくなってくる，そういう迫ってくるような音の流れだとか，そういうのも楽しむことができるだろうって思うし…重度のお子さんになってくると，やっぱり耳からっていうことがほとんどになってくると思うので……。」
ⅱ K 先生「始まりの歌，終わりの歌を弾いてくださいましたけど，…同じものでもそういった違った楽器で子ども達に伝えられるっていうところは，絡んでもらいたいなっていう風に思いますよね。」
ⅲ K 先生「よくアンケートの中で，子ども達がよく知っている曲をやってください，やっていただけると嬉しいなっていう風に書いてくださる先生方いるんですけど，反面，やっぱりどうしてこの曲が何百年もずっと残ってきているのかっていうのも，そういうのも子ども達に聴かせて，それで何か感じ取れるものがあるから，ずっと残ってきているんだろうなって思うので，それも授業の中の絡みですよね。」
ⅳ K 先生「それはそれ，これはこれではなくて，少し絡んでいただけると，より子ども達も身近に感じられるんではなかろうかと思いますよね。」
ⅴ A 先生「彼女が座ってじーっと聴いて穏やかにいられるっていうのが，すごく大きいですね。（彼女は）給食に対して凄く意欲がありまして……連想ゲームができる人なので，給食，ご飯ってだけでも，うわーってなるんです。でも（音楽アウトリーチの）後だとそれが少ないんです。」

学校側と演奏家側，両者の都合がつく時は，午後下校時間前に小学部全体に対しても，ちょっとした広場で演奏した。ⅰはその時の様子である。小学部全体となると，障害の程度に差が出てくる。特別支援学校教育課程Ⅰ，Ⅱ類の児童は，視覚からの情報もしっかり受け取れるため，見た目のパフォーマンスも充分楽しめる。そのような児童は新しい刺激にもついていきやすいことが分かる。

今回筆者が関わった特別支援学校教育課程Ⅳ類の児童に対しては，音楽アウトリーチの始まりと終わりを，児童が毎日歌っている，朝の会のうたと帰りの会のうたであらわした。つまり聴覚からの情報にした。第１回目の時は，実際にもう帰れると思ってしまった子もいたが，回を重ねるごとに徐々に理解していたし，時間だったり場面だったりの区切りをつけるという意味で，朝の会のうたと帰りの会のうたを取り入れて良かったと感じている。以上のことから分かるように，音楽アウトリーチは児童の様子に合わせて実施できるのである。

ⅱの「同じものでも違った楽器」というＫ先生の発言について補足したい。教師達が日頃朝の会のうたと帰りの会のうたを歌う際は，教師達のアカペラか，弾ける教師がいたらギターかキーボードの伴奏付きで歌うことがほとんどであり，バリエーションに限りがある。日頃から親しんでいる歌を，違う楽器を演奏する演奏家の伴奏で，皆で歌うことで，また違った印象を児童に与えることができる。演奏家と授業の連携の一例であると言える。

またⅲとⅳは，児童がよく知っている曲と，演奏家が聴かせたい曲とのバランスを考えさせられるコメントである。児童がよく知っている曲をたくさん演奏してほしいという声も確かにあった。児童がよく知っている曲を取り上げることも必要だろう。しかしＫ先生は，児童が今まで聴いたことのない曲，たとえ児童が今は分からない（理解できない）曲でも，クラシックの名曲も聴かせたいとの考えを示している。これも授業との連携と言えると述べているのである。これは筆者にとって，喜ばしい考えである。他の演奏家達もきっと同じように感じるだろう。筆者と同様，Ｋ先生は音楽アウトリーチを，児童と音楽との新しい出会いを提供できる場にもしたいと考えているのだ。

ⅴは，音楽アウトリーチ後にいつも給食の時間になるのだが，その時の様子についてのコメントである。いつも全身に意図しない力が入ってしまい，緊張が強いため，食べるという行為だけでもひと苦労な児童が，音楽のリラクゼーション効果によって，いつもより落ち着いて給食に臨めるのである。これも大きな成果である。今回音楽アウトリーチと給食の時間という時間割の繋がりがあったため，児童の日頃との違いを読み取ることができた。筆者は児童達にとって効果が出やすい時間割の組み合わせがあるのではないか，と考えている。いつも教師達は緊張が強い児童に対し，何とか少しでも緊張を和らげてあげたいと奮闘していた。この点においても教師との連携を図っていくことができると考えられる。

⑵児童の音楽経験の拡張

児童の音楽経験の拡張のために乗り越えるべき課題をあげてくれた。

⑴でも述べたが，教師達が児童の音楽経験の拡張のため，鑑賞の補強，技能の上達のために，継続的な音楽アウトリーチを経験することにより，児童の身体，日常生活の質の向上，感性の育成を期待していることは明らかである。

また，現実的な話になるが，特別支援学校の資金不足は深刻な問題の１つであると言える。外部から呼ぶにしても，基本的にボランティアである。そのためプロとして活動している演奏家を定期的に呼ぶことは皆無である。またプロのオーケストラによる音楽鑑賞教室も，資金不足のため，何年かに一度しか開催できない現状がある。児童が学校で受けられる外部からの良い刺激（この研究においては音楽経験）を増やしていくには，こういった面も課題として乗り越えていかなければならないだろう。

2-4　演奏家にとっての音楽アウトリーチ（省略）

３．本研究のまとめ

本研究の目的は，特別支援学校において重複障害児に対する継続的な音楽アウトリーチを実施し，本物の楽器の音，生演奏を介した音楽アウトリーチの重要性や効果を，観察と記録分析，インタビューを通して明らかにすることである。

本研究では，筆者が観察したことと，ビデオ記録から文字起こしのしたフィールドノーツをもとに，A 君を中心に児童の変容を捉えた。その中から印象的な場面を取り出し，その場に同席していた教師・親に対するインタビューと，演奏した演奏家に対するインタビューを分析し，特別支援学校における音楽アウトリーチ導入における意義と課題，方法を探求した。

その結果，児童の変容からは以下の５点が効果としてあげられた。

「1．活動への能動的な参加」では，演奏に誘われて A 君が鈴を持続的にもち，自発的な笑みがこぼれ，音楽への意欲的な関心が見られた。「2．全身で音楽を聴くこと」では，児童が演奏家を追視する様子が見られ，聴覚優位である児童が，聴覚だけでなく全身で音楽を受け止めていることが感じられた。「3．過去の音楽経験を誘引すること」では，生演奏が A 君の過去の記憶に働きかけ，A 君自身が今できる限りの表現方法を用いて第三者に何かを伝えようとする様子を読み取ることができた。「4．音色への気づきがあること」では，A 君の経験したこと，A 君の音色の記憶が，音楽アウトリーチではない時でも繋がる瞬間が出てきたことを捉えることができ，感動的な場面となった。「5．音楽経験の広がりをもたらすこと」では，４．での経験を踏まえ，生演奏を聴いた A 君が母親の問いかけに「ハイ」と右手をあげて返事をすることにより，その場にいた全員で A 君が音楽を理解していることを実感することができた。

この児童の変容は，児童達が全身で新しい刺激である音楽や，演奏家を受け止めてくれた結果である。継続的な音楽アウトリーチが児童たちの引き出しを増やしていることが分かる。

児童の変容を一緒に観察してきた教師・親からのインタビューを通し，そのことが裏づけられた。

教師・親から見た音楽アウトリーチの効果として以下の点が明らかになっ

た。

1．生演奏を提供する意義 「⑴物理的制約の緩和」では，コンサート会場になかなか足を運ぶことができない児童達が生演奏に触れられる機会を作ることができること，児童がいつも過ごしている教室に演奏家が入り，児童の至近距離で演奏し，新しい刺激を受け入れやすくすることができること，「⑵聴覚刺激の効果」では，児童達が聴覚だけでなく全身で音楽を受け止める経験ができること，聴覚刺激によってリラクゼーション効果があることが理解できた。

2．継続することの重要性 「子どもの気づき」では，繰り返し本物に触れる経験することにより，児童の経験が広がり，様々な記憶と繋がっていくことが分かった。

3．教師が音楽アウトリーチに期待すること 「⑴授業や教師との連携」では，演奏家が授業と連携したり，教師と連携したりすることによって，児童達を音楽にさらに近づけていくことができること，「⑵児童の音楽経験の拡張」では，継続的な音楽アウトリーチを経験することで，児童達の身体，日常生活の質の向上，感性の育成を教師達が期待していることを読み取ることができた。

そして，演奏家にとっての音楽アウトリーチとしては，打楽器奏者と弦楽器奏者へインタビューによって聞き取った。

打楽器奏者からは３つの効果と２つの課題が明らかになった。

まず「⑴児童に寄り添う姿勢」では，心から児童に寄り添おうとする，音楽で児童に合わせようとすることにより，言葉を介さない児童達の僅かな反応を捉えられた。「⑵音を介したコミュニケーション」では，常に相手のことを考えながら演奏することにより，言葉を介さなくても，音を通して空気感を共有することができた。「⑶楽器の特性を活かした児童へのアプローチ」では，その楽器にしかできないことを探して児童へアプローチすることで，一緒に音楽を作っているという意識をもたせることができた。

「(4)児童との距離感」では，音と児童の距離感，演奏家と児童の距離感があげられていた。その場その場の児童達とどう関わっていけるかを演奏家自身が感じ取っていくことが一番大切である。「(5)目標の立て方」では，演奏家側が目標を明確にして音楽アウトリーチ実施し，終了後，教師側から，内容について評価してもらうべきであることが分かった。そしてさらに演奏家自身が立てた目標について自己省察するという手順が必要になってくることも理解できた。

弦楽器奏者からは次のような２つの効果と３つの課題が明らかになった。

まず「(1)意識の変化」では，奏者達が演奏しながらそれぞれ児童達の様子を読み取ろうとする意識の変化が見られた。「(2)児童の曲への理解を超えて」では，曲の内容を理解しているどうかでなく，児童が曲そのものをそのままを受け止めることができることが分かった。

「(3)ねらいの共有」は，どういうねらいで選曲したか，どういう期待をもって演奏するのか，演奏家達が皆で共有してパフォーマンスをすること，それが音楽アウトリーチの内容の充実に繋がることが理解できた。「(4)児童とのかかわり」は，障がい児とほとんど接したことがないという戸惑いを，心から児童達と演奏で関わりたいと思えるかどうかで乗り越えられるかどうかが決まってくることが分かった。「(5)学校側との連携」は，継続的な音楽アウトリーチを定着させていくには，学校側，教師側とも共通意識をもつ必要性があることが導き出された。

3-1　本研究の結論と課題

継続的な音楽アウトリーチを通して，様々な点を見い出すことができた本研究の結論は，次のように集約できよう。

重複障害児に対する継続的な音楽アウトリーチは，障がい児が，間近にいる演奏家の生演奏によって本物の楽器の音に触れられ，音楽の中に身を置くことができる。

児童は言葉や曲への理解を超えて，音を介してコミュニケーションを図ることができ，その場にいる皆は，児童の僅かな反応に気づくことができる。児童自身が音楽の中で気づきを蓄積していき，音を介してコミュニケーションを図ることができると理解できた時，自分が今感じている喜びを表現したいという熱意に繋がる。その児童の変化を捉えられた教師や，親，演奏家は，その子が生きていることを実感することができるのである。

なお，教師・親，打楽器奏者，弦楽器奏者のインタビューから，特別支援学校における継続的な音楽アウトリーチを実施するうえで考慮すべき点を，本稿の最後に記しておきたい。ここに示されることは，今後の音楽アウトリーチの可能性を示唆するものとなるはずである。

まず第1に，3．教師が音楽アウトリーチに期待することや，打楽器奏者が述べていた「(5)目標の立て方」から，演奏家側が音楽療法的な視点を持って，児童と関わることが必要である。音楽療法の基本プロセスも参考にすることができる。

第2に，個々の曲に対してのねらいを明確にし，音楽アウトリーチの内容を，年間計画として立てることができる。そして内容を学校側と演奏家側が共有することが大切である。

第3に，児童との関わり方である。障害の程度や種類により児童が表現できることには幅があった。たとえ児童自身が音楽から様々なことを感じ取っていたとしても，第三者が読み取ることが難しい場合も多い。しかし，演奏家の方から心から児童達に寄り添おうと近づく時，児童達は僅かだったとしても，非常に意義深い反応で応えてくれた。音楽を介してコミュニケーションを図ることができたのである。それは，児童の自発性に繋がり，児童の可能性を広げることになる。

以上の3点を考慮することは，特別支援学校での音楽アウトリーチを系統立てるための重要な視点になると確信している。

今回の研究では障がい児の音楽アウトリーチの方法論まで辿り着くことは

できなかった。筆者は引き続き研究を続け，特別支援学校における音楽アウトリーチのさらなる発展に貢献していきたい。

注

1)　介護を行う家族に対して，一時的・定期的に休息を保護するための援助サービスのことである。宗澤忠雄「レスパイト・ケア（respite care）」，『障害児教育大事典』東京：旬報社，1997年，828頁。

2)　アウトリーチとは「手を伸ばすこと，地域社会への奉仕活動，出張サービス」という意味の“outreach”に由来し，1990年代後半から公共文化施設において，日ごろ文化芸術に触れる機会の少ない住民に対して文化芸術に触れる機会を提供する事業として定着してきた。音楽の分野では，音楽家と聴き手が双方向にかかわり合いながら音楽を味わう活動として注目され，多様な実践が行われてきた。

引用・参考文献

【単行本】

岡田博司　『障害児の音楽表現を育てる』東京：音楽之友社，2002年。

岡田博司　『ポール・ノードフ音楽療法講義―音楽から学ぶこと』東京：音楽之友社，2003年。

宇佐川浩　『障害児の発達臨床Ⅰ　感覚と運動の高次化からみた子ども理解』東京：学苑社，2007年。

宇佐川浩　『障害児の発達臨床Ⅱ　感覚と運動の高次化による発達臨床の実際』東京：学苑社，2007年。

加藤博之　『子どもの豊かな世界と音楽療法―障害児の遊び＆コミュニケーション―』東京：明治図書，2005年。

ケネス・エイゲン『音楽中心音楽療法』東京：春秋社，2013年。

竹林地毅監修　『新時代の知的障害特別支援学校の音楽指導』東京：ジアース教育新社，2015年。

土野研治　『障害児の音楽療法―声・身体・コミュニケーション』東京：春秋社，2014年。

徳永豊『障害の重い子どもの目標設定ガイド』東京：慶應義塾大学出版会，2014年。

独立行政法人国立特別支援教育総合研究所『特別支援教育の基礎・基本 新改訂　共生社会の形成に向けたインクルーシブ教育システムの構築』東京：ジアース教育新

社，2015年。
日本肢体不自由児教育研究会監修『肢体不自由児教育シリーズ1 肢体不自由児教育の基本とその展開』東京：慶應義塾大学出版会，2007年。
野田燎『脳と心を癒す 音楽運動療法入門』東京：工作舎，2009年。
星野悦子編著『音楽心理学入門』東京：誠信書房，2015年，263～282頁。
ポール・ノードフ&クライヴ・ロビンズ『障害児教育におけるグループ音楽療法』東京：人間と歴史社，1998年。
村井靖児『音楽療法の基礎』東京：音楽之友社，1995年。

【論文・報告書】
飯島　馨・河添達也「音楽科教育における「演奏者との協働型授業」構築の試み―新学習指導要領の〈共通事項〉に着目して―」島根大学教育臨床総合研究紀要第11巻，2012年，79～89頁。
宇野哲之・奈良秀樹「特別支援学校における弦楽器の活用法―ヴァイオリンを通した演奏コミュニケーション活動から生まれる学びの検証から―」新潟大学教育学部研究紀要第5巻，2012年，67～83頁。
大坪善孝「障害児教育における音楽科の学習指導に関する研究―聴覚セラピーの効果的な活用法」高知市立養護学校。
岡部裕美・鈴木香代子「学校と演奏家の連携による音楽教育の可能性―継続的なアウトリーチ活動の事例を追って―」千葉大学教育学部紀要第58巻，2010年，109～120頁。
小林倫代「障害乳幼児を養育している保護者を理解するための視点」国立特別支援教育総合研究所研究紀要第35巻，2008年，75～88頁。
齋藤一雄「特別支援学校における音楽の授業をどのように展開するか（第1年次）―小学部の場合―」上越教育大学，日本学校音楽教育実践学会紀要第15巻，2011年，83～90頁。
佐野靖・小井塚ななえ・松浦光男「学校音楽とアウトリーチ 第1回 アウトリーチとは何か？―実践報告」『音楽教育ヴァン vol.22』東京：教育芸術社，2013年，24～27頁。
砂田和道「クラシック音楽における音楽アウトリーチ活動とそれに関わる音楽家養成の課題」文化経済学，文化経済学会，2007年，67～99頁。
丹羽美由紀・大谷正人「養護学校における音楽教育の現状と音楽療法応用の可能性」三重大学教育学部研究紀要第48巻，1997年，199～216頁。

東京芸術大学大学院音楽研究科応用音楽学研究室編『子どもの心を育む音楽活動—音楽療法からのアプローチ—』2014年，1～27頁。

福間友香・高橋雅子「特別支援学校における音楽授業の研究(1)—音楽療法と音楽中心主義音楽療法—」山口大学教育学部研究紀要第62巻，2012年，215～225頁。

福間友香・高橋雅子「特別支援学校における音楽授業の研究(2)—音楽中心主義音楽療法を導入した実践構想—」山口大学教育学部研究紀要第62巻，2012年，227～237頁。

中村友亮・川住隆一「音を活用した重症心身障害児（者）への教育・療育的対応に関する研究動向」東北大学大学院教育学研究科紀要第54巻，2006年，403～418頁。

二宮貴之「演奏家と音楽教員が共同した音楽のアウトリーチの実践的研究—特別支援学校におけるコンサートを中心に—」西九州大学子ども学部紀要第6巻，2015年，123～131頁。

【オンライン資料】

S特別支援学校　2015年12月15日アクセス

文部科学省『特別支援学校幼稚部教育要領　特別支援学校小学部・中学部学習指導要領　特別支援学校高等部学習指導要領』平成21年3月告示　2015年12月15日アクセス（http://www.mext.go.jp/component/a_menu/education/micro_detail/__icsFiles/afieldfile/2009/09/09/1284518_1.pdf）

文部科学省『特別支援学校学習指導要領解説総則等編（幼稚部・小学部・中学部）』平成21年6月告示　2015年12月15日アクセス（http://www.mext.go.jp/component/a_menu/education/micro_detail/__icsFiles/afieldfile/2009/07/22/1278525_01.pdf）（http://www.mext.go.jp/component/a_menu/education/micro_detail/__icsFiles/afieldfile/2009/07/22/1278525_02_1.pdf）

文部科学省『小学校学習指導要領』平成20年3月告示　2015年12月15日アクセス（http://www.mext.go.jp/component/a_menu/education/micro_detail/__icsFiles/afieldfile/2010/11/29/syo.pdf）

文部科学省（2003）「今後の特別支援教育の在り方について（最終報告）」2015年12月15日アクセス（http://www.mext.go.jp/b_menu/shingi/chousa/shotou/018/toushin/030301.htm）

文部科学省「特別支援教育」2015年12月15日アクセス（http://www.mext.go.jp/a_menu/01_m.htm）

文部科学省「特別支援教育について2．特別支援教育の現状 特別支援教育概念図」

2015年12月15日アクセス（http://www.mext.go.jp/a_menu/shotou/tokubetu/002.htm）

文部科学省「特別支援教育について４．それぞれの障害に配慮した教育」2015年12月15日アクセス（http://www.mext.go.jp/a_menu/shotou/tokubetu/004.htm）

電子政府の総合窓口（e-Gov）『学校教育法施行規則』2015年12月15日アクセス（http://law.e-gov.go.jp/htmldata/S22/S22F03501000011.html）

日本音楽療法学会（http://www.jmta.jp/）　2015年12月15日アクセス

「当事者研究」の教育方法学的意義に関する研究

小 山 美 香

Ⅰ．研究の背景と目的

学校教育について考えるとき，まず思い出してしまうのが，自分自身が学校に通っていたときに感じていた，「先生は私たち子どもの気持ちや状況をわかっていないんだろうな」という諦めのような，少し苛立つような気持ちである。たとえば，私が中学生だったとき，テストの点数も順位も自分にしかわからないようになっているにもかかわらず，同じ学年の多くの人に，しかも私のクラスから一番遠いクラスの人からも，私のテストの点数や順位についていろいろなことを言われるということがあった。噂として拡まるにはあまりにも早すぎると思い，他のクラスの人たちになぜ私の結果を知っているのかと尋ねたところ，「授業のときに先生が言っていたから」だという。たしかに，そのときのテストでは自分でも満足のいく結果を出していたので，当時の「先生」が具体的に何を考えたのかはわからないが，少なくともよかれと思って他の生徒に言ったのだろう。しかし，私は他の人と比べてどうだったかということよりも，自分がどんな結果を出したかという方がはるかに大事だと思っていた。むしろ，ある生徒のテストの成績のことを教師が安易に他の生徒に言ってしまえば，どんな結果であろうと，噂話などでいい状況をもたらすはずがないと思っていたし，そもそもテストの点数や順位を自分にしかわからないようにしている意味がなくなってしまう。私は，「先生は，噂話が広まって生徒が嫌な思いをするだろうという，そういうところまで頭が回らなかったのだろうか」と思い，とてもがっかりした。

たしかに，教育実践の展開を主導するのは教師であるため，教師がこれまで得てきた知識や経験に基づく見立てが教育実践には大いに反映されがちである。しかし，教育的善意が教育の暴力性を隠蔽しているという丸山の指摘（丸山2013，105頁参照）もあるように，教師の善意が知らず知らずのうちに子どもを追い詰めていることも起こりうる。これを回避するためには，教育を受ける「当事者」である子どもの視点に立つことが必要なのではないだろうか。

「当事者」という概念は，教育学研究において，特に2000年代以降で多様な文脈で取りあげられるようになった。2000年代以前は，「当事者」という立場を示すもの，「当事者＝利害関係者」を示すものが圧倒的に多かったが，2000年代以降になると，インタビューやフィールドワークなどで「当事者」の声を聞こうとするもの，ある立場に立ち「当事者意識を持つ」ことを呼びかけるもの，「当事者」という概念が「自分」とは何者かを問いかけることにつながっているもの，「当事者性」を育てるための授業実践について検討しているもの，というように，「当事者」が注目される文脈の広がりがみられる。

そもそも，「当事者」への注目が集まったのは，障害を持つ当事者であり，自立生活運動に関わってきた中西正司と，女性運動に関わってきた上野千鶴子による，2003年の『当事者主権』の出版である。中西と上野は彼らの著書で，「当事者主権」の考え方，すなわち，「私が私の主権者である，私以外のだれも―国家も，家族も，専門家も―私がだれであるか，私のニーズが何であるかを代わって決めることを許さない，という立場」（中西・上野2003，4頁）の考え方を打ち出した。

彼らは「当事者主権」というとき，「主権」という言葉にこだわっている。それは「主権」が，「自分の身体と精神に対する誰からも侵されない自己統治権，すなわち自己決定権をさす」（中西・上野2003，3頁）からである。彼らによると，社会的な弱者とみなされてきた人々は，「これまで当事者の権利が奪われてきた」（同上書，4頁）。当事者運動は，そのような社会のしくみを変化させていくことで，当事者の「主権」を取り戻していくものであった。

中西・上野は，「当事者」とは，「問題をかかえた人々」とは同義ではなく（中西・上野2003，2頁），「私の現在の状態を，こうあってほしい状態に対する不足ととらえて，そうではない新しい現実をつくりだそうという構想力を持ったときに，はじめて自分のニーズとは何かがわかり，人は当事者になる」（同上書，3頁）と定義している。

「当事者性」を大事にする取り組みを行ってきたのが北海道の浦河べてるの家[1)]（以下，「べてるの家」）である。「当事者性」を大事にする「べてるの家」の取り組みは「当事者研究」へと発展していく。「べてるの家」の「当事者研究」は，2001年の2月に始まった（浦河べてるの家2005，3頁）。きっかけは，統合失調症を抱え，思い通りにならないと物を壊したり暴力を振るったりしてしまう「爆発」に悩む河崎寛に対し，ソーシャルワーカーの向谷地生良が，「研究をしてみないか」と提案したことであった。

「べてるの家」の「当事者研究」の取り組みは，その後，綾屋紗月・熊谷晋一郎が，綾屋の自閉症スペクトラムについて行った「当事者研究」や，ダルク女性ハウス[2)]での「当事者研究」と出会うことでさらなる発展を見せ，2012年には当事者研究ネットワークが始まり，2013年には，これまでの「当事者研究」の成果と評価をまとめた『当事者研究の研究』（石原孝二編）が出版された。『当事者研究の研究』では，当事者研究の理念と意義，発達や学習という観点からみた当事者研究の優位性，哲学・現象学と当事者研究の関係について，といったように，「当事者研究」の他分野への受容がみられる。

本研究の目的は，「当事者研究」の教育方法学的意義を明らかにすることである。本研究で「当事者」は，学習者，子ども，あるいは「べてるの家」などの施設の利用者のことを指す。本研究の方法は以下のとおりである。まず，「当事者」の議論がどのように展開されているかについて，「当事者主権」を支援者の側から捉え直した星加良司の論を取りあげ検討し，教育学研究において，「当事者」が使われている文脈を整理する。次に，「べてるの家」の「当事者研究」，綾屋紗月・熊谷晋一郎による「当事者研究」，ダルク女性ハウスの「当事者研究」の実践と，綾屋・熊谷が，自身の「当事者研究」と「べてるの家」・ダルク女性ハウスへの調査を手がかりに提唱した「つながりの作法」を検討し，「当事者研究」の実践の展開について整理する。「べてるの家」については，「当事者研究」が始まる以前から「三度の飯よりミーティング」の理念にあるような多数のミーティングに支えられてできた共同体にも着目しながら整理する。最後に，「当事者研究」の実践の整理を踏まえ，坂田和子（原田真知子）[3]の実践を参照しながら，「当事者研究」の教育方法学的意義について検討する。

Ⅱ．教育学研究における「当事者」をめぐる議論

教育学研究における「当事者」をめぐる議論をみていく前に，「当事者主権」をめぐる議論をみていこう。障害者運動から生まれ，支援を受ける側から提唱された「当事者主権」を，支援をする側から問い直しているのが星加良司である。「当事者主権」では，支援を受ける当事者のニーズを優先すべしという立場を取ったが，実際の支援の場面では，支援者が逐一当事者の指示を聞いて動くのは当事者と支援者双方にとって不便なものである（星加2012，16頁参照）。また，支援者も，支援者を支援する人による支援を受ける立場という点では「当事者」であり，この考え方は「当事者」の範囲を広げることになる。このことから星加は，「当事者の意思と非当事者の意思を特定し，前者を優先するといった単純な図式では，もはやほとんど何も語ることができない」（同上論文，25頁），「どんな文脈で，誰を，どういうタイプの『当事者』として位置付けるのかということを，まずは問題にしなければならない」（同上論文，26頁）と述べている。これは「当事者」が，個別具体的な状況なくしては議論できないことを示唆している。

次に，教育学研究において扱われる「当事者」の文脈について調査するた

め，当事者運動が盛んになった1971年以降の論文を，次の二つの方法で収集した。(1)　日本教育学会編『教育学研究』データベースにおいて，「当事者」で全文検索を行った。(2)　CiNii 論文検索で「教育学研究　当事者」と入力し検索した。収集した論文を調査した結果，大きく以下の三つのパターンに分けることができた。

①ある立場を表すものとしての「当事者」

「当事者」という言葉によって，ある立場を表しているのがこのパターンである。日置（2009）は，「当事者（障がい児の親という支援を受ける立場）」「実践者（NPO の運営者という支援を提供する立場）」「研究者（支援を理論化して伝える立場）」（日置2009，46頁）の三つの異なる立場を持ったことがあるという立場を自身で認識した上で，「当事者」としての体験や「実践者」として行った実践も交えながら，地域生活支援の意義と今後への提言を行っている。

藤島・橋山（2012）は，『教育的係わり合い』における係わられ手の行動を，表層に現れる行動のみに着目するのでなく，その行動にある背景にまで着目するために，信号変換操作活動の読み解きについて整理する。彼らは，これまでの特別支援教育研究が，『しょうがい』のある人を主たる対象にし，「その対象がどのような人であり，どのような方法が有効であるのかといった議論に主題がおかれて」（藤島・橋山2012，234-235頁）きて，「研究者はあくまでも客観的傍観者として対象を捉える立場に身を置くことが当然視されてきた」（同上論文，235頁）状況を批判し，「『教育的係わり合い』を実践的な立場から論じようとすれば，主役となる『係わられ手』の問題はもちろんのこと，そこに身を置く協役となる『係わり手』の問題はさらに重要であり，実践の場においては当然のことながら当事者としての『係わり手』が問題をどのように捉え，対処の方針を立てて係わっていたのかを検証する術をもたなければ，人類が営々として築き上げてきた教育的営みの普遍性を導き出すことすらおぼつかなくなるのではないだろうか」（同上）と述べる。

これら二つの論文における「当事者」は，日置が「障がい児の親という支援を受ける立場」を表し，藤島・橋山が『教育的係わり合い』における『係わられ手』に対する『係わり手』を表すように，何らかの立場を表すものとして用いられている。

②「当事者」の声を聞く

「当事者」を，ある立場を表すだけにとどまらず，「当事者」の思いや背景を聞き出そうとしているのがこのパターンである。吉春（2012）は，学校での支援会議において，どのような対話が教師の学び，すなわち自己理解の深まりと他者理解の促進を起こし，協働の姿勢を促すのかについて，実際の支援会議を検討し，「当事者の指導の意図や目的，思いを言語化するなどの他者理解を促進するような対話ができる人の存在が重要である」（吉春2012，104頁）と考察している。指導にあたっている「当事者」の声を聞くことの重要性を指摘している。

また，「当事者」の声を聞くために，研究手法としてインタビューが用いられているものが多い。たとえば，中高年男性の失業の困難さについて面接調査を行った高橋（2008），LGBT 当事者にとっての人生の意味を当事者の語りから明らかにした枝川・辻河（2011）がある。

③当事者意識を持つ

「当事者」を，外から見るものではなく，「自分はどうするか」という視点で捉えているのがこのパターンである。原田（2005）は，吃音の子どもたちが集いレクリエーションやハイキングをしたり，吃音についての話し合い活動を行ったりする「島根スタタリングフォーラム」における話し合い活動について考察している。話し合いにおいて「痛み」を感じているのは，吃音をもつ子どもたちだけではなく，吃音の子どもをもつ親もそうであるし，非吃音者であるスタッフも，吃音の子どもたちと接する中で「痛み」を感じている。そういう意味で，私たちはあらゆる現象に対して「痛みの当事者」であり，すべての者が「当事者」である。にもかかわらず，「学習者の多くは，あらゆる現象に対して『当事者』という意識がない」（原田2005，66頁）。それは，痛みを感じた瞬間にその痛みにきちんと向き合おうとしない姿勢や態度に問題があると原田は指摘する。原田論文においては，すべての者が「当事者」であるという前提の上で，当事者意識の有る無しを問うている。当事者意識の有る無しを問うているときの「当事者」は，当事者であることを自覚する姿勢や態度を表すものとして用いられている。

当事者性を育てる授業実践を検討した論文もある。伊藤（2010）は，当事者性を育成する授業要件として，「①学習が社会や自分と関わるという当事者性の欠如，②学習者自身が学習を作るという当事者性の欠如，③教員自身も当該問題と関わるという当事者性の欠如」（伊藤2010，12頁）の三点を挙げ，それらの授業要件を踏まえた単元「地球温暖化を考える―高松から世界へ，日本へ―」の開発を行った。品川（2012）は，生徒の当事者意識の喚起を意図した水資源問題に関する授業を開発・実践し，生徒に対し実施した事前・事後テストの結果の比較から，授業を通して思考の多元化と当事者意識の喚起を促すことができたかの検証を行った。

ここまで見てきたように「当事者」によって扱われる文脈はとても多様であるため，個別具体的な状況に即して議論する必要がある。

Ⅲ．共同体としての「べてるの家」と「当事者研究」の実践

次に，「べてるの家」の「当事者研究」の実践をみていこう。「べてるの家」の「当事者研究」を支えているのは，「三度の飯よりミーティング」という理念に象徴されるような，頻繁に行われるミーティングである。ミーティングにおいては理路整然とした議論は求められておらず，話が行ったり来たりしても，話すことと，納得することが重視されている（斉藤2002，128頁

参照)。

向谷地は,「当事者研究」の意義について,「統合失調症など精神障害を抱えた当事者自身が,自らの抱える固有の生きづらさと向き合いながら問い,人とのつながりの中に,にもかかわらず生きようとする『生き方』そのもの」と述べている(向谷地・浦河べてるの家2006,53頁)。また,向谷地は「べてるの家」に受け継がれてきた当事者性の原則について,「それは『自分のことは,自分だけで決めない』ということです。それは,いくら『自己決定』といっても,人とのつながりを失い,孤立と孤独の中での『自己決定』は,危ういという経験則が生み出したものです」(同上書,67-68頁)と述べる。ミーティングを大事にする文化が基盤になっている「べてるの家」での「当事者研究」は,自らの「生き方」をひとりでではなく,人とのつながりの中で探るものである。

「べてるの家」の「当事者研究」のなかから,河崎寛の「『爆発』の研究」を取りあげ検討しよう(向谷地2006,46-49頁参照)。河崎が「当事者研究」を始める発端となったのは,河崎が親と電話中に「爆発」し,病院の公衆電話を壊してしまうという事件であった(同上書,42頁参照)。うなだれる河崎に対して,向谷地は,これが「順調な苦労」であることを伝える。以下は向谷地の記録から,向谷地と河崎とのやりとりを抜き出したものである。

> 「河崎君,大変だったね。川村先生の予想どおり,順調に苦労がはじまっているね……。」そう言うと,彼はむっとした表情で「これは,順調な苦労なんですか?」とこちらをにらむように聞いてきた。「そうだよ。決して予想外ではない。これが順調な苦労なんだよ。こんなはずじゃなかったと思っているかもしれないけれど,残念ながら,これは順調すぎるほど順調なんだよ。つらいときや困ったとき,どうしても今まで使い慣れた得意な方法に依存してしまう。でも,それが一番使いたくない方法だとしたら,ほかの方法を見いだして,得意にならなくてはいけない。河崎君が,君自身を助けたくても,今は,助け方がわからない状態だと思う。(後略)」(向谷地2006,44頁)

向谷地が河崎に伝えた「順調な苦労」というのは次のことを意味している。

河崎が「爆発」をやめたいと思っているのにやめられないのは，つらいときや困ったときに「今までに使い慣れた得意な方法」，すなわち，河崎にとっての「爆発」に，どうしても頼ってしまっているからであるということ。そうでありながらも，河崎がなんとか「爆発」をやめようと思っていること。しかし，つらいときや困ったときに「爆発」に頼っている状態で，「爆発」だけをやめようとしても，つらさや困り感をどうにかする術がないので，けっきょくはまた「爆発」するしかなくなるということ。――向谷地は，このような状態を「順調な苦労」という言葉で表し，河崎が，彼自身を「助けたくても，今は，助け方がわからない状態」であると伝える。つまり，問題は「爆発」ではなく，「自分の助け方」であることを向谷地は河崎に気づかせようとしている。このやりとりのあと，向谷地は河崎に「研究をしてみないか」と提案し，河崎は「当事者研究」をスタートさせた。

河崎は，ミーティングで仲間に爆発の体験を語り，仲間から質問や意見を受けながら研究討議を続けるうちに，爆発に至るまでのメカニズムが明らかになると同時に，「親に不満があるから爆発するのではなく，『爆発したいから，爆発する』」「あらゆる不全感を一気に吹き飛ばす爆発の快感は，何にも代えがたいもの」（同上書，47頁）という，河崎にとっての爆発の意味に自分自身で気づいていく。この「爆発ミーティング」の定例化に伴い，爆発に悩むメンバー同士がチームをつくり，仲間の救出をする「爆発救援隊」が結成された。結成後，「爆発救援隊」のメンバーが次々に各々のテーマを持ち寄り研究を始めるようになった。河崎は，爆発の研究を始めた後も何度も爆発をしたが，その度に「爆発ミーティング」で爆発のメカニズムの解明を行った。河崎が爆発したという報告が入ったときに「爆発ミーティング」中のメンバーから笑いが起こったり，その後河崎がミーティングに現れたときにメンバーから拍手が起きたりするなど，「爆発救援隊」は，河崎が再び爆発してしまったとしても，何度も戻ってくることのできる場として存在している。このようにして河崎は，爆発を繰り返しながらも，「爆発救援隊」のメンバーとともに，爆発のメカニズムの解明と爆発との付き合い方を探っていった。

「当事者研究」では，仲間の存在と専門家の役割が決定的に重要な意味を持っている。仲間や専門家は，「当事者」の苦労や大切なものを奪わないように関わっている（斉藤2010，71頁，116頁参照）。専門家は，「専門家は無力である」という立場をとり，当事者が自分自身のことを理解することができるよう助けることに力を注いでいる（中村2014，128頁参照）。このような仲間と専門家の関わりをもとに構成されるのが，共同体としての「べてるの家」である。

Ⅳ．「当事者研究」の展開

さらに，綾屋・熊谷による「当事者研究」，ダルク女性ハウスの「当事者研究」の展開をみていこう。

自閉症スペクトラムの診断を受けている綾屋が「当事者研究」を始める動機となったのは，「物心ついたころから途方に暮れ，長年“アイデンティティ探し”を続けてきた」が，「自分がアスペルガー症候群に当てはまると知ったとき，（中略）『やっと答えを見つけた』と思った」にもかかわらず，「そのすぐ後から，表面に出てくる症状としてはたしかにこれに当てはまるものの，なぜそのような症状が出現するかという諸説に対しては，はっきりとした違和感を覚えた」（綾屋・熊谷2008，３頁）ことである。綾屋は，「これまでの自閉症スペクトラムに関する研究においては，『他人との社会的なかかわり合いに問題を示す』というコミュニケーション障害が第一義的な原因としてあげられている」（同上）ことに疑問を抱き，「まず私自身の体験を可能な限り詳細に記述する」「その際，体験の記述にとどまらず，自閉とは何かという問いに，オリジナルな説を与える」ことで，「自閉の概念をとらえなお」そうとした（同上書，４頁）。そのオリジナルな説とは，「私たち自閉圏の人間は，『意味や行動のまとめあげがゆっくり』」（同上）であるというものである。

自閉症スペクトラムの診断を受けている綾屋は，彼女が持つ独特の感覚のために，「当事者研究」を始めるまで他者と体験を共有することができず，そのため自己感を確立することもできなかった。綾屋の自己感の確立を助けたのは，①自閉症スペクトラム当事者の手記，②医師からの診断，③「脳性まひ当事者としての困難」を手がかりに綾屋の話を聞き（綾屋・熊谷2008，190頁参照），共に「当事者研究」をした熊谷の存在，④自分が取り入れたいと思う他者の動きの取り入れ，⑤「当事者研究」によって生まれた言葉や動きを受け止める他者の存在という，五つの場面での他者からの承認を得られたことであった（綾屋2013，202-210頁参照）。

ダルク女性ハウスでは，ミーティングの場を安全・安心の場にするために，以下のような「当事者ミーティングの約束」が設けられている。

・長く話さない。みじかく，ひとことずつ
・薬物などを使っていたときの話もするが，その話に重点をおかない
・「だからこうなった」と説明しなくてもいい。「こうだった，こうなった，こう思った」だけをざっくり話す
・「いま，ことばにならないけれど，なんだかイヤだ」という感じを大切にする

（上岡・ダルク女性ハウス2012，34頁）

このようなルールが設けられている理由は次の通りである。彼女たちは今まで，家族がアルコール依存症などで緊張感の高い家庭で過ごしており（上岡・大嶋2010，18頁参照），それにもかかわらず家族以外の人に相談することもできず（同上書，19頁参照），アルコールや薬物の依存症になってしまうまでの過程も他者と共有できず（上岡・ダルク女性ハウス2012，106頁参照），ずっと自分を守るしかなかった。それゆえ，彼女たちは自分の気持ちを話すことに慣れていない。ダルク女性ハウスのミーティングのルールは，彼女たちがこれまで自分を守るしかなく生きてきたという状況に合わせて，安全・安心の場で自分の気持ちを話すために工夫されたものである。

綾屋・熊谷は，自身の「当事者研究」と，ダルク女性ハウス，「べてるの

家」への調査を踏まえ，「自分や世界とはぐれ」やすい（綾屋・熊谷2010，3頁）マイノリティが，コミュニティにおいて「同じでもなく違うでもなく，お互いの多様性を認めた上で，仲間としてつながり続ける道」（同上書，95頁）の在り方を「つながりの作法」として提示する。「①世界や自己のイメージを共有すること」「②実験的日常を共有すること」「③暫定的な『等身大の自分』を共有すること」「④『二重性と偶然性』で共感すること」（同上書，156頁）の四つで示された「つながりの作法」は，自分が持っている世界や自己のイメージや，「等身大の自分」を，他者と共有するために（①，③），「実験的日常」という，失敗しても大丈夫な場を共有し（②），他者の体験を「二重性と偶然性」で，自分の体験と地続きのものとして共感する（④）というものである。この「つながりの作法」で示されているものは，「べてるの家」の河崎にとっての「爆発救援隊」の存在の意味や，ダルク女性ハウスのミーティングのルールが設けられている意図など，これまで整理してきた「当事者研究」が共通して持っているエッセンスである。

V．「当事者研究」の教育方法学的意義

最後に，「当事者研究」の教育方法学的意義について，坂田和子（原田真知子）による実践を参照しながら検討しよう。

以下に示すのは，何度もキレてしまうけれど，「キレない自分」になりたいと思っているカンと，坂田（原田）との関わりの場面である。

> ある日の放課後，下校してしばらくしてからカンが学校にやってきた。1組のマサを殴りにきた，とのこと。マサ見つかんねー，と興奮しているので，殴りたい訳を聞くと，
> 「シュウをばかにした，シュウの歌とか言ってばかにする歌を歌った，ぜってー許さねーし。学校から帰る時はノブが間に入ってくれたからなんとかこらえたけど，家に帰ってお父さんに話したら，そんなやつは殴ってこいって言われた。だから殴りに来た。先生，マサを殴らせてくれー！」

それから30分ほど語り合った。「私だって殴りたいやついっぱいいるよー，いーまからいっしょに殴りに行こうかー！」と私がマジモードになってきたあたりで，「先生，聞いてくれてありがとう，なんかすげえすっきりした」と帰ろうとするカンに，「殴りに行くときはいっしょに行こうな」と言うと，「ういっす」と笑顔で答えた。

（原田2015，18頁）

坂田（原田）のこのカンへの関わり方は，「人を殴ってはいけない」という規範の中で，「マサを殴らせてくれ」というカンと一緒に，坂田（原田）が「いっしょに殴りに行こう」と「マジモード」になることで，「殴ってはだめだけど，殴りたいと口に出して言う」という「二重性」で，カンの気持ちに共感するものである。坂田（原田）が「いっしょに殴りに行こう」と「マジモード」になれるほどカンの気持ちに共感していたからこそ，カンは安心して自分の思いを坂田（原田）に話すことができたのだろう。「当事者研究」は，教育実践に対して，「当事者」が自分のニーズを見つめるための安心・安全の場をつくるという示唆を与えている（安心・安全の場づくり）。

また，坂田（原田）は，カンの「殴りたい」思いを押さえつけることや，「殴ってこい」と言った父親の言葉を否定することをしなかった。実践において，子どもたちの好きなものや子どもたちが持っている思いで，子どもたちと教師，あるいは子どもたち同士をつなげようとしている坂田（原田）にとって，「人を殴ってはいけない」と正論で抑えつけるだけの指導は，子どもの思いを封じ込め，子どもたちが互いを知るきっかけを奪うものと捉えられたのであろう。「当事者研究」は，まず，自分が持っている思いや体験を，（もしかしたら共有できないかもしれないという恐れも抱きつつ）他者となんとか共有しようとするところから始まる。「当事者研究」における共同体は，教育実践に対して，自分にとっての他者が持つ意味について示唆を与えている（共同体・集団づくり）。

坂田（原田）は，別稿で，「特別の教科道徳」における「評価」が，子どもたちの思いを安心して正直に吐露する妨げになるのではないかと心配している（坂田2015，27頁参照)。教育実践における「評価」は，ある一定の目標に向かって学習者を導くためのものである。「当事者研究」では，「当事者」が自身の持つ病気や障害などとどのように向き合っていくかについての決定については，外部からの評価でなく，「当事者」の意思が尊重されている。「当事者」の意思が尊重されるということは，評価する観点も，「当事者」自身の手で作り変えていることも意味する。教育実践における「評価」では，「当事者」の意思を尊重するという側面は，後景に退いている（専門家のかかわり)。

以上，「当事者研究」の教育方法学的意義について，安心・安全の場づくり，共同体・集団づくり，専門家のかかわりの三点から検討した。これら三点を通して見ると，「当事者研究」は，「当事者」にとっての意味を重視する視点を，教育実践に対して示している。教育実践においては，ある一定の目標を目指した「評価」や，共同体における他者の無視や一つの原理に統合される同化圧力など，「当事者性」を無視してしまう可能性が高い。教育実践は，子どもの「当事者性」をより重視すべきであるということをここに指摘したい。

本研究では，「当事者」を子ども，学習者，施設などの利用者に焦点化して，「当事者研究」の教育方法学的意義を検討した。この「当事者」の焦点化によって見えてくるのは，「他者への意識」である。「他者への意識」は，星加が指摘したような，誰かのニーズが優先されるというものではない。「当事者研究」におけるミーティングの場の作り方や，「当事者」との関わり方が，「当事者」のこれまで生きてきた世界や価値観を尊重したものであったように，あるいは，坂田（原田）が，自身の教育実践において，子どもの好きなものや思いでつながろうとしたように，「当事者」をどのような存在と捉え，「当事者」とどう関わるか，「当事者」の声をどのように聞くかということは，自分が何者で，自分をどのように捉えるのかという問いに返ってくる。その循環で成り立つ「他者への意識」である。この「他者への意識」は，「当事者」を子ども，学習者，施設の利用者という他者と設定し，他者である「当事者」とどのように関わるかという視点があったからこそ見えてきたものである。

しかし，「当事者」を自分自身，実践者，専門家，教師と設定し，「専門家としての当事者性」「教師としての当事者性」で実践を展開する，という側面には本研究では注目することができなかった。この点は今後の課題としたい。

注

1）浦河べてるの家は，1978年設立の精神障害をかかえる人の回復者クラブ〈どんぐりの会〉が始まりで，活動拠点の浦河教会の古い会堂が，1984年に「べてるの家」と名付けられたことからそう呼ばれるようになった（浦河べてるの家2002，24頁参照）。「べてるの家」は，2002年２月に社会福祉法人になっている（向谷地2006，189頁参照）。

2）ダルク（DARC）とは，ドラッグ（Drug=薬物），アディクション（Addiction =嗜癖，病的依存），リハビリテーション（Rehabilitation=回復），センター（Center=施設，建物）の頭文字をとった造語で，覚醒剤，有機溶剤（シンナー等），市販薬，その他の薬物から解放されるためのプログラムを持つ民間の薬物依存症リハビリ施設のことである（参照：http://www.yakkaren.com/zenkoku.html，参照日：2016年２月３日）。

3）原田真知子は，坂田和子のペンネームである（船越2000，19頁参照）。

引用・参考文献

綾屋紗月（2013）「当事者研究と自己感」石原孝二編『当事者研究の研究』医学書院，177-216頁。

綾屋紗月・熊谷晋一郎（2008）『発達障害当事者研究』医学書院。

綾屋紗月・熊谷晋一郎（2010）『つながりの作法―同じでもなく 違うでもなく』NHK出版。

伊藤裕康（2010）「当事者性を育む社会科学習—物語構成学習による地理授業の開発—」社会系教科教育学会『社会系教科教育学研究』第22号，11-20頁。

上岡陽江・大嶋栄子（2010）『その後の不自由—「嵐」のあとを生きる人たち—』医学書院。

上岡陽江・ダルク女性ハウス（2012）『生きのびるための犯罪《みち》』イースト・プレス。

浦河べてるの家（2002）『べてるの家の「非」援助論』医学書院。

浦河べてるの家（2005）『べてるの家の「当事者研究」』医学書院。

枝川京子・辻河昌登（2011）「LGBT 当事者の自己形成における心理的支援に関する研究—ナラティヴ・アプローチの視点から—」『学校教育学研究』第23巻，53-61頁。

斉藤道雄（2002）『悩む力—べてるの家の人びと—』みすず書房。

斉藤道雄（2010）『治りませんように—べてるの家のいま—』みすず書房。

品川勝俊（2012）「生徒の当事者意識向上を意図した高等学校公民科の授業開発とその評価」社会系教科教育学会『社会系教科教育学研究』第24号，71-80頁。

高橋美保（2008）「日本の中高年男性の失業における困難さ：会社および社会との繋がりに注目して」『発達心理学研究』第19巻，第２号，132-143頁。

坂田和子（2015）「私の道徳教育」日本教育方法学会研究推進委員会編『「特別の教科道徳」をめぐって—理論と実践の課題—（日本教育方法学会第18回研究集会報告書）』22-27頁。

中西正司・上野千鶴子（2003）『当事者主権』岩波書店。

中村かれん著，石原孝二・河野哲也監訳（2014）『クレイジー・イン・ジャパン—べてるの家のエスノグラフィ—』医学書院。

原田大介（2005）「『当事者』とは誰のことなのか？—第７回島根スタタリングフォーラムに参加して—」広島大学大学院教育学研究科附属障害児教育実践センター研究紀要　第４号，59-67頁。

原田真知子（2015）「学校だからこそ出会える体験を」教育科学研究会編『教育』No. 834，14-21頁。

日置真世（2009）「困難を抱える子ども・若者とその家族への地域生活支援の意義と今後への提言：支援実践を通しての分析と検討」『子ども発達臨床研究』第３号，45-53頁。

藤島省太・橋山華鈴（2012）「教育的係わり合いにおける係わられ手の信号変換操作活動の読み解きについて」『宮城教育大学紀要』第47巻，233-242頁。

船越勝（2000）「生活現実から出発し，『もう一つの世界』を共に探る学び—坂田和子実践を読み解く―」『生活指導』555号，明治図書，19-26頁。
星加良司（2012）「当事者をめぐる揺らぎ―「当事者主権」を再考する―」『支援』Vol. 2，生活書院，10-28頁。
丸山恭司（2013）「学校の暴力を考える―教育的まなざしを転換するために―」『高校生活指導』196号，100-107頁。
向谷地生良（2006）『「べてるの家」から吹く風』いのちのことば社。
向谷地生良・浦河べてるの家（2006）『安心して絶望できる人生』NHK 出版。
吉春雅子（2012）「学級担任を生かしたチーム対応を促すための支援会議とは：当事者の声の聴き取りから，指導・支援の合意形成までのプロセス」『教育実践高度化専攻成果報告書抄録集２』，139-146頁。

高等学校国語科における表現力を育む授業づくり

土 井 康 司

1．研究の目的と方法

1.1　研究の目的

本研究の目的は，生徒の表現力を育む国語科の授業の在り方を明らかにすることである。本稿では国語科で育成する表現力を「思想や感情，感覚などを，目的や場に応じて，言語で表現する力」と定義する。これは「表現」の辞書的意味や『学習指導要領』の「国語科の目標」を踏まえたものである[1)]。

1.2　問題の所在

国語科の表現の教育は次のように課題が指摘されてきた。例えば，「表現（作文）教育は，従来，技能主義，能力主義的であるといわれてきた」（森田，2010）というものや，「国語教育において詩の創作指導は確固とした立ち位置を持つわけではない。その原因のひとつとして挙げられるのが，授業において優れた詩を生み出せないことに対する恐怖心を教師にも子どもにも生んでしまうような，作品主義的な詩創作指導観である」（中井，2013）という指摘がある。また，「創作は「表現の領域」として，鑑賞は「理解の領域」として扱われたため，鑑賞指導と創作指導が連携した指導の理論と実践がなさすぎ」る（廣中，2003）との指摘もある。それゆえ，技能主義，能力主義や作品主義的な指導観に陥りがちで鑑賞指導と乖離した創作指導を改善し，真に表現力を育む授業の在り方を示す必要があるのである。

1.3　研究の方法

本稿では，表現の教育の諸理論を検討し，筆者自身の授業実践の分析と省察とを通して，真に表現力を育む手立てを明らかにしていく。

2．表現の教育に関する諸理論

2.1　表現の過程とその指導の過程

浜本（2016）は「文章表現研究は，invention（着想・発想），composition（構成・構想），rhetoric（修辞法・修辞）の三つの領域を対象としてきた。文章表現指導の研究は，表現の過程を右の三段階に分けて考察し，それを統合して一つながりのものとする指導の方法を追求してきた」と述べている。

2.1.1　表現の過程

森田（2010）は文章表現の過程として「①主題の仮設」「②取材」「③構想」「④記述」「⑤推敲」の５つの段階を示している。また，犬塚（2012）によると，「Hayes & Flower（1980）は，書く内容のプランニング・実際に書く活動・書いたものの見直しと修正，という３つの下位プロセスを中心とした作文の認知プロセスを提示している」という。ここでの「３つの下位プロセスは，作文全体がその流れに沿って行われるだけでなく，総合的にモニタリングされ，書いた後でプランニングをやり直したりするようなくり返しも含まれる。これらのプロセスには，課題の特徴が影響するとともに，実際に書き始めると，自分が書いた文章自体も外的な課題環境要因として作文の認知プロセスと相互作用を生じる」という。

2.1.2　表現の指導の過程

森田（2010）は表現の指導の過程を次の(1)のようにまとめている。

(1)表現の指導の過程（行頭記号を一部改変，改行を一部省略。）

Ⅰ　記述前　①動機づけ　②題材指導　ア主題指導　イ取材指導（集材および選材）　③構想指導

Ⅱ　記述中指導

Ⅲ　記述後指導　ア推敲，評価　イ発表

犬塚（2012）は「Hayes & Flower（1980）のモデルからは，「よい」文章を作成するためには，これらの複雑な認知過程をうまくコントロールしていく必要があることがわかる。とりわけ，中心となる3つの下位プロセスに関すること，すなわち，プランニングの内容ややり方，文を書く基礎的なスキル，書いたものの評価の仕方と修正方法といった点が重要だ」と述べ，「プランニングや見直しと修正のそれぞれの段階に関する指導方法や方略の研究」の例を挙げている。「プランニングの方略」としての「概念地図」（岩尾，2001；Kellog，1990）に関するものや「見直しと修正について」の方略としての「「修正スキーマ」の重要性を指摘し」たHayes（1996，2004）などである。更に犬塚（2012）は「作文の認知過程の複雑さと再帰性（くり返し）を考えると，個別の段階の方略ではなく，作文の認知過程全体を統合した指導が重要だ」と述べ，その立場で用意されたGrahamとHarrisらの「作文の自己調整方略学習プログラム」を紹介している。

2.1.3　教室における表現の指導の充実のために

確かに，以上の論は，個々人の文章表現の過程，対個人の指導の在り方を示している。しかし，筆者は，上述の理論を拠り所としつつも，更に，クラスメートという他者の影響を前提とした教室という場を意識した表現の指導の在り方を追究することが表現力を育む授業づくりには必要だと考える。次の田中（2016）の認識は，表現の授業づくりに不可欠なものである。

「書くこと」の指導は，生徒たちの論理的な思考を促すとともに，自己認識・他者認識・社会認識・言語認識を深化させていくものであり，…（中略）…他者との関係でいえば，「書くこと」は，「伝えずにはいられない」という思いや「他者の思いを理解したい」という願いを募らせ，「誰かに伝え，誰かが実際に応える場」を作り出していくことに繋がるものだと意義づけることができる。「書く力」を育てていくことは，個々の内的成長を促すだけでなく，他者との人間関係形成力を育成していくことにも繋がっていくのである。

つまり，「他者との関係」を築き，思いを伝え合う場を授業の中でどう設けるかということも表現力を育む授業づくりを考える上で重要になるのである。

2.2　表現力を育む授業に求められる場

では，国語科で育成する表現力，即ち，「思想や感情，感覚などを，目的や場に応じて，言語で表現する力」を育む授業とは，どうあるべきなのか。この問いを考える上で，以下に示す森田（2010）の指摘は見逃せない。

表現教育の内容として，最も把握しやすいのは，表現に関する知識，技能である。…（中略）…一方，人間のものの見方・考え方，感じ方，つまり，『学習指導要領』にいう「思考」「想像」「心情」「態度」等は，相対的に把握しにくいものである。しかし，その把握しにくいものが，逆に，人間の存在の本質に最も深くかかわっているといえる。人間の本質にかかわるものであるから把握しにくいと言い換えてもよい。…（中略）…表現教育は，学習者という人間に最も密着して行われる教育である。表現教育が人間の深奥に触れる教育であるためには，把握と系統化の困難なものと比較的容易なものとの関係をとらえ，本質を見逃さない努力をしなくてはならない。

つまり，把握・系統化が困難で「人間の存在の本質」に関わる「思考」「想像」「心情」「態度」と，把握・系統化しやすい表現に関する知識・技能との関係を捉えることが重要なのである。また，中井（2013）は次のように生徒の「詩を書いている時に生じる」学びを捉える観点の重要性を述べている。

詩創作指導において評価すべきは，その作品の優劣ではなく，その作品を書くことによってどれだけのことを学んだかということである。…（中略）…最終的に子どもが優れた詩を書いたかどうか，という観点に代わる，子どもたちが詩を書いている時に生じる彼らの学びを捉えることのできる観点を設ける必要がある。

この観点は詩に限らずあらゆる創作活動で重視したい観点の一つである。そして，田中（2016）は次のように「書くこと」の授業の意義を述べている。

「表現力（表す力）」は「情緒力・想像力」「論理的思考力」「語彙力」「知識」「感性」等，全ての力に関連するものである。なかでも「書くこと」は「考えを整理し，考えることそのものの鍛錬」になる活動である。それ故に，「書くこと」の授業づくりに取り組んでいくことは，国語科の授業全体の改善に繋がっていくと考えられる。

以上の論を踏まえ，「表現に関する知識・技能」と「ものの見方，感じ方，考え方」との関係を捉えて双方をバランスよく豊かにできる展開や，生徒が書くことによってどれだけのことを学んだかを評価する場面を，単元の中にどう創るかが表現力を育む鍵になると筆者は考える。また，そうした展開や場面を創るには，他者と思いを伝え合い思考を活かす場としての「表現を交わす場」や「表現についての学びを省みる場」を設けることが欠かせない。本稿では，そうした「思考を活かす場」の組織の仕方に着目し，次節で自身の授業を分析して省察し，表現力を育む授業づくりの在り方を検討する。

3．表現力を育む授業づくり――詩歌の鑑賞と創作の指導を通して――

3.1　着目する単元とその構成

本稿では，2015（平成27）年度に筆者が勤務校（A県B市立C高等学校（普通科定時制夜間部））で行った「国語表現Ⅰ」の単元(2)に着目する[2)]。

(2)単元の概要

期間：2015年10月下旬～2016年1月下旬／学年（生徒数）：第4学年（6人）

科目名（単位数）：国語表現Ⅰ（2単位）／単元名：詩歌を楽しもう

単元の目標（評価の観点）：

・様々な詩歌を読み味わい，自分の表現に役立てようとしている（関心・意欲・態度）

・詩歌の様々な表現の効果を吟味し，自分の創作に役立てることができる（書く能力）

・詩歌の表現の特色や伝統的な言語文化について理解を深める（知識・理解）

本単元は表現力の育成を期して計画した。同時に，高校卒業を控えた生徒たちに詩歌の創作を通して４年間の高校生活を振り返り，その表現を交流し，思いを共有する楽しさを実感してほしいとの願いを込めてもいる。

生徒たちには年度当初から自分の言葉で表現させることを指導してきた。一方で，生徒たちは日常生活での活字離れが進んでいる。本単元は，そうした状況下にある生徒にも読みやすい短詩形式の文章を多数扱うことで，興味を持たせることも狙った。本単元の各授業時間の目標を⑶に示す。各次の位置づけについては，第１次は単元の導入部で，生徒一人ひとりに「うた」と日常との繋がりを意識させ，詩歌の学びへの動機づけを図った。中盤の第２次と第３次は，古今東西の優れた詩歌に触れさせ，その特長に気づかせた。そして，第４次は単元の総括として詩歌を創作させ，交流させた。

⑶単元における各次のテーマ，各時の目標[3)]

第１次（２時間）…「うた」と詩歌

第１時…「うた」という言葉から表現を広げよう。

第２時…「うた」についての概念を広げ，様々な文章を読もう。

第２次（４時間）…日本の「うた」

第１時…秋の歌を読んで，グループ分けをしよう。

第２時…俳句の穴埋め創作をして，表現のワザを磨こう。

第３時…短歌のリズムに親しむとともに，詩歌の表現技法を確かめよう。

第４時…和歌を読み味わうとともに，詩歌の技法を理解しよう。

第３次（３時間）…中国の「うた」

第１時…ばらばらになった漢詩の句を並べ替えて，表現の工夫を理解しよう。

第２時…作品に描かれた情景から作者の心情を考えてみよう。

第３時…作品の工夫から作者の心情をより深く考えてみよう。

第４次（５時間）…詩歌の創作と交流

第１時…イメージマップを使って，アイデアを広げよう。詩歌の形式を決めよう。

第２時…下書きを書こう。

第３時…作品の案を交流して，推敲し，清書を完成させよう。

第４時…作品を輪読し，意見を交換しよう。

第５時…作品を発表しよう。

3.2　各次の内容の分析と省察

3.2.1　第１次――「うた」と詩歌――

単元の導入である。生徒一人ひとりに「うた」と日常との繋がりを意識させたり，表現を交流させたり，辞書や古典を読ませたりすることを通して，「表現に関する知識・技能」の習得を促しつつ，表現する面白さに気づかせ，意欲を喚起し，「ものの見方，感じ方，考え方」を広げることを狙った。

第１時はまず，「うた」という言葉をきいて何を思うかと問い，その答えをワークシートにイメージマップを用いて書かせ，可視化させた（例→(4)）[4]。これには，生徒たちの持つ「うた」のイメージを確かめるという狙いもあった。

(4)生徒が「うた」から連想した言葉の例（表記は原文の通り）[5]

生徒Ａ：紅白，年末，めでたい，おまつり，えんか，カラオケ，ストレスはっさん，のど自まん，上手い，歌い手，Ｖ系，ボカロ，PC，人気，…（後略）

生徒Ｂ：カラオケ，ストレス発散，友達，楽しい，明るい歌，元気になる，恋愛，西野カナ，暗い歌，失恋，上手い…

生徒Ｃ：心，かんじょう，考え，想い…

生徒Ｄ：BGM，ゲーム，B'z，Live，炎，アリーナ，ultra soul，ギター，アニソン…

こうした語句の書かれたワークシートは輪読させて，生徒にクラスメートのイメージマップを見ての感想を記させた（例→(5))。

(5)「うた」から連想した語句を見ての感想

生徒Ａ：自分と同じことを書いている人も居れば，自分が考えつかない事を書いている人がいておもしろかった。

生徒Ｂ：みんなそれぞれ違うことを想ったりしている部分もあるけど，「カラオケ」や「上手い」「ヘタ」や「曲のジャンル」とかは共通して同じな所があった。

生徒Ｃ：みんな身近なものから広げていっていた。なじみ深いカラオケかんれんの広がりが５人から見えた。

これらの記述からは，自己と他者あるいは他者同士の思考の共通点や他者の思考の意外性に，注目したり面白さを感じたりする生徒の姿が読み取れる。生徒たちは，表現を交流するという「表現に関する技能」を使って教室で表現する面白さを見出し，「ものの見方，感じ方，考え方」を広げられる。

続いて，イメージマップに書いた言葉を使って「うた」というテーマで随想風の短作文を書こうと課題を出した。新たに作文のためのメモも書き出させた（例→(6))。そこにはクラスメートのイメージマップの語句(4)に影響を受けたと見られるものが挙がっているものもあった（(4)の生徒Ｃの記述と(6)の生徒Ｂの記述に共通する語句がある)。思考の交流を経て，相手の表現を活かそうという生徒の姿勢が窺える。

(6)短作文のためのメモに記された語句の例

生徒A：「うた」，ジャンル，大切な役割
生徒B：人，想い，感情，考え，何げない時に聴く，きっかけ，泣く，勇気，響く
生徒C：想い，相手，届ける，「うれしい」，「楽しい」，「かなしい」，声色，思考…

こうしたメモを踏まえて書かれた短作文を(7)に示す。

(7)「うた」をテーマにした随想風の短作文の例

生徒A：「うた」という言葉を聞いて一番に思い浮かんだのはジャンルについてだった。私は普段色々な音楽を聴いている。その中でよく聴くのは激しいロック系のものだ。気持ちを上げたい時や集中したい時に聴いている。私の生活の中では「うた」は大切な役割を持っているのだ。私はこれからも色々なジャンルを聴き，生活の中に取り入れていくと思う。
生徒B：歌は人の感情や思いを表わしていて，何かのきっかけになってくれたりもする。落ち込んでいる時や辛い時に何げなく聴いていた歌も，その時には，すごく心に響いたり，泣いたり，勇気が出たり，色んな事を考えさせられるきっかけにもなる。
生徒D：うたといって一番最初に思いつくのがアーティストのB'z。親もファン。ライブも2回行ってる。B'zのライブは炎がよく出る。やはり一番盛り上がる曲はウルトラソウル。皆ジャンプする。それぐらい盛り上がる。B'zの終わりはまだ見えない。
生徒E：私は最近新しい曲で誰の曲かわからない時がふえてきた。元々J－POPをきく方ではないが，それでもあるていどはわかる。なぜ誰の曲か分からないかと言うと，曲が似ていたり，声が似ていたり，歌い方が似ていたりするからである。結論をいうと，個性がうすい気がする。…（後略）

(7)について，生徒Aは自分と「うた」との関わりを述べ，生徒Bは「うた」の効果を指摘し，生徒Dはファンの歌手について語り，生徒Eは歌謡界の没個性化を批評している。短作文の課題に取り組む時間は15分程度であ

ったが，一人ひとり視点，観点が異なる文章が出来上がった。

第2時は「「うた」についての概念を広げ，様々な文章を読もう」という目標を設定した。冒頭で前時に書いた作品を交流し，感想を記述させた（例→(8)）。その後，辞書で「うた」の項目を引かせて基本的な意味を確認し，生徒の持つ「うた」の語彙を「和歌」や「短歌」にまで拡充することを狙った。

(8)クラスメートの短作文を読んでの感想の例

生徒Ａ：「うた」という言葉だけで色々な表現の仕方や考え方があって面白く読むことができた。

生徒Ｃ：みんな「うた」についての重要性を出していっていた。少なからず「うた」の力を書いていた。一人一人が様々な考えをもっていておもろかった。

生徒Ｄ：みんな似てるようで違った。それぞれの思いがよくわかった。ただ「うた」だけでもこれだけの違いがある。

こうした記述からも，生徒は他者の表現や考え，様々な表現の仕方や考え方に触れることを面白いと捉えているということが明らかである。

辞書で「うた」の項目を調べさせた後，「前時は生徒の皆が「うた」について述べたが，今回は「うた」について論じた日本最初の文章を読もう」と伝え，「古今和歌集仮名序」の冒頭部（「やまとうたは……心をも慰むるは歌なり」）を現代語訳付きで読ませた。この時，前時の短作文(7)との共通点や相違点を意識させて，「仮名序」の一節を読んだ感想を書かせた（例→(9)）。

(9)短作文と読み比べての「仮名序」の冒頭部についての感想の例

生徒Ａ：読んでみて思ったのは，自分達と違うのは表現の仕方かな，と思った。時代ということもあるのだろうが，花や動物などの自然のものを使っているからか心にひびくものがあった。

生徒Ｂ：クラスの人たちが書いてた作文と古今和歌集の共通の所は，人の心のこと…（中略）…だと思う。古今和歌集は，やっぱり読んでいたら理解するのに時間かかるけど，おくが深いと思った。

生徒Ｃ：みんな人の心を書いていた，自分も人の想いや感情などを書いた。古今和歌集…（中略）…は人の心にかんして書いていたので楽しかった。

生徒Ｄ：今と昔では，リズム，詩は全く違うが思いや気持ちを歌にすることは変わっていない。

生徒Ｅ：いのりを捧げるためであったり，相手の心をいやしたりすることは，今も昔も変わらないんだなと思った。

これらの記述からは，「仮名序」の表現の仕方は我々の日常語のそれとは大きく違っているということに気づいた生徒がいることや，それでも表現の内容には時代を超えて共感できるところがあると気づいた生徒がいることが分かる。これは，日本最初の歌論の冒頭を読み「表現に関する知識」を学びつつ，「ものの見方，感じ方，考え方」を深めているということになるだろう。

3.2.2　第１次の成果と課題

第１次の成果はまず，「うた」と各自の日常との繋がりについて，表現させることを通して意識させることができたことが挙げられる。また，第１時からは，表現を認め合い感想の交流を行うという「表現に関する技能」の活用を図らせて様々な表現に触れる面白さや楽しさに気づかせることによって，「ものの見方，感じ方，考え方」を広げることができることが明らかになった。第２時からは，辞書や古典を通して「表現に関する知識」を学び取らせることによって，「ものの見方，感じ方，考え方」を深めることができると分かった。その一方で，作文の交流の際は，他者の作文を読んだ感想を記述し，輪読するだけにとどめてしまった。それゆえ，書き手に向けてのコメントを書かせるなどの言語活動を盛り込むべきだったことが課題として挙げられる。

3.2.3　第２次及び第３次――日本の「うた」と中国の「うた」――

第２，３次では古今東西の詩歌を教材に用いた。歴史的，国際的な文化としての詩歌を捉えさせることを意図した。様々な「ものの見方，感じ方，考え方」に触れさせ，「表現に関する知識」としての表現の特長に気づかせることを狙った。また，第４次の創作活動に活かせる鑑賞指導を目指した。

第２次は様々な時代の日本の「うた」を扱った。第１時では秋を詠み込んだ近代の詩や歌詞を３篇（高野辰之「紅葉」，中原中也「一つのメルヘン」，島崎藤村「初恋」）範読し，生徒に音読させてリズムを味わわせた上で，各自の観点で２グループに分けるようにと課題を出し，それに対する考えを発表させた。生徒と筆者とのやりとりの中で，観点によって分け方が異なることを確かめて，「リズム」と「文法」とに着目させ，各詩の形式を説明した。

第２時は，小林一茶の俳句「亡き母や海見る度に見る度に」の下五を空欄にして示し，そこにどんな言葉が入るか予想させることを通して，生徒の想像力，思考力を養うことを狙った。生徒の答えとして「思い出す」「ナミダする」などがあった。生徒は「海が思い出の場所だから」や「色々なことを思い出して泣くから」といった理由も述べ，それぞれに作品世界を構築しようとしていた。元の作品を紹介してからは，その作品の表現技法（無季題・切れ字・省略法・反復法）に気づかせ，その効果を問い，解説した。

第３時は，短歌を一首（栗木京子（1984）「観覧車回れよ回れ想ひ出は君には一日（ひとひ）我には一生（ひとよ）」『水惑星』[6]）取り上げた。まず，短歌に描かれた情景を想像させ，意見を交流させた。そこでは，①どんなシチュエーションか，②「君」と「我」とはどんな関係性か，③「我」の気持ちはどうであるかを問い，それに対する意見を交換させる中で，生徒は作品の解釈を進めた。生徒の意見には，①について，「デート」，「遠くから眺める」，「デートの終わり」，②について，「「我」の片想い」，（我にとって君は）「あこがれ」，「友達以上恋人未満」，③について，「どきどき」，「相手にとっては一日の出来事，自分にとっては一生の出来事（しんみり）」，「むくわれない」などがあった。その上で，詩歌の表現技法（反復法，体言止め，押韻）と，その技法が情景を効果的に引き立て，読み手の想像を膨らませていることを理解させた。本時の生徒の感想には「短歌の意味は作者に聞かないとわからないが，自分で考えるのも楽しい」，「一人一人読んだ時の感じ方が違っておもしろい」などとあった。こうした記述からも，生徒は自分で解釈を考えたり，他者と意見を交わしたりすることに面白さを感じていると分かる。

第４時は，小倉百人一首から和歌を２首（①小野小町「花の色は——」と②在原業平朝臣「ちはやぶる——」）取り立てた。まず，現代語訳を基に情景を想像させ，意見を交流させた。歌に描かれた時季はいつか，どんな感情から詠まれたかと問い，その答えを確かめた。季節については，①は「春」，②は「秋」という答えが出たが，更に，それぞれ「晩春」，「晩秋」であることを補足した。①に詠み込まれた気持ちについては，「むなしい」，「さみしい」，「昔のことを思い出してはかなさを感じている」といった意見，②については，「きれいだ」，「神様でもつくれない美しさだ」，「きれいだけど切ない」といった意見が交わされた。筆者はそれを受け，①については衰えへの哀感が込められていることを補った。続いて，表現技法（①・②の倒置法，①の掛詞，②の擬人法）に注目させ，その効果に気づかせた。

第３次では柳宗元の漢詩「江雪」（千山鳥飛絶，万径人蹤滅。孤舟蓑笠翁，独釣寒江雪。）を扱った。第１時では，五字の句毎に分けて記した札を黒板に張って，承句以降の順番を変えたものを並べ替える活動に取り組ませ，起承転結や対句といった漢詩の規則への理解を促した。句を並べ替えるには，各句を解釈して順序を推測する必要がある。生徒に思考させ，操作させて，文章の展開に注意させることを狙った。文章の展開に注意して句の排列を考えることは創作に不可欠な「表現に関する技能」の運用である。各生徒に排列とその理由を訊くと，「勘！」と言う生徒もいたが，「鳥はいないし，足跡も消えたという流れが自然」との答えや，「中国語の文法で必ず主語（翁）の後に述語（釣）が来る」という答えも返ってきた。そうした優れた気づきを取り立てて対話を進める中で，ほとんどの生徒が元の順序の必然性に気づくことができた。その後，漢詩の押韻や形式（五言絶句）を説明した。

第２時は，書き下し文を参考に，作品に描かれた情景から作者の心情を考えさせた。「江雪」にはどんな想いが詠み込まれているだろうかと問うた。生徒たちは「長い時を独りで過ごすというさみしさ。またその情景のさみしさ」，「寒い雪が降る中に一人でつりをしていて，あわれに思う。（かわいそう）」といった意見を発表した。このことからも，生徒たちは作者の詠み込んだ〈さみしさ〉，〈孤独さ〉に気づくことができたと言える。その上で，「江雪」を詠んだ頃の作者は僻地に左遷されたという境遇や，元々はエリートであった作者の経歴を紹介した。そして，「登場人物の「翁」は何のために「釣」っているのだろうか」と問うた。生徒たちは「生きるため」，「売るため」，「食べるため」といった答えを述べ，筆者は〈生活のため〉とまとめた。これを踏まえて次時では作者の心情をより深く考えていくと予告した。

第３時は，作者の心情をより深く考えるための手掛かり，即ち，起承転結という構造や，前後半の対比構造，作品から読み取れる構図の展開や，描写の工夫に着目させた。例えば，転句では構図が全体から部分にクローズアップするように変化していることや，描かれた様相が「絶」・「滅」という〈無〉から「孤」・「独」という〈有〉へと変化していること，また，前半２句では〈厳しい境遇〉が描かれているのに対し，後半２句では対比的に〈厳かな精神〉が描かれていることに気づかせた。その上で，本時の内容を踏まえると，「江雪」にはどんな想いが詠み込まれているかという問いに，改めてどう答えられるかと投げかけた。生徒たちは「寒い雪がふる中でも，自分が生活していくために，孤独を感じる中でも，寒さにたえて，つりをしている」，「何もない厳しい環境で一人で生きていかねば」，「なにもないような所にもさがせば何かがある」などと答えた。これは，前時に捉えた〈さみしさ〉や〈孤独さ〉だけではなく，〈それでも生きる〉といった意思を読み取った結果と言える。筆者は生徒の答えを受け，柳宗元が後年地方長官として尽力したというエピソードを紹介し，作品には「孤独でも己の志を貫いて生き抜くのだ！」という作者の〈孤高さ〉が詠み込まれているとまとめた[7)]。

3.2.4　第2次及び第3次の成果と課題

第2次第2～4時，第3次第2，3時の授業については，まず，詩歌作品の情景から受ける心象を交流する鑑賞的活動を授業の序盤から中盤に設け，クラスメートの考えや視点を知ることに面白さを感じさせることで，生徒の「ものの見方，感じ方」を広め，学習意欲を維持できたことが成果として挙げられる。また，発問を核にした生徒とのやりとりの中で生徒の「ものの見方，考え方」や作品内容への理解を深めることができた。更に，「表現に関する知識」としての各詩歌の特長について上述の活動ややりとりの後に解説することで，その特長の実感的な理解を促せるということが明らかになった。

また，抽象的に考えて操作する活動を序盤に設けた第2次第1時，第3次第1時は，生徒の論理的な推論を促し，「表現に関する技能」を駆動できた。

しかしながら，その第2次第1時（詩の分類），第3次第1時（漢詩の並び替え）の各時だけでは，作品世界への理解を深められなかったことは課題である。第3次についてはその後の第2，3時で作品内容を捉えさせることができたと言えるが，第2次第1時については，あくまでも詩の形式を区別できるようになることを目標にしていたとはいえ，内容も丁寧に扱う必要があった。また，第2次第2～4時，第3次第2，3時の学習についても，表現技法について扱う際，その効果の確認は行えたが，その技法を生徒自ら使えるようにするためにも，その技法を用いた作品をそれぞれの時間内に創らせ，鑑賞指導と絡めて「表現に関する技能」を駆動させる必要があった。

3.2.5　第4次――詩歌の創作・交流――

「うた」の学習の総括となる授業である。同時に，夜間高校4年間の国語の締め括りであるから，生徒一人ひとりに高校生活の喜怒哀楽をこれまでの学習を活かして「うた」に詠み込んでほしいとの願いを込めて展開した。

第1時は，まず，創作する詩歌のテーマ「○○高校での学校生活」（○○は学校名）を告げ，題名と形式は自由に作品づくりに取り組むよう指示した。続いて，イメージマップを用いて，高校生活を振り返っての印象的な出来事や言動や気持ちを改めて言語化させ，作品の題材を探させた。また，書き出した言葉を核にエピソードの順序を構想させ，表現形式を決めさせた。

第2時は，イメージマップや順序の構想を基に，下書きをさせた。

第3時は，下書き段階の作品（案）を輪読させ，参考になった点や提案できる点を書かせ，それも輪読させた。例えば，前者としては「はずかしがらずに思ったままを書けば良いんだな」という記述があり，クラスメートの執筆の姿勢に学ぼうという気づきがあった。後者としては「ひらがなにして2つの意をもたせてもいいかなと思った」と表記の工夫を促すものや，「誰に向けて？というところがあった」と読み手への意識を促すものがあった。生徒たちはその気づきを踏まえて推敲し，清書に取り組んだ。

第4時は，作品の清書を輪読させ，クラスメートの作品についての感想をワークシートに記述させた。感想には，例えば，「皆それぞれ個性が出てる作品で面白かった」，「4年生ともあり，みんな少しさみしさが見れる。ふいに見たくなる作品ばかりだった」といったものが見られた。併せて，自らのどんな表現にどんな思いを込めたか，どんな表現技法をどういう狙いで用いたかを記述させる欄も設けた。前者の欄には「ありのままを表現しました」，「4年間の思いをたいせつにしてみた。卒業してもまた会いたいと思ってくれればと思って作った」といった記述が見られたが，後者の欄はほとんど空欄であった。生徒たちは，結果として体言止めや反復法を用いた作品を創っていた。だが，彼らがその効果を特段意識していたのかどうか筆者は捉えきれなかった。やはり，第2，3次の課題として述べたように，それぞれの時間に，扱った技法を活かした作品を作らせるなどして意識化させる必要があった。

第5時は，作品の清書を筆者が活字化したものを生徒に配布した。生徒には各自の作品を朗読発表させた。また，前時に取り組ませた表現技法を説明する記述欄がほぼ空白であったことを受け，生徒の発表，感想の記入の後に，一部の作品を取り上げ，使われている技法を解説した。そして，全体のまとめとして，自ら創作したことの振り返りを書かせた。その欄には，「自分の思ったことを書いてくのは難しいと思った」，「みんなどこか，学校生活のしめくくりを感じさせるものが多かった」，「始めに詩を作ろう，となったときから，4年間のことを書きたかったのでよかった」などと記されていた。

3.2.6　第4次の成果と課題

本次は，創作の過程について，生徒に細分化した手順を示し，生徒一人ひとりが作品を仕上げることができた。その作品は，筆者が活字化してアンソロジー『○○夜光詞華集』（○○は学校名）として小冊子にまとめ，卒業式当日に生徒たちに配布した。作品の一部を紹介する（例→(10)）。

(10)アンソロジーに収めた作品例（「／」は改行を表す。）

生徒Ａ：赤緑色々変わる髪の色今は落ち着く元の黒色
　　　　不安抱き入学しました夜間校今は少しのさみしさつのる
　　　　新しく買い替えようか悩む靴四年はいてるボロいスニーカー
生徒Ｂ：四年間本が書けるよ親友に言われるくらい濃い四年間。
　　　　夜間だと観たいテレビも観れなくて話が飛んだ連続ドラマ。
生徒Ｄ：夏休み／仕事ばかりで／休めない
生徒Ｅ：十六で入学してから早四年時がたつのは夕立の如し。

生徒たちが，素直に作品づくりに励み，「表現に関する技能」を発揮し，互いの表現を認め合いながら「ものの見方，感じ方，考え方」を豊かにできる「思考を活かす場」を創り出せたことは，本次の成果と言える。

また，本次では第2次の反省を踏まえ，作品の書き手に向けてコメントを書かせる活動を盛り込んだ。しかしながら，コメントの観点を，参考になった点や提案できる点としただけの曖昧なものにしてしまったため，生徒たちのコメントも漠然としたものになってしまったという課題が残された。「表現に関する知識・技能」としての相互評価，相互批評の観点や技能を習得させる手立てを講じる必要があった。また，第2時の生徒が下書きを書く間も，筆者とT2は適宜机間指導を行ったが，そのときの音声は録音していなかったため，「記述中」の指導の分析が詳細にできないことも反省点の一つである。

3.3　本節のまとめ

ここまで単元の各授業を分析してきた。成果と課題の中では，表現を交わす場を組織する中で，「表現に関する知識・技能」を習得させたり，「ものの見方，感じ方，考え方」を広げたり深めたりさせる場面を創ることができた事例の要点や反対にうまく創れなかった事例の反省点を示した。今回一つの単元に鑑賞と創作とを盛り込み，それらの指導の連携を試みた単元の構成は，鑑賞と創作との双方への動機づけや意欲の維持にも貢献したと言える。また，「表現に関する知識・技能」と「ものの見方，感じ方，考え方」との関係についても，「知識」を利用し「技能」を発揮することで，「ものの見方，感じ方，考え方」を深め，広げられ，また，多様な「ものの見方，感じ方，考え方」に気づかせる中で，「知識」を豊かにし，「技能」を使わせることができたことからも，両者は相互作用的な関係にあると考えられる。

また，生徒が書くことによってどれだけのことを学んだかを評価する場面の成否について，ここで改めて，単元の目標に照らして授業全体を振り返ってみたい。「様々な詩歌を読み味わい，自分の表現に役立てよう」という姿勢は，鑑賞指導の際の生徒の記述や，作品の交流についての生徒の感想からも確かに見取ることができた。また，「詩歌の様々な表現」についても，授業での発問を核としたやりとりを通して「吟味」し，その「効果」に気づかせることができた。また，「詩歌の様々な表現」を「自分の創作に役立てること」については，創作の活動の段階でクラスメートの作品やコメントを踏まえて自らの創作に反映した生徒も僅かではあったが見取ることができた。「詩歌の表現の特色や伝統的な言語文化について理解を深める」ことについても，第2，3次を中心とした，詩歌の情景鑑賞や表現技法の学習を通して達成した。しかし，第2，3次での古今東西の秀逸な作品の学習が，どれだけ第4次の生徒自身の創作に役立ったかは把握しきれなかった。したがって，鑑賞の学習が創作力の向上にどれほど役立ったかを確かめる術を確立することが今後の課題の一つである。もちろん，作品主義や技能主義に陥らないよう注意が必要ではある。この課題の解決には学習の振り返りの質の向上が不可欠だと考える。例えば，優れた作品を扱った際に，その作品のどのような工夫を自分の作品づくりにどう役立てられるか書かせるなどして「表現についての学びを省みる場」を充実できれば，一言の感想を書いたり理解度を示す数字を○で囲んだりするだけの振り返りに比べ，有意義なものになるはずである。

4．結論――表現力を育む授業づくりの観点――

以上を踏まえ，表現力を育む授業づくりの観点として〈表現を交わす場を設ける時機の工夫〉と〈表現についての学びを省みる場の充実〉を示す。

表現を交わす場を設ける時機については，例えば，作品完成の前，イメージマップや下書きの段階で表現を交流する場面を設けてきたことが生徒の「ものの見方，感じ方，考え方」を広げることに役立った。「「交流」は書き上げられた成果物について行われることが多い」（田中，2016）のが現状だが「色々な表現があって面白い」と感じさせる場を作品完成後の1回きりではなく，構想，構成，下書きの段階など生徒が思考したり想像したりする場面に適宜設けていくべきである。そのことが発想を広げ，考えを深めることに繋がって，創作意欲を喚起し，表現力を育むことに寄与すると考えられる。

一方で，表現についての学びを省みる場での活動については，本稿の授業で，交流の際に，クラスメートのアイデアや作品を読んだ感想や創作に取り組んだ感想を書かせたものの，その感想を書く視点を明瞭に示していなかったという反省がある。それを踏まえて，感想を書く際に盛り込むべき視点を明瞭に示すことや，記述する際の条件を定めることが必要だと考えられる。また，振り返りの活動においても，振り返る際の観点を示すことが求められる。そうすることで，生徒の表現する中での学び（例えば，「表現に関する知識・技能」の習得）の成否をより適切に見取ることができるようにもなる。

本稿では，以上に示した観点を意識して工夫を図ることが表現力を育む授業づくりには欠かせないということが，実践の分析と省察を通して明らかになった。今後とも授業づくりの改善のために研究と修養に励んでいく。

注

1） 辞書の「表現」の項目には，例えば，『明鏡国語辞典』（大修館書店，2002）には「人間の内面にある思想・感情・感覚などを客観化し，表情・身振り・言語・音楽・絵画・造型などの外面的な形として表すこと。また，その表したもの」とある。現行の『学習指導要領』の「国語科の目標」は「国語を適切に表現し的確に理解する能力を育成し，…（中略）…，国語を尊重してその向上を図る態度を育てる」ことである。また，「「適切に表現」するとは，目的や内容にふさわしい語句を選び，しかも，目的や場にふさわしい表現をするということ」であるとの解説がある（文部科学省，2010）。

2） なお，「国語表現Ｉ」は旧『学習指導要領』（1999年告示，2012年度入学者まで適用）の科目である。また，本科目は，生徒の実態や筆者が初任者であることが考慮され，チーム・ティーチング制であるが，本稿ではT1である筆者の指導について記述していく。

3） 目標は「国語表現Ｉ」の指導事項を考慮して設定した。第１次では指導事項「ウ　目的や場に応じて，言葉遣いや文体など表現を工夫して話したり書いたりすること」に，第２，３次では，どちらも第４次に向けて「エ　様々な表現についてその効果を吟味し，自分の表現や推敲に役立てること」や「オ　国語の表現の特色，…（中略）…について理解を深めること」に重点化した。第４時では再び指導事項

「ウ」に重点を置いている。

4)　ワークシートには枠が設けてあり，その枠内の中央に，核となるキーワード「うた」が記され，楕円で囲まれている。語句「うた」から連想できる語句を中央の楕円から放射状に引いた線分の先に書き，それを楕円で囲み，その言葉からも同様に連想を繰り返させた。

5)　ただし，誤字は訂正している。以下で，生徒の記述を紹介する際も同様である。

6)　横山未来子（2015）に紹介されたものを引用した。

7)　下定雅弘（2015）に「柳宗元は逆境を克服した。逆境そのものを変えたのではない。逆境に在りながら，その境遇でなしうる自己の最善をなし続けたことにより，彼は自らの志を貫いて巨大な成果を遺したのである」とあるものなどを参考にした。

引用文献

犬塚美輪（2012）「国語教育における自己調整学習」自己調整学習研究会編『自己調整学習』北大路書房 pp.137-156

大修館書店（2002）『明鏡国語辞典』

下定雅弘（2015）「柳宗元の人生と詩」『白居易と柳宗元――混迷の世に生の賛歌を』岩波書店 pp.165-265

田中宏幸（2016）「「書くこと」の授業づくりの基本的考え方」浜本純逸監修『中学校・高等学校「書くこと」の学習指導――実践史をふまえて』溪水社 pp.13-32

中井悠加（2013）「S. Dymoke の詩創作指導の理論と方法――下書きと評価を中心に」『国語科教育73』pp.31-38

浜本純逸（2016）「「書くこと」の授業デザインのために」浜本純逸監修『中学校・高等学校「書くこと」の学習指導――実践史をふまえて』溪水社 pp.1-12

廣中淳（2003）「詩教育の可能性――話者論を用いて鑑賞から創作へ連携させる詩の授業」『国語科教育53』pp.55-49

森田信義（2010）「表現（「書くこと」）教育の研究」森田信義他著『新訂国語科教育学の基礎』溪水社 pp.28-73

文部省（1999）『高等学校学習指導要領』

文部科学省（2010）『高等学校学習指導要領解説国語編』

横山未来子（2015）『はじめてのやさしい短歌のつくりかた』日本文芸社

形態隣接語の意味活性化効果は語長によって規定されるか

吉 原 将 大

我々は，さして苦労することなく語を「読む」ことができる。例えば，「チクワ」という文字列を見たとき，日本語母語話者であればほとんど自動的に，その文字列は「魚肉を用いた練り製品」を指す語であることがわかるだろう。しかしながら，視覚的に提示された語を認識する際に我々の心（あるいは，脳）の中で働いているメカニズムは，想像以上に複雑である。言語心理学者は，語を「読む」という行為の背後には，複数のサブ・プロセスが密接に関わり合いながら存在していると考えている。たとえば，「チクワ」という語を読むためには，少なくとも，視覚提示された刺激が複数の文字で構成されていると認識する「文字認知プロセス」，心の中に保持された語のリスト（心的辞書）の中から文字列が表す語を選択する「語彙選択プロセス」，対応する音韻情報を検索する「音韻符号化プロセス」，適切な意味情報を検索する「意味符号化プロセス」が必要だと推測される。視覚的語認知研究と呼ばれる学問分野においては，「読み」プロセスの性質・メカニズムについて，心理学的な手法を用いた実証研究が行われている。

形態隣接語の意味活性化

例えば，Forster & Hector（2002）は，視覚提示された文字列について「動物の名前であるか否か」の判断を実験参加者に求める動物カテゴリー判断課題を行った。彼らは，動物名（e.g., turtle）から一字を置き換えることにより作成された非語と，非動物名（e.g., bishop）から作成された非語に対する反応時間と誤反応率を測定した。その結果，動物名から作成された非語（e.g., turple）は，非動物名から作成された非語（e.g., cishop）に比べて，正しく「動物名でない」と判断するまでに要した反応時間が長く，誤反応率も高かった。この実験結果は，“turple”は動物名（turtle）と形が似ていたために，正しく「動物名でない」と判断するのが困難だったことを示唆している。なお，“turple”と綴りが似ている“turtle”や，“hat”と綴りが似ている“cat”のように，ある語から1文字を置き換えて作成される形態類似語を「形態隣接語」と呼ぶ（Coltheart, Davelaar, Jonasson, & Besner, 1977）。また，動物カテゴリー判断課題において，“turple”に対する「動物でない」判断が“cishop”に対する判断よりも長い時間を要した現象を，「形態隣接語の意味活性化による抑制効果」と呼ぶ。

形態優先仮説とカスケード仮説

Forster & Hector（2002）の研究は，「語彙選択プロセス」と「意味符号化プロセス」との関係を明らかにすることを目的としていた。文字列が視覚提示されたときには，まず刺激の綴り（形態）に関する情報が処理され，その文字列に対応する「語彙ユニット」へのアクセスが行われると考えられる。視覚的語認知研究では，各語彙ユニットは音韻情報や意味情報への更なるアクセスに用いられる「辞書の見出し」のような役割を果たすと仮定されている。すなわち，視覚提示された文字列に対応する語彙ユニットへのアクセスが語彙選択プロセスであり，選択された語彙ユニットに対応する意味情報へのアクセスが意味符号化プロセスである。両プロセスの関係については，「形態優先仮説（form-first assumption）」と「カスケード仮説（cascaded assumption）」という二種類の理論が提唱されている。形態優先仮説は，語彙選択プロセスと意味符号化プロセスは互いに独立していると仮定する。そのため，視覚刺激に一致する語彙ユニットへのアクセスが完了した後にのみ，（言い換えれば，与えられた綴りの情報が語彙知識の中のどの語に対応するのかを確認した後でのみ），その語に対応する意味情報が活性化されると仮定する（e.g.,

Forster & Hector, 2002)。したがって，このモデルによれば，「チクワ」という語を読む際には「チクワ」の意味しか活性化されないはずである。一方で，カスケード仮説は語彙選択プロセスと意味符号化プロセスの間に交互作用を仮定する。そのため，視覚刺激と完全に一致する語彙ユニットが決定される前に，綴りが類似している別の語に対応する語彙ユニットとその意味情報も部分的に活性化されると仮定する（e.g., McClelland, 1987)。したがって，我々が「チクワ」という語を読む際には，「チクワ」の意味だけでなく，綴りの似た「チワワ」の意味も自動的に活性化されることになる。

これらの対立する仮説のうち，カスケード仮説は Forster & Hector (2002) の結果を容易に説明できる。カスケード仮説によれば，動物カテゴリー判断課題において“turple”が提示されると，我々の心（脳）の中では以下のような処理が行われる。まず，綴りの類似性に基づいて，“turtle”や“purple”といった形態隣接語の語彙ユニットが活性化され，さらに，それぞれに対応した意味も活性化されることになる。したがって，カスケード仮説は，“turple”の形態隣接語である“turtle”の意味が（実際には提示されていないにもかかわらず）活性化されることにより，「提示刺激は動物名である」という判断へのバイアスが生じたと考える。その結果，“turple”に対する「動物名でない」判断は，“cishop”に対する判断よりも長い時間を要したと説明される。

一方で，形態優先仮説による説明は困難なようである。形態優先仮説は提示刺激に対応する意味だけが活性化されると仮定するが，“turple”のような非語に対応する意味は存在しないため，いかなる意味も活性化しないはずである。したがって，形態優先仮説によれば，“turple”と“cishop”に対する処理に違いは存在せず，両者に対する「動物名でない」判断に反応時間差は予測されない。

しかし，“turple”に対して観察された抑制効果を形態優先仮説に基づいて説明するため，Forster & Hector (2002) は「意味フィールド」という概念を仮定した。意味フィールドとは，複数の語彙ユニットが同時に活性化されることによって心的辞書内に形成されるものであり，複数の語彙ユニットの集合のようなものであると考えられた。この意味フィールドは，「動物」のような比較的頻繁に使用されるカテゴリーに対応するが，その概念の詳細が保持されているわけではないとされている。たとえば，“turtle”，“dolphin”，“lion” といった語彙ユニットの集合がひとつの意味フィールドを構成しており，「各ユニットは動物カテゴリーに属する」という大まかな情報を表象している。彼らはこの仮定に基づき，以下のようなプロセスを主張した。まず，動物カテゴリー判断課題において “turple” が提示されると，綴りの類似性に基づいて，形態隣接語である “turtle” の語彙ユニットが活性化される。Forster & Hector によれば，“turtle” のように「動物カテゴリー」に対応する意味フィールドへのリンクを持つ語彙ユニットに対しては，視覚入力である提示刺激との間で照合が行われる。一方で，“cishop” のように「動物カテゴリー」意味フィールドへのリンクを持たない非語刺激に対しては，照合は行われない。その結果，“turple” に対する判断は照合という余計な処理を含むために，“cishop” に対する判断よりも長い時間を要することになる。このように，Forster & Hector の提案に従えば，形態優先仮説においても形態隣接語の意味による抑制効果は説明可能ということになる。

出現頻度による影響

そこで，Mulatti, Cembrani, Peressotti, & Job.（2008）は形態優先仮説とカスケード仮説についてさらに検討するため，動物カテゴリー判断課題において，非語が持つ形態隣接語の出現頻度の高・低を操作した。出現頻度とは，「我々がその語を普段目にする程度」を表す指標である。例えば，「新聞」は普段良く目にするため出現頻度が高いのに対し，「カスケード」は日常ほとんど目にすることはないため出現頻度が低い。形態優先仮説とカスケード仮説は，形態隣接語の出現頻度の高低が抑制効果の大きさにもたらす影響について異なる予測を導出する。形態優先仮説によれば，実験課題が要求する意味フィールド（e.g., 動物カテゴリー）へのリンクを持つ語彙ユニットは，出現頻度の高いものから順番に視覚刺激と照合される。その結果，形態隣接語の出現頻度が高い場合の方が，低い場合よりも照合にかかる時間は短いため，「動物でない」判断に要する反応時間の遅延は小さくなる。すなわち，形態隣接語の意味活性化による抑制効果は，形態隣接語の出現頻度が高いほど小さいと予測される。一方，カスケード仮説は，意味活性化の速度と強度は出現頻度が高い語ほど速く強力であると仮定する。したがって，動物カテゴリー判断課題においては，提示された非動物刺激の持つ形態隣接語がより出現頻度の高い動物名であるほど，「提示刺激は動物である」という判断へのバイアスは強くなり，より大きな遅延が生じると予測されることになる。すなわち，形態隣接語の意味活性化による抑制効果は，形態隣接語の出現頻度が高いほど大きいと予測する。

Mulatti et al.（2008）の実験結果は，形態優先仮説の予測に一致するものであった。すなわち，非語刺激の持つ形態隣接語の出現頻度が高いほど，抑制効果は小さかった。しかし，彼らの実験結果は「読み」プロセスの性質を正しく反映しているのだろうか。Mulatti et al. は非語刺激を用いたが，我々が日常生活で非語を目にする機会はほとんどないため，彼らの結果は非語に対する特殊な処理を反映したものに過ぎず，実在する語を提示した場合には異なる結果が得られる可能性が考えられる。日常生活では非語に対する意味判断を求められることはないので，非語に対して「動物名でない」と判断するよう教示された課題では，実験参加者は刺激が正しい綴りを持った語であるかどうかを判断し（スペリング・チェック），語だった場合のみ，その意味情報を検索して動物カテゴリー判断をするかもしれない。その場合，提示刺激が正しい綴りを持つかどうか確認するためのスペリング・チェックでは，語の正しい綴りの情報を語彙知識から検索して，刺激と照合する必要が生じる。正しい綴りの情報は，出現頻度が高い語の方が低い語よりも検索が容易であると仮定すれば，スペリング・チェックに要する時間は高頻度語の方が低頻度語よりも短いことになる（Van Orden, 1987）。したがって，非語に対するスペリング・チェックを仮定すると，高頻度動物名隣接語を持つ非語の方が低頻度動物名隣接語を持つ非語よりもスペリング・チェックに要する時間は短いために，Mulatti et al. の実験では高頻度動物名隣接語を持つ非語の方が，低頻度動物名隣接語を持つ非語と比較して全体の反応時間も短かったに過ぎないと解釈することが可能である。

そこで Yoshihara, Hino, & Lupker（in preparation）は，動物カテゴリー判断課題において動物名形態隣接語（e.g., チワワ）を持つ非動物名単語（e.g., チクワ）を提示することで，形態隣接語の出現頻度が（非語でなく）単語の動物カテゴリー判断に及ぼす効果の観察を試みた。彼らの実験では，動物名の形態隣接語の出現頻度が高いほど，形態隣接語の意味活性化による抑制効果は大きくなった。この結果は，カスケード仮説の予測に一致するものであった。このように非語ではなく語刺激を提示することで，Yoshihara et al. は Mulatti et al.（2008）とは異なるデータを観察した。さらに，彼らは Mulatti et al. のデータを再現するため，非語を使用した実験も行ったが，非語に対する抑制効果に対しては形態隣接語の出現頻度の高低による差が認められなかった。すなわち，形態隣接語の出現頻度の高低に関わらず，動物形態隣接語を持つ非語に対して，同程度の抑制効果が観察された。

Yoshihara et al.（in preparation）の非語刺激に対する実験結果は Muratti et al.（2008）と同じではなかったものの，語と非語に対して異なる結果が観察されたという事実は，語を読む際と非語を読む際には，異なる処理プロセスが関与する可能性を示唆している。したがって，Mulatti et al. の実験結果は語の読みを反映するものと解釈するよりも，非語に対する特殊な処理プロセスを反映すると解釈すべきである。一方，語刺激を用いた Yoshihara et al. の実験結果は語の読みプロセスを反映するデータであると解釈でき，また，このデータはカスケード仮説の予測に一致したことから，語彙選択プロセスと意味符号化プロセスの間には交互作用が機能しているものと思われる。

語長による影響

それでは，Mulatti et al.（2008）とYoshihara et al.（in preparation）における，非語刺激に対する実験データの違いはどのような理由によるのだろうか。ひとつの可能性として，提示刺激の長さによる影響を考えることができる。一般に，形態隣接語とその元の語との間の形態類似度は，語長が長いほど高くなると考えられる。例えば，7文字中の1文字を置き換えてつくられる“leopard”と“leotard”は，お互いに共有する文字が7文字中6文字であるため，類似度は85.7%（=6/7*100）である。一方，3文字の“cat”と“hat”の類似度は，66.6%（=2/3*100）に過ぎない。Mulatti et al.の刺激は平均約7文字だったのに対し，Yoshihara et al.の刺激は平均約3文字だった。提示刺激との間の類似度が高いほど，形態隣接語の語彙ユニットが強く活性化されるなら，長い刺激の方が短い刺激よりも，その形態隣接語の語彙ユニットの活性化は強力だった可能性がある。

さらに，非語刺激に対するスペリング・チェックを仮定した場合，上述のように，形態隣接語の出現頻度が低いほど，スペリング・チェックに長い時間を要することになる。さらに，スペリング・チェックのプロセスにおいて，語の綴りに関する知識と提示刺激との間で一文字ずつ直列に照合がなされると仮定すれば，長い刺激ほどスペリング・チェックに長い時間を要するため，形態隣接語の出現頻度の高低による処理時間差は，長い刺激ほど大きくなることが予想される。

したがって，Mulatti et al.（2008）は長い非語刺激を使ったために，形態隣接語の語彙ユニットが強力に活性化され，また，スペリング・チェックにも比較的長い時間を要したことから，形態隣接語の出現頻度の高低による効果がより明確に観察された可能性がある。これに対して，Yoshihara et al.（in preparation）は短い非語刺激を用いたため，スペリング・チェックに要した時間が比較的短く，形態隣接語の出現頻度の高低による効果がデータに反映されにくかったのかもしれない。

本研究の目的

そこで本研究では，「提示刺激の語長」と「提示刺激の形態隣接語の出現頻度」を同時に操作することで，形態隣接語の出現頻度の高低による効果が，提示刺激の語長によってどのように変化するのかという問題の再検討を試みた。なお，本研究では，カテゴリー判断課題ではなく関連性判断課題を用いた。関連性判断課題とは，先行して提示された語（先行語）と，後続して提示されるターゲット刺激との間に意味的関連があるか否かの判断を求める課題である。このように，関連性判断課題もカテゴリー判断課題と同様，提示刺激の意味判断を実験参加者に求める課題である。Mulatti et al.（2008）とYoshihara et al.（in preparation）の非語を用いた実験結果の違いが語長の差異によるものであるならば，形態隣接語の意味活性化による抑制効果の大きさは，（Yoshihara et al. の実験結果と同じように）短い非語刺激に対しては形態隣接語の出現頻度の高低によってあまり大きな差は観察されないのに対して，（Mulatti et al. の実験結果と同じように）長い非語刺激に対しては形態隣接語の出現頻度が低いほど，大きな抑制効果が観察されるはずである。

実　験

方法

実験参加者　早稲田大学の学部学生76名が実験に参加した。そのうち，36名が４文字のターゲット刺激を用いた実験に参加し，40名が７文字のターゲット刺激を用いた実験に参加した。実験参加者は全て日本語を母国語とし，眼鏡等による矯正も含めて正常範囲の視力を有していた。

刺激　本実験で用いた刺激は全てカタカナ表記であった。まず，短い非語ターゲット刺激を提示する実験（実験 A）で用いる刺激セットを作成するため，４文字の高頻度カタカナ語（e.g., メニュー）と低頻度カタカナ語（e.g., カラメル）をそれぞれ20語ずつ選択し，ベース語とした。天野・近藤（2003）の出現頻度データベースによれば，高頻度語の出現頻度の平均は287,792,797語中1809，低頻度語の出現頻度の平均は49であった。これら40語について，１文字を別のカタカナ文字に置き換えることにより，高頻度形態隣接非語（e.g., メヒュー）と低頻度形態隣接非語（e.g., カアメル）を作成し，ターゲット刺激とした。

続いて，形態隣接非語を作成する元になったベース語40語のそれぞれに，意味的関連のある語を１語ずつ選択した。その上で，これらの語と形態隣接非語を組み合わせて，関連あり先行語－非語ターゲット・ペア（e.g., ディナー－メヒュー，プリン－カアメル）を作成した。さらに，関連あり先行語と形態隣接非語の組み合わせを変えて，関連なし先行語－非語ターゲット・ペア（e.g., レッド－メヒュー，ブランコ－カアメル）を作成した。

ターゲット刺激のモーラ数，形態隣接語数，文字頻度総和，ならびに，カタカナ形態隣接語から非語刺激を作成するために置き換えた文字位置は，高頻度形態隣接非語と低頻度形態隣接非語の二条件間で可能な限り統制した（all Fs $<$ 1.3）。なお，文字頻度総和は天野・近藤（2003）の文字頻度データベースに基づいて計算した。形態隣接語数は，天野・近藤の出現頻度データベースを用いて計算した。

これらの実験刺激ペアに加えて，関連あり先行語－語ターゲット・ペア（e.g., ドラマ－シナリオ）を80組，関連なし先行語－語ターゲット・ペア（e.g., トマト－シリアス）を40組選択した。いずれのペアも，カタカナ語を組み合わせて作成した。これらのカタカナ語ペアは，結果の分析には用いないフィラー刺激ペアとして使用した。なお，これらのフィラー刺激ペアにおいて，ターゲットの語長とモーラ数は，実験刺激の各条件とできるだけ等しくなるようにした。

実験刺激ペアの作成に用いた先行語とベース語（e.g., ディナー－メニュー）

や，フィラー刺激ペアの作成に用いた先行語と語ターゲットの間における意味的関連の程度を測定するため，関連性評定を実施した。評定には，本実験の実験参加者とは別の早稲田大学学部生26名が参加した。関連性評定の質問紙には，関連あり先行語－ベース語・ペア40組，関連なし先行語－ベース語・ペア40組，フィラー刺激ペア120組の，計200組がランダム順に印刷された。各語ペアの下には7件法による評定尺度が印刷された。質問紙調査への参加者には，それぞれの語ペアがどの程度関連を持つかについて，1（関連性が低い）から7（関連性が高い）までの数字の内1つに丸を付すことによって回答するよう求めた。得られた評定値についてペアごとに平均値を算出し，関連性評定値とした。

続いて，7文字のターゲット刺激を提示する実験（実験B）で用いる刺激セットについても，実験Aと同じ手続きに従って，関連あり先行語－高頻度形態隣接非語ターゲット・ペア20組（e.g., ワープロ－コンギューター），関連あり先行語－低頻度形態隣接非語ターゲット・ペア20組（e.g., オウム－セキヘイインコ），関連なし先行語－非語ターゲット・ペア40組（e.g., リボン－コンギューター，マナー－セキヘイインコ），関連ありフィラー語ペア80組（e.g., スタジオ－レコーディング），関連なしフィラー語ペア40組（e.g., マットレス－メッセンジャー）を作成した。

天野・近藤（2003）の出現頻度データベースによれば，7文字非語ターゲットを作成するために選択した高頻度語の出現頻度の平均は1604，低頻度語の出現頻度の平均は34であった。また，モーラ数，形態隣接語数，文字頻度総和，カタカナ語から形態隣接非語刺激を作成するために置き換えた文字位置は，条件間で可能な限り統制した（all $F\text{s} < 1$）。また，7文字ターゲット刺激の各ペアについても，4文字ペアと同様の方法で関連性評定を実施した。7文字ペアの関連性評定には，本実験ならびに4文字ペアの評定の実験参加者とは別の早稲田大学学部生26名が参加した。本実験で使用した刺激の，条件毎の諸変数の平均値を Table1に示す。

手続き　実験A・Bのいずれにおいても，各実験参加者は，CRT モニター（Iiyama, HM204DA）の画面中央に連続して提示されたカタカナ文字列ペアに関連があるか否かを判断し，関連がある場合にはPC に接続された反応ボックス上の「○」キーを，関連がない場合には「×」キーを，出来るだけ迅速かつ正確に押すよう求められた。また，各実験参加者には，提示される文字列の中には非語が存在することを警告し，それらを含むペアは「関連はない」と判断するように教示した。実験は全160試行から成り，実験に先立って練習を16試行実施した。なお，練習試行に使用した刺激は，いずれも実験試行で使用していないものを用いた。

各試行では，まず画面中央に凝視点が1000ms 提示された後，先行語が提示された。先行語が1000ms 間提示された後，400ms 間の空白画面に続いて，先行語と同じ位置にターゲットが提示された。実験参加者はモニター画面の前方約50cm のところに座り，ターゲット刺激が提示されたら先行語とターゲットとの間の関連性を判断し，所定のキーを押すよう教示された。常に，実験参加者の利き手側のキーを「○」キーに割り当てた。提示されたターゲ

Table 1　実験A・Bにおける条件毎の諸変数の平均値

	4文字（実験A）		7文字（実験B）	
	高頻度ベース語 (e.g., メニュー)	低頻度ベース語 (e.g., カラメル)	高頻度ベース語 (e.g., コンピューター)	低頻度ベース語 (e.g., セキセイインコ)
出現頻度	1809	49	1604	34
形態隣接語数	1.55	1.90	0.20	0.20
文字頻度総和	3572643	3382938	6654255	6596264
関連あり先行語との関連性評定値	5.86	5.80	5.89	5.79
関連なし先行語との関連性評定値	1.54	1.48	1.50	1.58
非語ターゲットのモーラ数	3.90	3.90	6.30	6.25
非語ターゲットの形態隣接語数	1.65	1.80	1.00	1.00
文字入替え位置	2.75	2.85	3.55	3.55

ットと凝視点は，実験参加者の反応により消去された。ターゲット刺激提示から実験参加者のキー押し反応までの反応時間と反応の正誤が，PC により自動的に記録された。なお，試行間間隔時間は2000ms であった。

結　果

誤反応率が20％を超えた実験参加者が８人（実験Ａにおいて２人，実験Ｂにおいて６人）いたため，そのデータは分析から除外し，残りの68人分のデータを分析対象とした。また，各実験参加者の正反応の反応時間が，平均から2.5×標準偏差の範囲外にある場合は，そのデータを外れ値とみなし，分析から除外した。この手続きにより，1192個のデータ（10.96％）が除外された（実験Ａにおける565個のデータ，実験Ｂにおける627個のデータ）。さらに，256個（2.35％）の誤反応が認められた（実験Ａにおける111個のデータ，実験Ｂにおける145個のデータ）。これらのデータは反応時間の分析から除外した。

実験参加者ごとに各条件の正反応の平均反応時間と誤反応率を計算し，「形態隣接語の出現頻度（高頻度・低頻度）」×「関連性（先行語と形態隣接語が関連あり・先行語と形態隣接語は関連なし）」×「刺激長（４文字・７文字）」の三元配置分散分析を行った。これらの三要因のうち，「形態隣接語の出現頻度」と「関連性」が被験者内要因であったが，「刺激長」は被験間要因であった。各条件における平均反応時間と誤反応率を表２に示す。

反応時間の分析においては，出現頻度の主効果は有意でなかった（F (1,66) = 0.00, MSE = 2756.51）。一方，関連性の主効果は有意だった（F (1,66) = 22.14, MSE = 5998.74, p< .001）。この結果は，非語ターゲットの形態隣接語と先行語が関連する語である場合，関連しない場合に比べて反応時間が長かったことを反映している。また，刺激長の主効果は有意だった（F (1,66) = 18.68, MSE = 74760.99, p< .001）。これは，７文字ターゲットに対する反応の方が，４文字ターゲットに対する反応よりも反応時間が長かったことを反映している。さらに，出現頻度と関連性の交互作用は有意であった（F (1,66) = 5.29, MSE =

4479.13, p= .025)。この結果は，形態隣接語の意味活性化による抑制効果は，出現頻度が低い条件の方が高い条件よりも大きかったことを反映している。また，出現頻度と刺激長の交互作用は有意だった（F（1,66）= 4.87, MSE = 2756.51, p= .31)。この交互作用は，先行語と形態隣接語との間の関連性に関係なく，4文字ターゲットを使った実験Aでは，形態隣接語の出現頻度が低い条件の方が，高い条件よりも14ms反応時間が短かったのに対して，7文字ターゲットを使った実験Bでは形態隣接語の出現頻度が高い条件の方が低い条件よりも反応時間が14ms短かったことを反映している。その他の交互作用はいずれも有意でなかった（all Fs < 1)。

誤反応率の分析においては，関連性の主効果が両分析で有意であった（F（1,66）= 58.15, MSE = 69.85, p< .001)。その他の主効果，交互作用はいずれも有意ではなかった（all Fs < 2.3)。

考　察

Table2からも明らかなように，実験AとBの結果，形態隣接語の意味活

Table 2　実験A・Bにおける各条件の平均反応時間（RT）と誤反応率（ER）

	4文字（実験A）				7文字（実験B）			
	高頻度形態隣接非語（e.g., メヒュー）		低頻度形態隣接非語（e.g., カアメル）		高頻度形態隣接非語（e.g., コンギューター）		低頻度形態隣接非語（e.g., セキヘイインコ）	
	RT（ms）	ER（%）	RT（ms）	ER（%）	RT（ms）	ER（%）	RT（ms）	ER（%）
関連あり	702	9.58	708	6.63	826	10.65	858	9.15
	(19.36)	(1.54)	(24.43)	(2.00)	(25.04)	(1.47)	(34.31)	(1.86)
関連なし	671	0.92	638	1.54	805	2.06	802	0.59
	(19.93)	(0.51)	(17.63)	(0.80)	(32.08)	(0.92)	(25.76)	(0.41)
関連性効果	−31	−8.66	−70	−5.09	−21	−8.59	−56	−8.56

注）反応時間の単位はms，誤反応率の単位は%。また，括弧内の数字は標準誤差を表す。実験Aにおいて，関連ありフィラーに対する平均反応時間，平均誤反応率はそれぞれ，605ms（14.13)，15.02%（0.93）であった。また，関連なしフィラーに対する平均反応時間，平均誤反応率はそれぞれ709ms（18.01)，7.19%（0.87）であった。実験Bにおいては，関連ありフィラーに対する平均反応時間，平均誤反応率はそれぞれ，826ms（29.16)，15.94%（1.05）であった。また，関連なしフィラーに対する平均反応時間，平均誤反応率はそれぞれ924ms（37.25)，8.70%（1.10）であった。

性化による抑制効果は，形態隣接語の出現頻度が低い方が大きかった。また，このパターンは，4文字非語を使った実験Aでも，7文字非語を使った実験Bでも観察された。したがって，Mulatti et al.（2008）とYoshihara et al.（in preparation）の非語を用いた実験結果の違いを，刺激の長さの違いによって説明することはできないことが明らかとなった。

一見すると，実験AとBの結果はMulatti et al.（2008）のデータと同様，形態優先仮説からの予測に一致するものであった。先述したように，形態優先仮説に基づくForster & Hector（2002）のモデルによれば，適切な意味フィールドへのリンクを持つ形態隣接語の語彙ユニットは，出現頻度の高いものから順番に視覚刺激と照合されることになる。したがって，高頻度形態隣接語を持つ非語の方が，低頻度形態隣接語を持つ非語よりも照合に要する時間が短いために，反応時間も短くなる。

ただし，実験AとBは先行研究で用いられたカテゴリー判断課題ではなく，関連性判断課題だったという点について考慮する必要があるだろう。Forster & Hector（2002）の説明は，関連性判断課題にも適用可能だろうか。実験A・Bでは，先行語に続いてターゲットが提示された。したがって，先行語がカテゴリー判断課題のカテゴリー名と同じ役割を果たすと解釈することで，Forster & Hectorの説明を適用することができるかもしれない。先行語が提示されると，その語と関連のある意味フィールドが活性化され，ターゲットが提示された際には，その意味フィールドとリンクを持つ形態隣接語が活性化すると仮定すれば，実験A・BのデータはForster & Hectorのモデルを使った説明が可能だろう。しかし，カテゴリー判断課題とは異なり，関連性判断課題では試行毎に先行語が異なる。また，Forster（2006）によれば，意味フィールドは頻繁に使用される比較的範囲が狭いカテゴリー（e.g., animal）に対応するものは存在するが，範囲の広いカテゴリー（e.g., physical objects）に対応するものは存在しない。そうであるなら，先行語が常にある特定の意味フィールドを活性化すると仮定していいかどうかについては疑問が残る。

最近，Bell, Forster, & Drake (2015) は，Forster & Hector (2002) のモデルを修正したモデルを提案している。この新しいモデルによれば，語を読む際，文脈情報が与えられていない場合には，語彙ユニットの選択が完了するまで意味活性化は生じないが，カテゴリー判断課題におけるカテゴリー名 (e.g., 動物) のような文脈情報が与えられると，その文脈情報と関連のある意味 (e.g., turtle) が部分的に活性化される。そのため，ターゲット刺激の綴りがそのカテゴリーの事例語と似ていると (e.g., turple)，その事例語 (e.g., turtle) の意味が活性化されると仮定する。関連性判断課題では，ターゲットに先立って先行語が提示される (e.g., missile - pocket)。この先行語が文脈情報として機能することで，先行語とターゲットの形態隣接語 (e.g., rocket) とが関連している場合には，形態隣接語の意味活性化が生じることで，「関連なし」判断に遅延が生じると説明される。しかし，この Bell et al. の説明は，形態隣接語の意味活性化によって「関連なし」判断の遅延が生じると説明されることから，カスケード仮説と同じく，高頻度形態隣接語の方が低頻度形態隣接語よりも強力に意味情報が活性化されることが期待される。したがって，形態隣接語の意味活性化による抑制効果は高頻度形態隣接語の方が低頻度形態隣接語よりも大きくなると予測されることになる。この予測は本研究の実験結果とは一致しないことから，Bell et al. のモデルは，関連性判断課題のデータを説明するモデルとしては適切ではないものと思われる。

次に，Yoshihara et al. (in preparation) が提案するスペリング・チェックによる説明だが，関連性判断課題において非語ターゲットが提示されると，実験参加者は，非語が先行語の意味と関連があるかどうかを問われることになる。これは非常に不自然な状況であることから，実験参加者はターゲットに対してスペリング・チェックを行い，ターゲットが非語だった場合には，「関連なし」と判断するものと思われる。先行語と関連のある形態隣接語を持つターゲット非語に対しては，スペリング・チェックの際に，その形態隣接語の綴りを語彙知識から検索してターゲット刺激の綴りと照合することが予想される。その際，形態隣接語の出現頻度が高いほど，その綴りの情報は速く正確に検索されると仮定した場合（Van Orden, 1987），スペリング・チェックに要する時間も短くて済むことになる。さらに，スペリング・チェックに要する時間は刺激文字数が多いほど長くなることが期待されるが，実験で観察された刺激長の主効果は，この説明によく一致する。

このように実験A・Bの結果は，形態優先仮説に基づくForster & Hector（2002）の説明と，カスケード仮説に基づくYoshihara et al.（in preparation）の説明には一致するが，形態優先仮説に基づくBell et al.（2015）の説明には一致しないようである。しかし，Yoshihara et al.の語刺激を用いた動物カテゴリー判断課題のデータを考慮すると，形態優先仮説よりもカスケード仮説の方が妥当性は高いものと思われる。

本研究では，Mulatti et al.（2008）とYoshihara et al.（in preparation）の非語を用いた実験における結果の差異が，刺激長の違いに起因するかどうかについて検討したものの，刺激長の違いはデータパターンを変化させなかった。では，二つの先行研究における結果の違いはどのような理由によるのだろうか。刺激長以外に考えられる要因として，高頻度語と低頻度語の出現頻度の差を挙げることができるかもしれない。本研究で用いた高頻度形態隣接語の出現頻度は100万語中約5.9，低頻度形態隣接語の出現頻度は100万語中約0.1であった。また，Mulatti et al.の刺激では，高頻度動物名形態隣接語の出現頻度は100万語中19，低頻度動物名形態隣接語は100万語中0.3であった。一方，Yoshihara et al.の刺激では，高頻度動物名形態隣接語の出現頻度は100万語中2.5，低頻度動物名形態隣接語は0.2であった。このように，Yoshihara et al.の刺激と比較して，Mulatti et al.や本研究で使用した刺激の方が，高頻度形態隣接語と低頻度形態隣接語の出現頻度の差が大きかった。この違いによって，Yoshihara et al.の実験では，形態隣接語の出現頻度の高低による成績差を検出できなかったのかもしれない。

以上のように本研究では，形態隣接語と先行刺激との間の関連性による抑制効果の大きさは，長い刺激ほど大きくなるのではないかという仮説をたて，この仮説の検証を行った。だが，実験結果はこの仮説を支持しなかったため，形態隣接語の意味活性化による抑制効果は刺激の長さによって規定されているとは言えなかった。今後の研究においては，視覚的語認知プロセスをより詳細に解明するために，上記の出現頻度差に関する可能性も含めた，さらなる検討が期待される。

引用文献

天野成昭・近藤公久（2003）. NTT データベースシリーズ日本語の語彙特性第 1 期 CD-ROM 版 . 東京 : 三省堂 .

Bell, D., Forster, K. I., & Drake S. (2015). *Early semantic activation in a semantic categorization task with masked primes: Cascaded or not? Journal of Memory and Language*, 85, 1-14.

Coltheart, M., Davelaar, E., Jonasson, J. T. & Besner, D. (1977). *Access to the internal lexicon*. In S. Dornic (Ed.), *Attention and performance VI* (pp. 535-555). New York: Academic Press.

Forster, K. I. (2006). *Early activation of category information in visual word recognition: More on the turple effect. The Mental Lexicon*, 1, 35-58.

Forster, K. I. & Hector, J. (2002). *Cascaded versus noncascaded models of lexical and semantic processing: The turple effect. Memory & Cognition*, 30, 1106-1117.

McClelland, J. L. (1987). *The case for interactionism in language processing*. In M. Coltheart (Ed.), *Attention and Performance XII: The psychology of reading* (pp. 1-36). London: Erlbaum.

Mulatti, C., Cembrani, V., Peressotti, F. & Job, R. (2008). *The turple effect is modulated by base word frequency: Implications for models of lexical and semantic access. Psychonomic Bulletin & Review*, 15, 1078-1082.

Van Orden, G. C. (1987). *A ROWS is a ROSE: Spelling, sound, and reading. Memory & Cognition*, 15, 181-198.

Yoshihara, M., Hino, Y., & Lupker, S. J. (in preparation). *Effects of Word Frequency of Orthographic Neighbors in Categorization*. Manuscript prepared for publication.

ウイルタ語における与格を伴う形動詞句の機能について

森 貝 聡 恵

1．はじめに

1.1　問題提起

ウイルタ語[1]の動詞には，形動詞・副動詞・定動詞[2]の三つの動詞形がある。その内の形動詞形には名詞句を形成する機能があるが，これに格語尾が付加されて主要部動詞の項となると，(1)のように副詞句的にはたらく場合のあることが指摘されている（Petrova 1967他）。このような場合について，その機能を指摘した記述はいくつかあるものの，具体的に，とくにその談話における役割について考察を行ったものは管見の限り未だない。

(1)	bɵjɵ	<u>xəjjəən-ǰi-du-ni</u>	garpa-xa-ni	taani.
	くま	川を下る-P.IPF-DAT-3SG	射る-P.PER-3SG	HS

くまが川をくだって来るとき弓を射たそうな。　（池上 2002：22）

本稿では，名詞化した形動詞句に格語尾が付くものの内，テキスト内での使用頻度がより高い与格の例について検討する。4節で与格を伴う形動詞句の性質を記述したあと，5節でテキスト内の観察を基にその機能について考察を行う。

なおグロスにおける＋は語幹末と融合することを示し，大文字は母音調和による異形態を代表させた表記とする。用例には筆者が適宜下線・囲み線を付した。文献からの用例は池上（1997）を基にした音素表記に統一した[3]。ロシア語の和訳と各例文のグロスは筆者によるが，ウイルタ語の和訳はそれぞれのテキストによる。

1.2 文法概説

1.2.1 格を伴う形動詞句

人称形動詞（以下，形動詞）[4]は修飾句を形成する機能（修飾用法），名詞句を形成する機能（名詞用法），述語となる機能[5]（述語用法）の三つの機能を有する。この内の名詞用法とは，形動詞が名詞的ステータスを獲得し，格語尾や名詞派生接辞を取ることができるようになる場合を指す。本稿の対象となる形動詞句は，この名詞用法のうちの一つ，すなわち，名詞化した形動詞に格が付加され，上位節動詞の項となる場合を指す。このような形動詞句は次のような構造をとる（図１）。

［語根－（派生接辞）］－形動詞語尾－格語尾－所有人称接辞
STEM

図１　格語尾を伴う形動詞句のテンプレート

形動詞に格語尾が付加される場合，その後ろには形動詞句の主語に一致した所有人称接辞が付加されることが先行研究によって示唆されている（Petrova 1967)。ただし，形動詞句が主節の主語となる場合にはこの限りではなく，所有人称を取らないこともある（ibid.)。

所有人称接辞とは，名詞や名詞相当のステータスを有する語に付いてその名詞の所有者の人称・数を標示する接尾辞である。これは，形動詞にも付加することができ，その場合は形動詞句の主語の人称・数に一致し，これらを標示する[6]。形式は表１のようになる。［　］内は特定の音韻構造を持つ語幹に付加される際に実現する形式であり，〔　〕は斜格に付加された際に実現する形式である。

表1　ウイルタ語の所有人称接辞

1SG: -bi [-VV: -wi]〔-wwee〕	1PL: -pu〔-ppoo〕
2SG: -si [-C#: -či]	2PL: -su [-C#: -ču]
3SG: -ni	3PL: -či
REF.SG: -bi	REF.PL: -bari

（Tsumagari 2009: 5, Petrova 1967: 37-38 を基に筆者作成）

形動詞の名詞用法に関わる機能は，特に Petrova（1967），Ozolinja（2013）によって記述がなされている。これについては2節でとりあつかう。

1.2.2　格語尾の形式と意味

ウイルタ語の格は，主格，対格，場所格，共同格，指定格，与格，具格，奪格，方向格，沿格の10種が挙げられる（Ikegami 1956［2001］他）。格語尾は，人称や数の制約を受けない「単純格語尾」と，再帰形でかつ単複の区別がある「再帰格語尾」に分けられる（表2）。

表2　ウイルタ語の格語尾

<table>
<tr><th></th><th>単純格語尾</th><th>再帰格語尾（単数）</th><th>再帰格語尾（複数）</th></tr>
<tr><td>主格</td><td>(φ)</td><td>(-bi)</td><td>(+bAri)</td></tr>
<tr><td>対格</td><td>+bA [-VV: -wA]</td><td>-bi [-VV: -wi]</td><td>+bAri [-VV: -wAri]</td></tr>
<tr><td>与格</td><td>-du</td><td rowspan="3">-ǰǰi</td><td rowspan="2">-ddoori</td></tr>
<tr><td>指定格</td><td>-ddoo</td></tr>
<tr><td>具格</td><td>-ǰi</td><td>-ǰǰeeri</td></tr>
<tr><td>方向格</td><td>-tAi</td><td>-takki</td><td>-takkeeri</td></tr>
<tr><td>場所格</td><td>-lA [-C: -dulA]</td><td>-lli</td><td>-lari</td></tr>
<tr><td>奪格</td><td>-duu</td><td>-dukki</td><td>-dukkoori</td></tr>
<tr><td>沿格</td><td>-kki</td><td>-kki</td><td>-kkeeri</td></tr>
<tr><td>共同格</td><td>-ndoo</td><td>—</td><td>—</td></tr>
</table>

（Ikegami 1956［2001］, Tsumagari 2009を基に筆者作成）

本稿で扱う「与格」とは，表２のうちの -du という形式を指す。この形式を Ikegami（1956［2001］：４）は「与格（dative case）」と呼び，「ある行為が起こったり状態が存在したりする位置」を表すと述べている。

一方，Petrova（1967），Ozolinja（2013）はこの形式を「場所Ｉ格（местный I падеж）」と呼んでいる[7]。その上で，Petrova（1967：47）はこれが「もっぱら場所と時間」を表すとし，Ozolinja（2013：159-160）は場所・時間，間接目的語としての機能について言及している。いずれの記述も時間と場所を表すという点において共通している。

２．格を伴う形動詞句に関する先行研究

2.1　Ikegami（1959［2001］）

Ikegami（1959［2001］：40）は，ウイルタ語形動詞形が名詞としてはたらく場合（Ikegami 1959［2001］では動詞的名詞 verbal noun と呼ぶ）に，格語尾を取ることができることを指摘している。ここでは，形動詞がとりうる格語尾の例として，単純格語尾の -ba，-la，-du，-ǰi，-tai，-kki と再帰格語尾単数形，複数形 -bi，-bari[8]が挙げられている。

2.2　Petrova（1967），Ozolinja（2013）

Petrova（1967）は人称形動詞を，所有人称接辞が付加されているものとされていないものとに分け，その機能を論じている。それによると，所有人称接辞が付加された形動詞は「主語」「目的語」「状況語（обстоятельство）」として用いられる一方，付加されていないものが名詞用法として用いられるのは，主節の主語として用いられている場合であるという（Petrova 1967：97-98）。すなわち，斜格の格語尾を伴う場合には，所有人称接辞が付加されることを指摘している。

Petrova（1967）によって指摘されている「状況語」は，「時間の状況語」「場所の状況語」「行為の様態の状況語」の三種類である。与格が付加される

例はこの内の「時間の状況語」としてはたらくと指摘されている(2)。この他にも，「時間の状況語」として具格・方向格の例が，「場所の状況語」として奪格の例が，「行為の様態の状況語」として場所格の例がそれぞれ挙げられているが，ここでは紙幅の都合上割愛する。

(2)　si　amim-ba-si　nari-sal　waa-xa-či　nooni
2SG　父-ACC-2SG　人-PL　殺す-P.PER-3PL　3SG
tuləndə-xən-du-ni.
取り付けに行く-P.PER-DAT-3SG
人々はお前の父を殺した，彼が網を取り付けに行った時に。
(Petrova 1967：101)

Ozolinja (2013：189-190) は Petrova (1967) の論を踏襲し，このような名詞用法の機能を，「主語」「目的語」「状況語」の三つに大分した上で，さらに「状況語」を「時間」「場所」「行為の様相」としての機能に下位分類している。与格を取る場合はこのうちの「時間」の状況語としてのみ言及されている。「時間」の状況語には，この他，方向格と具格が用いられるとしている。

(3)　mama　ŋənu-xən-du-ni　tari　nari　un-ǰi-ni.
おばあさん　戻る-P.PER-DAT-3SG　その　人　言う-P.IPF-3SG
老婆が帰ったとき，その男が言う。　(Ozolinja 2013：189)

2.3　まとめ

以上，与格を中心に格を伴う形動詞句の先行研究を概観した。先行研究では格語尾を伴う形動詞句が，「状況語」として，すなわち副詞句的にはたらくこと，そして付加される格によって意味機能が異なることがすでに指摘されており，いくつかの格語尾を伴うものについては機能の記述がなされている。しかし，これらの記述は概略的で，現象の把握に不十分な点がある。例えば，与格が付加された形動詞句が，「時間の状況語」としてはたらくことは指摘されているが，上位節動詞が指示するイベントに対しどのような時間的関係を表現しうるかといった具体的な考察は十分に為されたとは言いがたい。

このような形動詞の機能はツングース諸語で広く見られる。たとえば，ウイルタ語と系統的に最も近しい言語の一つであるナーナイ語では，形動詞に与格が付加されることで「時を表す」ことが指摘されている（風間 2006, 2010）。また，ウデヘ語では，このような形動詞句を adverbial clause とし，その機能について論じている Nikolaeva and Tolskaya（2001）がある。満洲語文語でも，形動詞の名詞的用法が「時や条件などを表わす副詞的従属節として広く用いられる」ことが津曲（2001：59）によって指摘されている。したがって，ウイルタ語におけるこのような用法の記述は，ツングース諸語全般における当該の現象の性質の検討にも資するものと思われる。

さらに，Thompson et al.（2007）は，与格や受益格，方向格といった，to や for のような概念を表す格標識を，目的節として用いる言語があることを指摘している。これはすなわち，格標識によって導かれた節が副詞節のように働く言語があるということであり[9]，本稿が扱う現象とも類似の現象であろう。

本稿では，先行研究の記述を踏まえつつ，文献調査による調査結果を基に，ウイルタ語における与格を伴う形動詞句について検討を行う。まず4節で与格を伴う形動詞句の記述を行い，その上で，5節では，テキスト内の位置から与格を伴う形動詞句のはたらきについて考察する。

3．調査

3.1　資料と方法

本稿では，既存のテキスト資料から，［形動詞 - 与格語尾］の構造を成す用例を，目視と検索にて収集した。

調査資料は池上（2002），Petrova（1967），風間（2011），森貝（2016），山田（2013），山田（2015），山田（2016）を用いた。これらはいずれもウイルタ語のテキストである。池上（2002）はウイルタ語南方言の音声付きテキスト集で，現在刊行されている資料の中で最も量が多い。Petrova（1967）には北方言と思われるウイルタ語のテキストが10編おさめられている。母音の長短などの音韻表記に問題が残るが，テキスト資料としては有用と考える。本稿においてPetrova（1967）より引用する際には，音素表記の規則は池上（1997）に則るものの，母音の長短はすべて原文に従う（注3参照）。風間（2011），森貝（2016），山田（2013），山田（2016）はウイルタ語北方言のテキストである。池上（2002），Petrova（1967）に収録されるテキストの語り手より数世代若く，ロシア語の影響を受けている世代の話者による談話テキストである[10)]。

以上の資料からの例文を引用するにあたり，ロシア語訳の和訳と各例文のグロスは筆者によるが，ウイルタ語の和訳はそれぞれのテキストによる。

3.2　結果

上記調査の結果を，資料ごとに表3に示す。本稿では，紙幅の都合上，単純格語尾 -du が付加されているもののみを対象とした。また，与格を伴う形動詞句が含まれる文であっても，ロシア語文が混じっているものは調査の対象外とした。

表３　与格を伴う形動詞句の用例数

	池上 (2002)	Petrova (1967)	風間 (2011)	森貝 (2016)	山田 (2013)	山田 (2015)	山田 (2016)	計
用例数	31	30	1	0	3	1	2	70

形動詞句が与格を取る例は本稿の調査で70例得られた。以下，この調査によって得られた用例をもとに考察を行う。

４．与格を伴う形動詞句の記述

得られた70例のうち，69例が上位節の行為に対する時系列的な時を表し，場所を表す例は１例であった[11)]。本節では，与格を伴う形動詞句の特徴の記述を行う。

4.1　主語と人称

まず，時を表す用例における主語と人称について述べる。本稿の調査で得られた例すべてに所有人称接辞が現れていた。形動詞句の主語は常に明示的であるわけではないものの，この所有人称接辞は多くの場合で，文脈から従属句の主語と判断できる語の人称に一致している[12)]。

ここで注目したいのは，得られたすべての例が上位節と異なる主語を取る例であったことである[13)][14)]。(4)では，(4) b の形動詞句 dapaxanduči は三人称複数の所有人称を標示している。ここで三人称複数の所有人称と一致しているのは，前文(4) a で現われている narisal である。この文(4) b 自体に主語は明示されていないが，文脈と所有人称の一致から，(4) a の narisal が(4) b の主語であることがわかる。これは，(4) b の上位節の主語 mapa と異なる。

(4)　a.　gə,　tari　nari-sal　mapa　dapa-xa-či=tani.
INTJ　その　人-PL　おじいさん　掴む-P.PER-3PL=HS
さあ，その者たちはおじいさんをつかんだのだろう。

b. dapa-xan-du-či　　mapa　　uč-či-ni,　　(…)
　掴む -P.PER-DAT-3PL　　おじいさん　　言う -P.PER-3SG
　つかんだ時に，おじいさんは言った，(…)　　(Petrova 1967：131)

さらに，上位節の主語が無生物主語である例も複数得られた。

(5) dapin-ǰi-du-ni　　xuli-ni　　təktəs　　xətudə-xə=ndəə.
　引く -P.IPF-DAT-3SG　　弦 -3SG　　OMTP　　切れる -P.PER=HS
　引くときにその弦はプスンときれたと。　　(池上 2002：47)

4.2　動詞の体

次に，動詞の体について述べる。ウイルタ語の動詞が時制と体のどちらに重点があるかは複数の見解がある。この内，山田（2013：97-103）は，-xA(n)/-či(n)と+ri/-siという形動詞の形式の対立は「完了」vs.「不完了」の対立であるとするのが最も包括的であるとしている。本稿では，山田（2013）に則り，形動詞が完了体・不完了体の対立を有するものとの立場をとる。

調査の結果，与格を伴う形動詞句では完了体・不完了体どちらの例も見られた。ただし，前者の例である(6)は，上位節の行為の前に形動詞句の行為が完了したことを含意するが，後者(7)は行われている最中を意味していると考えられる。完了体の例は25例，不完了体の例は44例得られた。これについては，5節で詳論する。

(6) gə,　　dolbodu-xan-du-ni　　duku-takki
　INTJ　　夜になる -P.PER-DAT-3SG　　家 -DIR.REF.SG
　ŋənu-xə-ni=təni.
　戻る -P.PER-3SG=HS
　さあ，夜になった時に自分の家へ戻ったのだろう。(Petrova 1967：146)

(7)　(…)　tari-ŋu-ni　　apkan-ǰi-ni　　kotor
　　　それ -ALI-3SG　　寝る -P.IPF-3SG　　OMTP
　li-si-du-ni,
　いびきをかく -P.IPF-DAT-3SG
　əktə　　un-ǰi-ni,　　“gəwxətu!　　gəwxətu!”.
　女　　言う -P.IPF-3SG　　PSN　　PSN
　そいつは寝ている，グーグーと鼾をかく時に，女は言う，「グウフトゥ，
　グウフトゥ！」　　　　　(Petrova 1967：146)

4.3　形動詞の位置と結束性

ウイルタ語の語順は比較的自由ではあるが，基本語順はSOV型で，主要部後置型の言語である[15)]。したがって，副詞句は後置されることもあるが[16)]，基本的には主節の動詞の前に配置される。与格を伴う形動詞句も例外でなく，本稿の調査で得られた例のうち，後置されているのは8例[17)]，上位節内に位置している例は1例で，他はすべて上位節の前に前置された例であった。

文と文をつなぐ方法について，Thompson et al.（2007：274）は，通言語的に語彙的重なり（lexical overlap）によるものが主要であると述べている。すなわち，先行する文の主要部と同じ語彙を後続の文のマージン（ここでは副詞節）[18)]で用いることで，二つの文の結束性を強めるのだという。典型的にこのような副詞節を導くのは，when, while, after, although, because, in that, since, in order to, if, even ifといった要素であるとしている。さらに，副詞節には文どうしの一続きのまとまりであるパラグラフどうしを結びつける機能があるが，それは後方参照（back-reference）や要点の繰り返し（recapitulation）によって行われるという。

これらの方法は，ウイルタ語の与格を伴う形動詞句でも用いられる。次の(8)はその一例で，一続きのパラグラフである。まず(8)aでは，じいさんたち（maparil）が昔話をしていることを述べている。そしてそれに後続する(8)b

では，文頭で昔話をしているという場面を述べたうえで，バビリナイじいさんの行動（pərgəxəni）を述べている。

(8) a.

čowočči	maparil	təəluŋuči-xə-ti	taani.
そして	じいさん.PL	昔話をする-P.PER-3PL	HS

いまやじいさんたちがむかしばなしをしたそうな。

b.

gəsə	čak	təəluŋučči-du-či
一緒に	そこで	昔話をする+P.IPF-DAT-3PL

pərgə-xə-ni	taani.
考える-P.PER-3SG	HS

一緒にそこからむかしばなしをしているときかれ（バビリナイ）はかんがえたそうな。　（池上 2002：40，括弧内は筆者注）

ここで先行する(8) a の主要部動詞 təəluŋuči-「昔話をする」は，後続する文(8) b の形動詞句でも用いられており，語彙的重なりによってこの二文の連続性が示されている。得られた用例のうち，このように直前の文の主要部との語彙的重なりによって結束を示している例は，70例中，47例で見られた。これらの例のなかには，後方参照や要点の繰り返しも含む。

一方で，語彙的重なりがなく，前文までの場面から大きく展開する場合に用いられることもある。これについては 5 節で扱う。

5．テキストにおける役割

ここまで見てきたように，ウイルタ語の与格を伴う形動詞句は時間的な副詞句としてはたらく。しかし，さらに詳しくみると，ウイルタ語における与格を伴う形動詞句によって描写されるイベントには，それが示す体によって，上位節のイベントより先に起きたのか，同時に起こっているのかという時間的関係，すなわち，タクシスの違いがみられる。

タクシスとは複数の出来事間の時間的な関係のことである。工藤（1995）はアスペクトが出来事内部の時間関係を，テンスが発話時との外的時間関係を表すのに対し，タクシスは「１つの出来事と他の出来事との外的時間関係（同書：23）」を表すものであると述べている。さらにタクシスは「大きくは，〈共起（＝同時）的時間関係〉を表すグループと，〈継起（＝継時）的時間関係〉を表すグループに分かれ（中略），継起性を表すグループは，〈後続―先行〉関係にあるものと，〈先行―後続〉関係にあるものとに下位分類される（同書：221）」もので，本質的にアスペクトと相対テンスによって担われるという[19]。日本語の時間を表す複文においては，従属文の述語と主文の述語の形式によって，二つの出来事の時間関係が表現される。

以下では，アスペクトの面から，与格を伴う形動詞句の形態によって，形動詞句と上位節のイベントが時間的関係（タクシス）を示すことを指摘する。そのうえで，与格を伴う形動詞句には，テキスト内において背景描写をおこなうはたらきがあることを述べる。

5.1　動詞の体とタクシス

与格を伴う形動詞が完了体の場合には，上位節に対し「先行するイベント」を指示する。この場合，指示される内容は先行する文において既に完了しているイベントであることが多く，上位節のイベントの起こる順序を明確化する。(9)では，先行する文(9)ａでトナカイの首にナイフを刺すというイベントが完了していると解釈される。その後に続く(9)ｂの上位節のイベント（トナカイが倒れる）は，刺したと同時もしくは直前ではなく，小刀を刺したあとで起こっていると解釈される。

(9)　a.	kučəm-bi	kuptu-du-ni	tok-kočči,
	ナイフ-ACC.REF.SG	鞘-ABL-3SG	引き抜く-CVB.SUB.SG

ula　　bilda-la-ni　　gidala-xa-ni.
トナカイ　のど -LOC-3SG　　刺す -P.PER-3SG
自分のナイフを鞘から抜いて，トナカイの首に刺した。

b.　gidala-xan-du-ni　　ula　　tuu-xə-ni.
刺す -P.PER-DAT-3SG　　トナカイ　　倒れる -P.PER-3SG
刺した時にトナカイは倒れた。

(Petrova 1967：151)

一方，形動詞不完了体の場合には，上位節のイベントに対し，同時進行的に形動詞句のイベントが行われることを指示する。例えば，⑽ｂの形動詞句ŋənneeduniは不完了体であり，先行する⑽ａのイベントを要約している。このとき，⑽ｃでおじいさん（mapa）は人（nari）に「どこへ行くか」と尋ねられ，⑽ｄで網を仕掛けに行く途中であることを答えている。⑽ｃ・ｄより，⑽ａのイベントがまだ進行している中で，⑽ｂの上位節が指示するイベントが生起していることが明らかである。

⑽　a.　giidara　　mapagača　　uni-ŋu-bi　　soloi
ある時　　おじいさん　　川 -ALI-ACC.REF.SG　　上流へ
tuləndə-xə-ni =təni.
網を仕掛けにいく -P.PER-3SG=HS
ある時おじいさんは自分のその川を上流へ網を仕掛けに行ったのだろう。

b.　tar　　ŋənnee-du-ni　　naa-ǰe-la　　giida　　nari
そうして　　行く +P.IPF-DAT-3SG　　陸 -NFS-LOC　　1　　人
ilič-či-ni.
立つ +P.PER-3SG
そうして行く時に，陸地の側に一人の人が立っていた。

c. tar　nari　panuč-či-ni　xai-la　mapa
その 人　訊ねる -P.PER-3SG　何 -LOC　おじいさん
ŋənnee-wə-ni.
行く +P.IPF-ACC-3SG
その人は尋ねた，どこにおじいさんは行くのか，と。

d. mapa　un-ǰi-ni　“bi　sundatta
おじいさん　言う -P.IPF-3SG　1SG　魚
おじいさんは　言う，　「私は　魚に
tuləňjee-we.”
網を仕掛けに行く +P.IPF-1SG
網を仕掛けに行く（……）」

（Petrova 1967：131）

これらを先に見た工藤（1995）の枠組みに照らせば，形動詞句が不完了体となる場合には〈共起（＝同時）的時間関係〉を，完了体となる場合には先行する〈継起（＝継時）的時間関係〉を表しているということになる。

ただし，完了体・不完了体いずれの場合も，より細かなイベントの順序指示には，動詞の持つ語彙的な制約があると考えられる。山田（2013）は「主体の状態変化を表わす動詞語幹」に完了体がつく場合には「完成して現在までも継続している状態を表」し，「完成」あるいは「結果状態」を示すという。一方，不完了体がつく場合には「変化が進行している状況」を表すと述べている。この語彙的制約は，与格を伴う形動詞句にも当てはまる。例えば，いわゆる瞬間的に状態が変化する動詞が与格を伴って形動詞句を形成するとき，この形動詞が進行中の状態を表すことは語彙的に制限される。本稿の調査の例を見ると，完了体の場合には瞬間的に変化が終わる動詞も継続が含意される動詞もどちらも見られるが，不完了体に与格が付加されている例には語彙的に継続が含意され得る動詞が大部分を占めているように思われる。さらに，語彙的な制約は先にも述べた通り，相対テンスの問題とも大きく関わる。これを明らかにするにはアスペクトやテンスのさらなる研究が不可欠であり，今後の課題としたい。

5.2　イベントの背景化と描写

このように時間を表す与格を伴う形動詞句では体によってタクシスにちがいがあるが，さらにテキストにおける位置を見ると，与格を伴う形動詞句が上位節の背景描写を行っていることがわかる。

次の例⑾a～bは連続した二つの文である。このうち，完了体の形動詞句を含む文⑾bと，先行する文⑾aの間に連続性はない。主人公の行動である⑾aが「朝」起こったということが，⑾aより前に「ある時彼は朝起きて，自分の草刈り鎌をつかんで，自分の草地の方へ行ったのだろう。」という文のなかで述べられている。その後，飛んできた鳥の行動を長く述べたのちに，文⑾aと続く。そして，⑾aのイベントが終了し⑾bに移った段階で，場面が朝から夜へと転換している。ここには語彙的な重なりがあるわけでもなく，前文（またはパラグラフ）が要約されているわけでもない。主人公が自分の家へ帰ったという⑾bの上位節が指示するイベントに対して，形動詞句はそのイベントに関わる付加的な情報（ここでは場面が夜になったこと）を描写していると考えられる。

⑾　（朝，主人公が草刈りに出ると，一羽の水鳥が女性をつれて飛んでいった）

a.　gə,　gəwxətu　či　itəči-xə-ni=təni

INTJ　PSN　ずっと　見ている -P.PER-3SG=HS

xawasai　ŋənnee-wə-ni,

どこかへ　行く +P.IPF-ACC-3SG

さあ，グウフトゥはそれをずっと見ていたのだろう，どこかへ行ってしまうのを，

nooni　či　itəčči-ni　čup　ŋənu-dələ.
3SG　ずっと　見ている +P.IPF-3SG　全部　戻る -CVB.TER
彼はずうっと見ている，見えなくなってしまうまで。

b.　gə,　dolbodu-xan-du-ni　duku-takki
INTJ　夜になる -P.PER-DAT-3SG　家 -DIR.REF.SG
ŋənu-xə-ni=təni.
戻る -P.PER-3SG=HS
さあ，夜になった時に自分の家へ戻ったのだろう。

（Petrova 1967：146）

さらに，直前に起こったイベントを指示する場合も同様である。4.3節でも述べた通り，語彙的重なりによって前後の文同士の結束を高めるストラテジーはウイルタ語でも用いられる。次の⑿はその一例である。⑿ a では，直前で述べた行動から時間が経ち，場面が変わったことを示している。そしてそれに後続する⑿ b では，新たに展開した場面を述べたうえで，登場人物の行動（duktakki isuxani）を述べている。

⑿　a.　tamaččuu　inə-xə-ni=ndəə.
それから　明ける -P.PER-3SG=HS
それからあかるくなったんだと。

b.　inə-xən-du-ni　duk-takki　isu-xa-ni=nda.
明ける -P.PER-DAT-3SG　家 -DIR.REF.SG　帰る -P.PER-3SG=HS
あかるくなって自分の家へ帰ったんだと。

（池上 2002：46）

ここで先行する⑿ a の主要部動詞 inə-「（夜が）明ける」は，後続する文⑿ b の形動詞句でも用いられている動詞である。ここで inə- は，⑿ b の上位節

isuxani「(アイヌが自分の家へ) 帰った」という次のイベントが行われている状況の説明となっている。このように，同一の語彙が用いられている場合には，直前文までのイベントや状況を背景化し，次のイベントを導く。

以上，与格を伴う形動詞句は，完了体・不完了体の違いによって上位節のイベントとの時間的関係（タクシス）を示しつつ，上位節のイベントの背景を描写するはたらきがあると考えられる。

5.3　5節のまとめ

本節では，与格を伴う形動詞句のテキストにおける機能について考察を試みた。与格を伴う形動詞句は，与格項として文内に導入されており，上位節のイベントに対して時間的な背景を描写する機能を有する。このような形動詞句は語彙的重なりや繰り返しによって，先行の文との結束性が強められている例が多く見られるが，明確な場面の展開にも用いられる。描写される背景は形動詞句の示す体によって，上位節の示すイベントとの関係性を異にする。すなわち，形動詞が完了体の場合には一連のイベントが時系列的に連続していることを表し，不完了体の場合には同時的に二つのイベントが進行していることを表すと考えられる。

6．おわりに

以上，本稿ではテキストから集めた用例をもとに，与格を伴う形動詞句の形態統語的機能と，テキスト上の機能について考察を試みた。

与格を伴う形動詞句は，完了体・不完了体のどちらも用いられ，得られた用例すべてが所有人称接辞を標示していた。この所有人称接辞は形動詞句の主語と一致する人称である。加えて，単純与格語尾 -du が付加された形動詞句と上位節ではすべて主語が異なる例であったことを指摘した。

これらを踏まえて，テキスト内における与格を伴う形動詞句についての考察を行った。与格を伴う形動詞句は先行する文のイベントを背景とすることを明示する役割を有し，その形動詞句が完了体の場合には上位節のイベントに対し時系列的に，不完了体の場合には同時進行的に，先行する文のイベントを描写することを示した。

紙幅の都合上，本稿では形動詞句に与格が付いた場合についてのみに限定して考察を行ったが，併せて考えるべき課題は山積している。ここで改めて触れておくべき点としては，第一に，テキストには与格が付加されたもの以外に，対格，方向格，具格，奪格，場所格，沿格が付加された例も見られることである。特に，具格，奪格，方向格は，与格と同様，時間に関わる項を形成するように思われるが，本稿では取り扱うことができなかった。これらの機能についての研究も進めていく必要がある。

第二に，本稿で述べた，時間に関わる副詞句としてはたらく機能は，副詞節を形成する副動詞にも観察されることである。これらの機能や，形動詞句との使い分けについて，本稿では紙幅の都合上取り扱うことができなかった。しかし，これも本稿で取り扱った現象に関わる重要な問題であり，別稿に譲りたい。

本稿がウイルタ語学，ひいてはツングース語学の進展に寄与することを願う。

略号一覧

-：形態素境界 / +：融合 / =：接語境界 / 1：一人称 / 2：二人称 3：三人称 / ACC：対格 / ALI：譲渡可能 / CVB：副動詞 / COP：コピュラ動詞 / DAT：与格 / DIR：方向格 / HS：伝聞 / INTJ：間投詞 / IPF：不完了体 / LOC：場所格 / NFS：名詞形成接辞 / OMTP：オノマトペ / P：人称形動詞 / PER：完了体 / PL：複数 / PSN：人名 / REF：再帰 / SG：単数 / SUB：従属 / TER：限界

注

1)　サハリンの少数民族・ウイルタ人の言語で，ツングース諸語の一つである。ツングース諸語は系統的にI群～IV群のグループに分けられ，ウイルタ語はIII群に属する（津曲 1988：744）。語順は原則としてSOV型で，修飾語が被修飾語に先行する。音韻としては / a, ə, o, ɵ, u, i, e / の７個の母音音素と，/ p, t, č, k, b, d, ǰ, g, m, n, ɲ, ŋ, l, r, s, x, w, j / の18個の子音音素からなる（ibid.)。母音調和が見られ，母音は⑴ a, o,⑵ ə, ɵ,⑶ u, i, e の３グループに分類できる。この内の⑴と⑵のグループに属する母音は原則として一単語内に共起できない。⑶の母音は⑴と⑵いずれのグループの母音とも共起できる（ibid.)。サハリン北部ワール川を中心として話される北方言と中部ポロナイスクを中心に話される南方言がある。話者数は現在10人以下（山田 2013：19）と言われる，消滅の危機に瀕した言語である。

2）　定動詞形とは，文末専用の形式で文を終止する機能を持つ。副動詞形は副詞節の述部となる形式で，多様な副詞節を形成する機能を持つ。形動詞形は典型的には形容詞的性質をもって名詞修飾節を形成する形式であるが，ウイルタ語の形動詞は多様な機能を有する（1. 2. 1参照)。

3）　ロシア語で書かれた資料からウイルタ語を引用する場合には，キリル文字を次の規則で転写する。

а = a, б = b, в = w, г = g, д = d, е = e, ʒ = ǰ, и = i, к = k, л = l, м = m, н = n, о = o, п = p, р = r, с = s, т = t, у = u, х = x, ч = č, э = ə

4）　形動詞は，所有人称接辞を取ることのできる人称形動詞と，これをまったく取らない非人称形動詞の二種類に大分される。この二つは形式が全く異なるが，どちらも本文中の三つの機能を有する。本稿では人称形動詞のみを取り扱うこととし，以下「形動詞」とあるものはすべて人称形動詞を指すこととする。

5）　ウイルタ語では，文末形式である定動詞形は証拠性（Evidentiality）を担うため，通常，述語には形動詞が用いられる（Tsumagari 2009他)。

6）　述語用法の場合でも，形動詞は主語と一致した所有人称接辞をとる。

7）　ウイルタ語において授受の受け手を表すのは -tAi という形式である。この形式は Petrova（1967）と Ozolinja（2013）では，「方向 - 与格（направительно-дательный падеж)」と呼ばれ，Ikegami（1956）をはじめ日本の研究においては向格（allative)，方向格（directive）と呼ばれている。本稿では Ikegami（1956）にならい，-du を与格と呼ぶ。

8）　Ikegami（1956［2001］）は -bi, -bari を accusative-nominative としている。

9）　Thompson et al.（2007）ではこれらの格標識によって目的節を表す言語としてタミル語，カヌリ語，ルワンダ語の例を挙げている。

10）　複数人の話者によるテキストが含まれるが，2016年現在，話者の全員が60代以上である。

11）　1.2.1節で示したとおり，いずれの先行研究も与格は場所・時間を表すと述べており，事実，場所を表す名詞が与格を取る例は頻繁に見られる。しかし，形動詞に与格が付加されて場所を表す例では，山田（2013：93）に挙げられている次の例があるものの，本調査で得られた与格の付加された例はいずれも時を表す用法であった。これについては今後の課題とする。

tamačee	jooso	kəssəə-ni	saa-ri-či
そのような	ヨーソ	ことば +ACC-3SG	知る -P.IPF-3PL

uilta-sal	giləə-səl,	əwwee	naa-du	bii-səl,	suunə
ウイルタ -PL	ニヴフ -PL	ここ	地 -DAT	COP+P.IPF-PL	太陽

kaapajǰee-du-ni.
昇る +P.IPF-DAT-3SG

「ヨーソ」ということばを，この地，日の昇るところに暮らす人たち，ウイルタとニヴフが知っている。（山田 2013：93, 147）

12）ウイルタ語において，所有人称は名詞カテゴリーに関わりなく一・二人称以外はすべて三人称で標示される。したがって，形動詞に標示される人称だけではその主語を正確には特定できない。だが，主語の明示的でない例のうち，ほとんどの場合が（主に直前・直後の文からの）文脈によって，形動詞句と上位節の主語が判別可能であった。

13）これについて，ウイルタ語の母語話者へメールを通じて，調査で得られた用例を基に筆者が作例した同主語の用例の可否を訊ねる簡単なアンケートを行なった。すると，単純格語尾による同主語の例も正しい文との回答だったが，同様に，もしくはより正しい文として副動詞や再帰格語尾の例が提示された。異主語・同主語をめぐる問題は別稿に譲ることとする。

14）風間伸次郎氏よりナーナイ語では再帰人称をとることで同主語を表す例が多くあるとのご教示を得た。ウイルタ語でも再帰格語尾による用例はテキスト上に見られるが，今のところわずかにしか得られていない。ウイルタ語を含むツングース諸語における同様の現象については，今後の課題としたい。

15）ただし，今日最も若い世代が話しているウイルタ語北方言ではこの語順に合わない例が多いことが指摘されており，ロシア語による影響の可能性が示唆されている（山田 2013：93）。

16）後置文の機能については山田（2007）を参照されたい。

17）内訳は，池上（2002）：5 例，Petrova（1967）：2 例，山田（2013）：1 例である。この内，池上（2002）はロシア語の影響下になかった地域の話者であり，この後置の例についてはロシア語の直接的な影響とは必ずしも考えにくい。

18）　Longacre（2007）は文を中核部とそれにおおいかぶさる文のマージンとに分け（Thompson et al. 2007：269によれば，'[F]or many languages, sentences can be considered to consist of a *nucleus* with structural units called *sentence margins* draped around the edges.'），マージンのもっとも典型的なものとして副詞節を挙げている。さらに，Thompson et al.（2007）は，類型論的に，上位節に対する時間に関わるマージンを「時間的に先行するマージン」と「同時進行的なマージン」の二種類に分けている。

19）　相対テンスとは，発話時ではなく，基準となる出来事に対して決定されるテンスのことである。これはアルタイ型言語にも広く見られることが指摘されている（風間 2013）。それによれば，アルタイ型言語（トルコ・モンゴル・ナーナイ語）においては時間従属節の動詞の語彙的アスペクトによって相対テンスの様相が決定されるという。ウイルタ語と近しい言語の一つであるナーナイ語では，時間従属節の動詞が瞬間動詞の場合には相対テンスが用いられるのに対し，継続動詞の場合には非過去形／過去形どちらも用いることができる。ウイルタ語においても相対テンスとして捉えられる現象が観察されるが，本稿では調査手法上の制約に加え，後述するように語彙的アスペクトの様相を明らかにできるだけの用例を持たない。本稿では，かりにアスペクトとして分析を試みるが，ウイルタ語におけるアスペクトと相対テンスの問題については，話者への調査なども踏まえてさらに深められるべきものと考える。

参考文献

池上二良（1997）『ウイルタ語辞典』札幌：北海道大学図書刊行会．

――――（2002）『増訂ウイルタ語口頭文芸原文集』ツングース言語文化論集16. 文部科学省特定領域研究（A）環太平洋の「消滅に瀕した言語」にかんする緊急調査研究 報告書 A2-013. 大阪学院大学．

風間伸次郎（2006）「ナーナイ語の形動詞について」敦賀陽一郎・三宅登之・川口裕司・高垣敏博（編）『言語情報学研究報告 11 言語研究におけるコーパス分析と理論の接点』95-108. 21世紀 COE プログラム「言語運用を基盤とする言語情報学拠点」東京外国語大学．

――――（2010）『ナーナイの民話と伝説12　付：ナーナイ語文法概説』ツングース言語文化論集48. 東京外国語大学アジア・アフリカ言語文化研究所．

――――（2011）「ウイルタ語調査報告」『北方人文研究』4：51-74.

――――（2013）「対照言語学的観点からみた相対テンスについて：日本語及びアル

タイ諸言語における形動詞を用いた従属節の分析」『北方言語研究』 3：175-199.

工藤真由美（1995）『アスペクト・テンス体系とテクスト——現代日本語の時間の表現』第二版，東京：ひつじ書房.

津曲敏郎（1988）「ウイルタ語」亀井孝・河野六郎・千野栄一（編）『言語学大辞典』1：744-746. 東京：三省堂.

————（2002）『満洲語入門20講』東京：大学書林.

森貝聡恵（2016）「ウイルタ語テキスト：冬，父が私を連れ戻した」北方研究教育センター編『北方人文研究』9：165-185.

山田祥子（2007）「ウイルタ語後置文の機能論的分析」津曲敏郎（編）『環北太平洋の言語』14：87-102.

————（2013）「ウイルタ語北方言の文法と言語接触に関する研究」博士論文. 北海道大学文学研究科.

————（2015）「ウイルタ語北方言テキスト：人喰いお化けの話」北方言語ネットワーク編『北方言語研究』5：261-280.

————（2016）「ギシクタウダ（マリーヤ・ミヘエワ）の生涯：ウイルタ語北方言テキスト」北方言語ネットワーク編『北方言語研究』6：179-201.

Ikegami, Jiro(1956［2001］)“The Substantive Inflection of Orok.”『ツングース語研究』3-23. 東京：汲古書院（初出：『言語研究』30：77-96).

————（1959［2001］）“The Verb Inflection of Orok.”『ツングース語研究』24-72. 東京：汲古書院（初出：『国語研究』9：34-73. 國學院大學国語研究会).

Longacre, Robert E.(2007)“Sentences as Combinations of Clauses.” Timothy Shopen (ed.)*Language Typology and Syntactic Description. Volume 2, Complex Constructions.* Second edition. pp. 372-420, Cambridge: Cambridge University Press.

Nikolaeva, Irina and Tolskaya, Marina(2001)*A Grammar of Udihe.* Berlin: Mouton de Gruyter.

Ozolin’a, L. V.(2001)*Oroksko-russkii slovar’: okolo 12000 slov.* Novosibirsk: Izdatel’stvo SORAN.

Petrova, T. I.(1967)*Jazyk orokov(Ul’ta)*. Leningrad: Izdatel’stvo NAUKA.

Tsumagari, Toshiro(2009) “Grammatical Outline of Uilta(Revised).” *Journal of the Graduate School of Letters* 4: 1-21. Sapporo: Hokkaido University.

Thompson, Sandra A., Longacre, Robert E. and Hwang, Shin Ja J.(2007) “Adverbial Clauses.” Timothy Shopen(ed.)*Language Typology and Syntactic Description.*

Volume 2, Complex Constructions. Second edition. pp. 237–300, Cambridge: Cambridge University Press.

［付記］　本稿を構成するにあたり，ウイルタ語母語話者である Elena Alekseevna Bibikova さんにご協力いただきました。また，東京外国語大学大学院総合国際学研究院教授・風間伸次郎先生より大変有益なコメントをいただきました。さらに，本稿を作成するにあたっては，東京外国語大学アジア・アフリカ言語文化研究所特任研究員・岡田一祐さんに大変お世話になりました。記してお礼申し上げます。

戦後日本における病床供給の構造

髙 間 沙 織

1　病床の抱える今日的課題

病床というと何を想像するだろうか。多くの人が想像するのは，病院の病室に無味乾燥に並列された白いベッドであろう。それは単なるベッドに過ぎないのだが，治療を受けたり，術前・術後に横たわるために利用されるまさにその病床は，病院機能を評価する指標の一つとして国際的に採用されている。ある病院には病床がいくらあるのか，すなわち，「病床数（*the number of hospital beds*）」はどれくらいかというのが，その病院の専門職数や治療レベルなどを推測する一つの手がかりとなっている。

この病床数について，戦後の日本と他の先進諸外国との推移を比較すると，顕著な違いに気づかされる。図1が示すように，OECD 加盟の先進諸外国では1960年代以降その病床数が減少しているのに対して，日本は1990年代初頭まで病床数の増加が続いている。つまり，国際的にみて病床数が相対的に多いというのが日本の医療供給体制の一つの特徴といえる。では，国際比較的にもその数が著しい日本の病床というのは，主として誰がどのようなかたちで供給してきたものなのだろうか。

戦後日本で病床を供給してきた主体のうち，病床のある病院を開設してきた主体には，国や地方公共団体（都道府県，市町村など），社会保険関係団体（済生会，JA 厚生連など）や社会福祉法人などさまざまなものがある。なかでも，とりわけ病床の供給を牽引してきたのは，「個人病院」や「医療法人病院」を開設する医師であった（以下，これらの病院を同時に指す場合は個人・医療法人病院と表記する）。図2が示すように，戦後，都道府県，市町村の病床数の増加は緩やかなのに対して，個人・医療法人病院の病床数の増加は1980年代後半までそれらよりも大きくなっている。

少数の医師が多くの病床を誇る大規模な病院を開設したために日本の病床数が拡大したわけではなく，より多くの医師たちが200床以下の中小規模とされる病院を各所に開設し，その経営方針に沿って柔軟に拡大できたがために，日本の病床数は累積・拡大していった。そして，よくよく知られているように，こうして供給の進んだ日本の病床は，しばしば処遇のあてのない人々の受け皿となり福祉的機能を担うことになった[1)]。すなわち，医師が供給した病床は，退院して自宅での生活が困難なものたちの長期療養の場として利用されることもあったといえる。

しかし，1980年代には，病院での治療を必ずしも要しない人々を漫然と病床で処遇することが，財政的な面でも，そして，彼らの処遇の質という面で

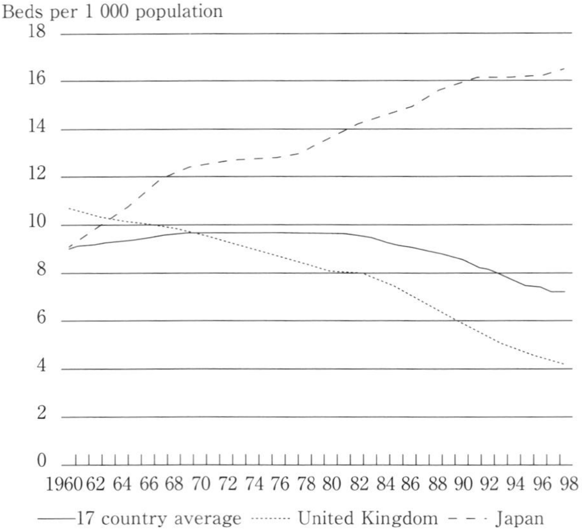

図１　人口1,000人当たりの病床数の推移
出所：OECD(2001) p.27

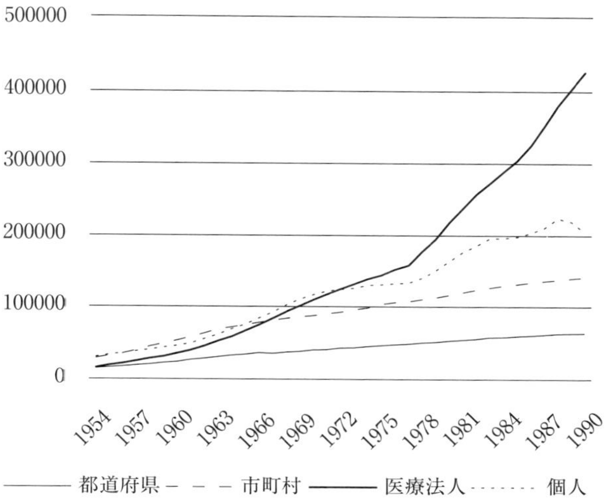

図２　開設者別一般病床数の推移

出所：『医療施設調査』各年より作成

も問題視されるようになり[2]，人々を病床で処遇するあり方からの転換が図られた。とりわけ病床に関していえば，①病床のこれ以上の増加を抑制し，そして，②病床の機能を分化させていくという二つの方法が採用された。具体的には以下の通りである。

まず，①病床のこれ以上の増加を抑制する方法である。これは1985年の第一次医療法改正によって実行された。そこでは，地域の実情を把握する都道府県が医療計画を作成し，体系だった医療供給体制を目指すこととされた。そして，医療計画で定められた必要病床数を超える地域では，病院開設の中止，病床種別の変更の中止などを都道府県知事が勧告できるようになった[3]。

もう一つが，②病床の機能を分化させていく方法である。詳細な経緯などは割愛するが，それまで治療を要するものと療養を要するもの双方に同じように利用されていた病床が，2000年の介護保険法施行及び2001年の第四次医療法改正によって，治療のための一般病床と療養のための療養病床に機能分化され，なかでも療養病床は，医療保険適用の医療療養病床と介護保険適用の介護療養病床とに細分化された。

こうして，①病床のこれ以上の増加が抑制され，それまでに供給された病床は②機能分化され，一部は療養のための病床に転換されていくことで，病院での積極的な治療を必ずしも要しない人々を病床で処遇するという従来のあり方は改革されてきている。しかし，1980年代後半に至るまで他の先進諸外国とは異なり供給の止まらなかった戦後日本の病床は，今日においても以下のような課題を抱えている。

それは，主として病床での処遇期間（＝在院日数）を短縮するために，次々と病床の機能を分化させていったので，それが必ずしも患者の容体に見合った機能分化になっていないという課題である。複数疾患を抱える患者の容体は，時に治療が必要になったり，時に療養が必要になったりと，その状態を行き来して曖昧なものである。しかし，病床や病院外の施設は，制度上明確に機能分化されているので，状態の不安定な患者のほうが病床や施設の都合で各所を転々としなければならない。場合によっては，退院後の次の行き先が見つからないという状況にも迫られており，患者本位の制度設計とはいい難い実情である。

だが，よくよく考えてみれば，このような病床における課題は，後々になって細かな再編が要されるほどに，そもそも病床が供給され続けなければ生じなかったともいえる。今日になって改めて病床機能を分化させて，病床の都合で不安定な状態の患者が転々としなければならないということにはならなかったかもしれない。では，なぜ戦後日本では，今日に至るまで度重なる再編が繰り返されるほどに病床が供給され続けることになったのだろうか。本論の目的は，上記の課題に対峙していくことである。

従来，日本における病床供給は，病院に投下される資金量の潤沢さによって議論されることが多かった。特に，国民皆保険制度に下支えされ，病院に安定した収入をもたらす診療報酬や，病院の新築・増改築を長期低利融資によって促す政府系金融機関である医療金融公庫などが病床供給を促す条件とされていた[4)]。確かに，病院に投下される資金量がコンスタントに確保されていれば，病床供給が促されやすいのは当然といえるだろう。

ところが，他の先進諸外国と比較して，戦後日本の医療費は顕著に高かったとは言い難い。実際，OECD の統計などをみれば，アメリカやドイツ，フランスなどのほうが日本より医療費は高くなっている。もし，投下される資金量の多寡で病床供給量が変わるのであれば，日本より医療費の高いそれらの国々の病床数が日本のそれを上回ってくるはずであろう。しかし，国際比較的にみてそれほど医療費が高いわけではないのに，日本の病床数は他の先進諸外国に比類ないものとなっている。

さらに，投下される資金量が多ければ病床が拡大するとも言い切れないことは，自治体病院と，個人・医療法人病院を比較すれば瞭然である。これらはどちらも日本で病院とされていて，医療を提供すれば診療報酬を収入として得ることができるが，病床をより拡大させたのは後者であった。とすれば，投下される資金量の潤沢さという条件だけでなく，日本で個人・医療法人病院が病床の供給を促されることになった背景にあるものは，果たして何なのかが明らかにされる必要がある。なぜなら，まさにそれを明らかにすることが，病床の今日的課題の根本にあるものを究明することになるからである。

そこで本論では，なぜ戦後日本で個人・医療法人病院による病床の供給が進展したのかという課題に対峙するために，同じく病院でありながら病床数をそれらほど拡大させなかった自治体病院と比較しながら，病院に投下された資金量に着目するだけではなく，そもそも病床とは病院にとって何なのかということを念頭において議論を進めていきたい。

病床とは，病院にとって設備投資にあたるものである。設備投資は，自己資本でなされる場合と，借入をして他人資本でなされる場合がある。まず自己資本のみでする場合は，毎年度の利益を病院内にある程度蓄積させて，投資できるだけの①資本の増強が必要である。一方，一部を借入して他人資本にも頼って設備投資する場合は，借入ができるだけの②信用[5)]が必要である。さらに，病院が病床に設備投資をする場合は，そうしようという③判断が柔軟にできることが必要であるし，人や医療機器など他のものに投資するのではなく，まさに④病床に投資しようという判断が促される状況でなされるものといえよう。

結論を先取りしていえば，戦後日本で病床の供給が進展しえたのは，診療報酬などによる資金の投下があったことだけでなく，日本の病床供給を牽引してきた個人・医療法人病院に，設備投資に充てられるような①資本の増強がしやすい構造，それに裏打ちされた経営上の②信用があったためである。さらに，病院を開設する医師が，設備投資の③判断を彼らの裁量でできたためであり，同時に，彼らがまさに④病床に設備投資をするよう促される社会経済的な状況や医療の価格体系が存在したためである。

本論ではそのことを明らかにしていくために，個人・医療法人病院の制度[6)]を自治体病院のそれと比較させながら，まず次節において個人・医療法人病院に資本を病院内に蓄積しやすい収支構造があったことを指摘していく。さらに，そうした構造に裏打ちされて個人・医療法人病院が経営上の信用を獲得し，他の業種に比べて市中銀行から借入しやすい状況になっていたこと，自治体病院とは異なり医師の裁量で需要に応じて柔軟に病床を供給しえたことにも触れていく。加えて，当時の社会や経済情勢，診療報酬制度体系が，病院を開設する医師に，病床への設備投資を促すような可能性もあったことを示す。

本論は上記の作業によって，病床の今日的課題の根本にある戦後日本にあった病床供給の構造及び条件を詳らかにし，病床の今日的課題に対峙するための政策的な示唆を提示したい。

2　個人・医療法人病院の資本蓄積

概して，戦後の個人・医療法人病院は，医局制度のなかで勤務医として働くことをやめた医師が，個人一代，あるいは同族によって開設する傾向にあった。実際，厚生省医務局総務課が編纂し，医学書院が発行した『病院要覧』[7]から，山梨県を一例として，同県にあった医師開設の病院が誰によって継承されてきたのかを確認すると，その傾向を把握できる。

1952年から1986年までに，同じ姓で，名の異なる院長に継承されていた場合を「同族」，開設者一代で病院名が『病院要覧』からなくなったものを「医師一代」，異なる姓・名で継承された場合を「非同族」として分析すると，その間にあった全37病院のうち，同族あるいは医師一代で開設されたものは22，非同族で継承されていたものは15であった[8]。すなわち，1986年までに山梨県に存在した医師開設の病院のおよそ6割は，家族や親族などで，あるいは医師一代のみで開設してきたものといえる。

このように医師が，同族あるいは医師一代で病院を開設してきたことは，医業で拡大した資本を病院内に蓄積していくのに有利な条件であった。というのも，病院開設のために外部に複数の出資者を募っているわけではないため，医業で得られた利益を配当する必要がなく，そのまま病院内に財産として蓄積していくからである。さらに，1950年の厚生事務次官通達で，株式会社立の病院は禁止されることになり，株式を発行して複数の出資者から資金を募ることはできなくなった。ゆえに，こうした通達もあってなおさら戦後の医師開設の病院は，同族あるいは医師一代によって開設されていったといえる。

加えて，医師開設の病院は，医療法人制度という日本に特殊な制度によって法人化することも可能なのだが，1950年に創設されたこの医療法人制度によっても資本蓄積が促された。医療法人制度は，敗戦後GHQによる厳しい徴税攻勢から，個人事業者である医師たちを救済するために法人化の道を拓く目的で設けられたものであり[9]，以下の二点が特徴といえる。

第一の特徴は，「持分」を認めることで医師に病医院のオーナーシップが認められていたということである[10]。具体的にどういうことかといえば，出資した拠出者が退社した場合の払戻請求権と，解散した場合の拠出者への残余財産分配が認められていた。医療法第７条は医業が営利を目的として行われることを禁止しているが，医療法人制度はこの持分を認めることで，医業による利益が医師個人のもとに財産として蓄積することを許容したといえる[11]。

こうして医業による利益が医師の利益となることで，医療法人は一見営利性を帯びているかにみえるが，医療法人制度は，その第二の特徴として剰余金の配当を禁止することで非営利性を担保している。これが意味するのは，次の二点である。

第一に，投資価値が見込めないため，出資等の直接金融による資金調達の道が制限されているということである。そのため，説明責任を伴う外部の複数の出資者が現れにくく，なおさら同族，あるいは医師一代限りの病院経営が制度的に補強されることになった[12]。

第二に，配当禁止が意味するのは，利益を強制的に内部留保として法人内に蓄積していくことになるため，医療法人病院は自己資産を厚くすることができたということである。それは，外部資本の調達能力のない法人体質を支え，経営基盤の安定化をもたらした。つまり，「含み益が法人の外に流出せず，出資の評価は雪だるま式に増え」[13]ていった。

以上の整理から，もともと同族ないし医師一代で開設される傾向にあって，戦後に創設された制度による制約からその傾向が強化された個人・医療法人病院は，医業によって安定した利益が得られる限りは，病院外の複数の出資者に利益を配当することもなく，順調に資本を拡大，蓄積していけたといえる。こうした資本を蓄積しやすい個人・医療法人病院の収支構造は，新たな設備投資，すなわち病床の供給に有利に機能することになった[14]。

一方，自治体病院は，個人・医療法人病院と同じく医業によって診療報酬を収入としていたにもかかわらず，それらほど資本を蓄積する傾向は少なかった。それは端的に言って，多くの自治体病院に慢性的な赤字経営の体質があったためである。実際，表1から単年度赤字病院割合をみてみると，1955年，60年の段階で50％の自治体病院が単年度赤字となっている。1970年代に入ると，7割程度の自治体病院に累積欠損金があり，5割の病院が不良債務を抱えた状態となっている。こうした自治体病院の赤字体質の背景には，以下の二点があると考えられる。

第一に，自治体病院であるがゆえに認められる地方自治体からの財政措置の存在である。その名の通り自治体病院は地方自治体の開設する病院であって，「地域において提供されることが必要な医療のうち採算性の面から民間医療機関による提供が困難な医療を提供」[15]することが要請されている。ゆえに，採算をとることが困難でも公共的な見地から継続する必要があるため，赤字部分は開設自治体の一般会計等によって負担される仕組みとなっている[16]。

しかし，これまで自治体病院では，「診療報酬でまかなうべきものとまかなえないものの範囲が明確でなく…経常収支の赤字について責任の所在が明

表1　自治体病院の収支の状況の年次推移

%／年	1955	1960	1965	1970	1975	1980	1985
総収益対総費用比率	99.0	96.7	101.6	96.2	92.5	100.9	100.0
営業収益対営業費用比率	101.7	99.6	100.1	89.8	87.3	92.1	93.3
単年度赤字病院割合	50.0	52.7	30.2	60.2	64.3	47.5	42.4
累積欠損金事業割合	—	—	38.2	65.6	70.1	57.2	62.4
不良債務事業割合	—	—	49.7	53.9	52.1	29.1	22.3
他会計繰り入れ割合 （他会計補助／医業収益）×100	—	—	5.2	11.6	11.0	12.4	12.7

出所：『地方公営企業年鑑』各年より作成

注：1955年，60年の赤字病院割合は，病院数の割合ではなく事業数の割合である。

確でな」[17]いため，漫然と一般会計から赤字が補填され，経営努力というのはおざなりにされがちであった[18]。もちろん，財政措置に甘んじず健全な経営をしていた自治体病院も存在したが，次の点からもそれが阻まれる傾向にあった。

すなわち，自治体病院の赤字体質の背景にある第二の点は，その独特の人事構造ゆえに経営責任が曖昧になりがちなことである。というのも，自治体病院には院長が存在するが，開設者は当該地方自治体の首長であって現場を統括する院長の権限は至極限定的である[19]。同時に，医師や事務職員も，前者は医局人事で，後者は当該地方自治体の人事によって数年で違う職場に異動となるため，継続的に自治体病院の経営に責任をもって関わっていける職員は確保されにくい。

要するに，不採算医療を担うという使命のもと財政措置が講じられていること，その条件のなかで実際の現場に経営責任を課せられた職員が多くはなかったということが，自治体病院の赤字体質の背景にあるものであった。利益を出しにくく剰余金を貯め込んでいけなければ，個人・医療法人病院のように資本を蓄積していくことも難しい。同じ病院であっても，新たな設備投資のために利用できるような資本の蓄積のし易さには，個人・医療法人病院と自治体病院の間で，以上に論じてきたような相違があったといえる。

3　信用と裁量

ここまで新たな事業の拡大などに利用できうる自己資本の蓄積のし易さについて論じてきたが，病院が新規に病床などに設備投資する際には冒頭で述べたように，他人資本に依拠する場合もある。他人資本に頼る際は，他から借入ができるだけの信用が必要となってくる。さらに，借入ができるような状況であっても，他でもない病床に投資しようという判断が現場の裁量で柔軟にできなければ病床が拡大することはないであろう。ゆえにここでは，個人・医療法人病院と自治体病院の間の信用と裁量にいかなる違いがあったの

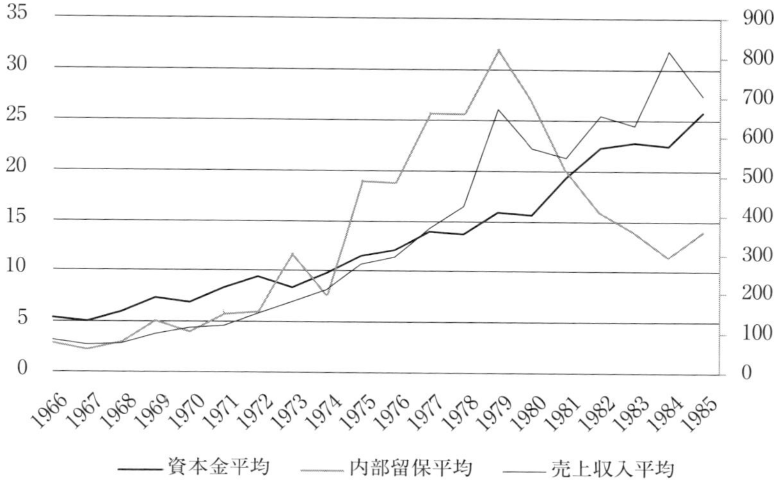

図3　医療法人一法人当たりの売上収入・資本金・内部留保の平均額の推移
出所：『税務統計から見た法人企業の実態』より作成
注：左縦軸が資本金・内部留保，右縦軸が売上収入。単位は百万円。

かを整理したい。

まず，個人・医療法人病院の信用についてである。前述してきたように，戦後の個人・医療法人病院は，診療報酬による収入と，利益が病院内に累積していくという構造が掛け合わさって，株式などによる資金調達の道は閉ざされていたものの，自己資本を手厚くして経営を安定させられる傾向にあった。実際，『税務統計から見た法人企業の実態』と『TKC 経営指標』から作成した以下の二つの図表からもそのことが捉えられる[20]。

図3は，戦後の医療法人の売上収入，資本金，内部留保の平均額の推移を示している。この図から戦後の医療法人が順調に，一法人当たりの資本金及び売上収入を伸ばしていったことがわかる。法人内部に蓄積された利益を示す内部留保も，1980年より前までは増加傾向であった。医療法人が戦後，資本を増強していった経過が如実に表れている。

表2　全産業平均データと一般病院平均データの比較

全産業平均

	1975	1977	1979	1981	1982	1983	1984	1985
自己資本利比率（%）	20.1	19.5	19.3	20.2	207.0	20.9	20.8	20.5
経常収支比率（%）	104.2	103.1	103.6	103.7	103.8	103.4	103.5	103.5
経営安全率（%）	13.8	11.9	12.6	8.7	8.3	8.0	8.3	8.1

一般病院平均

	1975	1977	1979	1981	1982	1983	1984	1985
自己資本利比率（%）	40.2	40.9	41.7	40.0	41.7	42.4	42.0	38.3
経常収支比率（%）	114.0	120.0	121.1	116.8	112.7	114.6	113.1	113.6
経営安全率（%）	20.6	23.0	22.9	14.3	12.1	12.0	11.7	11.9

出所：『TKC 経営指標』各年より作成

一方，表2は，黒字の全産業と黒字の一般病院の自己資本比率，経常収支比率，経営安全率の平均値の推移を示している。この表から，黒字の一般病院の自己資本比率，経常収支比率，経営安全率，どれをみても毎年の全産業平均よりよい成績となっており，黒字の全産業の平均値と比較しても戦後の一般病院が安全性の高い経営をする傾向にあったといえる。

これらが示すように戦後の個人・医療法人病院が相対的に安全性の高い経営をできたことは，それらの病院の信用の構築につながり，新規の投資などのために借入がしやすい状況となった。図4はサービス業のうちに含まれる医療と他の業種との市中銀行からの貸出残高の推移を比較したものだが[21]，1970年代以降のサービス業のなかでは，やはり医療に対する貸出が他のサービス業よりも多くなっていたことがわかる。

以上のように，戦後の個人・医療法人病院は，医業で得られた利益を病院内に貯め込み，資本を増強して安全性の高い経営ができうる状況であった。それは病院が市中銀行に借入する際の信用の高さにもなりえたから，他のサービス業に比べて市中銀行から病院への貸出残高は高くなっていた。個人・

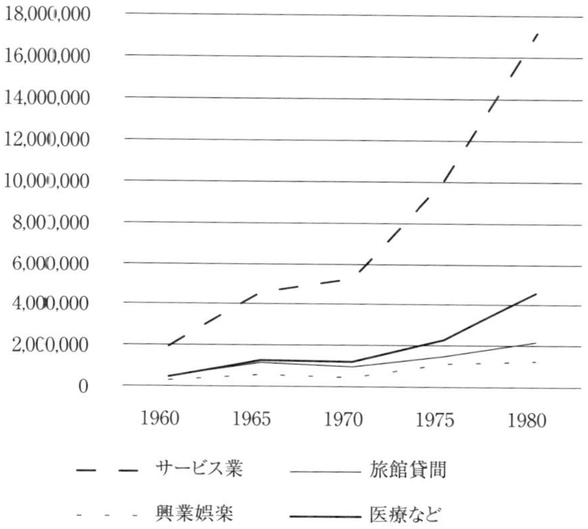

図4　サービス業への貸出残高の推移
出所：『経済統計月報』『本邦経済統計年報』より作成
注：円の価値は，1985年を基準に消費者物価指数で換算している。単位は百万円。

医療法人病院が，新規の事業展開や設備投資などのために資金調達するには好条件であったといえよう。

しかし，いくら信用があって資金調達の道が拓かれていても，病床を増やすという判断ができなければ病床は増えない。その点，個人・医療法人病院の院長及び理事長には，病床を増やすという判断を下す裁量が，以下で論じる自治体病院よりも許容されていた。すなわち，個人・医療法人病院には，新規に借入ができるだけの信用もあって，同時に，院長及び理事長の判断で，患者需要やその時々の経営状況に応じて増床できる裁量もあったといえる。

他方，自治体病院の信用と裁量はどのようなものであったのだろうか。まず，自治体病院に資金を借入するだけの信用があるかどうかを考えてみると，前節で確認したように，多くの自治体病院の経営が剰余金を蓄積できるようなものでなかったため，そのような借入を個人・医療法人病院と同じように期待することは難しかったと推測される。ところが，自治体病院は，個人・医療法人病院とは異なり，その開設主体が地方自治体であるため，増床にあたっては信用というよりも，以下に示す裁量が大きく関与していることになる。

というのも，仮に自治体病院の経営が不安定で借入できるような信用がなくても，自治体病院の増床は，病院現場にいる院長などの裁量というより，地方自治体の裁量で実施できたからである。主たる財源は国庫補助金，病院事業債（企業債），一般会計繰出金であり，一般的な自治体病院の増床は，主に病院事業債の起債によって行われてきた。

そして，病院事業債の償還は，主に「一般財源」（地方交付税か税）でなされていた[22]。もちろん内部留保された現預金があれば，それが元利償還のための一般会計繰り入れ後の不足分に充当されることもある。しかし，前述したように，多くの自治体病院は欠損金を累積させる赤字経営の体質である。ゆえに，増床となれば，地方自治体の裁量で，その財源に左右されつつ，起債と償還を繰り返して実施されていたといえる。

ここまでの議論を振り返ると，慢性的な赤字体質で内部留保がたまりにくくても，国や都道府県の許可を経て病院事業債が発行できさえすれば，その償還の大部分も一般財源に頼ることができたため[23]，自治体病院の増床は，個人・医療法人病院よりも場合によっては容易にできたようにも見受けられる。だが，自治体病院による病床供給は，個人・医療法人病院のそれほどには進展しなかった。それは地方自治体の裁量に，以下のようなかたちで規制がかけられたためである。

その規制というのが公的病院の病床規制である。これは，公的病院の開設，病床数の増加および病床の種別の３点を規制するもので，1962年９月に医療法の一部改正によって規定され，翌年５月から施行された。具体的には，公的病院が開設・増床の申請をした場合に，都道府県知事は，開設地の病床数がその地域の必要病床数をこえているとき，または開設・増床することで必要病床数をこえる場合は，これを許可しないことができるとされた[24]。

こうした病床規制が実施された背景には，敗戦後，年々拡大する多額の公的資金によって自治体病院の設置は促されたが，地方の県庁所在地や中規模の都市に需要に上回って病院が新設されるばかりで，肝心の病床不足地区の解消には至らなかったということがある。そのため，公的資金で整備される病院だからこその適正な配置が，強く要望されたのである。

この規制の対象となる公的病院にはもちろん，都道府県，市町村の開設する自治体病院も含まれていた。病床規制に対して全国自治体病院協議会は，幾年も規制の撤廃や緩和を要請する陳情を繰り返した。しかし，個人・医療法人病院にも指導・勧告のかたちで病床規制がなされる1985年までに，公的病院に対する規制数値の多少の緩和がなされることはあったものの，それが完全に撤廃されることはなかった。実際，公的病院の病床規制によって，自治体病院の増床計画のうち約30％が影響を受けたという[25]。

すなわち，自治体病院は，その赤字経営体質のために個人・医療法人病院ほど市中銀行から借入できるような信用はなかったが，そうでなくても地方自治体の一般財源に頼り，地方自治体の裁量で病床などに設備投資ができたといえる。ところが，そうした裁量に法的な規制がかけられたため，柔軟な病床の供給は阻まれることになった。こうして，市中銀行から借入できるだけの信用があって，患者需要に応じて柔軟に病床供給しうる裁量のあった個人・医療法人病院との間に，戦後の病床供給量の差が生じていったといえるだろう。

4　病床供給を促す社会経済情勢と医療の価格体系

以上の議論から，戦後の個人・医療法人病院には，直接金融による資金調達はできないが資本を蓄積し易い収支構造と，それに伴う信用，病床を供給しうる裁量という条件が揃っていることが整理された。一方，そのような収支構造や条件があっても，これらは病床以外の設備投資にも活かしうる要件であって，個人・医療法人病院の医師たちが他でもない病床に投資しようと判断することがなければ，日本の病床数は量的拡大を経なかったはずである。

では，なぜ医師たちは，設備投資として病床の供給を判断する傾向にあったのだろうか。それは端的に言って，患者の需要があって前述のように個々の医師の裁量で病床を供給できたためともいえるし，以下に示すように，病床の供給が促されるような社会経済情勢であったり，医療の価格体系が設けられたりしていたためともいえるだろう。そこで本節では，戦後の病床供給を促した社会経済情勢と医療の価格体系を概説的に論じたい。

まず，病床供給が促された社会情勢の一つとして敗戦が挙げられよう。戦後，日本の病院を視察したGHQのジョンソン大佐は，「今日本にあるやうな十床前後の病院などと云ふものはそれは病院などと呼べるものではない」[26)]と言及し，日本の病院の規模の小ささを問題視した。したがって，敗戦当初の日本の病院の課題は，病院の欧米並みの近代化，すなわち病院の規模の拡大を図ることであった。さらに，1960年の国民皆保険制度の創設も，病床供給の進展に少なからず影響した。なぜなら，すべての国民が被保険者となって等しく医療を受益するために，より多くの地域に病院施設及び病床の整備が要請されたからである。

加えて，1970年代のオイルショックによる経済情勢の変化も病床供給を促した。なぜなら，土屋（1991）が指摘するように，この時期，一般企業が減量経営を強化していった結果，行き先を失った銀行の貸付金が医療業に向けられるようになったためである。実際，全国銀行銀行勘定業種別貸付残高をみると，医療・教育に対する貸出残高は，1974年末には1兆995億円であったのだが，1979年末には2兆4,763億円と2.25倍に増加した。これは，その他の業種も含めた貸出残高の合計が79兆226億円から125兆7,874億円へと1.59倍の伸びに止まったことと比較すると，かなりの増加といえよう。

こうした傾向は，1981年に医療費抑制がはじまり「病院倒産時代」，「病院冬の時代」といわれて設備投資が急速に冷え込むまで継続した。敗戦直後から施設としての病院の近代化，皆保険達成のための病院施設・病床の急速な整備が要請されており，銀行の貸付が経済情勢に他業種ほど左右されない医業に向けられたことで，医業はそうした要請にうまく応じていけた。すなわち，戦後日本の社会経済情勢がまさに病床供給を望み，間接金融の助けを借りて医師たちがそれを叶えていったといえるだろう。

同時に，そのような社会経済情勢のもと設定された医療の価格体系からも，病床供給は促される傾向にあった。戦後日本の医療の価格は，診療報酬制度によってそれぞれの診療行為に対して点数がつけられており，全国一律に単価が決められている。不採算医療を提供する使命から赤字部分に対して繰り入れが許容されている自治体病院とは異なり，その経営に対して前者ほど補助のない個人・医療法人病院は，その制度の枠内で健全な経営をしなければならない。

換言すれば，個人・医療法人病院の開設者たちは，医師でありながら同時に経営者であるから，医学的に妥当な判断をしていたはずだが，病院の存続のために合理的な判断も下していた可能性もある。例えば，ある院長の手記によれば，「昭和40年代の診療報酬の料金体系では，採算ベースに乗せるには病院の規模を大きくすることが不可欠であった」[27)]のであり，この指摘にも表れているように，当時の経営者にとって採算に見合う合理的判断の一つが病院の規模を大きくすること，すなわち，「病床数を増やすこと」だったのである。

実際，個別の診療行為につけられた価格の年次推移をみても，ある程度の病床の設置は病院経営にとってメリットであったことが推察される。図5は『社会医療診療行為別調査』から，診察，投薬，注射，検査，手術などの診療行為がどのような点数で評価されていたのかの推移を追ったものである。この図から，もともと投薬の点数が他の診療行為よりも高かったこと，そして，1970年代以降には入院，診察，注射，検査の点数が評価されていったことがわかる。一方，手術，レントゲン診断，処置，理学療法，麻酔，放射線

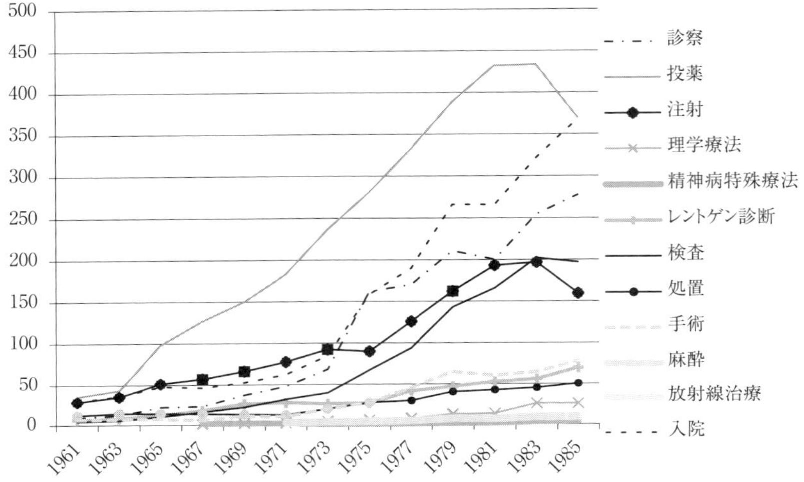

図５　診療行為別の診療報酬点数の推移
出所：『社会医療診療行為別調査』各年より作成

治療といった点数は，投薬，入院，診察，注射，検査ほどには評価されていなかったことがわかる。

すなわち，主に外来で頻繁になされる診療行為（診察，投薬，注射，検査）や単に入院すること自体は評価されていたが，入院してからの医療技術に関わること（手術や麻酔，理学療法）は相対的に低く評価されていた。ゆえに，こうした価格体系のもと合理的な経営判断をするなら，本来は入院機能が主であるはずの病院が外来診療を多くこなし，入院自体は評価されているから，ある程度の病床を設けて自宅での処遇が困難な患者を入院させ，手術などで医療的介入をして術後に理学療法をするよりも，彼らを漫然と寝かせきりにする，あるいは，投薬や注射，検査を繰り返すような判断になる可能性もある[28]。もちろん，やってくる患者に応じ日々の診療を真摯にこなす病院が大半であったはずだが，1970年代後半から80年代初頭にかけて，一部の病院で，寝かせきり，薬漬け，検査漬けといった状況が発生したのは，こうした価格体系に影響されてのことでもあろう。

こうして戦後日本では，病院であるにもかかわらず外来診療を多くこなし，ある程度の病床を設置する中小規模の個人・医療法人病院が華々しく発展した。戦後の社会経済情勢やそれを反映して設けられた医療の価格体系は，以上のようなかたちで，他の先進諸外国に比類ないほどの病床供給を促していったといえるだろう。

5　示唆と課題

本論はここまで，なぜ戦後日本では病床供給が進展したのかという課題を設定し，病床供給を牽引した個人・医療法人病院と，同じように病院でありながら，それらほど病床を供給しなかった自治体病院の設備投資の違いを比較してきた。その結果，単に診療報酬による収入や金融機関による融資が潤沢であれば病床が拡大するわけではなく，次のような構造と条件に病床供給が促されたことが整理された。

すなわち，個人・医療法人病院にある設備投資に有利な①自己資本を蓄積しやすい収支構造や，それに伴って経営基盤が安定し醸成される②信用，さらに医師の判断で設備投資できるという③裁量の大きさという条件が揃うことで，それらの病院の病床供給は進展しやすくなっていた。さらに，何に設備投資するかは医師の裁量に委ねられていたが，④敗戦後の病院施設の近代化や皆保険達成への要請，オイルショック後の銀行貸し付けの医業への傾倒，医師ならではの技術というより外来や入院を評価する医療の価格体系にも裏打ちされて，病院の新設や病床への設備投資は促されていったといえよう。

最後にここまでの議論から導かれる政策的な示唆を提示したい。本論が明らかにしたように，日本の病院・病床がどのように発展するかは，社会経済的な要請と，そうした要請のもと病院内に蓄積した資本を医師が何に投資するかという判断に左右される。だからこそ，戦後日本の個人・医療法人病院は，施設数・病床数の早急な整備という要請に，その潤沢な内部留保でもって柔軟に応えてくることができたといえよう。

そうしたなか今日要請されているのは，財政的な制約が病床供給の進展した時代より大きくなっているにもかかわらず，その時代に生じた寝かせきり，薬漬けなどへの反省もふまえて，医療の質や処遇の質をこれまで以上に高めていくということである。社会が病院に対してそのようなあり方を要請しているとすれば，政策的な対応として，蓄積した内部留保を，医師たちが医療の質や処遇の質の改善のために活用しやすいよう誘導することが肝要になってくるといえるだろう[29]。

ここまでに本論は，戦後日本の病床供給のメカニズムと政策的な示唆の一つを提示したが，なぜ戦後の社会は病院に病床を求め，病床数を病院をはかる一つの指標とし設定したのか，なぜ日本の医療の価格体系では手術などの技術料が相対的に低く評価されていたのかなどの課題に対峙するものとはなっていない。以上は，病床問題へのさらなる示唆を学術的に得るために今後の研究で解明される必要がある。

注

1)　広井（1994）p.86
2)「社会的入院」として批判された。
3)　都道府県知事による「勧告」であるため，病院の開設の中止，病床種別の変更の中止などを強制する法的拘束力はない。
4)　こうした議論は，例えば，藤井（1985）などでなされている。
5)　ここでいう信用とは，借入できるだけの経営上の安全性があることとする。
6)　河野（2006）は，「制度には，①フォーマル化，組織化，あるいは明示（文）化されたものと，②インフォーマルなもの，あるいは組織化・明示（文）化されていないもの，さらに，③そのいずれかが一概には分からないもの，が含まれる」としている。本論が対象とするのは，人為的（humanly-devised）につくられた病院という①フォーマルな制度である。
7)『病院要覧』では，全国ほとんどの病院の名称，所在地，標榜診療科，開設者名，病床数などを確認することができる。

8)　詳細は，高間（2016）の１章を参照されたい。

9)　開業医である藤森眞治参議院議員と厚生省の河野鎮雄医務局医務課長を中心に協議が進んだ。医療法人の認可第一号は，藤森眞治参議院議員が経営する姫路市の藤森病院であった。社団法人日本医療法人協会（1985）pp.126-127

10)　2007年の第五次医療法改正によって持分のある医療法人の新規設立は認められないこととなった。

11)　医療法人は，民法の公益法人と商法の会社とは区別される中間法人であり，民法34条法人を下敷きに財団と社団に区分される。医療法人には持分が認められたため，社団医療法人には持分ありの法人と，持分なしの法人が存在する。持分がある社団医療法人は，2014年の厚生労働省の調べでは医療法人総数のうちの83.1％を占めている。2007年の第五次医療法改正で医療法人制度が抜本的に見直されるまでは，この持分あり社団医療法人が，医療法人総数の９割以上を占めていた。

12)　実際，四病院団体協議会が，2006年に実施した『医療法人の現状と課題に関するアンケート調査』では，回答した医療法人のうち，役員に占める同族の割合が３分の１を超えるものは54.2％であった。そのうち，持分ありの社団における社員の平均同族割合は，68.9％であった。

13)　朝長（2010）p.113

14)　実際，蓄積された内部留保は，病床などの施設整備，医療機器の購入，医療従事者の雇用や待遇改善などに充てられていた。医療法人問題研究会（1998）p.81

15)　「公立病院改革ガイドライン」に明記されている。自治体病院経営研究会（2010）p.4

16)　自治体病院経営研究会（2010）pp.22-24　一般会計が負担すべき経費については，地方公営企業法施行令第８条の５，一般会計からの補助及び出資のあり方，その繰出金の趣旨と基準は，地方公営企業法第17条の３及び第18条に定められている。

17)　伊関（2014）pp.312-313

18)　自治体病院は，不採算であっても公共的な見地から必要な医療を担っているため，繰出基準内の他会計からの繰り入れは，赤字とはいえない。自治体病院の赤字について詳しくは，伊関（2009）pp.299-301を参照されたい。

19)　多くの自治体病院は地方公営企業法を「一部適用」としており，その場合は首長に病院事業の権限があるが，地方公営企業法を「全適」している場合は院長である医師が病院事業管理者となって現場の指揮をとることができる。

20)　国税庁刊行の『税務統計から見た法人企業の実態』はあくまで「法人企業」の統計であるため，個人病院は除かれ，医療法人の経営しか捉えることができない。

『TKC 経営指標』は税理士及び公認会計士の団体である TKC 全国会が刊行している。この資料は，税理士及び会計士が税務及び会計業務を行った病院からデータを集計しているため，全数調査でもサンプル調査でもないという欠点がある。

21） サービス業には，この他に「自動車，機械その他修理」「物品賃貸業」「情報サービス，広告，放送」などがあったが，1960年代から1980年まで統一した項目として掲載されていなかったため，その推移をグラフ化することは避けた。

22） 伊関（2009）p.291

23） 1960年に，公立病院に対してはじめて特別地方交付税が交付された。1966年に病院事業のすべてに地方公営企業法の財務規定が適用されると，個々の病院の収益状況が明確になり地方交付税による財政措置を行いやすくなった。1960年に総額5億円に過ぎなかった地方交付税が，1987年には1,390億円に達する。一般会計繰入金も1997年まで毎年増加していく。伊関（2013）pp.311-312，p.321，p.464

24） 佐口（1968）pp.6-9

25） 全国自治体病院協議会（1988）p.116

26） マ司令部ジョンソン大佐（1947）p.54

27） 山口（1992）p.64

28） この点については，高木（1998）でも指摘されている。

29） 2007年の第五次医療法改正で持分あり医療法人の新規開設は認められなくなったが，依然として病院をどのように経営するかの判断は医師に委ねられている。だからこそ，医療の質，処遇の質の改善につながるような内部留保の活用を促す政策的な誘導が求められるだろう。

参考文献

朝長英樹監修（2010）『医療法人の法務と税務』法令出版
伊関友伸（2009）『地域医療　再生への処方箋』ぎょうせい
伊関友伸（2014）『自治体病院の歴史　住民医療の歩みとこれから』三輪書店
医療法人問題研究会（1998）『医療法人制度の開設』日本法令
河野勝（2006）『社会科学の理論とモデル12　制度』東京大学出版会
佐口卓（1968）「公的病院の病床規制」『共済新報』 9（7）pp.6-9
自治体病院経営研究会（2010）『自治体病院経営ハンドブック』ぎょうせい
社団法人日本医療法人協会（1985）『医療法人三十年の歩み』
全国自治体病院協議会（1988）『創立三十五年のあゆみ』

高木安雄（1996）「診療報酬の変遷とその経済的効果」社会保障研究所編『医療保障と医療費』東京大学出版会

髙間沙織（2016）『戦後日本における病床偏重の高齢者処遇―コミュニティケア発展の困難の観点から―』一橋大学社会学研究科博士学位取得論文

土屋敬三（1991）「我が国の建築物着工床面積の推移」『医療広報』No.25

広井良典（1994）『医療の経済学』日本経済新聞社

藤井誠一（1985）『経営：私的病・医院』中央法規出版

マ司令部ジョンソン大佐（1947）「病院の標準化と米国の病院経営」『日本医師会雑誌』21巻1号　pp.53-54

山口昇（1992）『寝たきり老人ゼロ作戦』家の光協会

OECD（2001）*Health at a Glance*：OECD Publication Service

［謝辞］　本論は，一橋大学社会学研究科博士学位取得論文「戦後日本における病床偏重の高齢者処遇」の内容の一部を修正・加筆し書き下ろしたものである。本研究の過程では，松尾金藏記念奨学基金による助成だけでなく，松下幸之助記念財団研究助成（13-G19），科研費特別研究員奨励費（JSPS KAKENHI Grant Number JP 15J02918）による助成を受けた。

地域住民による在地資源を活かした農村開発
――東北タイ農村における換金作物としての野菜作りを事例に――

高良大輔

はじめに

農村開発（rural development）[1)]を捉えるうえで，行政やNGOなど支援を行う側からのアプローチと，開発実践を行う農村住民側からのアプローチと大きく2つに分けることができる。タイにおける農村開発の議論では，後者からのアプローチによって，開発実践を行う単位としての村落社会の形成に対する議論がみられる。チャティップは，資本主義の流入によって解体されてきたタイの村落共同体には，農民に幸せを与え，アイデンティティを与え，交渉力を発展させる潜在力があるとし，その復興が国家の後進性の克服につながると論じた［Chattip: 1987: 105-106］。このチャティップの議論は，北原［1996］によって展開され，共同体に対する肯定的な言説は，実際の農村はそうではないが，農村や農業計画のための戦略的なイデオロギーとして役割を担っていると論じられた［北原1996: 34］。北原の議論は，共同体肯定言説と市民社会と地域社会と3者間を関連させる必要性を問う方向に開いている。そして，2000年代に入ると，北原の議論は，農業開発だけにとどまる農村開発を批判し，一村一品運動のレベルを超えるような農村工業や都市―農村関係の考察へと展開していく［北原2000，2004，2007，2008］。本研究の関心も農村外の動向や文脈から農業開発を捉えることにあり，この点で北原の関心に近い。ただし，北原が生産性や効率性を意図した農業開発に主眼を置くのに対して，本研究では，農村住民が農村外の動向や文脈に適応していくダイナミズムに主眼を置いている。

一方で，政府やNGOの支援を受けて，村内住民の活動が活性化する様子が，重富［1996］によって報告されている。重富によると，外部の客観的条件変化にともなって，物的資源へのアクセスを期待した人々が，これまでの2者間関係を超えて集団的に結合し，資源交換関係を維持するための制度を備えた開発組織を新たに生み出した［重富1996：314］。つまり，住民組織とは，自己が保有していない資源（自然資源のみならず，経済主体によって保有されている財やサービスを含む）にアクセスする1つの方法というわけである。本研究は，この住民組織の経験蓄積のうえに見られる住民の経済活動を取り上げる。ただし，本研究の対象となる人びとは，自らの住む地域にある資源を活かした活動を行っている。これは，東北タイ農村において，農産物市場のような競争の激しいところでの共販組織のようなものはあまり一般的ではないとされてきた時期からの［重富1996：314］，変移の一側面を捉えたものとなる。

本稿の構成は，以下まず調査村の概況を述べ，その後現在見られる野菜の共販の状況を描写する。続く節において，移動労働者の関わりをみて，論を結ぶこととする。

1　調査村の概況

本研究は，タイ王国の東北部のほぼ中央に位置するマハーサーラカーム県にある村を取り上げる。東北タイは，コラート高原上に位置し，土地の6割が標高100mから200mの高さにある［Iamjaroen 2010: 32］。北から東にかけて隣国ラオスと接しており，メコン川がその境界線をなしている。南はカンボジアと接してドンラック山脈がその境界線をなし，西はペッチャブーン山脈によって北タイ及び中部タイ方面と線引きができる（図1）。

コラート高原上に位置する東北タイは，概して水田の卓越する純農村地帯であるにもかかわらず，〈米どころ〉ではなく［福井1988：36］，タイにおいて「貧困」の代名詞とみなされている。その要因に土壌や地形が挙げられる。福井［1988：40，60］が述べているように，コラート高原の土壌は砂質土で痩せており，旱魃の被害を受けやすく，またコラート高原に点在する含塩土壌も，農作業にはマイナス要因となっている。さらに，地形は全体として浸食地形で集水域より運ばれる土砂を堆積できず，より下流へと流してしまう。この侵食地形がこの高原の土壌の肥沃度の貧弱さの基本的要因となっている。加えて，農作業に重要な水という観点からみても，降雨量は年によっても変化が大きく，雨期に入る時期や，雨期の期間内での雨量変動も大きく，時空間的に非常に不安定であり［海田ら 1985：254］，安定した水の確保も困難な地域である。このような環境のもとで，天水田による稲の１期作が広く行われているが，自然環境に左右され収穫は極めて不安定だといえる。

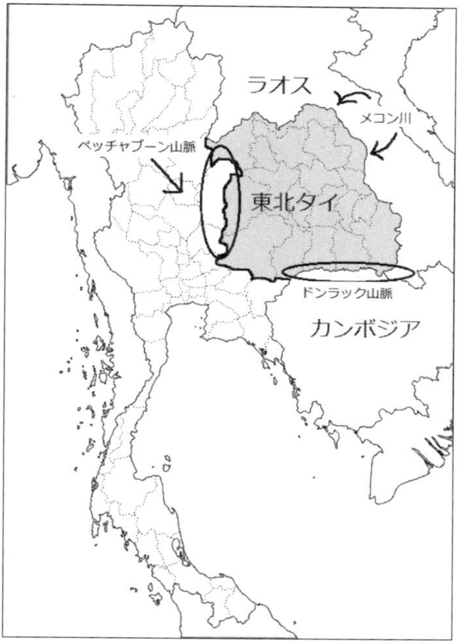

図１：タイ全図
出所：筆者作成

　一方で，コラート高原にはチー川とムーン川という２本の主要な河川が流れており，この二本の河川流域において近年では灌漑による２期作が可能な地域がみられるようなっている。本研究の対象であるLN村もチー川の灌漑により２期作が可能な地域に位置する（図２）。また，村の北西にはグラトゥム湖沼があるように，この一帯には地下水が豊富に存在し，LN村ではこの地下水を利用した野菜作りも以前から行われてきた。つまり，降雨に依存した天水田の１期作が主流である東北タイにあって，LN村を含めたチー川中流域は一種異なった景観をもっているといえる。

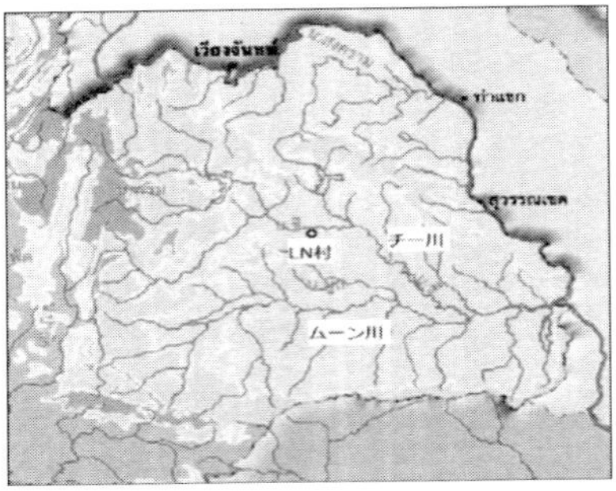

図２：東北タイの河川
出所：[Iamjaroen Wirot 2010: 49] に筆者加筆

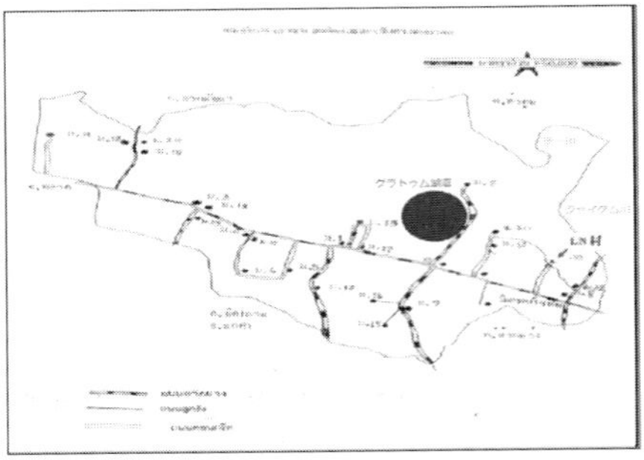

図３：LN 村近郊
出所：[K 区行政 2012: 14] に筆者加筆

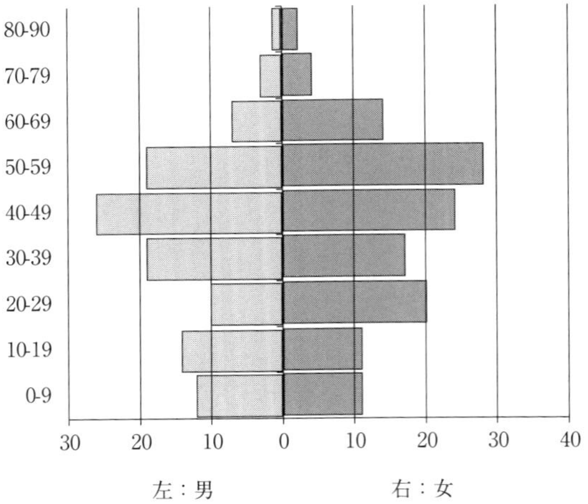

年齢層	男	女	合計
80-89	1	2	3
70-79	3	4	7
60-69	7	14	21
50-59	19	28	47
40-49	26	24	50
30-39	19	17	36
20-29	10	20	30
10-19	14	11	25
0-9	12	11	23
	111	131	242

グラフ１：LN 村の人口構成（2013年１月現在）
出所：筆者調査

このような地理環境にある LN 村は，1912年に隣村の人口増に伴う分村という形で形成された村である［LN 村村長2012：１］[2)]。2013年１月の悉皆調査によると，LN 村の人口は全66世帯，242名（うち男性111名）であった（グラフ１）。19歳以下の人数が少ないのは，主に就学目的でバンコクをはじめ，

表1　LN 村内に居住し，農外就業に従事する者

職　　種	人数	男性か女性か		生年	最終学歴
月収がある職種（20）					
公務員（7）					
マハーサーラカーム市役所勤務	1	男		1957	高卒
K 区役所勤務	1	男		nd	nd
教員	2	男		1957	大卒
			女	1962	大卒
高齢者支援所勤務	1	男	1960		高卒
税務署勤務	1	男		1986	nd
警察官	1	男		1958	警察学校卒
村長	1	男		1970	高専卒
副村長	2	男		1962	中卒
		男	1967		中卒
郵便事業部勤務	2	女		1974	大卒
			女	1981	高卒
農業銀行勤務	1	女		1988	大卒
マハーサーラカーム商工会議所勤務	1		女	1987	大卒
CP フード勤務	1	男		1987	大卒
アパレル販売員（市内デパート）	1		女	1992	中卒
店員（市内装飾店）	1	男		1967	中卒
飲料水製造販売所勤務（LN 村）	3	男		1980	中卒
			女	1979	大卒
			女	1989	nd（カンボジア人）
日雇い労働（3）					
セメント会社	2	男		1987	中卒
			女	nd	nd
大工	1	男		1967	中卒
自営業：村外（16）					
野菜の運び出し・販売	5	男		1976	nd
			女	1957	小4
			女	1967	小6
			女	1972	小4
			女	1975	小6
理容師，美容師	3	男		1975	nd
		男	1965		小4
			女	1994	中卒
ソンテウの運転手	3	男		1966	nd
(ピックアップトラックを改造した乗り合いバス)		男		1967	小6
		男		nd	nd
運送業	2	男		1961	小4

		男		1981	nd
下水道工事業	2	男		1968	中卒
			女	1966	小4
小売店	1	男		1961	小4
自営業：村内（8）					
飲料水製造販売所	1	男		1950	nd
リサイクル業	1	男		1967	小4
旋盤工	1	男		1980	大卒
修理工	1	男		1958	小4
石職人	1	男		1968	小6
小売店	1	男		1924	小4
お菓子売り	1		女	1954	小4
映写	1	男		1973	大卒

※　nd：no data
出所：筆者調査

他県に出ていることに起因する。就労状況を見ると，ほぼすべての世帯で稲作を行い，57世帯が2期作に従事している。加えて，野菜作りや家畜の飼育などが主な生業である。また，農外就業に従事している者を含む世帯が29世帯あり，個別で見ると，LN村内に居住し，農外就業に従事している者は47名いる。そのうち20名が月収のある職業に就いており，日雇い労働者が3名，自営業が24名となっている（表1）。また，2013年1月現在，県外へ出稼ぎに出ている者は29名いる。

以上のような生活環境の中，LN村の住民は，村内における現金獲得活動として換金作物としての野菜作りを行っている。この活動は，2000年代後半から始まった活動である。次節では，この換金作物としての野菜作りがどのように始まり，そして現状としてLN村の生活の中にどのように位置づけられるのかを検討する。

2　2000年代後半から始まる野菜の共販

2.1　換金作物としての野菜作りと販売網の確立

LN村近郊は，地下水が豊富にあり，以前から野菜作りが盛んに行われてきた地域である。この野菜作りを現金獲得活動としてLN村に定着させようとする動きが2000年代後半に始まる。その中心となったのが，2006年から2011年までの5年間，村長を務めたZSさん（女性・1966年生まれ）である。ZSさんは，これまで自家消費用だった野菜作りを換金作物化し，その販売網の確立を試みたのである。

ZSさんは，プーミポン国王が掲げる「充足経済哲学」[3]に基づいた，身の丈に合った農村の発展を志向し，これまで自家消費用として行っていた野菜作りでの収入増を図るべく，その販売網を確立させようとしたのである。

なぜ野菜作りで収入増を図ったのか。ZSさんの話から2つのことが理由として挙げられる[4]。1つは，この地域一帯は地下水が豊富で野菜作りに適していたことであり，2つ目には1990年代後半から野菜をマハーサーラカーム市街地へ売りに出す農家が顕在化してきたことである。このような状況の中で，ZSさんは何度か住民を集めて会合を開き，換金作物としての野菜作りに関するノウハウ，例えばどれぐらいの量のまとまった野菜を作る必要があるのか，どの時期にどんな野菜がよく売れるのかなどを，すでに野菜作りで収益を得つつあった人たちに話してもらい，他の住民にも周知を図った。

販売網に関しても，会合の場でどの農家がいつ，どこに売りに出しているのかを周知させたという。その結果，現在では村内に5名4組（5名のうち2名は夫婦）いる野菜を運び出す農家の誰に優先的に自らの野菜を運び出してもらうかが，それぞれの野菜作り農家で決まっている。優先的に交渉している運び出し農家と都合が合わなければ（たいていは前日の夕方に交渉しているが，）翌日に持って行ってもらう野菜に関して，他の運び出し農家と交渉する。このような日々の交渉を繰り返す中で，野菜を運び出す農家を中心としたネットワークが形成されている。このネットワークは，交渉相手を自らの都合でいつでも変えられるという柔軟性を持っている。この交渉の柔軟性によって，野菜運び出し農家は交渉での軋轢を回避しながら継続的に市場へ野菜を運び出すことが可能となっている。また，野菜を作る農家にとっても，作れば必ず売りに出してもらえるという確証のもとで野菜作りに励むことができる環境が確立されているとえる。

ZS さんが，野菜作りと販売網の確立に注力したのにはもう１つの大きな理由があった。それは，行政からの交付金を使わずに，その土地にある資源を利用して経済活動を行うことで行政から高く評価されるという，行政の評価システムへの関心であった。事実，LN 村はその取り組みが認められ農村開発モデル村として2011年には行政区とその上位行政区分であるムアン郡行政，さらにマハーサーラカーム県行政からも評価を受けている5)。では，その野菜作りと販売の内実はどのようなものであろうか。

2.2　野菜作りの現状

(1)　豊富な種類と柔軟な売り方

以下では，まず現在の LN 村における野菜作りの状況をみることとする。現在，LN 村では66世帯中60世帯（90.9％）が自家消費用に野菜の栽培を行っており，48世帯（72.7％）が換金作物として野菜作りを行っている。換金作物としての野菜作りを行っていない世帯で，それを行わない理由としては１）牛の飼育が７世帯，２）仕事が忙しい７世帯，３）高齢２世帯であった。また，換金作物としての野菜作りを行っているかどうか不明な世帯が２世帯あった。牛の飼育で野菜作りができないという世帯は，牛のエサとなる草を自生させておくために土地を利用しており，畑を作って野菜を栽培する土地がないことを理由として挙げている6)。仕事が忙しくて野菜作りができない世帯は，家族そろって理髪店を営んでいる１世帯や夫婦で旋盤工作業所を営んでいる１世帯，修理工作業所及び養魚，養豚を行っている１世帯，飲料水製造所を営んでいる１世帯，孫育てが忙しい２世帯，日中野菜の販売で市街地に出ている世帯１世帯であった。

野菜作りを行っている世帯に戻って，換金作物として野菜を作っている土地の面積を見てみると，その平均面積は1.76ライ（１ライ＝1600㎡）である。

しかし，休閑地も散見され，すべての畑で野菜が常時栽培されているわけではない。畑では主に，空芯菜やカイラン，レモングラス，ホーリーバジル，スィートバジル，レモンバジル，ライム，コリアンダー，ペパーミント，タイミント，セロリ，レタスなどが栽培されている（写真１）。なかにはトウモロコシを育てている世帯やマンゴーやココヤシといった木々を育てている世帯もある。また時期によって売れる野菜や育ちが良い野菜が異なり，市街地の動向や天候の変動も考慮しながら，その時々に栽培する野菜を決定している。

写真１　ホーリーバジルの畑

野菜の売却額に関して見てみると，LN 村で収穫された野菜は袋単位で運び出したり，束単位や kg 単位で運び出したりする。その売却額は，例えば空芯菜を50リットル袋で運び出した場合１袋200－250バーツ（写真２），スィートバジルを束で運び出した場合７本１束で10バーツの価格で売ることができる（写真３）。売り上げのうち約２割から３割を運び出し農家が手間賃として受け取る。世帯や時期によってもバラバラであるが，野菜を運び出してもらうと１日200－700バーツの利益が出るが，時には1,000バーツの利益が出ることもある。逆に１日50バーツ分だけを売る世帯もある。収穫後の運び出しは，多くの世帯で２，３日に一回の間隔で行われている。空芯菜やバジル類は15－20日で収穫でき，栽培時期をずらすことで，ほぼ毎日収穫することも可能である。また，一回の運び出しで得られる純利益（総利益から運び出し農家への手数料を引いた額）の平均は，451バーツである。ただし，この数字は，聞き取りによるものであり，また最低50バーツから最高1,400バーツと幅があり，あくまで目安として提示したい。

写真２　空芯菜の運び出し

写真３　スィートバジルを束ねる

(2)　マハーサーラカーム市内の市場

では，市場に運び込まれる野菜はどのように売られているのであろうか。LN 村は国道23号線から沿道を北に800m 入ったところに位置しており，LN 村からこの国道23号にのって西へ15km 行くとマハーサーラカーム県の中心市街地があり，東へ25km 行くとローイエット県の中心市街地がある。市街地へは，国道23号線という幹線道路が利用でき，自家用車やバイクでの移動のほか，マハーサーラカーム―ローイエット間を頻繁に往来する大型，小型のバスも利用できる。これらの条件は，LN 村の住民にとって市街地へのアクセスが容易であることを意味している。野菜の運び出しも，マハーサーラカーム―ローイエット間の往復バスを利用したり，自らのピックアップトラックで運び出したりしている。

野菜運び出し農家は全部で５名いる（表２）。うち２名は夫婦であり，野菜の運び出し活動を行っている農家は実質４組である。この４組のうち，野菜の運び出しと市場での野菜販売に特化している H1さんを除き，他は皆自らも野菜を作っている。これらの農家は，週に２，３回野菜の収穫も行っているが，運び出しは毎日行っている。

H1さんの場合，マハーサーラカーム市街地の市場に自らの売り場を設けて，毎日朝から夕方までその売り場で野菜を売っている。売っている野菜は，

表2　野菜運び出し農家の生年および，主な生業

	生年	主な生業
H1（女性）	1957	野菜の運び出し＆市場での野菜販売
H2（女性）	1967	野菜作り＆野菜の運び出し
H3（女性）	1972	野菜作り＆野菜の運び出し
H4（女性）	1975	野菜作り＆野菜の運び出し
H5（男性）	1976	稲作，野菜作り＆野菜の運び出し

出所：筆者調査

LN 村で野菜作りをしている農家から引き受けた野菜である。H1さん自身は，野菜を作っておらず，野菜の販売に特化して生計を立てている。また，マハーサーラカーム市街地にある市場に店を出しているほかに，同市街地に3軒ある得意先の料理店に直接野菜を卸すこともしている。

マハーサーラカーム市内の生鮮市場には，H1さんの店を含め，野菜を売っている店が11あり，その中で LN 村の野菜を扱っている店が4店舗ある。ここに運び込んでいるのは H2さん，H4さん・H5さん夫婦である。H3さんは市内の南ゲートから10km 行ったところにある市場に運び出している。H2さんたちは，それぞれ野菜を扱っている店を回り，野菜を置いてもらうよう毎日市場で交渉を行っている。

マハーサーラカーム市内の生鮮市場で野菜を扱っている店のうち最も大きい店を構えている CO さん（1967年生まれ・女性）によると，LN 村の野菜は4，5年前（2008年ごろ）から並べ始めたという[7)]。LN 村以外では，大型トラックで週に2，3度，広範囲の村から運び込まれてくる野菜やにんじんなどの中国から入ってくる野菜も並べられている。しかし，ここ数年で農薬や化学肥料を使わない野菜への需要が高まり，名前の知れた村から入ってくる野菜の人気が高いという。マハーサーラカーム市近郊の村々では，近年有機農法による野菜作りを謳った村が出現し，この生鮮市場でも有名となりつつある[8)]。LN 村の野菜は有機農法として有名ではないが，毎日収穫したての野菜が運び込まれてくるので，鮮度が良く売れ行きも良いという。

COさんとのインタビューでも聞かれたが，近年，有機農法や堆肥を使った無肥料農法によって作られた野菜を，自らの農産物の特徴として，市場に対する強みを見出そうとする村々が出現している。LN村近隣でもマハーサーラカーム農業技術専門学校の教員による堆肥作りが奨励され始めている。LN村では，同専門学校で教鞭をとっているDKさん（女性・1962年生まれ）のアレンジのもと，2012年12月に区行政支援の下で堆肥作りの研修が行われている[9)]。

このように，LN村では市場の動向に追随できる環境を自らで設定し，市場での競争力につなげている。また，収穫した野菜を遅くとも翌日には運び出すことができる販売網が確立されていることで，新鮮な野菜を市場に並べることができている。そして，この運び出しが「毎日」行われていることで，市場においてある一定以上の陳列が確保されている。そのことが，次の交渉につながり，結果的にLN村からの野菜は市場に運び出され続けているのである。

(3) 家計を支える2つの収入源

再び，LN村内に戻り，野菜作り農家の収入についてみていくこととする。ここでは，Yさん（男性・1964年生まれ）の世帯の収入をその具体例として以下に記す。Yさんの世帯はYさんと妻（1960年生まれ）と息子（1987年生まれ）の3人世帯だが，息子は現在バンコクの自動車部品を扱う工場で働いており，また仕送りもしておらず，帰村の予定もない状態にある。したがって，現在Yさんの世帯は，Yさんと妻の2人世帯であるものと考える。Yさんの世帯では2ライの畑で空芯菜，スィートバジル，コリアンダー，ペパーミント，ホーリーバジル，レモンバジルなどを栽培している。これらの野菜を1回に400バーツ程度，週に2回ほど主にH4さん・H5さん夫婦に運び出してもらっている。その年間粗収入を概算すると約41,600バーツとなる。

野菜の売却は年間を通して行われているが，上述のように売却する種類や

１回	約400バーツの収入
週２回運び出し	
年間（52週）	約41,600バーツ

価格は時期によって大きく変動するので，上記の数値は，あくまで目安として捉えるものとする。しかし，この目安である約41,600バーツという数値は，稲作で得られる収入と比べても決して少ない額ではない。

では，そのＹさんの稲作年間収支を見てみることとする。Ｙさんの世帯６ライ（約10,000㎡）の水田を持っており，村の北を流れるチー川からの灌漑が使えるため２期作が可能である。2011年も１回目は雨水を利用し，２回目は灌漑を利用して水田を作った。Ｙさんには，この６ライの水田で2011年に行った稲作における収入を概算していただいた。結果は以下の通りである。

稲作による粗収入：Ｙさん世帯の2011年

１期目：４ライでジャスミン米	約2,100kg	31,500バーツ
２期目：６ライで香り米（ピッサヌローク17）	約4,200kg	50,400バーツ
合計	——	81,900バーツ

この年は１期目に２ライの水田でもち米を作り，４ライの水田でジャスミン米を作っている。２期目は６ライの水田で香り米を作った。そのうち，１期目のもち米は自らの世帯の消費に充て，ジャスミン米と２期目の香り米を売却し，年間で81,900バーツの粗収入を得た。そこから耕起用のトラクターや刈り取り用のコンバインの借用に肥料を加えた諸費用を引くと純利益は63,260バーツとなった。

これらの数字と前述の野菜で得られた年間粗収入41,600バーツを比べると，野菜年間粗収入は稲作年間粗収入81,900バーツの約1/2，稲作純利益63,260バーツに対しては約2/3である。同数字から野菜作りとその販売が世帯家計に大きく貢献していることが分かる。

では，上記のYさん世帯の収入が東北タイの都市と農村を含む全体から見た時に，どのように位置付けられるかをみてみたい。Yさん世帯の収入を月収として置き換えてみることとする。野菜の年間粗収入と稲作の年間粗収入を足すと123,500バーツとなる。これを12で割り月収としてみたとき約10,292バーツとなる。タイ統計局が算出した2011年の東北タイにおける平均月収は18,217バーツであり［Thai National Statistical Office 2011］，Yさん世帯の農業粗収入を月収で見たとき，東北タイ平均の半分強であるおよそ56.5％にあたる。ただし，Yさんの世帯は，住居は妻の両親から相続し食事も自らで作ったもち米や野菜を中心に摂っており，したがって住居や食事への失費は多くないものと考えられる。ちなみに，LN村の住民の2011年度の稲作粗収入の平均が90,120バーツであり，Yさん世帯の収入は平均をやや下回るものと捉えることができる。

Yさん世帯を1つの典型としてLN村の野菜作りを見ることができるが，この野菜作りを行っている多くの世帯に共通してみられることとして，移動労働の経験が挙げられる。次節ではこの移動労働の経験が野菜作りと運び出しにどのような影響を与えているかを論じる。

3　移動労働経験を持つ人びとの関わり

換金作物としての野菜作りを行っている48世帯のうち，32世帯（66.7％）で移動労働経験を持つ人が野菜作りを行っており，男女で見ると32名の女性，4名の男性が移動労働経験を持っている（表3）。また，野菜の運び出しと販売に特化しているH1さんも移動労働の経験を有している。

現在，LN村に居住している15歳以上65歳未満の生産年齢人口のうち，非就学者は190名おり，そのうち移動労働の経験をもつ人は68名いる。その割合は，LN村住民の35.8％にあたる。この68名のうち，女性は41名で，男性は27名である。そして，表3にみられるように，移動労働を経験し，帰村後

表3　野菜作りを行っている人で移動労働経験を持つ人の経歴

	生年	最終学歴	移動労働へ出た年※	移動労働通年数	移動労働先での主な職種，職場	帰村／入村のきっかけ
女1	1950	小4	1977	35	プラスチック加工工場ST，ガラス瓶工場，縫製工場，家政婦（バンコク）	夫の死，土地の相続
女2	1954	小4	1976	8	ガスコンロの会社，プラスチック加工工場ST	nd
女3	1957	小4	1977	3	プラスチック工場SC	仕事に飽きた
女4（BH）	1959	小4	1977	2	プラスチック加工工場ST	結婚
女5	1959	小4	1977	nd	バンコクでいろいろな仕事	nd
女6	1960	小4	1976	1	縫製工場（バンコク）	nd
女7	1960	小4	1980	30	プラスチック加工工場ST，縫製工場	田舎の生活に戻りたい
女8	1960	小4	1980	6	プラスチック加工工場ST	出産
女9	1962	小4	1982	4	プラスチック加工工場ST	結婚
女10	1964	小4	1984	8	造花工場，人形作り工場，木製のおもちゃ工場WWP	出産
女11	1965	小6	1981	1	プラスチック加工工場ST	nd
女12	1965	高3	nd	1	プラスチック加工工場ST	nd
女13（前村長・ZS）	1966	小4	1979	10	家政婦，下水道工事業	結婚
女14	1967	中3	1982	5	縫製工場（カンチャナブリー）	母の死，父の世話
女15（H2）	1967	小6	1982	5	バンコクで	結婚
女16	1967	小6	1985	10	華人企業，エアコン作り	両親の世話
女17	1967	高卒	1985	2	めがね工場	結婚
女18	1969	高専卒	1990	3	縫製工場（バンコク）	父の死，母の世話
女19	1970	小6	1986	7	木製おもちゃ工場WWP	結婚
女20	1972	小6	1987	15	プラスチック加工工場ST	父の死，母の世話
女21	1972	小6	1987	3	ドライフルーツ工場，家政婦	体調不良，郷愁
女22（H3）	1972	小4	1987	2	車部品製造工場JJ	結婚
女23（H4）	1975	小6	1989	6	縫製工場（バンコク）結婚	
女24	1976	小6	1988	22	ソムタム屋台，鶏肉工場，ガラス細工工場	仕事が大変
女25	1976	小6	1989	7	日雇い労働（カラオケ店など）	結婚
女26	1976	小6	1991	4	プラスチック加工工場ST	結婚・出産
女27	1977	小6	1992	7	縫製工場，ウエイトレス，指輪作り作業所（バンコク）	結婚
女28	1977	小6	1993	8	プラスチック加工工場ST	結婚
女29	1979	大卒	2001	nd	セブンイレブン（バンコク）で販売員	郷愁
女30	1980	大卒	2002	8	旋盤工作業所（コーンケン）で夫の手伝い	自らの作業所を開く
女31	1980	高卒	2004	2ヶ月	美容師	飽きた
女32	1985	中3	2000	11	華人企業，車部品製造工場SK	二人目の出産

女33 (H1)	1957	小 4	1975	nd	家政婦，日雇い労働両親の死，土地と家の相続	
男 1	1964	小 4	1979	5	遠洋漁業，プラスチック加工工場 ST	結婚
男 2	1970	小 6	1985	15	石材作業所	離婚
男 3 (H5)	1976	小 6	1988	4	大工などの日雇い労働	結婚
男 4	1972	nd	nd	nd	プラスチック加工工場 ST	妻の帰村に伴う

※複数回移動労働に出ている人に関しては，初めて移動労働に出た年を記載
※　nd：no data
出所：筆者調査

に換金作物としての野菜作りを行っている人は女性32名，男性４名である。換金作物としての野菜作りを行っている人の数は，54名であり，そのうちの66.7％にあたる36名が移動労働の経験をもっていることとなる。

これらの数字から，移動労働の経験と換金作物としての野菜作りに，何らかの関係性があることが示唆される。

タイ国内における移動労働に関する研究は，大きく２つに分けることができる。それは，移動労働先での自己形成や自己再解釈に関するものと［Mills 1997, 1999; 速水2006; 木曽2007, 2010b; 平井2011］，移動労働者を送り出す社会が受ける変容に関するものである［Fuller et al 1983; Lightfoot et al 1983; Parnwell 1986; 田崎2008; 木曽2010a,; 平井2011］。前者に関して，木曽［2010b］は移動労働を経験してきた女性たちが，バンコク首都圏で経験をしたことで，世帯への経済的貢献と同時に，自らを「稼ぎ手」として認識するようになったという重要な指摘を行っている。加えて，母親の庇護から離れて生活することで，生活全般を自分自身で組み立て，さまざまな場面において「自分で決裁する」ことを学んできた彼女たちは，「稼ぎ手」として，自分が生活を組み立てていける自信を手に入れるようになってきた［木曽2010b，93］。一方，移動労働者の送り出し社会では，移動労働を行う人びとによって，農村ではバンコクの近代的で都会的な資本主義への意識が高まったことや，仕送りによって消費性向が刺激されたことなどが論じられてきた［Lightfoot et al 1983,

40-41; Parnwell 1986, 135]。本稿での議論は，移動先での経験によって自己再解釈を行ってきた人びとが，帰村後に農村社会で現金獲得活動を作りだし，継続させてきたことを論じ，したがって両研究群にまたがるものとなる。

それでは，移動労働の経験を持つ人びとの移動先での生活や，帰村後の取り組みの具体的な事例から，彼女たちの換金作物としての野菜作りへの関わりを論じることとする。以下，バンコクの縫製工場で２年間働いたというBH さん（表３中の女４）を事例として取り上げる。

BH さんは，隣村の学校で小学４年まで勉強し[10]，その後，すぐにマハーサーラカーム市内にある学生服や学校の物を売るお店で働き始めた。そして，18歳の時にバンニクへ出る。バンコクでは，後にLN 村から幾人もの人びとが働きに出るST というプラスチック工場で２年間働いた。そのきっかけは，隣村に住む知人からの誘いであった。プラスチック工場で働いた２年間では，その知人に加えて４，５人で共同生活を送っていた。1979年，20歳のときに近くの同工場で働いていた男性と結婚することになり，それを機に帰村する。BH さんは，結婚・出産後も村内での現金獲得を模索することとなる。例えば，パルプ紙製造業者と契約し，１ライの土地でユーカリを植えたことがある。また，お菓子を作り，マハーサーラカーム市街地の学校前で売り歩いたこともあった。現在は，10ライ（16,000㎡）の水田で稲作を行っているほかに１ライの畑を作り，空芯菜に加え，豆やかぼちゃ，スィートバジル，ホーリーバジルなどを換金作物として栽培している。これまでにも自家消費用として，バジル類やライムなどを育てていたが，換金作物としての野菜作りを始めたのは，前村長ZS さんが村内で作った野菜を市街地の市場で売るための活動を行った後のことであった[11]。

このように，BH さんは，村内での現金獲得を模索するなかで，現在は換金作物としての野菜作りを選択するに至っている。移動労働で現金獲得活動を行ってきた経験が，現在の村内での換金作物としての野菜作りに活かされているとみることができよう。BH さんのように，移動労働の経験をもち，換金作物としての野菜作りを行っている人びとがLN 村内に多く見られることからも，同様の指摘ができる。

移動労働での現金獲得活動が，現在の換金作物としての野菜作り活動に活かされているとする議論は，運び出し農家の事例からも強化できる。一例として，H1さん（表３中の女33）の事例を見ることとする。

H1さんは，1975年（18歳）ごろにバンコクへ移動労働に出て以来，バンコクとLN 村を行き来しながら，バンコクでは家政婦や日雇労働に従事し，LN村では母親の手伝いで野菜の運び出しを行ってきた。母親の死去をきっかけに90年代前半に帰村し，その後は母親の手伝いで行っていた野菜の運び出しを自らの生業とするようになる。

H1さんの事例で特筆すべき点は，村内で一人暮らしをしながら水田も保有しつつ，野菜の販売で生計を立てている点である。機械化により，稲作に人手を使う必要性が低減したことが大きな理由として挙げられるが，３ライ（約5,000㎡）の水田で，自家消費用のもち米と換金用のジャスミン米を年ごとに交互に作って水田を維持している。畑は作っておらず日々の生計は，主に野菜の販売によって立てている。この野菜の販売は母親の仕事を継いだものであるが，それを生活基盤にするまでに特化してきており，いわば「第２種兼業農家」として生計を立てるにまで至っている[12)]。

H1さんの場合，バンコクとLN 村を行ったり来たりしながら，バンコクでは労働で得た現金を介した生活を行い，LN 村では母親の野菜販売を手伝いながらそのノウハウを身に付けてきた。この２つの経験を活かして，現在は野菜販売で得た現金による貨幣生活を農村において行っている。つまり，バンコクでの生活を通して実践してきた現金を介した生活スタイルを，LN村の文脈にのせて，野菜の販売という形で適応させているのである。

そして，H1さんやBHさんだけでなく，バンコク等で移動労働を経験した人びと，特に女性たちが帰村後に自らの経験を活かして野菜の販売，および野菜作りを行っている様子がLN村内で広くみられる。

彼女たちの移動労働の経験は，世帯の家計への貢献という側面で捉えることができる。バンコク等で労働を行い，収入を得て自らの生計を立てるだけではなく，LN村の両親に送金をしたり，帰省時にまとまったお金を渡すことで，世帯の家計に貢献してきたのである。また，その行為によって自らを世帯家計への貢献者として位置付けてきた［木曽 2010b］。このような移動先での労働経験は，帰村後に農村の文脈において，現金獲得方法を模索し，その結果換金作物としての野菜作りを確立させていったとみることができる。つまり，現金を獲得し，世帯家計に貢献できる存在という移動労働先で得た自己認識が，帰村後に野菜作りやその販売を通して再生産されているのである。

おわりに

本研究は，東北タイ農村における，住民が主導となって行っている，在地の資源を活かした経済活動を事例として，彼女たちがどのように市場に対応しているのかをみてきた。彼女たちの換金作物としての野菜作りを促したのは，前村長ZSさんによる取り組みであった。ZSさんのリーダーシップのもと，野菜作りや運び出し農家の情報が住民に共有されたことで，活動が活性化したのである。また，ZSさんをはじめLN村の住民が口にする「充足経済」というプーミポン国王が提唱し，行政も地域開発に用いている理念が活動の動機となっていた。換言すれば，在地の資源を有用して経済活動をすることで，行政から評価されるというシステムによって，LN村の換金作物としての野菜作りとその販売は促進され，また継続的に取り組まれているのである。

この日々の経済活動において，換金作物としての野菜を作り始めた農家と毎日市場に運び出す農家とが「作れば運んでもらえる」「毎日運び出せる野菜が村内にある」というような互いに依存しあう関係性を築いたことも，継続性を保てている要因と考えられた。この関係性によって，継続的に野菜が市場に運び込まれることで，市場における売り手との関係性や売り場面積もある一定以上確保されている。

また，移動先での現金獲得活動の経験を，帰村後に農村の文脈に適応させて，野菜作りとその販売によって村内で現金獲得活動を作り出してきた人々の存在が明らかとなった。彼女たちは世帯家計への貢献者としての自己認識を，農村社会の中で再生産させていたのである。

今後，住民が主体となり，在地の資源を活かした開発活動は，ますます活性化し，また多様化していくであろう。本調査村一帯でも，食への安全性が配慮でき，かつ費用も安い有機農法や，堆肥を利用した無肥料農法への志向性が高まっている。そうした中，政府やNGOは，開発理念や開発技術を住民に浸透させるだけではなく，住民が志向する開発発展から支援を行う必要があるのではないだろうか。また，住民が主体的に行う活動に対して，支障となるような事柄を取り除く，あるいはそういった支障が生じないよう取り計らう必要もあろう。本稿においては，このような着眼からの考察は射程外であったが，同議論に関しては，今後の研究から明らかになることを期待したい。

注

1) 農村開発は，人類史の長期的な視点に立った農耕社会の形成や発展から，途上国における貧困問題の解決を目標とした計画的社会変化，そしてポスト工業化社会における農村地域の振興など，多様な意味を含む概念である［水野2008，4］。本稿では，ポスト工業化社会における農村地域の振興として，農村開発という用語を扱う。

2) LN村の資料によると，LN村形成のきっかけは1900年代後半に隣接するM村から数世帯が移ってきたことであった。その後，徐々にM村から移住してくる世帯数が増え，総数25世帯となった1912年にLN村で村長選挙が行われ，村名が定められ，そしてLN村が形成された。また，1976年には村の北に寺が建立された［LN村村長2012: 1］。

3）プーミポン国王が提唱した「充足経済哲学」は，中庸の道を進みながら身の丈に合った発展を遂げるための素地となる理念である。その核となるのは，自らを律し，知識や慎重さや道徳心に基づいて生活を送り，災害から身を守ることである。これにより，グローバル化の流れや絶えず変化する社会において，安定と継続性を持って生活を送ることができるのである［経済社会開発局2008: 6］。

4）前村長ZSさんへのインタビューは2012年12月23日と2013年1月3日に行った。

5）1962年に内務省から独立したコミュニティ開発局は，その年に住民が価値ある自給自足を知り，自己啓発とともに資源開発の有用性を理解することを「教える」事業を始めた。それは，行政自らがコミュニティに入って開発を進め管理を行うのではなく，住民自らが開発に携わるような支援や奨励であった。コミュニティ開発局は，住民こそが開発の資源であると強調し，プーミポン国王が提唱した「充足経済」哲学を政策に導入してコミュニティ強化を図っている。コミュニティ開発局の中にあるコミュニティ強化促進局では，全国の農村の中から，充足経済農村開発事業に沿って農村開発に取り組んでいる村を「満足な生活」「良き生活」「持てる生活」の3段階に分けて評価し，予算の割り当てを行っている。2011年度に対象となった村は，全国878群から2666カ村（1つの群から1カ村以上）である。この事業対象となった2666の村から9つの村を選別し，その開発成果を調査した［コミュニティ強化促進部2011: 1-4］。LN村も2011年度に郡の代表とされ「満足な生活」を送る村として評価された経緯を持つ。

6）牛を飼いながら畑を耕して換金作物用に野菜を作っている世帯は9世帯ある。

7）2012年9月3日，マハーサーラカーム生鮮市場にてCOさん（1967年生まれ・女性）へのインタビュー調査より。以下，この段落の内容はCOさんへのインタビュー調査による。

8）マハーサーラカーム県ボラブー群KK村は，2，3年前から化学肥料を使わない野菜を村の農産品として，その安全性を強調し，市場に野菜を売り出している。また，筆者の調査期間中である2012年9月6日7日両日に行われたマハーサーラカーム県農村開発事業発足50周年イベントでも同村の有機農法野菜が陳列されている。

9）肥料よりも地力の維持とコストの低さに優位性を持つ堆肥の自家製造が近年，東北タイ農村部で試みられている。もともと，家畜の糞を肥やしとして使用していたが，水牛や牛の減少もあり，購入した肥料の使用に頼ることが近年の傾向であった。これに対して，地力維持やコスト低減が図れる堆肥に再度注目が集まってきているわけである。筆者が2010年にK行政区全村をまわった際にも，いくつかの村で堆肥作りを確認している。今回の農業技術専門学校による堆肥作りの奨励もこの流れをくむものだと考えられる。

10） 1921年に初等教育令が発布され，義務教育が小学4年までと定められる。1961年に義務教育が4年から7年に延長されるが，農村の77％が4年生のままだったため，農村住民の多くが小4卒という時代が長く続く。1978年にカリキュラム改革があり，4－3－3－2制から6－3－3制が採用され，義務教育も6年に短縮される。その後，1999年に発布された国家教育法により，義務教育が前期中等教育までの9年となった［櫃本2011: 56］。表3中の最終学歴に小4と小6が混在するのは，カリキュラム改革の過渡期にあったことと，親が子どもを学校へ行かせず家の手伝いをさせる世帯があったことを理由とする。

11） 2012年9月24日，BHさん（1959年生まれ・女性）へのインタビュー調査より。

12） H1さん（1957年生まれ・女性）へのインタビュー調査は2012年9月16日に生鮮市場において，2012年9月18日，および2012年12月26日に村内で行った。

文献リスト

Chattip Natsupha. 1987. Setakit muban thai nai adit. krungthep samnakphim sarangsan lae samnakphim muban.（チャティップ・ナトゥパ．1987．『タイ村落経済史』クルンテープ サムナックピム サーラサン レ サムナックピム ムーバーン）

Chloem Khongudon, Phuyaiban ban LN. pho.so. 2555. *Phaen chumchon prajampi 2555-2556*. Ban LN, tambon K amphoe muang Mahasarakham jangwat Mahasarakham（Chaloem Khongudon LN村村長．2012．『2012-2013年度コミュニティ年次計画書』マハーサーラカーム県ムアン・マハーサーラカーム群K行政区LN村）.

Deininger, Klaus and Byerlee, Derek. 2012 "The Rice of Large Farms in Land Abundant Countries: Do They Have a Future?" *World Development* 40(4): 701-714.

福井捷朗 1988.『ドンデーン村』創文社.

Fuller, Theodore D, Kamnuansilpa, Peerasit Lightfoot, Paul and Rathanamongkolmas, Sawaeng. 1983. *Migration and Development in modern Thailand*.Bangkok: Social

Science Association of Thailand.

速水洋子 2006.「越境する個人—北タイ山地と都市のはざまにおけるカレン女性の語り」田中雅一・松田素二編『ミクロ人類学の実践—エイジェンシー／ネットワーク／身体』世界思想社.

平井京之介 2011.『村から工場へ—東南アジア女性の近代化経験』NTT 出版.

櫃本真美代 2011.「タイにおける開発と教育に関する一考察：農民グループの教育活動を事例に」『Encounters 2』55-64.

Iamjaroen, Wirot. 2010. Bangkok：Akson jaroenthat（イアムジャルーン・ウィラット. 2010.『タイランド・アトラス』バンコク：アクソンジャルーンタット）

海田能宏・星川和俊・河野泰之 1985.「東北タイ・ドンデーン村：稲作の不安定性」『東南アジア研究』23（3）：252-266.

木曽恵子 2007.「東北タイ農村における移動労働と女性をめぐる規範—1970年代以降の女性の移動労働の展開を通して」『年報タイ研究』7：55-78.

———2010a.「東北タイ農村における女性の「出稼ぎ」と母役割—送り出し地域からみたグローバル化時代の移動の動態」『地域研究』10（2）：91-109.

———2010b.「東北タイ農村女性のライフコースにおける「仕事」の再編—移動労働と住民組織の活動を通して」未刊行博士論文（京都大学）.

北原淳 1996.『共同体の思想—村落開発理論の比較社会学』世界思想社.

———2000.「タイにおける都市＝農村関係の言説の考察」坪内良博編著『地域形成の論理』京都大学学術出版会

———2004.「共通テーマ『21世紀東アジア農村の兼業化と持続性への展望』をめぐって」日本村落研究学会編『年報村落社会研究 40 東アジア農村の兼業化—その持続性への展望』農山漁村文化協会

———2007.「タイにおける外国人労働者の流入とその制度的条件」佐々木衛編『越境する移動とコミュニティの再構築』東方書店

———2008.「東アジアにおける農村＝都市関係の変化」中村則弘編『脱オリエンタリズムと中国文化』明石書店

Lightfoot, Paul, Fuller, Theodore D and Kamnuansilpa, Peerasit. 1983. *Circulation and Interpersonal Networks Linking Rural and Urban Areas: The Case of Roi-et, Northeastern Thailand*. Honolulu, Hawaii: East-West Population Institute, East-West Center.

Mills, Mary Beth. 1997. “Contesting the Margins of Modernity: Women, Migration, and Consumption in Thailand.” *American Ethnologist* 24(1): 37-51.

———1999. *Thai Women in the Global Labor Force: Consuming Desires, Contested Selves*. New Brunswick: Rutgers University Press.

水野浩一 1981.『タイ農村の社会組織』創文社.

水野正己 2008.「序章　農村開発研究の視座」水野正己・佐藤寛編『開発と農村』アジア経済研究所.

Ongkan borihan suwan tambon khwao. pho.so. 2555. *Phaen phatana sampi pho.so. 2555-2557*. Ongkan borihan suwan tambon K amphoe muang Mahasarakham jangwat Mahasarakham（K 区行政2012.『2012-2014年三ヵ年計画書』マハーサーラカーム県ムアン・マハーサーラカーム群 K 区行政）

Parnwell, Mike. 1986. "Migration and the Development of Agriculture: A Case Study of Norht-East Thailand." In *Rural Development in North-East Thailand: Case Studies in Migration, Irrigation, and Rural Credit*, edited by Parnwell, Mike, Webster, Christopher J, and Wongsekiarttirat, Wathana, 93-140. Hull, UK: University of Hull, Center for Southeast Asian Studies.

Samnak sueamsang khwamkhemkhaeng chumchon. 2011. *Kan sueksa phonsamret khong kanphatana muban setkit phopiang tonbaep*. Bangkok: Samnak sueamsang khwamkhemkhaeng chumchon, Kromkanphatana chumchon, Krasuwang mahathai.（コミュニティ強化促進部. 2011.『充足経済型農村開発の成果報告書』バンコク：タイ王国内務省，コミュニティ開発局，コミュイティ強化促進部）

Samnakngan khankamkan phatana setkit lae sangkhom haengchat. 2008. *Setkit phophiang*. Bangkok: Samnakkan khnakamkan phatana setkit lae sangkom haengchat, Samnak nayok ratmontri.（経済社会開発局. 2008.『充足経済』バンコク：首相府，経済社会開発局）

重冨真一 1996.『タイ農村の開発と住民組織』アジア経済研究所.

———. 2007.「アグリビジネスによる契約養鶏と東北タイ農家の経済」重冨真一編『グローバル化と途上国の小農』205－236. アジア経済研究所.

田崎郁子 2008.「タイ山地花蓮村落における稲作の変容」『東南アジア研究』46（２）: 228-254.

Thai National Statistical Office. 2011. *Northeastern Region Executive Summary*. 〈http://web.nso.go.th/en/survey/house_seco/socio_11_northeastern.htm〉. アクセス2016年８月31日.

［謝辞］　本研究におけるフィールドワークは，独立行政法人日本学術振興会の「組織的若手研究者等海外派遣プログラム」による助成により実現した。フィールドワークは，2012年８月15日から９月30日，及び2012年12月15日から2013年１月18日の期間にかけて行い，参与観察及び聞き取り調査を実施した。調査の合間には，カウンターパートであるマハーサーラカーム大学人文科学部の先生方，並びにコンケーン大学美術工芸学部の先生方に助言を頂くことができた。関係諸氏に謝意を表したい。

会津恵日寺と徳一菩薩

永山由里絵

はじめに

徳一（徳溢・得一）は，奈良時代末期から平安時代初期にかけての僧侶である。弘法大師空海や伝教大師最澄とほぼ同時代に生き，双方と交流があったことで知られる。また，東大寺や興福寺など南都で仏教を学んだ後，南都を離れて常陸国や陸奥国を中心に多くの寺院を草創したと伝わる[1)]。

空海は徳一宛の書状において徳一を「陸州徳一菩薩」[2)]と呼び，陸奥国に仏教を弘めた先駆者と位置づけた。一方，最澄と徳一との間には激しい教理論争が行われたが，この論争中，最澄が徳一を「奥州会津縣溢和上」[3)]と呼ぶことから，当持徳一は陸奥国内でも「会津」を拠点としていたことがわかる。

小林崇仁氏によると，現在の茨城県・福島県とその周辺には，徳一開基とする，或いは徳一作と伝わる仏像を安置する寺院が160箇寺あり，そのうち会津地方の寺院は21箇寺ある[4)]。しかし徳一在世時の史料は非常に少なく，160箇寺と徳一との関係を示す史料はほとんどが江戸時代以降の成立である。小林氏は「すべてが史実とは言えず，後世の徳一信仰に由来する寺院も多く含まれているだろう」[5)]と指摘している。

では徳一信仰が後世まで根強く残っているのはなぜであろうか。勿論，これらの寺院が実際に徳一により草創され，当時から地域の人々の心の拠り所となり，徳一の事績が連綿と口伝されてきた可能性はある。しかし本稿では，現存の史料から，徳一開基説が定着する過程の一端を考察したい。

そこで今回対象とするのが，福島県耶麻郡磐梯町《やまぐんばんだいまち》にある恵日寺《えにちじ》である。恵日寺は，『今昔物語集』，『南都高僧伝』，『元亨釈書』等の比較的古い史料上に徳一との関わりが記されていることから，徳一開基の寺院としては会津地方で最も有力である。この恵日寺に伝わる史料を中心に，古代「会津」の「徳一菩薩」が，現在でも会津地方において信仰される歴史的背景について考察する。

一　恵日寺の「縁起」

恵日寺は現在，真言宗豊山派の寺院である[6]。明治時代の「陸奥国会津耶麻郡大寺恵日寺略縁起」には，807（大同２）年「弘法大師の御開基」であり，徳一は空海からこの寺を相続したと伝えている[7]。この記述は史実ではないという論考が通説であるが[8]，恵日寺としては宗祖である空海を開基とした時期があったということになる。では恵日寺は徳一をどのように受け止めていったのか。徳一に対する認識を検討するために，恵日寺が伝える「縁起」に注目する。

現在確認できる「縁起」は，全て江戸時代以降に記されている[9]。まず1665（寛文５）年の「陸奥国会津河沼郡[10]恵日寺縁起」である。これは「会津寺社縁起中ヨリ抄出シタルモノニシテ，寛文五年ノ作ナリ」[11]と伝わる。「会津寺社縁起」とは，会津藩主保科正之（1611～1672）の命により藩内の寺社が報告した「縁起」を，集成した本である。二つ目は1733（享保13）年，「恵日寺現住」の実辨が記した「磐梯山恵日寺縁起」。三つ目は1738（享保18）年「大寺恵日寺略縁起」。この「縁起」も実辨が記している。四つ目は先の「陸奥国会津耶麻郡大寺恵日寺略縁起」であり，年付不詳，宮城三平（1820～1888）撰であるという。「陸奥国会津河沼郡恵日寺縁起」＝ a，「磐梯山恵日寺縁起」（磐梯山縁起）＝ b，「大寺恵日寺略縁起」＝ c，「陸奥国会津耶麻郡大寺恵日寺略縁起」＝ d と記号で示し，まずは内容を比較したい。なお史料の読点，下線，割注〈　〉，注記〔　〕等の記号は筆者が加えた。

第一に草創については，

a　（大同）二年，釈空海奉詔来而加持於八田野稲荷森，駆縛鬼魅于烏帽嶽，改山号磐梯，海手執三鈷杵，祈曰願此杵先占霊区，便向空中擲之，其杵飛入雲中，降懸紫藤〈杵・藤共今尚存，〉乃就其処建寺，置丈六薬師金像・脇士日光月光・十二神将・四天王等，為密法興繁之勝場也，[12]

b　同（大同）二年，沙門空海，勅を奉して此地に来給て，八田野稲荷ヶ森におゐて魔魅を加持し，烏帽子ヶ嶽に縛し，山を改め磐梯山と名つけ，手に三鈷杵を取，心中に祈誓し空中に投げ給へ《(ママ)》ば，其杵降て紫藤に掛れり，即其所に梵刹を建立し，本尊丈六之薬師・日光月光・十二神将之像を安置し，仏閣殿堂を甍を並べ，密法興繁之勝場とし給へ《(ママ)》ぬ，[13]

c　同（大同）二年，沙門空海勅を奉して此地に来り給ひ，（中略）御手に独古三鈷杵をとり，心中に祈誓し願は此杵勝地を占はしめよと空中に投げ給へは，雲中へ飛入り降りて紫藤に懸れり，即其所に梵刹を建立し，本尊丈六薬師・日光月光・十二神将・七千夜叉神之像，四天王像を安置し，四面廻楼皆悉具足せり，[14]

d　弘法大師の御開基にして，鎮護国家の霊場なり，（中略）同（大同）二年，釈空海勅を奉りて此地に来り給ふ，八田野稲荷の森に於て魔魅降伏の加持なし烏帽子か嶽に駆縛し，山を改磐梯と名け，（中略）大師奇異の思をなし御手に三鈷杵をとり心中に祈誓し，願くは此杵，勝地占しめよと空中に投げ給へは，雲中に飛入降て紫藤にかゝれり，則其所に梵刹を建立し，本尊丈六薬師・日光月光・十二神将・七千夜叉神の像，四天王等を安置し，四面の廻楼皆悉く具足せり，[15]

とあり，いずれも大同２年，空海が寺の建立地を占うために三鈷杵を投げると，雲中まで飛び，降りてきて紫藤にかかったので，その地に寺を建立した，空海はそこに丈六の薬師如来像，日光菩薩像，月光菩薩像の三尊をはじめとする諸像を安置したと記している。また，紙数の都合上引用を控えるが，磐梯明神を鎮守とすることや，龍象権現を祀り請雨の祈祷を行っていることを記す点も共通する。

第二に徳一については，

a　弘仁元年，海付嘱寺得謚而帰京矣〈得或作徳謚，或作一，〉三千八百坊云，（中略）大師行状起《〔記〕》云，大師欲救夷俗，到奥州会津，爰有勝地因建寺名恵日，安丈六薬師金像・日光月光・十二神将，又立八角堂，置金剛界曼荼羅九会諸尊焉，住侶三百余人，時有相宗得溢者来服焉，大師遂付寺得溢而帰京矣，百因縁集云，得溢法師者藤左府恵美第四男也，本為西大寺僧，承嵯峨天皇勅，従弘法大師東遊矣，処々建寺而常奥二州殊多也，大同元年奥州会津石梯山立清水寺〈大寺是也，〉（中略）神名鏡曰，得溢立清水寺于奥州会津，置観音像，以磐梯明神為鎮守，御詠歌，恵牟安羅波和礼末多古武登以波波之農也末乃不毛土登幾与美豆乃天羅，後改恵日寺，（中略）元享《〔亨〕》釈書曰，徳一，学相宗于修円，嘗依本宗作新疏難破伝教大師，相徒称之，[16]

b　（記載なし）

c　元亨釈書曰，徳溢者天皇の勅を得て此地に来給ひ，当山を再営す，[17]

d　元亨釈書曰，徳溢は藤原左大臣恵美の押勝第四男なり，天皇の勅を得て此地に来り給へ《（ママ）》，大師より当山を相読《〔続〕》し給へ《（ママ）》，益々当山興隆し三千八百余坊いらかを並べ，此時寺領十八万石といへり，[18]

等と記される。a は空海が徳一に寺を付属したという，空海を主体とする表現をし，c・d は徳一を主体として「再営」者であることを強調しているが，a・c・d のいずれも徳一が空海の後に恵日寺に来たとする点で共通している。

また，各「縁起」には「大師行状記」，「百因縁集」，「神明鏡」，「元亨釈書」といった典拠を示す箇所がある。a に登場する順に見ると，「大師行状記」は13世紀成立と言われる「行状図画」の内容と類似している[19]。

大師広く夷狄の俗を救はんがために，はるかに都鄙のさかひをめぐり給ふに，陸奥の国会津に閑平殊勝の霊地有，陸奥・出羽・越後の三国を交へ，四隣相望む，精舎を立るに所を得たり，土民を化するにたより有，大師爰に伽藍を立，恵日寺と名付，金堂の仏像は皆金色，丈六の薬師如来・日光月光・十二神将，四面廻廊皆悉具足せり，（中略）徳一菩薩と云人有，法相宗の祖師なり，本より彼国に住給ひけるが，来たりて大師の門徒につらなる，大師此寺を以て彼菩薩に付属して，京都に帰給ひき，[20]

空海は夷俗を救うために都鄙の境をめぐり，陸奥国会津を訪れ，寺を建てて恵日寺と名付け，「徳一菩薩」に寺を付属して京都に帰ったとしている。次に「百因縁集」は，室町時代の成立とされる[21]『私聚百因縁集』である。「伝教大師事」に最澄と教理論争をした人物として記される。

> 元西大寺沙門，尋家左大臣藤原卿恵美第四男，承嵯峨天王勅命，順弘法大師講説，修行東州，弘通仏法，令被当時利生慕将来，然得一建立伽藍諸国多，就中常奥両陸境殊盛也，奥州会津石梯山建立清水寺〈会津大寺是也，〉[22]

多少の中略は見られるものの，aは概ね『私聚百因縁集』の内容を参照していることがわかる。同様に15世紀成立かと言われる『神明鏡』[23]にも，徳一について，

> 奥州会津ニモ清水寺トテ観音ノ像ヲ立，磐梯大明神ヲ鎮守トシテ，御歌云，
> 　縁有レハ我又金ト磐梯ノ山ノ麓ニ清水ノ寺，
> イワハン《〔シ〕》トハ磐梯大明神也，其寺号改テ恵日寺ト号ト云リ，[24]

とあり，aが参照する内容と概ね一致する。最後に虎関師錬が1322（元亨２）年に撰した『元亨釈書』には，

> 釈徳一，学相宗于修円，嘗依本宗作新疏難破伝教大師，相徒称之，[25]

とあり，aは『元亨釈書』を引用していることがわかる。一方，c・dも「元亨釈書」を参照するが，先に引用した通りcには「徳溢者天皇の勅を得て此地に来給ひ，当山を再営す」とあり，『元亨釈書』の内容と異なっている。dも徳一が恵美押勝（藤原仲麻呂）の息であるとした上で，「天皇の勅を得て此地に来り給へ《（ママ）》，大師より当山を相読《〔続〕》し給へ《（ママ）》」等と記し，やはり異なる内容を参照している。成立時期から，cの文章をdがそのまま参考にし，「元亨釈書曰」に続けて徳一の事跡を書き連ねたのではなかろうか。敢えてこの誤りのもとを推察するならば，c・dは「大師行状記」，加えてdは『私聚百因縁集』を参考にしたと考えられる。

さらに，cには「当寺縁起に詳なり」[26]との文言も見られることから，cが別の「縁起」を参考にしたことがうかがわれる。cとdは，空海についてaと同様の内容を伝えており，さらに典拠を誤りながらも徳一について記す構

成から，ａの流れを汲むと考えられる。

ｂは空海の事績を伝えるのみだが，ｂとｃの作者は同じ実辨であり，内容の共通性からｂもｃ・ｄと同様にａを参考にまとめられた可能性が高い。

以上から，ａの「縁起」を大きな契機として，恵日寺において，恵日寺と徳一との関係が典拠と共に語られるようになったと考えられる。これら典拠となった史料は，会津地方で成立したものではない。ａが徳一との関わりについて，その典拠を各時代・各地域に残る徳一伝に求め，概ね忠実に参照した所以は，徳一が他の地域においても広く知られ，恵日寺の由緒を証明する上で欠かせない人物と考えられたためではなかろうか。

二 「縁起」の成立とその機能

ａの「陸奥国会津河沼郡恵日寺縁起」は，『会津寺社縁起』に収められた，「寛文五年」の恵日寺縁起である。

先に触れたように，『会津寺社縁起』（以下『寺社縁起』と略称する）は，会津藩主保科正之[27]による宗教政策の一環で集成された。正之は寺社に対して，神道を保護奨励し，寺院整理と名社復興にあたったことで知られる。1664（寛文４）年９月，会津領内に寺社の縁起提出を命じると，家老友松氏興を中心として縁起が改められ，1665（寛文５）年から1666年にかけて『寺社縁起』が書き上げられた[28]。ここに収められた諸寺院の「縁起」は，全てを確認することはできないが，「寛文五年」の年付かつ住職の名前で提出されたと考えられる[29]。この集成された『寺社縁起』の内容をもとに，由緒ある寺院を残す一方，来歴20年未満の仏堂・僧院の破却や「非法虚誕有罪の僧侶」の追放が行われた[30]。

ここで恵日寺が存続したということは，この時恵日寺が報告したａの「縁起」により由緒が認められたということであろう。恵日寺はこの「縁起」をもとに，1733（享保13）年「磐梯山恵日寺縁起」をしたため，本尊を安置する薬師堂の再建を訴えている[31]。これが先のｂの「縁起」である。さらに

1738（享保18）年にも，

> 此由緒，縁起御信心の中，八十万壇越の扶助請，寸鉄尺木施入多少を撰はす，普く衆人の助資を積て，予が大願を成就せんのみ，[32]

として，「縁起」に記される由緒への信心を求めながら勧進を行っている。

aの「縁起」が承認されたことを裏付けとして，恵日寺が由緒ある寺院としての権威を主張し，堂宇復興を目的とした勧進の際には，その「縁起」に拠って由緒を説いたのである。

さらに恵日寺の「縁起」は，恵日寺においてだけでなく，『寺社縁起』に関わる宗教政策以後も会津藩内で生かされていく。「保科正之撰」とされ，1666（寛文6）年8月及び1671（寛文11）年仲冬の序が記される『会津風土記』[33]には，「縁起曰」とした上で，807（大同2）年に空海が勅によりこの地に来たことや，

> 加持於八田野稲荷森，駆縛鬼魅于烏帽子嶽，改山号磐梯，大師手執三鈷杵，祈曰願此杵先占霊区擲于空中，其杵飛入雲中降懸紫藤，杵・藤共今尚存，其処建寺置丈六薬師金像・日光《〔月光脱カ〕》・十二神将・四天王等，為密法興起之勝場也，（中略）弘仁元年大師附嘱寺得謚而帰京矣，[34]

として，空海が三鈷杵を空中に投げて寺を建立する場所を決め，そこに寺を建てて諸像を安置し，後に徳一に寺を付属したと記している。さらに「大師行状記」，「百因縁集」，「神明鏡」，「元亨釈書」を参照しており，aの「縁起」をほぼ踏襲している[35]。

1672（寛文12）年成立の『会津旧事雑考』は，『会津風土記』と同様に保科正之の命による編纂である[36]。本書は編年体で書かれており，「（大同）二年」の条より抜粋すると，

> 空海建於磐梯山恵日寺，自刻丈六薬師像安置也，（中略）海師受詔来而加持今河沼郡八田野稲荷森其座也，邪魅被縛持力匿于烏帽嶽〈磐梯南麓，〉時所奔虵尾当此地，故曰尾寺〈後来称大寺者，以制巨宏故乎，〉（中略）海師居数年有　詔帰洛

時，法相宗徳一先来住当郡，故海師附此山一，伝密法，[37]

とあり，aや『会津風土記』の主旨と大きな異同無く書かれている。また，「且事跡海師行状記・百縁《(ママ)》因集・神明鏡等書載焉，故挙概耳」[38]ともあり，典拠となった史料そのものを重視する姿勢を示しながら，aや『会津風土記』と同様に「行状記」等を参照する。

そして1809（文化6）年，第7代藩主松平容衆の序を持つ『新編会津風土記』も，大同2年に空海がこの地に来たこと，三鈷杵を投げて霊区を占い創立の地が決まったこと，「丈六の薬師の金像・日光月光・十二神将・四天王等を安置」したこと，大同5年に詔があり，空海はこの寺を徳一に属して帰洛したとの旨が記される[39]。徳一が空海から寺を相続した年に変化が見られるが，ここまではaや『会津風土記』，『会津旧事雑考』と異同はない。

このように，保科正之の命による1665年頃の『寺社縁起』集成を契機として，aの「縁起」の内容が公的に承認されたことで，「縁起」は大きな改変を受けることなく，1809年の『新編会津風土記』に至るまで150年弱継承された。会津藩が編纂した地誌を通して，空海開基説とともに，徳一と恵日寺との関わりが藩内でも継続的に認識される面があったと言えよう。

三　明治期の廃仏毀釈と恵日寺

徳一の伝記は，恵日寺の「縁起」を通して継続的に伝えられた。ただしその「縁起」において徳一は，空海から恵日寺を相続し，恵日寺をその後も発展させた僧侶であった。

しかし，先述の『新編会津風土記』（1809年）は，a・b・c・d，『会津風土記』，『会津旧事雑考』と同様の「縁起」に続けて，これまで典拠として挙げてきた史料の内容について矛盾点を指摘し始める。

大師行状起《(ママ)》ト云書ニ，陸奥国会津ニ空海精舎ヲ建テ慧日寺ト号ケ，徳一ニ属ストアリ，然レトモ今昔物語ニ徳一カ建タル恵日寺トアリ，マタ神明鏡ニ徳溢奥州会津ニ清水寺ヲ建テ観音ヲ安置スト見エ，百因縁集ニハ徳一奥州会津石梯山ニ清水寺ヲ建立シ，弟子今与ト云者ニ此寺ヲ属セシ由アレハ，清水寺ハ当寺ノ別称ニテ，徳一ノ開基トハ見エタリ，且大同元年空海帰　朝ノ後，同二年マテハ筑前国御笠郡観音寺ニ居シト聞ユ，コレ等ノ説，縁起ノ載スル所ト異ナルユエ，ココニ併録ス，[40]

「大師行状起」という書には空海が徳一に寺を付属したとあるが，「今昔物語」，「神明鏡」，「百因縁集」は徳一の開基と伝えている。また，大同元年空海帰朝の後，同2年までは筑前国の観音寺に居たと聞く。これ等の説が「縁起」に載せるところと異なるので，併録するという内容である。「大師行状記」を「大師行状起」と記すのはａの影響であろうか。時が経つにつれて『今昔物語集』の記事や空海の年譜が広く知られるようになり，ａをはじめとする恵日寺の「縁起」は，長く継承されてきた空海開基・徳一相続説に関し，他方からの指摘を受けるようになったと推察される。

一方恵日寺は，明治時代に入り廃仏毀釈の影響を受け，1869（明治２）年，住職が復飾し廃寺となったが，1878（明治11）年に書き上げられたという「磐梯村」の『神社明細帳』には，「磐梯神社」の「由緒」として，

空海手ニ三鈷ノ杵ヲ執リ祈リテ曰ク，願クハ此杵先霊区ヲ占ヒヨトテ，便チ空中ニ向テ是ヲ擲テハ，其杵飛ンテ雲中ニ入リ，降テ紫藤ニ懸ル，其所ニ就テ寺ヲ建立シ，丈六ノ薬師，及金像脇士日光月光・十二神将・四天王等ヲ置テ蜜法興繁ノ勝場トナス，（中略）空海帰洛シテ後，徳溢ナル者来ル頃，僧坊三百余宇，[41]

とあり，ａ以来の恵日寺の「縁起」が受け継がれている。また「由緒」の後半には『会津旧事雑考』を参照する部分[42]や，最後に，

右ハ由緒ノ大概ヲ記ス事ハ旧会津官撰書ニモ著レ雖トモ，方今田夫ノ口碑ニモ末寺三千坊ト云フハ大概弁知セリ，[43]

として，会津藩による「官撰書」を参照する部分が見られる。これにより，当時の磐梯神社が「寺社縁起」以後の「官撰書」を認識しつつ，自社の由緒

を説いていたことがわかる。

一度は廃寺となった恵日寺であったが，1902（明治35）年，住職・総代・古寺法類・組長の連名で「恵日寺寺号復興願〈並〉副書」が作成され，恵日寺の復興を「地方庁」に請願したいとの旨を「官長殿」宛に提出し，復興が叶う。この「復興願」では，

> 恵日寺ハ大同貳年嵯峨天皇ノ勅ヲ奉シテ宗祖弘法大師空海ノ創立スル処ニテ，徳溢大師ノ開基タリ，明治ノ初年ニ至ル迄，其ノ間多少ノ盛変沿革有シト雖モ，実ニ壱千有余年未永続セシ地方有名ノ一大古刹ナル事ハ歴史ニ徴シテ顕著タリ，[44]

と記し，ここで徳一に「開基」という表現を用いるようになる。さらに，復興後の1912（大正元）年，恵日寺住職と発起人19名による「恵日寺庫裡修復寄附募集旨意書」には，

> 嵯峨天皇釈空海ニ詔勅ヲ下シ，当地ニ下向ナサシメ，空海秘伝ヲ修シテ魔魅ヲ烏帽子ヶ嶽ニ駆縛シ濃霧ヲ散シ，五穀豊鐃ノ地トナシ，山号ヲ磐梯ト改メ，永遠災異鎮防ノタメ当寺ヲ建立セント謀リ，三鈷杵ヲ投ジ，霊区トシテ創立ニ係ル，徳溢大師ノ開基タリ，[45]

と記しており，空海は「創立ニ係リ」，徳一は「開基」であるとされる。

このように，明治時代以降の史料から，恵日寺における空海開基の主張が少しずつ消極的になっていく様がうかがわれる。廃仏毀釈，そして復興を経る中で，恵日寺は「官撰書」の内容とともに「縁起」を見直し，上記のような表現を用いたのではなかろうか。

おわりに

恵日寺はａ「陸奥国会津河沼郡恵日寺縁起」の中で，空海が徳一に寺を付属したという，空海を主体とした表現をした。しかし後には，徳一を「再営」者，さらには「宗祖」「創立」者空海に対する「開基」とした。この表現からは，宗祖空海を崇拝しつつ，実際に東国で活動し，恵日寺が発展する

基礎をつくったのは徳一であるという認識，つまり両者を併立するこだわりが，恵日寺に継承されたことをうかがわせる。

また「縁起」は寺院の由緒を為政者や檀家等に説き，寺院の存続を願う目的で書かれた。江戸時代以降，真言宗寺院となった恵日寺の「縁起」に空海と並んで徳一が表れ続けることは，徳一が地域の人々に寺の由緒を納得させる存在であったことを示している。

そしてその認識の定着にあたり，藩祖保科正之が果たした役割は大きい。彼により公認されたという権威に拠って以降の恵日寺の勧進が実現し，恵日寺の中でも「縁起」が受け継がれていく。さらに会津藩内において，「縁起」が地誌を通して語り継がれることにもなったのである。

あくまでも一例には過ぎないが，恵日寺の「縁起」を通して，古代「会津」の「徳一菩薩」が現在まで会津地方において信仰される背景に，保科正之による『寺社縁起』集成と，その後の継続的な地誌編纂があったと推察した。

注

1）『私聚百因縁集』には西大寺を拠点としたという説も見られる（鈴木学術財団編『大日本仏教全書』（92），191頁）。

2）815（弘仁６）年，空海書状（竹内理三編『平安遺文』（補遺１）東京堂　1965年，3288頁4407番）。

3）818（弘仁９）年，最澄撰『守護国界章』（『大正新修大蔵経』（74）大新修大蔵経刊行会　1992年，136頁）。

4）小林崇仁「東国における徳一の足跡について―徳一関連寺院の整理と諸問題の指摘―」（『大正大学大学院論集』（24）2000年）。

5）小林崇仁（注４）論文，３頁。

6）1685（貞享２）年の時点で「真言宗」「磐梯山金剛院恵日寺」「醍醐之内実賢〔賀ヵ〕派金剛王院末寺也」とあり，江戸時代に入り寺請制度が設けられた後，恵日寺が真言宗の寺院となっていたことがわかる。明治時代初期の廃仏毀釈による廃寺を経て，1902（明治35）年，「復興願」提出を機に「豊山派」となる（磐梯町史編纂

委員会編『磐梯町史資料編Ⅵ　近世の磐梯町』磐梯町　1993年，80～81頁・136頁)。

7)　菊池研介編『会津資料叢書』(２)会津資料保存会　1917年，92丁。

8)　空海はこの頃に唐から帰朝したばかりで上洛もしていないため，「ある時代に真言宗に転向するときにこうした作為が必要であったことを意味する」とされる(『福島県史』(第２巻　通史編２　近世１)1971年)。

9)　1917(大正６)年調査と伝えられる「恵日寺現在宝物」(『会津資料叢書』(２)，98丁)に1294(永仁２)年「当寺善源筆」の「縁起及祝詞」があったと記されるが，現物が確認できない。

10)　1714(正徳４)年，正しくは「耶麻郡」であると恵日寺から「御奉行様」に申し出ている。奉行交代の折々に訂正を相談してきたという(前掲『磐梯町史資料編Ⅵ』，98頁「恵日寺所在郡名訂正の口上」)。

11)　前掲『会津資料叢書』(２)，90丁。

12)　前掲『会津資料叢書』(２)，92丁。

13)　前掲『磐梯町史資料編Ⅵ』，109頁。

14)　前掲『磐梯町史資料編Ⅵ』，110～111頁。

15)　前掲『会津資料叢書』(２)，95～96丁。

16)　前掲『会津資料叢書』(２)，92～93丁。

17)　前掲『磐梯町史資料編Ⅵ』，112頁。

18)　前掲『会津資料叢書』(２)，97丁。

19)　「大師行状図画」は，平安院政期の経範撰と言われる「弘法大師行状集記」をもとに書かれたと推察される。「縁起」中の「大師行状記」が「弘法大師行状集記」の可能性もあるが，『新編会津風土記』には「大師行状記　十巻」として，1591(天正19)年「図画十巻」を住職代理が恵日寺に奉納する旨の状が収められていることや，書き出しの文言などから，本論では「大師行状図画」の詞書を参照する(『新編会津風土記』(３)歴史春秋社　2001年，46頁)。

20)　長谷宝秀編『弘法大師伝全集』(８)六大新報社　1935年，170～172頁「恵日寺草創事」。

21)　『私聚百因縁集』は，跋文によると1257(正嘉元)年常陸国の愚勧住信による撰述とされるが，現存する『私聚百因縁集』は室町時代の成立と考えられている(湯谷祐三「『私聚百因縁集』の成立時期―その法然門下についての記事と『内典塵露章』及び『天台名目類聚鈔』との関係から―」(『愛知文教大学比較文化研究』(６)2004年)。

22)　鈴木学術財団編『大日本仏教全書』(92)，191頁。

23）　現存最古の写本には，1564（永禄７）年に会津柳津の住僧治部卿真栄が常陸太田で書写したという奥書が残る（藤原重雄「裏松本『神明鏡』の書写にみる戦国期東国文化」（日本古文書学会編『古文書研究』（59）2004年））。

24）　近藤瓶城編『改定　史籍集覧』（第２冊　通記類）近藤出版部　1925年，31頁。

25）　鈴木学術財団編『大日本仏教全書』（62），88頁。

26）　前掲『磐梯町史資料編Ⅵ』，112頁。

27）　保科正之は1643（寛永20）年に会津藩主となる。

28）　会津若松史出版委員会編『会津若松史』（第３巻　会津藩の確立）会津若松史　1965年，362～363頁。

29）『会津寺院縁起　六』の「臨済宗」24箇寺，『会津堂宇縁起　二十三』の堂宇33件，『会津寺院新地縁起　二十四』の11件を参考にすると，年付は全て「寛文五年」。「現住」「首座」「住持」等，住職の名で提出されている。

30）　前掲『会津若松史』（第３巻　会津藩の確立），363頁。

31）　前掲『磐梯町史資料編Ⅵ』，109～110頁。

32）　前掲『磐梯町史資料編Ⅵ』，113頁。

33）　市島謙吉（国書刊行会）編・発行『続々群書類従』（第８）1906年，885～886頁・888頁。1664（寛文４）年に保科正之が家老佐藤勘十郎に命じて書き上げられた，会津・耶麻・大沼・河沼四郡を範囲とした会津地方の風土記。

34）　前掲『続々群書類従』（第８），903頁「仏寺」。

35）　注10）掲出の1714（正徳４）年「恵日寺所在郡名訂正の口上」には，1666（寛文６）年９月に「縁起」と「徳一記」の２巻が「御奉行所」経由で佐藤勘十郎に渡ったことについて，感謝が述べられている（前掲『磐梯町史資料編Ⅵ』，98頁）。『会津風土記』の成立前後に，恵日寺が「縁起」だけでなく「徳一記」を別書として所持していたことがうかがわれる。

36）　向井吉重編。『会津資料叢書』（４）菊池研介氏による解題には，「神武天皇即位元年ヨリ，明正天皇寛永二十年正之公ノ入部ニ至ルマデ，上下二千三百年間ニ於ケル，会津ノ旧聞雑事ヲ編年ニ記セリ」とある（菊池研介編『会津資料叢書』（４）会津資料保存会　1917年，１丁）。

37）　前掲『会津資料叢書』（４），６～７丁。

38）　前掲『会津資料叢書』（４），９丁。

39）　前掲『新編会津風土記』（３），40～41頁。

40）　前掲『新編会津風土記』（３），40～41頁。

41）　1878（明治11）年『神社明細帳』の「岩代国耶麻郡磐梯村字磐梯山上鎮座　磐

梯神社」(前掲『磐梯町史資料編Ⅵ』，22頁)。

42) 前掲『磐梯町史資料編Ⅵ』，23頁。

43) 前掲『磐梯町史資料編Ⅵ』，23頁。

44) 前掲『磐梯町史資料編Ⅵ』，136頁。

45) 前掲『磐梯町史資料編Ⅵ』，140頁。

近世日朝関係における倭館統制に関する一考察

小 堀 槙 子

はじめに

豊臣秀吉による朝鮮侵略（壬辰倭乱）によって中断した日朝関係は，対馬宗氏を交渉役とした徳川政権の国交回復の方策が功を奏し，1607（慶長12）年に朝鮮より回答兼刷還使が派遣されたことで正常化した。その後，江戸時代を通じて朝鮮との外交交渉・貿易を担ったのは，朝鮮半島との関係が深い対馬藩である。1609年，朝鮮と対馬藩との間で締結された己酉約条は，貿易船の渡航数が以前より制限されるなど対馬藩にとって苦しい条件ではありながらも，朝鮮侵略で途絶えていた朝鮮との貿易が再開される契機となった。

外交交渉や貿易のため対馬藩から朝鮮半島に渡った人々の活動拠点となったのが，朝鮮政府によって釜山に設置された「倭館」である。近世当初の倭館は，釜山の豆毛浦《トゥモッポ》に設置されたが（1607年），1678（延宝６）年に同じ釜山の草梁《チョリャン》に移転した。その後，1872（明治５）年に外務省に接収されるまで，多くの日本人が対馬から渡航して倭館に滞在したのである。

倭館は，対馬藩の使者が滞在する施設という役割のほかに，館守・裁判と呼ばれる外交担当の対馬藩士が滞在し，朝鮮側の官僚と外交的な交渉を行う場であった。さらに倭館では，対馬藩の使者と朝鮮の間で行われる「進上」と呼ばれる公貿易以外にも，私的な交易が認められた。これは「開市」と呼ばれ，毎月六回の開市日に，朝鮮政府の許可を得た朝鮮人商人である「東莱商賈」たちと在館の日本人との間で，倭館の開市大庁において取引が行われた。使節の随行者が短期滞在であったのに対し，館守を始めとする外交・貿易に従事する対馬藩士や，彼らに随行した奉公人，倭館の生活に不可欠な日用品を扱う対馬の商人や職人は，藩の許可を得て長く倭館に滞在した。

このように倭館は，日朝外交や貿易の拠点であると同時に，日本人の居住空間であったが，朝鮮国内における日本人の行動は厳しく制限されていたため，滞在者は倭館より外に自由に出ることを禁じられた。これは一つに，朝鮮侵略の歴史的経験が背景にある。朝鮮侵略以前から朝鮮との交易関係を築いてきた対馬宗氏は，朝鮮の地理や国情に精通していることから秀吉軍の先鋒役を務めた。このため国交回復がなされた後も，朝鮮政府は対馬の使者がそれまでのようにソウルに上京することを禁じたのである[1)]。

国防上の理由の他に，倭館の日本人が周辺に居住する朝鮮人と接触することを防ぐ目的もあった。倭館の日本人は，多いときには500人にのぼったが，滞在者は男性に限定された。生活に必要な食料や日用品は，対馬藩の許可を得て倭館内で商売をする請負商人か，倭館の門外で毎日開かれる「朝市」で朝鮮人から購入していた[2)]。また，前述したように月に６回の開市日には，朝鮮人商人が倭館に入館し，日本人と直接取引を行っていたのである。

このように倭館の内外には日本人と朝鮮人が接触する機会が多くあり，そのため倭館の周辺では「潜商」（密貿易）や「交奸」（日本人男性と朝鮮人女性の性的関係），「打擲」（暴力）など，双方の接触による問題が発生した。こうした潜商や交奸などの朝鮮人との私的な接触は，しばしば日本人の倭館からの外出（「闌出」）を伴うこととなる。倭館・対馬藩との間ではこれらの行為を禁止し，処罰する規定が協議され，「約条」という形で取り決められた。倭館の統制に関する取り決めは1683年（天和３）の癸亥約条が挙げられる。尹裕淑氏は，癸亥約条を始めとする倭館統制に関する約条の協議過程を分析し，潜商と闌出がどのように統制されたかについて明らかにした[3)]。約条の協議は，対馬藩庁あるいは倭館において両国の担当者によって行われたが，実際に起こった潜商や闌出を処理する過程では，対馬側が条文の規定に従わないこともあった。尹氏によれば，倭館居留者にとって，潜商や闌出行為に関する規定は遵守すべき規約であるという認識がある反面，闌出行為の外交交渉を有利に導く手段としての側面や，国の利益との関わりも重視され，規定通りの処罰がなされなかったという。対馬藩側が関係者を規定に沿って処分をしないこともあり，これに対し朝鮮側は倭館への支給品の停止や開市の中止など外交措置を取る事例も存在した。

同様の実態は，日朝両国人による打擲事件の処理の実態を分析したチャン・スンスン氏によっても指摘されている[4)]。癸亥約条では，倭館への米や燃料などの支給を担当する下級の朝鮮役人に対して，倭館の在館者が打擲を行うことを禁じる条文が含まれている。打擲行為に対する罰則規定はなかったが，支給品の不足を原因とする打擲事件は，当事者の日本人を対馬に送還するなどして処理された。チャン氏によれば，日本人による打擲行為のうち，東莱府使など公務中の官吏に対する非礼な行為の処罰は倭館側に要求されたが，国家の対面や利益に関わらないと判断された事件は，倭館と朝鮮の外交担当である訳官の間で内済されることもあった。

このように先行研究では，約条が，約条の統制対象となる倭館の問題を解決するだけでなく，問題が起こった際に，約条の条文をもって外交・貿易交渉を有利に進めるために利用されていたことが明らかとされた。こうした倭館の問題と約条の履行をめぐる日朝双方の為政者の動きは，当時の日朝関係の一側面を表していると考えられる。

本稿では約条による倭館の統制について先行研究に学びながら，対馬藩が倭館の在館者に対して出した史料を確認し，日本人の闌出など倭館の統制をめぐる問題を対馬藩側の対応を含めて，考察することを目的とする。

1．倭館の歴史的変遷

倭館の起源は15世紀の日朝通交体制下に遡る。当初は，通交貿易を許可した日本人を応接・管理統制するために朝鮮政府によって設置された客館であった。日本からの渡航地は慶尚道の薺浦《チェポ》（乃而浦《ネイポ》）・釜山浦《プサンポ》（富山浦）の浦所に限定され，後に蔚山《ウルサン》の塩浦《ヨンポ》が追加されて「三浦」と総称されるが，その各浦に倭館が設置されたのがはじまりである。当初は日本からの使者とその随行者にのみ滞在が許されたが，次第に規定日数を超えて居住する日本人が増え，三浦の日本人の人口は，1436年には36戸，1650人余りであったが，50年後の1494年には525戸，3105人と約3倍の規模となっている[5]。

これに対し朝鮮政府が抑圧的な政策をとると，三浦の日本人の反発を招き，1510年には対馬宗氏と連合して三浦の乱が発生する。乱後の倭館は，薺浦一ヵ所に限定され日本人の居住が禁止された。

その後，釜山の豆毛浦に移転した倭館は，朝鮮侵略の際に一時消滅するが，その講和交渉の場として仮倭館が復活した[6]。豆毛浦倭館は渡船場として不便なこともあり，対馬藩からの移転要望を受け，1678（延宝6）年からは同じく釜山の草梁に建設された新倭館が使用されることとなった[7]。

数十年に及ぶ折衝を経て誕生した草梁倭館には，多いときで500人の対馬藩からの渡航者が滞在した。対馬藩から派遣された使者のほか，「館守」や「裁判《さいはん》」といった役割の対馬藩士が在館し，日常的に朝鮮側との交渉にあたった。また貿易担当官や朝鮮語通詞に加え，商人・医者・陶工・鷹匠・水夫・奉公人といった様々な職務の者が対馬と倭館の間を往来していた。

倭館内は龍頭山を境として，「東館」・「西館」に分かれていた。西館には，「第一船」「参判屋」「副特」と呼ばれる建物が配置され，それぞれ長屋形式の建物が付随した。これらは「大庁」と称され，対馬からの渡海使節の短期滞在所として使用された。「第一船」は一特送使，「参判屋」は参判使，「副特」は副特送使がそれぞれ滞在した。

東館は，館守屋・裁判屋・東向寺・代官町など朝鮮との外交や貿易に従事する人々が長期的に滞在する空間である。館守屋には倭館の責任者である館守が常駐し，拝命の際に対馬藩庁から受け取る「壁書」の条文に従い，倭館内外における在館者の行動を統括した[8]。東館の北側に位置する裁判屋は，公作米年限延長交渉（「公作米年限裁判」），朝鮮からの通信使・訳官使使節の送迎（「信使迎送裁判」・「訳官迎送裁判」），人参や銅など輸出入品の改品交渉など特別な交渉（「幹事裁判」）の４種類に大別される外交折衝を担う裁判の滞在場所であった。その他，朝鮮への外交文書の起草や点検を担当する東向寺僧や，朝鮮語通詞が外交交渉を補助するために東館に滞在した。

東館のもう一つの機能は，朝鮮側との取引である。「市大庁」においては対馬の代官・朝鮮の開市監官や訳官ら担当役人が監視するなか，三と八がつく日（月６回）に開市が実施された[9)]。開市には在館日本人が身分の別なく参加し，朝鮮の経済をつかさどる戸曹や各道の観察使の許可を受けた朝鮮商人との間で交易を行った[10)]。

開市のほかにも，倭館の守門前では毎朝「朝市」と呼ばれる日常品の取引が行われた。この朝市において在館者は米や魚などの生活物資を朝鮮人民衆から購入することを許可されており，主に倭館に隣接する草梁村の人々が朝市に参加したようである[11)]。

館守・裁判・代官などの対馬藩士に加えて，倭館に渡航する人々の身分は商人・職人・奉公人・水夫など多岐に亘る。倭館の日常生活の物資を担う商人・職人に対しては対馬藩より「請負札」が発行され，朝鮮への渡航が許可された[12)]。倭館の内部には町屋が形成され，酒屋・蕎麦屋・炭屋などの店が存在した。また鷹匠・茶碗焼・医師なども倭館に滞在した。

倭館の四方は石垣で囲まれ，３ヶ所に門があった。東側には守門，北側の宴享門のほかに不浄門と呼ばれる館門が設けられた。宴享門は使節に対する接待が行われる宴享庁に向かうための門であり，不浄門は館内で死者が出た場合に使用する門であった。在館者は朝市を除いて館守の許可を得なければ倭館外に出ることができなかった。

２．日朝両国人の接触と倭館統制

⑴倭館統制と諸約条

中世から近世初頭にかけて日朝間で結ばれた約条は，通交体制に関する規定が主軸となるものが多かった。近世の貿易再開後の己酉約条についても，歳遣船の派遣などについては規定があったが，倭館に関しては特に言及されていない。倭館統制が約条の規定に表れてくるのは，日朝貿易が盛隆し対馬からの渡航が増加する17世紀後半以降のことである。

まず，1653（承応２）年の「禁散入各房約条」が東《トン》萊《ネ》府使と倭館館守の間で締結される。同約条では密貿易防止を目的とした開市の監視強化と，豆毛浦倭館周辺における日本人の通行範囲が規定された。同約条では倭館に出入りする朝鮮人を対象とした，密貿易や対日本人の違法な負債，さらに国情漏洩の禁止が盛り込まれている。

対馬藩の在館者に向けた統制は，館守交代の時期に通達される「壁書」をもって行われていた。最も古い記録は，1671（寛文11）年の「壁書」と「覚」である。同史料は後に改訂され，延宝期以降は二つを合わせて「壁書」としている。寛文11年の壁書では，開市貿易に関する規定のほか，朝鮮人との私的な贈答品や書状のやり取りが制限されている。さらに倭館外への通行の際には館守への報告が必須であった。この外出問題に関しては，翌年に対馬藩庁の年寄中からの「覚」によって特に規定されており，両国の支配者層にとって倭館の問題として認識されていたことがわかる。

1676（延宝４）年の「朝鮮人禁制」では，朝鮮人の倭館内外の出入りが規定されている。同禁制については，日本側の史料に確認できるのみであるが，内容から朝鮮人を対象として朝鮮政府側が制定したと考えられている[13)]。日本人の通行範囲を示す「標木」の設置が示されている。

倭館移転を控えた朝鮮では新たな倭館統制に関する約条の制定が目指された。1678（延宝６）年の移館作業完了後から東萊府使と館守の間で協議が進められ，「朝市約条」が取り決められた。朝鮮側はこの約条を，同年に対馬に派遣される訳官使と対馬藩庁との約条交渉の準備として位置づけており，日本人の通行規定，朝鮮人との必要以上の接触禁止，朝鮮から倭館滞在者に支給される食料，燃料である五日次雑物支給の際の暴力行為の禁止など，在館者の行為の規制が主眼となっていた。同年の11月に対馬に渡海した訳官使は，予定通り対馬藩当局と約条の内容を議定し，家老連署の答書を受け取って帰国した[14]。この成果をもとに東莱府使と館守の間で交渉が進められたが，そうした状況下で1680（延宝８）年に代官を含む在館者が通行範囲を越えて倭館外に出るという事件が発生する。この事件を契機に，日本人の外出の厳罰化が約条に盛り込まれることとなり，最終的な交渉は1682（天和２）年に渡海した通信使と対馬藩庁の間で実施された[15]。このような交渉過程を経て，翌年に「癸亥約条」が制定される。同約条では，通行規定違反や密貿易を行った日本人を死罪とする条項が含まれ，「約条制札碑」として倭館内，訳官庁舎がある坂の下，草梁項，草梁項川裾の浜辺に設置され，在館者に周知されることになった[16]。

癸亥約条が締結された同年，対馬藩の「壁書」が改正され，倭館内外の通行規定の厳守が追加されている。また1687（貞享４）年以前に対馬藩年寄中から出された「覚」においても，対馬藩の壁書と約条制札の遵守について倭館の僉官中に言い渡されていた。

18世紀に入って，日本人の出入りや密貿易と並んで倭館の問題として特に朝鮮側が問題視していたのが，日本人が朝鮮人女性を館内に連れ込む密通行為であった。史料上では「交奸」「交倭」などの表現で登場し，前章でみた東莱府使の報告では，朝市の出会いなどをきっかけとして在館者と朝鮮人女性が親密になっている様子がうかがえた。1707（宝永４）年には東莱府使・権以鎮の進言により，朝鮮人女性が朝市に参加することが禁じられる。後に述べるように，同年に発生した白水源七の交奸事件が契機となり，朝鮮政府は翌年の渡海訳官使に対馬藩庁との間で交奸に関する約条の協議を命じた。対馬藩側は交奸を犯した日本人に対する厳罰を認めず交渉は難局を迎えるが，最終的には癸亥約条締結と同様，1711年に派遣された通信使と対馬藩の間で「辛卯約条（交奸約条）」が結ばれる。すべての交奸事件に対し同罪処罰を求めた朝鮮側の主張に対し，対馬藩は強奸・和奸の差を設けて罪を設定するという条件を提示し，通信使はその条件を受け入れた。

1738（元文３）年の「以辺禁解弛多有作奸犯科者更申節目」は，東萊府使・具宅奎が，倭館周辺居住の朝鮮人や，訳官や小通事など倭館の事務を担当する朝鮮人官吏を対象に，倭館の出入り制限と密貿易の禁止を定めたものである。同節目の目的が在館者と朝鮮人との自由な接触の封鎖であったことについて，尹裕淑氏は通常の倭館業務における朝鮮人官吏と日本人の不法な癒着が背後にあったと指摘している[17)]。

近世初頭に固定化された日朝通交体制は，19世紀に入り変化がみられる。1809（文化６）年に締結された「己巳約条」では，朝鮮側の財政負担軽減を目的に公作米の減少など官営貿易が縮小される。一方で同年に朝鮮訳官使から対馬藩庁に提示された「省弊節目」では倭館滞在者の通行規定や開市貿易の統制，密貿易の禁止など従来の倭館統制の遵守が，改めて強調された。それ以降の約条・禁制は両国の史料から確認できず，己巳約条や省弊節目において規定された体制を維持したまま，両国の通交は終焉を迎えたようである。

⑵通行界限・闌出に関する約条

日本人と朝鮮人の自由な接触を防止するため，さまざまな倭館統制が約条の条項に加えられた。両国人が親密な関係となることで発生する密貿易は日朝双方の懸案であったが，さらに朝鮮側は日本人と朝鮮人女性の交奸事件も問題視し，その統制に乗り出した。本節では，これらの約条の条項を具体的に検討し，約条が制定された契機やどのような行為が問題であると認識されていたのか考察してゆく。

まずは倭館の日本人に許可された通行範囲の変遷を，約条の条項から確認してゆきたい。中世の浦所においては倭館と倭幕（日本人の家）の周囲に二重の障壁をめぐらせ，出入りの門を設置し常駐の門番に監視させるという措置がとられた[18)]。さらに，朝鮮政府は倭館内外の区別を明確にする「関限」を定め，両国人の雑居状態の解消を図ったが，日本人たちは様々な理由をつけてその境界を越えているという実態が報告されている[19)]。1607（慶長12）

年に設置された豆毛浦倭館における通行界限の規定は，「禁散入各房約条」の第七条にみることができる。1653年の「禁散入各房約条」は倭館内での開市貿易に伴う密貿易や朝市の諸問題について東萊府と倭館館守が講定した約条である[20]。

この約条では，密貿易（潜商）の防止のために私貿易（開市貿易）の施行方法が各条で定められている。元来私貿易は，開市大庁において両国の担当官の監視下で実施されるものであった。しかし1637年頃から倭館の各部屋に朝鮮人商人が入って売買を行う形態が横行する[21]。これが密貿易の温床となっていると判断した東萊府使の尹文挙は対馬側に私貿易を従来通り開市大庁で行うことを提案する[22]。約条では私貿易の開催場所（開市大庁・中大庁），倭館内外での監視を担当する朝鮮側役人の配置が定められている。また，私貿易において朝鮮人が日本人に債務を負う「倭債」を不法に行うことが禁止された。開市での貿易においては即時ではなく先に品物を渡す後日決済の形がとられ，朝鮮人商人と倭館の日本人との間では貸借関係が存在したが，これ自体は処罰の対象となっていなかった[23]。ここで禁止の対象となったのは，禁制品の購入を目的として日本人が朝鮮人に与える前貸金である。尹裕淑氏によれば，朝鮮政府が開市大庁での取引の復活に努めた理由には，密貿易の増加によって貿易量の正確な把握が妨げられ，東萊府や朝鮮政府の税収が減少することが挙げられる[24]。

また，交易を通じた日本人との接触は，自国の情報漏洩につながる可能性もあった。約条では，日本人との売買の際に朝鮮の国情を告げることを禁じている。倭館の設置にあたって朝鮮政府が国情・軍事機密が日本側に知れることを憂慮する姿勢は，中世から一貫してみられるものである。

同約条の第一条から第六条まではその内容から朝鮮人を対象とした条項であるが，第七条のみ在館の日本人が対象となっていた。同条項では，在館者が倭館の東側に流れる前川（佐自川）を越えて外出することを禁じている。

1674年の「朝鮮人禁制」は朝鮮人の倭館出入りを制限した内容であるが，

第六条には日本人の通行範囲について「日本之人，如或有標木外濫出之弊，則須即来告，以為各別処置之地事」[25]とあり，日本人が「標木」の外に「濫出」すなわち外出した場合の報告が義務づけられていた。つまり豆毛浦倭館においては，日本人の通行界限を表すために「標木」と呼ばれる目印が設置されていたことがうかがえる。

このように朝鮮政府が国防や機密漏洩の危惧から，倭館内外の日本人の行動を厳しく統制し，周辺に居住する一般朝鮮人との接触も制限した一方，対馬藩はどのような対応をしたのであろうか。朝鮮との間で締結された約条の事項の在館者への伝達実態を確認するため，前述の「壁書」の内容を見てゆく。壁書は対馬藩庁から館守に通達され，倭館に着任した館守はその内容を在館の日本人に示した。壁書のなかで最も古いと思われる1671（寛文11）年の史料は「壁書」[26]と「覚」[27]の13条から成る。

壁書では，日本からの武器の輸出が禁止されている。1621（元和７）年に海外への日本人売買，武器の輸出を禁ずる内容の老中連署奉書が九州諸大名に発布されたが[28]，対馬藩でもこうした幕府の方針に沿って，朝鮮への武器輸出を禁じていたと考えられる。覚の一条目で法度品の密貿易を犯した場合の処分が言及され，三条目では密輸を請け負った者が，館守や目付に密告すれば褒美を与えるが，隠し置けば処罰するという旨が示されている。

尹裕淑氏によれば，朝鮮での日本製武器（特に鳥銃や刀剣）の評価が高く，対馬藩では1621年の禁令以後も進上品の形式をとって，鳥銃や塩硝・硫黄などを輸出していた[29]。しかし対馬藩主・宗氏と家臣の柳川氏の争い（柳川一件）についての，幕府による審議の過程で，対馬藩による武器輸出が暴露されたため，1630年代以降の対馬藩による武器輸出の事例は見られなくなった。

しかし後金の侵略に対応していた朝鮮政府からの日本の武器輸入に対する要望は強く，次第に非公式な密貿易での取引が行われるようになる。1667（寛文９）年には対馬島民と博多商人による大規模な硫黄密貿易事件が発覚した[30]。史料の壁書ではこの事件を念頭に置いて，武器の密輸行為の罰則が明文化されたのであろう。

横行する密貿易を防止するために，倭館を出入りする船は，荷改が義務付けられていた（壁書第七条）。また，対馬と倭館を往復する船が，牧之島（絶影島）に逗留している場合，在館者がその船に近付くことを禁じている（同八条）。牧之島は，倭館の南面する海に浮かぶ島である。1675（延宝３）年に対馬藩から朝鮮横目中に宛てた覚書の条項には，「朝鮮ゟ帰國之船，時節ニより，牧之嶋ニ而荷改候迄者，致遅々恰合悪敷儀者，横目中ゟ七左衛門（横目頭）御見合を以乗せ渡し，船中入念候様ニ可申付事」[31]とあり，帰国船の検査が牧之島で実施されていたことがわかる。このため第八条では，在館者が牧之島に近付き密貿易に関わることを防止したと考えられる。

この他，壁書では倭館の者と朝鮮人の間で音物を取りかわす書状や，内々の書状のやり取りを禁じ，私的な書状も館守が管理することが規定された。さらに侍・町人・下々など在館者が朝鮮人と参会する際に，日本の瑕瑾となる発言は慎むことが定められている。「瑕瑾」の具体的な内容は示されていないが，朝鮮側が自国の国情漏洩を危惧したように，対馬藩も日本の情報が他国に伝わることを防止しようとしたと考えられる。

また覚では，倭館内での「人改」についての規定がみられ，館守が在館者の動向管理を厳密に行うことが義務付けられていたことがわかる。

このように寛文11年の壁書・覚では，主に密貿易防止のための在館者の管理に主眼が置かれ，約条において定められた日本人の行動範囲については特に言及されていない。

翌1672年に作成されたとみられる覚書から，在館者の往来に関する規定を確認することができる。この覚書は，対馬藩国元の年寄中から館守・唐坊忠右衛門（寛文10年３月着任）に宛てたものであるが，その中で在館者の釜山浦と倭館の間の往来が制限されている[32]。倭館から釜山浦に向かう場合には，館の東側を流れる前川（佐自川）を越えなければならず，闌出行為にあたる。つまり「禁散入各房約条」で定められた日本人通行範囲の遵守について，対馬藩から倭館側に指示があったことを示しているといえよう。

尹裕淑氏の研究によれば，近世の倭館では17世紀前半から，在館者による闌出行為が発生していた[33]。『邊例集要』の記録では，1626年に公木の加給要求のため闌出した万松院送使の事例が最も古い[34]。こうした示威目的の闌出行為は幕末まで続いたことから，史料にみえる対馬藩が規制の対象とした闌出行為は，対馬藩士による外交目的の闌出ではなく，一般の在館者が日常のなかでみだりに外出することを規制したと考えられる。

闌出事件に対する朝鮮側の対応は不明な場合が多いが，1658年や翌年に発生した闌出行為に対しては，開市中止措置がとられた[35]。朝鮮側が闌出に対し厳しい態度をもって望むことは，対馬藩側も認識していたと考えられる。このため在館者の外出を館守の管理下に置き通行札を携帯させることで，不必要な外出を制限していた[36]。

新倭館への移転に伴い，東萊府は「因府使李馥状啓」（「朝市約条」）のなかで日本人の通行範囲を次のように規定した[37]。次の史料は５ケ条からなる「朝市約条」の第一条である。

【史料】
因府使李馥状啓（朝市約条）
一（一条）倭人出入不可不厳定界限，而旧館則以佐自川為限，新館則別無小地名之可以指的，由前則不得越海港而往来於絶影島，由西則不得過宴享庁，由東則不得過客舎，而犯者則捉給館守即送島中依法治罪（後略）

草梁倭館においては，館前方の港から絶影島へ往来することや，西の宴庁，東の客舎を越えての外出が禁止された。すなわち倭館と草梁客舎を含む草梁村内が在館者に認められた通行範囲であった。この約条では，初めて違反者に対する処罰が規定されたが，朝鮮側の検断権は逮捕者を倭館に引き渡すに留まり，実際の処罰は対馬島への送還後に対馬藩によって行われることになった。「朝市約条」が制定された翌年の「定新館界限」では，通行範囲について「東至松峴距館三百歩許，西至西山距館八十歩許，西南間至草梁閭家距館一百歩許，南至海辺距館一百歩許」[38]とより明確な距離が定められている。

「朝市約条」の特色の一つに，通行界限を越えて闌出した日本人への処罰が規定されていることがある。当初は，違反者は対馬島へ送還した上で対馬藩によって処罰されることになっていたが，同約条を基礎として朝鮮政府と対馬藩の間で締結された1683年の「癸亥約条」では，「禁標定界之外，毋論大小之事闌出犯越者論以一罪」[39]と通行範囲外への闌出行為は死罪と規定された。癸亥約条の交渉中の1680年に公作米不入給を理由とした大規模な闌出事件が発生したことも，朝鮮側が闌出の違反者に対する厳罰を求めた要因と考えられる[40]。日本人が倭館より外出することに対する朝鮮側の態度が硬化した点が注目される。

朝鮮側の倭館統制が厳格化したことに伴って，対馬藩庁からも倭館の在館者に向けて，倭館内外の通行範囲に関する指示が出されるようになった。次にみる史料は，1687（貞享４）年に対馬藩の年寄中から朝鮮に渡海する藩士に出された覚書である[41]。

【史料】

覚

一（一条）於朝鮮，館守方へ在之候御壁書幷御制札之趣，堅可被相守候事

一（二条）僉官持渡之鉄砲，壹挺ニ塩焇壹斤，玉百宛之積ニ仕候而，送状ニ付可被持渡候，朝鮮ニ而打捨申候分は，帰国之刻横目中・御目付中へ申断，持戻之送状ニ消印を請可被申候事

但，薬壹斤，玉百ゟ内，被持渡分は不苦候間，其員数送状ニ可被記候，鉄砲壹挺ニ薬壹斤，玉百ゟ外は，可為無用事

一（三条）朝鮮板行之書物，他所へ出し申儀，かたく御停止被成候間，大殿様江願上被仕候外は，曾而被取渡間鋪候事

一（四条）際木ゟ外江，日本人不罷出候様，両国被仰合，相背輩者御法度ニ被仰付筈之條，僉官中下々ニ至迄，堅可被申付候事

一（五条）僉官中，接待之刻者不及申，常々礼儀正鋪可被仕候，尤東萊・釜山訳官等，惣而朝鮮人江，無礼・無作法之儀被仕間敷候事

一（六条）五日次雑物之儀ニ付，非法成義不申掛候様ニ，堅可被申付候事

右之趣，朝鮮江渡海之僉官中へ申渡候様ニと之依御意如此候，以上

卯四月日　　　　　　　年寄中

右ヶ條之内，僉官持渡り之鉄砲，壹丁ニ塩焇壹斤，玉百宛之積り之事，朝鮮板行之書物，他所へ出申儀，堅御停止之事，此二ヶ條ハ，貞享四年四月廿七日ニ加書之御出被成候也

史料末尾の内容から，従来の規定に条項を追加して，1687（貞享4）年に出されたものとわかる。僉官が倭館に持参する鉄砲（第二条）や，朝鮮版の書物の持ち出し（第三条）に関する禁令が追加事項であった。

では，それ以外の条項が定められたのは，いつ頃の時期であろうか。第一条では，館守の「壁書」と「制札」の内容を遵守することが述べられているが，このうち「制札」とは，癸亥約条の内容を記し倭館の守門前に設置されたものを指す。このため前述の第二条，第三条を除く条文は，癸亥約条の内容を反映して定められたと考えられる。第四条は，「際木」を越えた日本人の外出禁止を明示している。つまり，対馬藩の国元では，癸亥約条の締結を受けて条項の遵守を倭館に渡る対馬藩士や配下の者まで厳達していたといえよう。「際木」は1676年の「朝鮮人禁制」にみられる「標木」と同様，境界に設置された目印を指す言葉であったと考えられる。

18世紀に入ると，さらに朝鮮側の倭館に対する空間統制が厳しくなる。癸亥約条締結からの約20年後の1709年，東莱府使・権以鎮によって「初無設門粛宗三十五年己丑，府使権以鎮始設」[42]と「設門」が新設された。この「設門」は草梁客舎の先の界限に位置していたと考えられる。さらに翌年には「倭人従新設門出者，坐其守門者，自他処踰墻不即現発，亦坐都将以下訳官」[43]と規定され，倭館の日本人の通行範囲が設門より内側に限定された。それまでの禁制では倭館の東・南側や，草梁村のある西南側の界限は存在したが，草梁客舎や訳官大庁のある北東の境界は定められていなかった。草梁客舎の北側に設置された「設門」は，東莱府や釜山浦への通行を防ぐ役割があったようである。

さらに，倭館付近の草梁村の民家が，すべて設門外から数百歩離れた場所に移転される[44]。権以鎮は朝廷へ「訳官居在草梁村中，倭人以約条許往訓・別家，終日絡繹，皆在民家，昼夜相処，或丈夫不在，而独与婦女相対，情義至密，有無与共」[45]と進言し，草梁村に訓導・別差ら訳官が居住しているために，彼らを訪問する日本人が村内の女性と親密になり，交奸事件を招いているという認識を持っていた。

このように朝鮮側は倭館在館者の外出行為（闌出）や朝鮮人女性との交奸を問題視し，その対策として倭館周辺の通行界限の厳格化や民家の移転などを実施したのである。対馬藩も倭館へ渡航する者たちへ約条の遵守を通達していたものの，東萊府使・権以鎮がとった厳しい統制策をみると，18世紀に入っても在館者の違反行為が発生していたと考えられる。

⑶交奸に関する約条

朝鮮側が闌出行為と同様に問題視していた倭館の問題が交奸事件であった。倭館の日本人と関係を持った朝鮮人女性が発覚した場合，当事者の女性と仲介役の朝鮮人が死刑に処された。近世倭館の成立後，交奸事件として発覚した事例は1661年の事件が最も古いが，女性と仲介役の朝鮮人が死刑となっている[46]。尹裕淑氏は，こうした事例から少なくとも17世紀後半には交奸事件の処罰を規定した禁制が存在したという見解を示している。倭館付近への朝鮮人女性の立ち入りに関して，確認できる最も古い禁制は1676年の「朝鮮人禁制」にみられる「館門近処，切勿許女人之往来事」という条項である[47]。ここでは倭館の館門の付近での朝鮮人女性の往来が禁じられているが，交奸事件の防止を意図したものか否かは定かでない。

朝鮮人女性と倭館の日本人が接触する機会は，館門外で毎朝開かれる朝市であった。当初朝市への参加は男女共に認められていたが，次第に若い女性の参加が増加する。東萊府使・権以鎮によれば，これは年少美貌の女性商人が扱う品物であれば，多少商品の質が悪くても倭館の日本人が高く買い取るためであった。こうした状況が女性を売ることに近い行為であると問題視され，朝市の参加資格が朝鮮側によって制限される。1710（宝永７）年４月に倭館館守の平田所左衛門から対馬藩へ朝市が中止されたことが報告され，東萊府使が若い女性の朝市参加に難色を示し，今後は男性のみ参加を許可する趣旨が明らかになった[48]。

当時の東萊府使は先述の権以鎮であり，彼の方針によりこれ以後は女性の朝市参加が禁止されることになった。権以鎮は朝鮮国王に対して，在館者が草梁村に出入りすることで，村の女性と親密な関係になっている実情を訴えていた[49]。権以鎮の政策によって設門が設置され，倭館周辺の草梁村が設門の外に移転されたことは既に述べたが，移転後の草梁村は「新村」と称された。設門によって日本人の通行界限をより明確にし，門より外への闌出は厳格に約条によって禁じられていたはずであったが，権以鎮によれば訳官が村内の民家での面会を行うので，彼らを訪問するという名目で在館者の出入りがあったようである。日本人と朝鮮人の接触を防止する意図で，朝鮮人の村を移転したはずが，すっかりその効果が失われてしまっていた。権以鎮は，在館者と一般朝鮮人の雑居状態が交奸行為の原因となっていると考え，在館者と朝鮮人女性の接触を防ぐことを意図して朝市へ女性が参加することを禁じたのであろう。

このように権以鎮が日本人と朝鮮人の交奸行為を問題視した背景には，1707（宝永７）年に発生した白水源七の交奸事件があったと考えられる。1731年に東萊府使・鄭彦燮が朝市における朝鮮人住民と倭館の日本人の間の問題について言及した際も，この宝永７年の事件を交奸の一例として挙げている[50]。

白水源七の事件は，朝鮮人の手引きにより入館した朝鮮人女性・甘玉が交奸の容疑で捕えられたことで発覚した。これまで交奸を行った日本人の処罰が対馬藩で内済されてきたことに対し，朝鮮人と同罪に処すことを求めてきた朝鮮政府は，この事件を契機に対馬藩との間での約条締結に向けて動いた。

翌年に対馬に渡った訳官使は，交奸日本人の名前が記載された礼曹書簡を持参し，対馬藩家老に対応を迫った[51]。対馬藩では犯人と名指しされた源七を探し出し取り調べを行ったが，源七は容疑を否認し，また相手方の朝鮮人女性が証言を覆したことで事件の真相は明らかにならなかったが，結果的に源七は外交紛争を引き起こしたという罪状で流罪とされ，朝鮮では女性と手引き人が処刑された。

事件が処理された後も，朝鮮側は交奸事件に関する約条の締結交渉を試み，1711年に渡海した通信使と対馬藩の間で講定が実施され，同年3ヶ条から成る「辛卯約条」が締結された[52]。

【史料】

○辛卯約条（交奸約条）

一（一条）馬島之人，出往草梁館外強奸女人者，依律文論以一罪事

一（二条）誘引女人和奸者，及強奸未成者，永遠流竄事

一（三条）女人潜入館中而不為執送，因為奸通者，用次律事

第一条では，倭館の日本人が草梁に闌出した上，女性を強奸した場合，大明律の規定[53]によって死罪（一罪）とすることが定められた。一方，女性を誘って和奸した者や強奸の未遂者は永遠に流罪とされ（第二条），倭館に潜伏している朝鮮人女性を通報せずに交奸したものは，次律の流配に処することになった（第三条）。朝鮮側は日本人当事者の一律死罪を要求したが，対馬藩は朝鮮の刑慣習を日本人に押しつけることは妥当ではないとして，これを退けた[54]。そのため約条では対馬藩の提示した条件が受け入れられ，交奸の種類により刑罰に差がつけられた。尹裕淑氏によれば，朝鮮人の手引きにより倭館に潜入した女性との交奸行為の事例が最も多くみられるという[55]。こうした行為は和奸と判断されるため，約条で言うところの「永遠流竄」すなわち対馬への強制送還されるに留まり，朝鮮側が主張するように交奸日本人に死罪が適用されることはほとんどみられなかった。

おわりに

本稿では，倭館統制に関わる約条の変遷を概観し，対馬藩が倭館の在館者に対して通達した史料から約条の遵守を促す内容を確認することができた。

しかしながら，先行研究でも指摘されているように，対馬藩が約条の規定に従って違反者を処罰していない実態がうかがえる。これは朝鮮側から見れば倭館の統制が十分に行われていないということである。このような状況に対応するため，朝鮮政府は倭館周辺での日本人の行動範囲を厳しく制限し，18世紀前半に発生した交奸事件を契機として倭館付近の朝鮮人が居住する草梁村を移転する。筆者は，別稿にて倭館の日本人と朝鮮人の接触により発生した潜商・闌出・交奸などの諸問題への統制が，倭館と周辺地域の都市的空間の変化に与えた影響を考察した[56)]。

倭館における問題を考察する上で，統制の対象となった事件の背景や原因についても検討することが不可欠であると考えるが，これまでこの点について十分に検討されているとは言い難い。特に打擲事件の事例は，倭館内外において日朝両国人が日常的に接触するなかで，様々な文化・慣習の違いや利害の不一致を原因として生まれたと推察される。本稿では，倭館で発生した事件の実態に言及することができなかった。今後の課題としたい。

注

1)　田代和生『書きかえられた国書　徳川・朝鮮外交の舞台裏』（中央公論社，1983年）

2)　金東哲（金尚會・訳）「十七～十九世紀の釜山倭館周辺地域民の生活相」（都市史研究会編『年報　都市史研究 9』山川出版社，2001年）

3)　尹裕淑「近世癸亥約条の運用実態について―潜商・闌出事例を中心に―」（『朝鮮学報』164，1997年），同『近世日朝通交と倭館』（岩田書院，2011年）

4)　チャン・スンスン「朝鮮後期倭館において発生した朝日両国人の物理的摩擦の実態と処理」（『韓国民族文化』31，2008年）

5）　中村栄孝『日鮮関係史の研究』下巻（吉川弘文館，1969年），183頁

6）　田代和生『近世日朝通交の研究』（創文社，1981年），164頁

7）　田代〔1981〕前掲書，171頁

8）「館守條書」（万松院宗家文庫所蔵）韓国国史編纂委員会所蔵マイクロフィルムを利用

9）『長崎県史』藩政編，937頁

10）　金東哲「朝鮮後期倭館開市貿易と東萊商人」（『民族文化』21，1998年）

11）　金東哲〔2001〕前掲論文

12）　田代和生『倭館――鎖国時代の日本人町』（文藝春秋，2002年），149～151頁

13）　尹裕淑〔2011〕前掲書，34～37頁

14）　國史編纂委員会編『邊例集要』上（国史編纂委員会，1970年）巻五約条，己未正月条

15）　尹裕淑〔2011〕前掲書，40頁

16）　注15と同

17）　尹裕淑〔2011〕前掲書，61～63頁

18）　村井章介『中世倭人伝』（岩波書店，1993年），82～83頁

19）　村井〔1993〕前掲書，116～118頁

20）　京城帝国大学編『増正交隣志』（京城帝国大学，1940年）巻４，約條

21）　尹裕淑〔2011〕前掲書，27～30頁

22）『邊例集要』下，巻９開市，壬辰年９月条

23）　長正統「路浮税考―朝鮮粛宗朝癸亥約条の１考察」（『朝鮮学報』58，1971年）１～20頁

24）　尹裕淑〔2011〕前掲書，27～28頁

25）『交隣大昕録』（泉澄一編『芳洲外交関係資料・書翰集』関西大学出版部，1982年），林復斉編『通航一覧』（国書刊行会編，凰文書館，1991年復刻）巻125貿易永和館

26）「御壁書控」（長崎県編『長崎県史』史料編第２，長崎県，1964年）559頁，「壁書」

27）「御壁書控」『長崎県史』史料編第２，559頁，「覚」

28）『大日本史料』元和７年７月27日条（東京大学史料編纂所）

29）　尹裕淑〔2011〕前掲書，32～33頁

30）　酒井雅代「寛文抜船一件からみる日朝関係」（『歴史評論』743，2012）81～96頁

31）「御壁書控」『長崎県史』史料編第２，585～586頁，「覚」

32) 「御壁書控」『長崎県史』史料編第２，579頁，「覚」
33) 尹裕淑〔2011〕前掲書，108～111頁
34) 『邊例集要』下，巻13闌出，丙寅６年11月条
35) 『邊例集要』下，巻13闌出，癸巳年２月条
36) 「御壁書控」『長崎県史』史料編第２，579頁，「覚」
37) 『増正交隣志』巻４約条，『邊例集要』上，巻５禁條
38) 『増正交隣志』巻４約条，『邊例集要』巻５約条では翌年（粛宗６年）条に記載
39) 『増正交隣志』巻４約条，『邊例集要』巻５約条
40) 尹裕淑〔2011〕前掲書，39頁
41) 「壁書控・下」『長崎県史』史料編第２，653頁
42) 『増正交隣志』巻３館宇
43) 『粛宗実録』粛宗36年３月29日条
44) 金東哲〔2001〕前掲論文
45)『粛宗実録』粛宗36年３月29日条
46) 尹裕淑〔2011〕前掲書，44～55頁
47) 『通航一覧』巻125，462頁，『交隣大昕録』157頁
48) 「朝市一件」『分類紀事大綱』32冊35巻（国立国会図書館所蔵）
49) 『粛宗実録』粛宗36年３月29日条
50) 『邊例集要』下，巻９開市附朝市，辛亥年３月条
51) 尹裕淑〔2011〕前掲書，48頁
52) 『増正交隣志』巻４，辛卯約条
53) 朝鮮時代の刑律の母法とされた「大明律」の強奸犯罪に関連する規定では，強奸は死刑，強奸未遂は杖刑100杖・流刑3000里，また相奸者同士が親族関係ではない一般の和奸の場合は杖刑80杖が課された　尹裕淑〔2011〕前掲書，54頁参照
54) 尹裕淑〔2011〕前掲書，44～55頁
55) 尹裕淑〔2011〕前掲書，53頁
56) 小堀槙子「都市的空間としての近世草梁倭館」（都市史学会編『都市史研究』１，山川出版社，2014年）

基金に提出された研究成果報告書

年官制度の展開——中央と地方の連関——

手嶋大侑

はじめに

年官とは、天皇・院宮・親王・公卿などが持つ、毎年の官職補任の推薦権であり、年官で申請できる官職の大半は国司の掾《ジョウ》や目《サカン》、あるいは一分官である国の史生等の地方官であった[1]。年官については、九世紀前半に発生し、寛平年間に給数（申請できる官職の種類と数）が整備されたと考えられており[2]、給主は自身に長年仕えてきた者の労をねぎらうために年官によって推薦していたこと[3]、給主は年官で推薦した見返りとして、被推薦者から任料をもらっていた[4]ことなどが明らかになっている。年官は給主の縁故関係によって行使される傾向が強かった。

これまでの研究は、中央貴族社会における年官の意義、性格を議論してきたため、年官を中央社会の中だけで論じてきた。しかし、年官によって申請できる官職の大半は地方官である。年官の歴史的意義を明確にするためには、中央と地方の関係性の中で年官を考察する必要があるのだが、従来はこの視座が乏しかった。それは、十世紀以降、国司長官（受領）の権限が確立するにつれて、長官以外の国司（任用）が形骸化していき、任用国司を推薦する年官も衰退していったとする評価[5]に原因があったからだと考える。

近年、任用国司に関する考察が進み、十世紀以降も国務に従事していた任用国司の存在が指摘されている。[6] このように、現在では、任用国司についての評価は変わってきており、従来の任用国司観に基づいたこれまでの年官に関する評価は再検討されなければならない。その中で、地方有力者が出身国の任用国司の地位を獲得する過程を検討した渡辺滋氏の研究は注目される。渡辺氏は、地方有力者が任用国司の地位を得る手段としての年官の重要性を指摘し、年官は「推薦者・被推薦者の両方にとって、おそらく「有用」な関係を築く（あるいは強化する）恰好の契機」「十世紀代以降、両者の間の有力な紐帯として機能し続けていた」と述べられた。[7]

本稿では、前述の渡辺氏の研究を参考にしつつ、従来から注目されている地方有力者が出身国の任用国司に任ぜられる事例[8]を、年官による任官事例に限定して考察を進め、地方社会にとっての年官を検討する。その上で、中央と地方の関係性の視座から、平安時代における年官の展開について考察していきたい。

一、年官による地方有力者の任官

古代日本には、地方出身者を出身国の国司に任じることを避ける不文律があり、渡辺滋氏によると、この不文律は九世紀までは守られていたが、十世紀になると緩んでいき、地方有力者が出身国の国司に任命される事例が散見されるようになるという。[9] ここでは、渡辺氏の研究に導かれつつ、年官によって地方有力者が出身国の国司に任ぜられる事例を検討していく。[10]

（ア）播磨国の事例——播磨氏——

最初は、すでに渡辺氏によって注目された播磨氏の任官状況について、改めて検討したい。「続群書類従」所収の『除目申文抄』名替転任には、

天元三年春。播磨利明任二播磨少掾一（々脱カ）云。尻付云、停二去年内給権少掾良明一改任。

とある。(11) 天元三年（九八〇）の春除目で、播磨利明は播磨少掾に任ぜられたが、これは、前年に内給によって播磨権少掾に任ぜられた良明の任官を取り止め、その替りに利明を改任したものであった。渡辺氏が推測するように、播磨権少掾に任ぜられた良明は播磨氏の者と考えられる。良明と利明、両者の名前に、「明」の字が通字として見られることも論拠の一つとなろう。

内給は天皇を給主とする年官であり、「内給所」が管理していた。内給は他の年官に比べて売官的要素が強いことが指摘されており、(12) これを踏まえれば、良明は内給所に私財を払うことによって播磨権少掾に任ぜられたと考えるのが妥当だろう。(13) この事例から、任用国司の地位を同族内で継承する際に、一つの年官の枠が複数回使い回されていた実態が推測される。(14) また、地方の有力氏族が任用国司の地位を世襲的に継承する一手段として年官が利用されていたことも推測されよう。

次に、『大間成文抄』第一・臨時給は、長徳二年（九九六）の事例として「播磨少掾正六位上播磨造延行〈臨時内給〉」を載せる。この事例は『長徳二年大間書』でも確認できる。また、『魚魯愚別録』第五・院宮公卿臨時給例には、

散位播磨宿祢延行
望申播磨大掾
長保六年正月廿六日

とあり、この説明として、「此申文関白被レ申云々」とある。長保六年（一〇〇四）に関白はいないが、藤原道長が内覧を務めているので、ここの「関白」は道長を指すと理解してよいだろう[15]。

この二つの史料から、まず、延行は内給所に私財を払うことで、長徳二年、臨時内給によって播磨少掾に任ぜられた。当時の天皇は一条天皇だが、この任官をきっかけに、延行と摂関家とのつながりが形成されたものと想定されよう。そして、長保六年、以前の任官の際に構築した人間関係を駆使することで、延行は道長の臨時の年官による推薦を得ることができたものと考えられる。延行の事例では、彼が播磨国の少掾、そして大掾の地位を獲得する手段として、年官に頼っていたことが注目される。

その他の事例として、永長二年（一〇九七）、藤原歓子の年官によって播磨掾に任ぜられた播磨成信がいる[16]。

（イ）美濃国の事例――各務氏――

次に、各務氏の任官状況について見ていく。同氏についても、すでに渡辺氏に注目されているが、新たな事例を加えて検討していく。

まず、私が注目したいのが、『西宮記』巻三・恒例第二の一分召条である。そこには、「美濃権史生各務村連秀長」

とあり、各務村連秀長は、内給によって美濃権史生に任ぜられたことがわかる。一分召の史料上の最後が『小右記』長徳三年（九九七）二月二十二日条であることを踏まえると、この任官事例は、『西宮記』が成立した十世紀後半頃のものと考えられる。史生は国司四等官と同じ扱いを受けており、[17]『延喜式部式』諸国史生条には、「凡諸国史生者、（中略）、不レ得レ任二当国人一」とあって、現地の者を任じることが禁止されていた。各務村連秀村の美濃権史生への任官は、『延喜式』の規定が守られなくなってきたことを物語る。

長徳元年、各務為信が東三条院の臨時給によって美濃介に任官され、[18]同二年、各務隆成が東三条院の当年給によって美濃少掾に任官された。[19]この事例については、東三条院と美濃国の関係性から考察が加えられており、東三条院が美濃国における権益を確保するために、現地有力者の各務氏を同国の任用国司に申任したものと想定されている。[20]その他の事例として、康平八年（一〇六五）に臨時内給によって美濃介に任ぜられた各務良遠がいる。[21]

（ウ）伊予国の事例――越智氏――

越智氏については、すでに小原嘉記氏によって注目されているが、[22]改めてその任官状況を見ていきたい。天暦八年（九五四）、天暦二年の内給未給によって越智安材が伊予権少目に任ぜられた。[23]次に、『江家次第』巻四・除目は、「国替」の例として、

大隅国
掾正六位上藤原朝臣篤孝〈前太皇太后宮永祚二年御給伊予掾越智隆盛不レ給二任符一秩満代〉

を載せる。これによると、藤原篤孝は、「前太皇太后宮永祚二年御給」[24]によって伊予掾に任ぜられた越智隆盛の替わりに大隅掾に任ぜられたことがわかる。ここの記述からは、永祚二年（九九〇）の年官（永祚二年の春除目では「当年給」と称され、同年の秋除目以降は「永祚二年未給」と称される年官）によって隆盛が伊予掾に任ぜられたことは判明するが、隆盛が伊予掾に任ぜられた除目が行われた年は読み取ることができない。つまり、隆盛の任官は、永祚二年以降の可能性が十分に考えられるのである。藤原篤孝の大隅掾任官の年も不明であるため[25]、ここでは、永祚二年以降の十世紀末から十一世紀頃の事例と理解しておきたい。

その他の事例として、治安三年（一〇二三）、藤原婉子の年官によって伊予掾に任ぜられた越智助時[26]、永承四年（一〇四九）、娟子内親王の年官によって伊予掾に任ぜられた越智国秀[27]、同五年、同内親王の年官によって伊予掾に任ぜられた越智友近[28]、永久五年（一一一七）、源俊房の年官によって伊予大掾に任ぜられた越智貞吉[29]、具体的な年次は不明だが、民部卿源朝臣の永保二年（一〇八二）の年官によって伊予大目に任ぜられた越智時任がいる[30]。

二、地方の変化

播磨・美濃・伊予の各国を検討した結果、十世紀中葉頃、特に十世紀後半から、年官によって地方有力者がその国の任用国司に任ぜられ始めることがわかった。上述した国以外でも、十世紀後半頃から同様の事例が散見されるため、この現象はある程度一般化して考えてもよいと思われる。このような地方の変化を、当該期の社会全体の中で考えるために、次の史料に注目したい。『政事要略』巻二十六所収の安和二年（九六九）の宣旨である。

右大臣宣、奉レ勅、（中略）、謹検二案内一、大臣已下参議已上所レ勤公役、専無二差別一。所レ賜封禄、甚以懸隔。其参議之封只六十戸。仍為レ優二勤労一、殊賜二兼国一。而諸国公廨、多申二減省一、無レ挙二本数一。処分之率已少、国司之員倍多。適所レ当之料、動致二物貧一、難レ支二急用一。就レ中五節之事所レ費不レ少。彼茅土高貴之家猶傾二資産一、而多レ労。華戸閑素之輩還損二公威一、而有レ恥。望方今雖レ募二二分之年給一、曽無二一人之企望一。僅要二判官一、更辞二主典一。世俗所レ変人心難レ奪。然則年官・月俸有レ名無レ実。望請、殊蒙二天恩一、早降二二合之宣旨一、将レ支二五節之用途一者。奏請之旨、尤可二許容一。抑奉二五節舞姫一、非二宰相之職一。納言以上同営二此事一。自今而後、大臣已下参議已上、今年献二五節舞姫一者、其明年給、殊許二二合一。但納言以上、若当二二合年一、廻充二他年一。立為二恒例一者。

この宣旨は、年官の原則として「二合」の権利を持たない参議に対し、五節舞姫を献上した年の翌年のみに、「二合」して掾を推薦することを認めたものである。[31] 傍線部分には、近年は、年官による「二分」（目）への推薦に与かりたい者を募集しても希望者はおらず、僅かに三分官（掾）を希望する者がいる状況だとある。ここから、安和二年の時点で、すでに目のポストを求める者が減少していた状況が認められる。[32] しかし、前述したように、十世紀中葉頃から地方有力者が出身国の任用国司に任ぜられ始めるが、これは彼らが出身国の任用国司の地位を希望していたことを意味し、その状況は十一世紀も変わらなかった。このような地方の在り方を考えれば、安和二年の宣旨がいう、国司の目のポストを「企望」しなくなる者とは、主に中央の者を指していると読解できる。十世紀中頃において、中央の者が下級国司を求めなくなり、それに対応するように、地方の者が下級国司に任ぜられ始める。安和二年の宣旨には、年官によって任用国司に任官される者の範囲が中央の者から地方の者に拡大していく、その変化の端緒が記述されていたのである。

三、地方有力者と年官

地方有力者が任用国司に任ぜられるには、除目における選考を経て任命される必要があった。ここでは、中央の人事制度である除目の検討から、地方有力者と年官について考えていく。

平安時代において、国司の掾や目に任ぜられる方法は、大きく二種類に分けることができる。[33] 一つは、特定の官職に就き、そこで年労や上日（出勤日数）を積み、上臈の者から順に機械的に掾や目に任官される方法である。「四所籍」「内舎人」「文章生」がこれにあたる。もう一つは、諸官司や個人による推薦を受けて掾や目に任官される方法であり、「年官」「諸道挙」「諸院挙」「所々奏」等が該当する。ここでは、「四所籍」「内舎人」「文章生」「年官」「諸道挙」「諸院挙」「所々奏」を検討するが、その理由は、これらの任官方法の選考順が年官と近いからである。除目における選考順の重要性については後述する。

「四所籍」とは、内豎所・大舎人寮・校書殿（文殿）・進物所の「四所」に「籍」を持つ官人を諸国の掾や目に任じる方法である。[34]「四所」には、複数の「籍」が付されており、各「籍」における第一労者（最も年労を積んだ者）が、「四所籍」によって掾や目に任ぜられる。次に、「内舎人」とは、内舎人として最も年労を積んだ上臈の三人を諸国の掾に任じる方法であり、[35]「文章生」も同様である。[36]

「四所籍」「内舎人」「文章生」によって国司の掾や目に任ぜられるためには、「四所」の官人として年労や上日を積む、あるいは内舎人や文章生として年労を積む必要があった。

「諸道挙」とは、紀伝・明経・明法・算の四道の学生が、各科の博士による推薦を受けて、諸国の掾や目に任ぜら

れる方法であり、「諸院挙」とは、勧学院・奨学院・学館院の学生が、各大学別当等の推薦によって諸国の掾や目に任ぜられる方法である。[37] これらによる推薦を受けるためには、まず学生になる必要があった。

「所々奏」とは、内豎所・作物所・大哥所・御厨子所・一本御書所等[38]の官人が、別当以下の推薦を受けて、諸国の掾や目に任ぜられる方法である。『大間成文抄』第四・所々奏には、寛治六年（一〇九二）の作物所の事例が残っている。それによると、作物所預の秦忌寸信忠以下四人によって推薦された丸部宿祢信方が越後少掾に任ぜられている。この時、信方を推薦した理由として、「依二年労恪勤一」「信方出二仕当職一之後、及二三十箇年一」とある。また、寛弘五年（一〇〇八）、作物所の推薦を請うた秦宿祢忠辰の自解申文には、[39] 自己推薦する根拠に「身労廿五个年」を挙げる。このように、「所々奏」による推薦を受けるには、所の官人として年労を積む必要があった。

「年官」以外の任官方法を見てきたが、これらによって国司の掾や目に任ぜられるためには、推薦権を持つ諸官司や諸所に所属して年労を積む必要があった。このような前提条件は、地方に居住する者にとっては、現実的とは言えないだろう。

では、「年官」はどうだろうか。年官による推薦文書（年官申文）の一つを以下に載せる。

正六位上嶋田朝臣種忠
望山城・美濃等国目
右当年給、以二件種忠一所レ請如レ件
長保元年正月廿八日左大臣正二位藤原朝臣道（長）[40]

年官によって推薦する場合、その推薦文書に被推薦者の位氏姓名と希望国、使用する年官の種類（この場合は「当年給」）と給主の署名があれば問題なかった[41]。これについて、佐々木恵介氏は、「年官が給主にあらかじめ与えられた権利であり、被推挙者（＝任官希望者）がどのような者であるかは基本的には問われないという事情が考えられる」と述べる[42]。年官によって推薦されるためには、ただ給主の承諾を得ればよく、特定の官職に就くことも、年労を積むことも必要なかったのである。したがって、地方有力者はあらゆる伝手・口入・手引きを通して、給主に任料の支払いや、任官後の奉仕を約束するなどして推薦されればよい。年官による推薦は、地方の者にとって現実的な方法であったと考えられる。

四、除目における選考順

地方官の除目では、ある欠官に誰を任じるかではなく、ある任官候補者をどの欠官に任じるかを選考していた。そのため、任官候補者の中でも選考される順番が早い者ほど、欠官の数が多いので、希望国の国司に任ぜられる確率は高かった。選考順は任官希望が実現するかどうかを左右する大きな要素であった。

ここでは、年官の選考順について検討していきたい。『北山抄』巻三・拾遺雑抄上・除目条には、選考順に関する記述がある。その部分を以下に載せる。

随レ仰置レ笏開二大間一、繆二置座右一（割注略）、端レ笏奏請。①先任二四所籍一（割注略）。両三人書載畢、令レ召二院宮御給名簿一（割注略）。次下二給内給・院宮旧年御給・公卿給等請文一。（中略）、各端書二付可レ勘之趣一下給（割注略）。四所任了、②内舎人

（割注略）、③文章生〈（中略）［A］件内舎人・文章生等、近例、次日公卿給之後任云々。早晩随二時便一耳〉、④院宮御給并内給、親王・公卿・尚侍・女御等当年給（割注略）任レ之。一日議訖、封二大間一、納二雑書一（割注略）。大間入レ筥、加二入成文一（割注略）、進レ之（割注略）。次日⑤随二勘上一（割注略）、任二二合・名替等者一（割注略）。次⑥諸道挙（割注略）并所々（割注略）。

この記述は、国司の掾と目への任官を前提にしている内容であることに注意しなければならない。すると、①「任二四所籍一」は「四所に籍の持つ者を国司の掾や目に任じる」と、②「内舎人」は「内舎人を国司の掾に任じる」と、③「文章生」は「文章生を国司の掾に任じる」と、④「当年給（割注略）任レ之」は、「当年給によって推薦された者を国司の掾や目に任じる」と、⑤「任二二合・名替等者一」は、「（年官の）二合・名替などによって推薦された者を国司の掾や目に任じる」と、⑥「諸道挙（割注略）并所々」は、「諸道挙や所々奏によって推薦された者を国司の掾や目に任じる」と、それぞれ解釈される。

まず、年官に関する記述が④と⑤に分けられている理由について述べておく。年官には、当年給・未給・二合・名替・国替・名国替・任符返上・巡給・別巡給（上記二つは親王給のみ）と数種類あり、種類によって異なる扱いを受けた。除目の上卿である執筆は、給主から提出された年官申文を基礎資料にして年官による任官を決定していく。この時、当年給と任符返上の年官申文はそのまま基礎資料として使用されるが、これら以外の年官申文は外記による「勘」を受け、資料としての有効性を確認する必要があった。そのため、執筆はこれら年官申文の端に「勘」すべき由を書き記して外記に下し、年官申文を受け取った外記は、「未給」の場合だと、本当にその「未給」が過去に使用されていなかったかを「勘」し、「二合」の場合だと、本当に給主が「二合」できる権利を持っていたのかを「勘」

した。[43]「勘」の結果、不正の無い有効な年官申文は、再度執筆に進上され、執筆はそれらの年官申文を基礎資料に年官による任官を決定した。このような手続きを経る必要があったため、『北山抄』は、④「勘」が不必要な年官と、⑤「勘」が必要な年官を分けて記述したものと思われる。

さて、『北山抄』が示す選考順は、「四所籍」→「内舎人」→「文章生」→「年官」（④⑤）→「諸道挙」「所々奏」である。『西宮記』巻二・恒例第一・除目条には、「諸道挙」「所々奏」に関する記述は見えないが、「四所籍」→「内舎人」→「文章生」→「年官」とあり、『北山抄』と同様である。ならば、両者に共通する「四所籍」→「内舎人」→「文章生」→「年官」という選考順は、十世紀後半には定まっていたものと考えることができる。[44]

五、選考順の変化

前掲『北山抄』は、「内舎人」と「文章生」の選考について、［A］のような説明をしている。この記述は重要であるため、ここに再度載せる。

件内舎人・文章生等、近例、次日公卿給之後任云々

これによると、近例では、「内舎人」と「文章生」の選考は除目二日目の「公卿給」の後に行われるという。これは注目すべき記述である。ここの「次日公卿給」とは外記の「勘」が必要な「公卿給」（⑤）を指すものと考えられる。つまり、この記述は、「内舎人」と「文章生」の選考が後退したことを意味しており、それは、「年官」の選考がこ

の二つより早くなったことを示している。

これを実際の除目で確認する。今回は万寿四年（一〇二七）の除目を扱う。この年の除目は正月二十五日から二十七日にかけて行われ、執筆は藤原実資が担当した。

『小右記』万寿四年正月二十五日条を見ると、

（上略）次縿二置大間一、了執レ笏候。仰云、早。次候二気色一【A】書二入四所籍者一畢〈内豎所・校書殿・進物所・大舎人〉。執レ笏候二天気一、且触二関白一云、取二遣院宮御給文等一、関白候二気色一伝下仰可二取遣一由上。〔召脱カ〕右近中将兼経、仰下可レ取二遣院宮御給文一之由上。次下給等一々書二付申文端一、皆有二其詞一、随二請文一耳。秉燭後、右中将伝二進院宮御給文一、余取授二関白一、々々奏レ之、御覧了返給。【B】院宮并親王・公卿当年給一々書二入大間一、又召二参議公成一令レ下二勘公卿給一、此間又院宮并公卿任符返上等一々書入。（下略）

とあり、「四所籍」から始まり（【A】）、年官申文の諸手続きを済ませた後、院宮・親王・公卿の「当年給」と「任符返上」によって推薦された者の選考が行われている（【B】）。

翌日の同二十六日条には、

（上略）次縿二置大間一、了祗候。仰云、早者。亦候二気色一【C】任二内舎人三人一。亦召二右少弁家経一、【D】昨日下給公卿給早可レ令二勘進一由伝二仰新宰相一〈公成〉、即公成進レ之、一々書載。（下略）

とあって、除目二日目は「内舎人」から始まり（【C】）、次に、前日に下した「公卿給」によって推薦された者の選考が行われている（【D】）。【D】の「昨日下給公卿給」は、【B】「召二参議公成一令レ下二勘公卿給一」にある「公卿給」と同一であり、これは外記による「勘」が必要な年官申文を指す。

万寿四年の除目は「四所籍」→「年官」（「当年給」「任符返上」）→「内舎人」→「年官」（「勘」が必要な年官）という順番で選考が行われた。しかし、『北山抄』は「次日公卿給」の後に「内舎人」の選考を行うのが「近例」だとする。では、この時はどうだったのか。

前掲二十六日条を見ると、【D】「亦召二右少弁家経一、昨日下給公卿給早可レ令二勘進一由伝二仰新宰相一〈公成〉、即公成進レ之」とあり、実資は「昨日下給公卿給」を早く勘進するよう、参議公成に伝え仰せている。この実資の行動は、外記による「勘」が遅れていたことによる。[45]「勘」によって年官申文の有効性が確認できなければ、未給や二合などの年官によって推薦された者の選考を行うことができない。そのため、実資は除目の遅延を防ぐため、臨機応変に「内舎人」の選考から始めたのだろう。[46]

このように『小右記』の記事を読解できるならば、万寿四年の時点で「四所籍」→「年官」→「内舎人」→「文章生」という選考順は定着していたことになる。ここに、『北山抄』のいう「近例」を確認できる。年官の選考が早まった時期については、『西宮記』に記載がなく、『北山抄』に「近例」として記載があることを踏まえれば、十世紀最末から十一世紀初頭頃だと考えられる。

六、中央と地方の連関と年官――むすびにかえて――

これまでの考察によって明らかとなったことは以下の三点に要約できる。

第一に、十世紀中葉頃、中央の者が任用国司の地位を希望しなくなるのに対して、地方有力者は出身国の任用国司の地位を希望していた。そのため、十世紀中葉頃から、年官によって推薦される者の範囲が中央の者から地方の者に拡大し始め、地方有力者が出身国の任用国司に申任されるようになった。

第二に、地方有力者が出身国の任用国司の地位を獲得する手段としては、特定の諸官司に所属して年労を積まなくても推薦を受けることができる年官が最適であった。

第三に、十世紀最末から十一世紀初頭に、除目における年官の選考順が早まり、年官によって推薦された者の任官希望が叶いやすくなった。この点を第二の点と関連させれば、地方有力者がより出身国の国司に任ぜられやすくなったと理解できる。

十世紀中葉以降、院宮王臣家の当主たちは年官によって推薦する者を地方社会に求めるようになる。これに呼応するように、任用国司の地位を得たい地方有力者は中央権門とつながり、年官による推薦に与かることを希望した。その結果、中央と地方の政治的関係に新たな方途が成立し、両者の連関はより促進したと思われる。年官は中央社会と地方社会の連関を促進させる役割を果たしたのである。

また、中央の者が任用国司の地位を希望する場合、国の豊かさや京からの近さが同じであれば、特定の国に執着することはほぼなかった[47]と思われる。対して、地方有力者が希望するのは出身国の国司であって、彼らの任官希望はよ

り限定的であった。これにより、十世紀中葉以降、年官による被推薦者の任官希望――地方の要求――は限定化・特定化される傾向を有するようになった。こうした地方のニーズに対応するために、年官の選考順が早まったものと考えられる。

最後に今後の見通しについて述べておく。院宮王臣家が地方に有する庄園の経営には現地の協力が必要不可欠であったが[48]、年官による地方有力者の推薦は地方における庄園経営の協力者を確保することにつながっていたと考えられる。内給によって播磨少掾に任ぜられた播磨利明が、摂関家領の播磨国滝野庄の惣官に就いていることは[49]、この推測を裏付ける。

地方有力者は年官による推薦で出身国の国司に任ぜられ、地方における権威や地位を強化し、名誉を得ることができた。対して、院宮王臣家は彼らを推薦することで、地方における庄園経営の協力者の確保を期待できたと考える。年官は中央貴族社会と地方社会を連関させるものであり、中央と地方の両者にとって有益な関係を創出するきっかけになり得たのである。

注

(1) 掾（三分官）に推薦できるのは、原則、内給・院宮や准三宮だけであったが、目（二分官）に推薦する権利と一分官に推薦する権利を合わせることで、公卿たちは、掾に推薦することができた。このように、二つの年官枠を合わせて、より上の官職へ推薦することを「二合」と呼ぶ。ただし、「二合」は特例措置であり、給主によって「二合」できる年が決まっていた。詳しくは注（31）参照。また、院宮と准三宮だけは京官（三分官）に推薦できる年官を有していた。准三宮については、樫山和

民氏「准三宮について――その沿革を中心として――」（『書陵部紀要』三六、一九八五）、拙稿「「三宮」概念の変遷と「准三宮」（名古屋市立大学大学院人間文化研究科『人間文化研究』二三、二〇一五）。

（2）時野谷滋「年給制度の研究」（『律令封禄制度史の研究』吉川弘文館、一九七七）

（3）永井晋「十二世紀中・後期の御給と貴族・官人」（『國學院大学大学院紀要―文学研究科』一七、一九八六）、尾上陽介「年官制度の本質」（『史観』一四五、二〇〇一）、佐古愛己「「故人未給」にみる年給制度の本質」（『平安貴族社会の秩序と昇進』思文閣出版、二〇一二）、拙稿「年官制度発生に関する一考察――貞観十三年藤原良房第二抗表をめぐって――」（名古屋市立大学大学院人間文化研究科『人間文化研究』二一、二〇一四）

（4）時野谷滋前掲注（2）論文

（5）時野谷滋前掲注（2）論文。任用国司の形骸化に関する研究は、泉谷康夫「任用国司について」（『日本中世社会成立史の研究』高科書店、一九九二）、同「受領国司と任用国司」（同書）、小原嘉記「平安後期の任用国司号と在庁層」（『日本歴史』七三五、二〇〇九）。

（6）富田正弘「平安時代における国司文書について――その位署形態と国司庁宣の成立――」（京都府立総合資料館『資料館紀要』四、一九七五）、渡辺滋「「日本古代の国司制度に関する再検討――平安中後期における任用国司を中心に――」（『古代文化』六五、二〇一四）

（7）渡辺滋「請人・口入人の持つ力――地方有力者が任用国司の地位を獲得する過程から――」（井原今朝男編『富裕と貧困』竹林舎、二〇一三）

（8）森公章「古代土佐国・讃岐国の相撲人」（『在庁官人と武士の生成』吉川弘文館、二〇一三）

（9）渡辺滋前掲注（6）論文。私見では、九世紀中頃から不文律が緩んでくると考えているが、この点については、さらに考察を深めていきたい。

(10) この節でいう渡辺氏の研究は、断りが無い限り前掲注（6）論文を指す。

(11) この事例は『大間成文抄』第二・転任、『魚魯愚抄』第六にも見える。だが、『大間成文抄』は「天元二」の例だと、『魚魯愚抄』は利明が任じられた官を「播磨大掾」だとする点で相違がある。

(12) 尾上陽介「内給所について」（虎尾俊哉編『日本古代の法と社会』吉川弘文館、一九九五）

(13) 利明の場合、同族の良明から播磨国の任用国司の地位を譲与されたと理解できるため、利明が内給所に私財を払ったかは、なお考察の余地がある。

(14) 一つの年官の枠の使い回しについては、すでに渡辺滋「揚名国司論――中世的身分表象の創出過程――」（『史学雑誌』一二三、二〇一四）が指摘している。なお、同様の事例として、長保元年（九九九）の「尾張掾正六位上物部宿祢興種〈返二上東三条院永祚元年御給物部定興任符一改任〉」（『大間成文抄』第二・任符返上）がある。

(15) 渡辺氏も同様の見解を示す。

(16) 『朝野群載』巻四、『中右記』承徳元（一〇九七）年正月三十日条

(17) 北林春々香「八、九世紀における諸国史生の様相」（東京女子大学史学研究室編『史論』五一、一九九八）

(18) 『大間成文抄』第一・臨時給、『魚魯愚別録』第五・臨時給事

(19) 『大間成文抄』第一・当年給

(20) 渡辺滋前掲注（7）論文、大塚章「平安貴族政権下の美濃」（各務原市教育委員会『各務原市史　通史編　自然・原始・古代・中世』各務原市、一九八六）

(21) 『大間成文抄』第一・臨時給

(22) 小原嘉記前掲注（5）論文

(23) 『魚魯愚抄』第五・内給未補

(24) 永祚二年の太皇太后は昌子内親王である。

(25) 藤原篤孝は、新訂増補国史大系『尊卑分脈』では確認できず、東京大学史料編纂所の古記録データベース、国際日本文化研究所の摂関期古記録データベースを用いて「篤孝」で検索したが、存在を確認することはできなかった。

(26)『大間成文抄』第一・当年給

(27)『魚魯愚抄』第六・三重名替

(28)『魚魯愚抄』第六・三重名替

(29)『大間成文抄』第二・任符返上

(30)『江家次第』第四・除目条。小原嘉記前掲注（5）論文は、この事例を永保二年のものとするが、越智隆盛の事例と同様に、これも永保二年以降の事例と考えるほうがよい。

(31) 給主によって「二合」できる年は異なっており、大臣は隔年で、納言以上は四年に一度「二合」の権利が与えられたが、参議は与えられていなかった。公卿は、自身の子息を推挙する場合（「子息二合」）は「二合」の権利が認められていた。また、親王には「巡給」があり、巡年にあたる親王は「二合」が許された（尾上陽介「親王の年官について――巡給制度の考察――」（『早稲田大学大学院文学研究科紀要　哲学・史学編』別冊一七、一九九一））。

(32) 時野谷滋氏はこの状況を社会全体のものと理解され、安和二年の宣旨を起点に年官制度の衰退期を示された（時野谷滋前掲注（2）論文）。

(33) 玉井力「平安時代の除目について――蔵人方の成立を中心として――」（『平安時代の貴族と天皇』岩波書店、二〇〇〇）

(34)「四所籍」については、黒板伸夫「四所籍小考――律令官制形骸化の一側面――」（『続日本古代史論集　下巻』吉川弘文館、一九七二）。

(35) 内舎人の中には、内舎人として他所に務める者がいたが、彼らは任官の対象にはならなかった。つまり、他所に務める者

を除いた内舎人の中の上臈三人を掾に任じるのである。

(36) 文章生の中には、文章生として他所に務める者がいたが、彼らは任官の対象にはならなかった。

(37) 「諸道挙」「諸院挙」については、時代の変遷によって、その史料上の表記と内容が変化するとの指摘がある（渡辺美紗子「平安後期における下級官人の任用形態」（『史学研究集録』三九、二〇一四））。

(38) 『除目申文抄』所々奏

(39) 『大間成文抄』第七・所々奏

(40) 『大間成文抄』第一・当年給

(41) 院宮給や親王給の場合、日下に署名を加えるのは給主の家政機関の長官であったので、「申文」冒頭に給主名（「〇〇親王家」など）を記す必要があった。しかし、公卿給の場合、給主自身が日下に署名を加えるので、「申文」冒頭に給主名を記す必要はなかった（親王給でも給主自身が署名をする場合は冒頭に給主名は記さなかった）。

(42) 佐々木恵介「任官申請文書の類型とその系譜」（『聖心女子大学論叢』一一六、二〇一一）

(43) 外記による「勘」については、磐下徹「年官ノート」（『日本研究』四四、二〇一一）。同論文で磐下氏は、外記の「勘」は事実関係の確認であり、審査・詮擬ではないとする。従うべきである。

(44) この選考順の成立時期は宇多朝だと考えているが、これについては今後の課題とする。

(45) 除目初日の二十五日条には「余可ㇾ候筥書由仰二外記頼言一、良久不ㇾ持二立筥文一、仍再三催ㇾ仰、云、申大間未二書了一者、度々催ㇾ仰」とあり、当除目に携わった外記は初日にも大間の準備に遅れている。

(46) 『小右記』に「文章生」の記述が無いのは、通常の選考順で行われた「文章生」に記録に留める必要がないと判断したためではないだろうか。

(47) 任用国司の場合ではないが、公卿にとっての諸国の格付けに関する研究はある（土田直鎮「公卿補任を通じて見た諸国の

格付け」（『奈良平安時代史研究』吉川弘文館、一九九二）。

(48) 梅村喬「「免の体系」としての荘園制」（『「職」成立過程の研究――官職制の外縁――』校倉書房、二〇一一）

(49) 『権記』長保二年九月二六日条

近世における伊勢商人の家族に関する研究——三井家を事例として——

太田未紗

はじめに——先行研究と課題設定——

江戸時代における商業や経済の発展は、その時代に生きた数多くの商家や商人によって支えられた。近世の商業を支えた商人として、近江商人や大坂商人などがあげられるが、本稿では有力な伊勢商人である三井家を中心に取り上げる。江戸での商業をリードした伊勢商人は、伊勢国（現三重県）の、特に津・松坂・射和《いざわ》などの南伊勢から有力な伊勢商人を輩出しており、江戸を中心として三都に出店を構えた。その際、出店の経営には主人は直接携わることなく、その家の番頭をはじめとする奉公人たちが経営を行う形で商売が行われていた。経営に携わる奉公人たちは原則として伊勢出身者しか雇っておらず、奉公人たちが江戸で商売を行っている一方で、主人は伊勢で文化人として趣味に専念しつつ、家を守るように生活していたと一概に理解されている[1]。

また、彼らが江戸で商売を行う場所は主に大伝馬町《おおでんまちょう》であり、そこでは江戸の庶民の必需品である木綿・太物を商う大商人の店が集中していた。錦絵にも描かれるような繁華を誇っていたため、大伝馬町の木綿・太物問屋こそが伊勢商人の典型であるかのように理解されている。

これまで、伊勢商人の研究は経済面での研究が中心となっており、例えば三井家に関しては『三井文庫論叢』（一九六七〜）が刊行されているが、経済面以外での論文が発表されたのは三井礼子の「維新期における三井『家政』改革」（一九七二）[2]、田中康雄の「三井店奉公人の総墓」（一九七七）[3]をはじめとして、最近のものでは二〇〇六年に出された安田奈々子「三井家の「家事奉公人」」[4]のがあげられ、『三井文庫論叢』が刊行されてから約半世紀の間に、わずかに十本ほどが出されているにすぎない[5]。『三井文庫論叢』以外で出された経済面以外での三井関係論文は、多田哲久の「大商家における家督相続・婚姻・養子縁組――三井同苗を事例にして――」（二〇一〇）[6]、「家・同族の変容とその特質――大商家・三井を事例として――」[7]があげられる。また、近江商人の研究が中心となっている『滋賀大学経済学部附属資料館研究紀要』（一九六八〜）も刊行されているが、やはり経済面での論文が多く、近江商人の家族とその実態を具体的に復元・検討した論文は管見の範囲においては見受けられない。

近世の商業を主導した伊勢商人、ないしは近江商人のこれまでの研究は経済面（呉服・両替・大名貸）の研究が大半である一方で、もっとも遅れているのが伊勢・近江商人たちの家族とその実態に関する研究である。伊勢・近江商人たちの家族に関する研究は全く無いわけではないことは先に述べたが、どちらも刊行から約半世紀を経た現在になっても、依然として彼らの家族とその実態に関する研究は少ない。

伊勢商人のまとまった研究としては、中田易直『三井高利』[8]や北島正元『江戸商業と伊勢店』[9]などが代表的な研究としてあげられ、三井家と長谷川家を中心として経営面だけでなく、それにかかわった同業仲間や奉公人との関係といった伊勢商人の日常生活のなかでの経営状況がどのようであったかに着目して論を展開している。だが、このなかでも伊勢商人の経営を支えていた家族とその実態に関しては言及はなされていない。

このことをふまえた上で、本論文では伊勢商人の家族史を論じていく。家族が形成されていく過程には、出生、結婚、子どもの誕生、死去といった様々なライフサイクルが伴う。ライフサイクルとは、「誕生から死までの人の一生の過程」のことを指すが、本稿では「家の成立」、「出生」、「奉公人として他出」、「子供の誕生」といった点を伊勢商人である三井家の史料から論じていき、伊勢商人の家族史（ライフサイクル）の実態に迫っていきたい。なお、稿者は伊勢商人である「冨山家」と「三井家」を研究対象としているが、紙幅の都合上、今回は伊勢商人「三井家」の家族史を中心に論じていくこととする。

一　対象地域と基礎史料について

一、一　松坂城下町の概要と三井家について

まず、「三井家」と彼らの居住地である「松坂城下町」について述べていきたい。天正十九年（一五九一）、豊臣秀次の臣である服部一忠が松坂城主に任じられた。しかし、文禄四年（一五九五）の秀次事件により切腹し、のちに秀吉の家臣である古田兵部少輔重勝が移封した。古田氏は関ヶ原の戦いで徳川方にくみしたため徳川政権下でも松坂支配を認められたが、元和五年（一六一九）石見国浜田へ所替となり、和歌山藩がこれに代わった。以後、和歌山藩の城代がおかれたのみで、松坂の城下は商業都市として発展した。和歌山藩は城代の下に勢州奉行二人（御両役）を配し、他に目付・物書代官・郡奉行・町奉行・船奉行・御城番同心などを設置した。松坂城下は、城郭の北東から東南にかけて町が展開し、町の中を伊勢参宮街道が通っている。城郭の周辺には船奉行屋敷・町奉行屋敷などおもな政治機関が集結し、伊勢参宮街道沿いにある西町、本町には江戸店を持つ豪商たちが集住する街並みを有していた。享保

～寛保年間（一七一六～一七四四）の戸数比は侍屋敷八十一戸に対して町屋二三〇〇戸であり、城下町としては異常なほど侍屋敷が少なかったようである。

六角佐々木氏に仕えていた三井越後守高安（三井高利祖父）は、佐々木氏が織田信長により敗れたのち伊勢松坂に居住した。商売を始めるようになったのは三井高利の父である高俊の時代からであり、高俊は松坂の地で質屋や酒・味噌の商売を始めていった。そこで、その土地にいる有力商人と縁組みを行ったりすることにより徐々に商売の地位を築き上げ、高俊の末子である高利によってのちに大商家となる三井家の商売上の地位が確立していった。

大商家として大きくなるにつれ、高利は体系的な家業・家政の連携を強めていくべきと考え、状況に応じて臨機応変に店訓・店則などを出していき、三井家の結束を強めていくため本家筋と連家筋を定めていった。本家筋とは、高利の家（北家）と高利の実子（男子）が継いだ分家（伊皿子《いさらこ》家・新町家・室町家・南家・小石川家）の六家を指す。養子筋の連家とは高利の娘・娘婿・孫娘婿・曾孫娘婿が当主の分家（松坂家・鳥居坂（永坂町）家・小野田家・家原家・長井家）の五家である[10]。本家・連家は「三井十一家」と呼ばれた。

一、二　主な検討史料の概要

本稿で扱う史料は、『稿本　三井家史料　伊皿子家第三代三井高登』、「妾奉公御暇ニ付手切金請取証文」（三井文庫所蔵史料、北七九―十二）、「享和二年戌九月廿八日御津宇様御入家御弘御祝儀扣」（三井文庫所蔵史料、北九〇一―二）、「文化二年乙丑四月四日ヨリ御列様御安産御涌様御出生御祝儀一巻扣」（三井文庫所蔵史料　北九〇二―二）である。

二　三井家の家族構成とそこに生まれた者の生涯

本節では三井家の全体の家族構成と、主な分家の二人の当主の生涯の他出状況を追うことで、三井家を支えた家族の実態を見ていくこととする。第一項では三井家全体の家族構成が分かる表を用いて論を展開していく。第二項では主な分家の当主の他出状況を示す表・グラフを用いて論を展開していく。

二、一　三井十一家の家族構成

本項では三井十一家の家族構成について見ていく。三井家では『稿本　三井家史料』が刊行されており、そこには各家・各代ごとの系図や当主・家族の動きが記載されている。今回はこの史料集に記載されている系図を基に以下の表を作成した。その表から判明する三井十一家の特徴をそれぞれ見ていきたい。なお、紙幅の関係上、本稿では三井北家二代長男高平を総領家とする三井家の本家筋の家である北家、伊皿子家、南家と、養子筋の連家である松坂家、家原家の表を分析したものを載せることとする。

まず、表一の北家（本家）である。北家は、初代の高利の子供が合計十八人と最も多くなっており、次いで八代高《たか》福《よし》のときに十六人、七代高就《たかなり》のときには十二人となっている。本妻の子ではない別腹・庶出[11]が多いのは七代高就であり、本妻である室・継室[12]の子供（男女）よりも別腹・庶出の子供（男女）の方が多くなっている。北家の総合計（男女合計）を見ると室・継室の子供は四十五人、別腹・庶出の子供は十二人、養子・養女は二十一人である。それぞれの割合は室・継室の子供は五十八％、別腹・庶出の子供が十五％、養子・養女が二十七％である。また、北家の室は四代

表一　三井家の家族構成（北家，在京都）

※（本）…室，継室を母とする。（別腹）…妾を母とする。（養）…三井家内，ないし他家からの養子。【】は当主の妻と妾に関する人数である。なお，妾の人数は不明であるため，人数は書いていない。

	室・継室の子(男)	室・継室の子(女)	別腹・庶出（男）	別腹・庶出（女）	養子	養女	合計	備考
北家第初代三井高利（本）【室１，側室１】	10	5	1	0	2	0	18	室は松坂中川浄安女。
北家第二代三井高平（本）【室１】	2	4	0	0	0	0	6	室は松坂小野田治左衛門俊重女。
北家第三代三井高房（本）【室１，側室１，妾】	3	1	1	0	0	0	5	室は松坂長崎八兵衛女。
北家第四代三井高美（本）【室１，継室１】	1	0	1	0	1	3	6	室は伊丹稲寺屋北河原次郎三郎女。
北家第五代三井高清（本）【室１】	2	0	0	0	0	1	3	
北家第六代三井高祐（本）【室１，継室１，妾】	0	0	0	2	4	1	7	
北家第七代三井高就（本）【室１，妾】	1	3	4	2	2	0	12	
北家第八代三井高福（別腹）【室１，継室１，妾】	8	5	1	0	0	2	16	室は南家第五代高英庶出女。
北家第九代三井高朗（本）【室１】	0	0	0	0	4	1	5	
北家各合計	27	18	8	4	13	8	78	
総合計	45		12		21			
各割合（％）	58％		15％		27％		100％	

まで三井家以外からの室で成り立っていた。八代の高福は別腹であったが、当主となり初代高利に次ぐ数の子供を持つ代となっていることも特徴的な点である。

　次に表二を見ると、主な分家である伊皿子家では三代高登《たかのり》のときに子供が十三人生まれ、最も子の数が多い代になっている。室・継室、別腹・庶出、養子・養女の子供の割合はそれぞれ四十四％、三十七

表二　三井家の家族構成（伊皿子家，在京都）

※表一※の内容と同じ。

	室・継室の子(男)	室・継室の子(女)	別腹・庶出（男）	別腹・庶出（女）	養子	養女	合計	備考
伊皿子家初代三井高富（本）【室１】	0	0	0	0	2	0	2	室は中川氏女。
伊皿子家第二代三井高勝（養）【室１，継室２】	2	4	0	0	0	0	6	継室（多於）は下村氏女，継室（千賀）は木屋七郎右衛門妹。
伊皿子家第三代三井高登（養）【室１，妾】	3	1	4	4	0	1	13	
伊皿子家第四代三井高年（別腹）【室１】	0	0	0	0	1	0	1	
伊皿子家第五代三井高基（養）【室１】	0	0	1	1	0	0	2	
伊皿子家第六代三井高映（養）【室１】	1	1	0	0	0	1	3	室は摂津福井高木半兵衛女。
伊皿子家各合計	6	6	5	5	3	2	27	
総合計	12		10		5			
各割合（％）	44％		37％		19％		100％	

％、十九％となっており、室・継室の子供と別腹・庶出の子供の割合がほぼ同じ割合であることが分かる。伊皿子家では二代までの室が他家から来た人物となっている。

表三の主な分家である南《みなみ》家では五代高英のときに子供が二十一人も生まれており、加えて三井北家の高利の代の子供十八人よりも多く、三井十一家の代のなかで最も多い子供がいたことが分かる。また、室・継室の子供（一人）よりも別腹・庶出の子供（十九人）の方が多く、各家・各代には無い特徴である。別腹の当主が二人いることも他家には無い特徴であろう。それぞれの割合を見ていくと、室・継室の子供の割合は三十三％、別腹・庶出の子供の割合が五十五％、養子・養女が十二％となっている。南家では室・継室の子供よりも別腹・庶出

表三　三井家の家族構成（南家，在京都）

※表一※の内容と同じ。

	室・継室の子（男）	室・継室の子（女）	別腹・庶出（男）	別腹・庶出（女）	養子	養女	合計	備考
南家初代三井高久（本）【室１】	1	1	0	0	0	0	2	室は江戸益田助右衛門女。
南家二代三井高博（本）【室１】	2	1	0	0	0	0	3	室は中川長四郎女。
南家三代三井高邦（本）【室１，妾】	2	3	0	3	1	0	9	
南家四代三井高業（養）【室１，妾】	1	2	1	0	0	0	4	
南家五代三井高英（別腹）【室１，妾】	1	0	8	11	0	1	21	
南家六代三井高彰（別腹）【室１】	0	0	0	0	1	0	1	
南家七代三井高愛（養）【室１】	0	0	0	0	0	2	2	
南家各合計	7	7	9	14	2	3	42	
総合計	14		23		5			
各割合（%）	33%		55%		12%		100%	

の割合の子供の方が多くなっている。このことから、南家では別腹・庶出の子供たちも室・継室の子供たち同様に家を支えた存在であったと言えるだろう。南家では二代までの室が三井家以外出身の嫁である。

表四は松坂《まつさか》家である。松坂家では六代高匡《たかただ》の子供が十二人と最も多くなっている。それぞれの割合を見ていくと、室・継室の子供の割合は九十%、別腹・庶出は〇%、養子・養女では十%となっている。三井十一家の多くが別腹・庶出の子供がいる状況であるのに対して、松坂家ではそういった生まれの子供は全くいない家であることが分かる。また初代孝賢《たかかた》は高利の兄の櫻井弘重の四男である。二代高邁《たかゆき》は京都木阿弥九右衛門の三男であることから、三井家の血筋ではない人物である。室・継室は初代孝賢の継室は中川長四郎の女、二代高邁の後室[13]は小野田

表四　三井家の家族構成（松坂家，在松坂）

※表一※の内容と同じ。

	室・継室の子（男）	室・継室の子（女）	別腹・庶出（男）	別腹・庶出（女）	養子	養女	合計	備考
松坂家初代三井孝賢（養）【室１，継室１】	3	4	0	0	1	0	8	当主孝賢は実は櫻井弘重四男。継室は中川長四郎女。
松坂家二代三井高邁（養）【室１，後室１】	7	4	0	0	0	1	12	当主高邁は京都本阿弥九右衛門三男。後室は小野田治左衛門長女。
松坂家三代三井高峙（本）【室１，後室１】	1	0	0	0	1	0	2	室は松坂長井氏女。後室は縣氏女。
松坂家四代三井高岳（本）【室１】	2	2	0	0	2	0	6	
松坂家五代三井高行（養）【室１】	4	2	0	0	0	0	6	
松坂家六代三井高匡（本）【室１，継室１】	5	7	0	0	0	0	12	室は相可村向井三左衛門長女。
松坂家七代三井高敏（本）【室１】	4	2	0	0	0	0	6	
松坂家各合計	26	21	0	0	4	1	52	
総合計	47		0		5			
各割合（%）	90%		0％		10%		100%	

治左衛門の長女、三代高峙の室は松坂の長井氏の女、後室は縣《あがた》氏の女、六代高匡の室は相可《おうか》村向井三左衛門の長女というように三井家以外の血筋が見受けられる。

　表五の家原家では五代政昭の代で十五人の子供がおり、この代が最も多くなっている。それぞれの割合は室・継室の子供が七十%、別腹・庶出の子供が十九%、養子・養女が十一%となっている。初代政俊は別腹である。室に関しては初代政俊の代で北家三代高房の女（庶出）、七代政春の室は南家高英の七女（庶出）

表五　三井家の家族構成（家原家、在京都）

※表一※の内容と同じ。

	室・継室の子（男）	室・継室の子（女）	別腹・庶出（男）	別腹・庶出（女）	養子	養女	合計	備考
家原家初代三井政俊（別腹）【室１】	1	3	0	0	1	0	5	室は北家第三代高房女（庶出）。
家原家二代三井政熙（養）【室１、妾】	2	0	1	0	2	0	5	
家原家三代三井高英（養）【室１】	1	0	0	0	0	0	1	
家原家四代三井高業（本）【室１】	2	2	0	0	1	0	5	
家原家五代三井政昭（養）【室１、妾】	5	6	3	1	0	0	15	
家原家六代三井政由（本）【室１、妾】	2	2	0	2	0	0	6	
家原家七代三井政春（本）【室１】	0	0	0	0	0	0	0	室は南家高英第七女（庶出）。
家原家各合計	13	13	4	3	4	0	37	
総合計	26		7		4			
各割合（%）	70%		19%		11%		100%	

を嫁としてもらっている。

本項では、三井家の本家筋の一部と連家筋の一部の家族構成を見てきた。次項では三井家内でも特色のある人物に焦点をあて、三井家の家族の実態に迫っていくこととする。

二、二　伊皿子家三代高登《たかのり》の他出状況

本項では主な分家である伊皿子家三代高登の生涯における他出状況を見ていく。「他出」とは、居住地から他の場所へ行くことである。例えば京都在住の三井家が江戸・大坂・和歌山などに行くことを他出と表現する。三井家は近世中期以後の本家・連家で併せて十一家であるが、伊皿子家では三代高登の時のみ本妻の他に妾がおり、この代のときに子供の人数がもっとも多くなっている。しかし、子供十三人[14]（実子九人、養子四人）のうち八人

が別腹（妾）から生まれた子供であるという特徴があり、別腹から生まれた子供が高登の跡を継いでいる。養子を除く子供九人のうち八人が別腹から生まれた子供たちで構成されている点は伊皿子家だけではないが、三井十一家内で見ても特徴的な点である。北家初代高利は子供十八人（男子十一人、女子五人、養子二人）をもうけ、子供たちはそれぞれ十一家の初代となっている。しかし、これほど多くの子供をもうけながらも、最後の実子である十一男高勝だけが別腹の子供であり、伊皿子家二代を継いでいる。つまり、高利の代から妾[15]が三井家の奉公人として存在し、「妾奉公」と呼ばれており、伊皿子家は初代・二代を通じて高利の子供が家を継いでいるのである。

以上のような特徴から、三井十一家内の伊皿子家三代高登の他出状況について焦点をあて、彼の他出状況を追って行くこととする。

まず、高登の出生から死去までの表を作成した。その表をもとにして、さらに細かく他出頻度を数値化したものが図一～図三である[16]。図一から見ていくと、寛保三年（一七四三）の十五歳から明和三年（一七六六）の三十八歳までは年一～二回の他出であるが、明和四年（一七六七）から安永四年（一七七五）は年三～五回に増えている。そして、安永六年（一七七七）に隠居したにも関わらず一年に六回ほど他出していることが見受けられる。図二は、生涯に行った場所の回数をグラフにしたものである。高登が他出した場所は大坂が四十六回ともっとも多く、次に江戸の十四回、和歌山の十二回となっている。図三は年齢別に他出した回数のグラフである。江戸から見ていくと、十～六十代にわたってそれぞれ一回は行っており、二十代、三十代では三回、四十代では四回江戸へ行っていることが分かる。大坂は、他の場所と比べてもっとも回数が多く、四十代では十四回、五十代では二十四回となっている。伊勢（松坂）は十～三十代は〇回であるが、四十代で五回行っている。和歌山は十代では〇回、二十～三十代では一回であるのに対

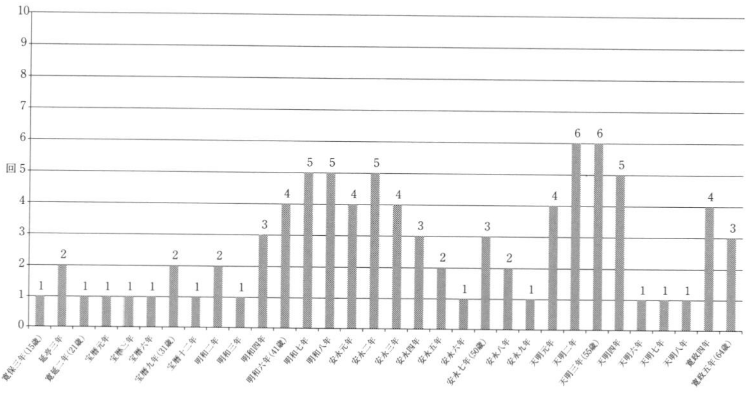

図一　伊皿子家三代高登が一年のうちに京都から出た回数

し、四十代では八回行っている。南都、多田、但馬は寺院や入湯に行ったという記載があり、仕事関係ではないことから回数が少ない。高登は、四十九歳で隠居しているが四十代の合計他出回数は三十四回である。他の年代と比較すると十代では四回、二十代では五回、三十代では八回の合計他出回数である。

高登は四十九歳で隠居していることから、仕事関係での他出は四十代が最後であると思われるが、その四十代にもっとも多く他出している。

第二項では伊皿子家三代高登の他出状況を事例として見ていき、表・グラフの結果を述べた。

小結

本節第一項では、三井家の家族構成を把握するため、三井十一家の一部の家族構成を系図から表を作成し、その表を検討した。各家をひとつずつ比較しながら見ていったが、表一～三の本家筋の家々と表四～五の連家筋の家々を比較していくと、子供（室・継室、別腹・庶出、養子・養女）の人数は本家筋のほうが圧倒的に多い。また、本家筋の

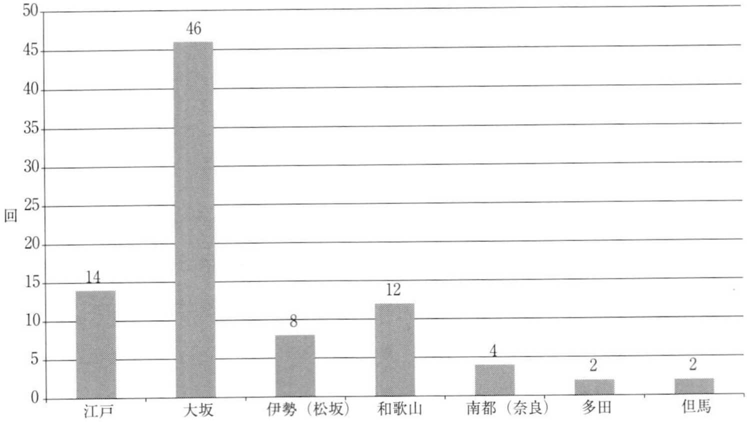

図二　伊皿子家三代高登が生涯に行った場所の回数

家々の子供は室・継室から生まれた子供と別腹・庶出から生まれた子供というように、出生の違いや、総合計数とその割合に違いはあるものの、各家、各代ごとにその存在を確認することが出来る。しかし、連家筋は松坂家のように別腹・庶出出身の子供が全くいない家もあり、室・継室の子供が大多数を占めていることが分かる。このことから、同じ三井家内であっても各家によって家族構成の傾向が異なり、それぞれの家の特色、いわば各家のカラーが家ごとにあり、各家ごとに異なるということが明らかになった。

第二項では、三井家内でも特色のある人物に焦点をあて、三井家の家族の実態を検討した。三井家では、家・商売を守るための教育が子供たちに施され、それにより「家」意識を高めていき、家業の経営者・管理者として育成されていく。『三井事業史』[17]では三井家の同苗[18]子弟の教育カリキュラムが記載されており、十二、三歳〜二十八、二十九歳までの約十六年間に京都（本店・呉服店・両替店）、江戸（本店・呉服店・両替店・綿店）、大坂（本店・呉服店・両替店・綿店）で修業をし、それを経たうえで三井家の経営に本格的に携わっていく。しかし、三井家の事業拡大に伴い、三井家の人々が実務に

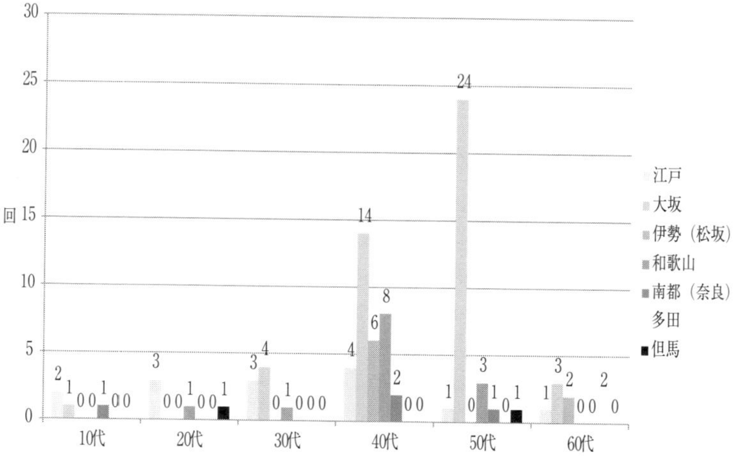

図三　伊皿子家三代高登が生涯に行った場所の回数（年齢別）

従事するという直接支配には限度が出てきたため、三井家の店経営は基本的に支配人が責任をとっていることが確認できると[19]述べられている。また、松尾涼は三井家の勤番制度について「経営者として教育された同苗たちすべてが、現実にその能力を経営に発揮し得たかについてはいささか疑問である。」と述べ、「元文期以降、三井家の事業は幕府・諸藩の「御用」事業を除けばほぼ固定し、経営組織も確立していた。また経済情勢も田沼期・寛政期・天保期などの諸画期には多少の変動はみられるが、経済構造そのものまで大きく変化するものではなかった。」とし、そのため、「同苗が勤番によって習得した知識や実務を発揮しなくとも店則などの諸規定に従って上級奉公人が経営を担当していれば三井家の事業は安定していたのではないか。また三井家同苗は創業期の同苗が作り上げた経営体制に拠ることで、能力の高い上級奉公人が経営にあたれば同苗は事業統括者としての能力を発揮する必要もなく、現実の店務についても形式的な勤務でかまわなかったであろう。[20]」と述べている。

確かに、三井家の教育カリキュラムに育てられたことで同苗

の子弟全てが能力を発揮するとは限らない。また上級奉公人が優秀であれば当主は安心して経営を任せることもあっただろう。しかし、表やグラフをみると、主な分家である伊皿子家三代高登は、自分の足で行動していることは明らかである。さらに、伊皿子家三代高登の家族構成と似ている家が北家第七代の高就《たかなり》である。高就の検討・分析は本節では取り上げることが出来なかったが、高登の他出状況が例外ではないことを示すため、少しではあるが述べていく。三井家のなかでも惣領家である北家の第七代高就は、江戸勤番[21]、年始回令のために大坂へ行く[22]、暑気・寒気見舞いのために大坂へ行く[23]といった行動をとっていた。このように、三井十一家のなかでも惣領家である北家も当主が家業のために行動している。

以上のことから、三井家の教育カリキュラムで習得した経営能力を奉公人任せにはせずに遺憾なく発揮したと判断されよう。このことから、先に述べた「三井家の事業拡大に伴い、三井家の人々が実務に従事するという直接支配には限度が出てきたため、三井家の店経営は基本的に支配人が責任をとっている」[24]という従来の考えとは異なる知見を得られるとともに、三井家はひとくくりにおさまるものではないということも指摘できる。つまり、三井家は十一の家で成り立つ「家」であり、十一の「家」それぞれに各家の特色があるということである。

本節では、三井十一家の家族構成の全体把握をしたあとで、伊皿子家三代高登という一人の当主の生涯を追っていった。史料をもとに、三井家の家族構成をパーセンテージなどの数値から検討を試みたが、今後は数値のみの検討だけではなくより多角的な検討も必要であると思われる。そのため、各家・各代の検討も今後行うことが必要である。その検討の積み重ねにより、いまだ数少ない三井家の家族史（ライフサイクル）の実態に新たな知見を得ることも十分可能であると判断される。

三　三井家の女性とその子供の待遇

本節では三井家の人々の出生について見ていく。三井家には、本妻の他に妾の存在があった。このことから、妾、本妻が子供を産んだ場合の史料を使用しながら、妾、本妻の子供が三井家にとってどのような位置にいたかを検討する。

各家の系図のなかには、明確に「別腹・庶出」といった子供たちの出自が書かれている。前述のように「別腹・庶出」と記載されている子供たちは、妾を母とする子供たちである。『三井文庫論叢』では、二〇〇六年に安田奈々子が「三井家の「家事奉公人」」の論文でその概要を論じているが、三井家の「妾」に関する研究は現在のところそれのみである。安田は、史料上から妾の役割は三井同苗の子を産み子孫を絶やさないことであるとし(25)、妾は一族の繁栄・継承の一翼を担ったと言えると述べている(26)。

以上のようなことが妾に関して言えるが、本節では数少ない妾に関する史料を使用し、妾、本妻の子供の待遇を論じる。本節で扱う史料は、二〇〇六年の『三井文庫論叢』において安田が「三井家の家事奉公人」という論文のなかですでに分析している。第一項では、妾奉公として三井家の子供を産んだ「てる」が子供と縁を切る、妾の縁切り史料を検討する。第二項第一条では、妾の子供として享和二年（一八〇二）に三井北家六代高祐の次女として生まれた「津宇（鶫）」（以下、津宇）と、文化二年（一八〇五）に北家七代高就《たかなり》の長女で、本妻「列」の子として生まれた「涌」の史料を検討する。安田はこれらの史料を使用して、三井家の家事奉公人には日常の役割のほかに、奉公所における吟味や同苗の冠婚葬祭などといった有事の対応をする重要な役割があることを指摘している(27)。安田は、北家における

妾の縁切りの事例と、同じく北家の津宇と涌の二つの出産の事例といった三井家の家族に関する史料を三例挙げ、家事奉公人の役割を検討、考察している。だが、妾の子供と本妻の子供の出生待遇の差異についてはあまり言及していない。加えて、安田は三井十一家のなかでも北家のみに着目して論を展開しているため、他家によっても同様であったのか否か、より詳しい検討が必要である。

本稿第三節では、三井十一家の家族構成及び伊皿子家、南家の一当主の他出状況を明らかにし、三井家は十一の家で成り立つ「家」であり、十一の「家」それぞれに各家の特色があるという見解を出した。

以上のことから、安田が使用した史料三点を三井家の家族史の視点から再検討する。また、第二項第二条では第三節で扱った伊皿子家第三代高登《たかのり》、南家第五代高英の別腹の子供たちが本宅へ入家する時期と年齢を見ていき、別腹の子供のなかでも差があるかどうか、より詳しく検討する。

三、一　小野田家六代孝令《たかのり》の子供としての出生——妾奉公「てる」の出産の事例——

まず、「妾奉公御暇ニ付手切金請取証文」(28)という「妾の縁切り」史料を見る。

史料一

一札

一　私養娘てると申者先年より其許様江妾御奉公ニ差進置おこと殿出産いたし候所、此度おこと殿と因を切右てる御暇被下私方江取候ニ付、為手切禁五拾両、衣類料金弐拾五両御恵被下難有右金子慥ニ奉受取候、右之通てる御暇之上手切料迄御恵被下

以上者以後其許様江一切立入等不仕、尤おこと殿外方江御差遣相成候共其許様之御思召ニ御取斗可被成下候、其節彼是申出候儀者決而仕間敷、私儀者勿論てる身分如何成行候共御無心抔申立入候儀者曽而仕間敷候、万一心得違仕其許様江立入候歟御無心抔申出候ハヽ、此一札を以如何様ニも御取斗可被下候、為後日一札依而如件

慶応三年卯十月　川端二条下ル町

井上屋忠平（印）

本人　てる（拇印）

浅田左治平殿（以下、四名省略）

以下、添付証文

「　覚

一、金七拾五両也

右之通慥ニ請取申候已上

十月十四日　井上忠平（印）

てる（拇印）

中村宗助様

赤尾六郎兵衛様」

「てる」は、慶応二年（一八六六）から三年十月までの一年十カ月の「妾奉公」に出た女性であり、生まれた娘「こと」と縁を切り、三井家から手切れ金として五十両、衣類料金二十五両を受け取っている。史料一の中の「因（縁）を切」という言葉は、妾が奉公をやめ、生まれた子供と縁を切り、奉公先に置いてくること、以後三井家とも縁を切

ることが条件であった可能性が高い[29]と安田は指摘する。ここで注目したい点は三井家が子供を産んだ妾に対し手切れ金、衣類料金合わせて七十五両を支払っている点である。七十五両という金額は、現在の金額で七五〇万円ほどである。また安田は「女性が奉公人として「茶之間」と呼ばれる所で二十七〜二十八年勤務したときの退職銀高に相当する金額である」[30]と指摘している。この金額が示すのは、たとえ妾を母に持つ子供であっても、三井家の血をひいている人物であれば「三井家の子供」として三井家側が引き取り、育てるということである。このとき、重要なことは母親の出自ではなく、「三井家」の血を引いているかどうかなのである。実際に、妾の子供は生まれてから数日後あるいは数年後といった早い段階で三井家の本宅へ「入家」[31]していることが『稿本　三井家史料』で確認することが出来る。妾を母に持つ当主も多く見られる[32]。何より、『稿本　三井家史料』のなかにある各家・各代の系図に「別腹・庶出・密子」という言葉が記載され、子供の出自が明確に判別出来ることが、出自で差別されることなく「三井家の子供」として生きていたことを明確に示していると思われる。

以上、本項では妾が子供を産んだあとの三井家の対応を見てきた。次項では妾、本妻が三井家の子供を産んだ際のそれぞれの対応を見ていく。

三、二　三井家一族の出産の実態

第二項では妾の子供と本妻の子供の出生の二つの史料[33]から、出生待遇を検討する。また、第三節で扱った伊皿子家第三代高登《たかのり》、南家第五代高英の別腹の子供たちが本宅へ入家する時期と年齢を見ていき、別腹の子供のなかでも差があるかどうか、より詳しく検討する。

三、二、一　北家六代高祐の妾腹の子供と北家七代高就《たかなり》の本妻の子供それぞれの出生待遇

本項では北家六代高祐の妾腹の子供と北家七代高就の本妻の子供それぞれの出生待遇について見ていく。史料二は妾腹の子供「津宇」の史料である。なお、本項では検討対象をより明確にするため、「別腹」という言葉を同様の意味を持つ「妾腹」という言葉に置き換え、論を進める。

史料二(34)

九月廿八日

一　御津宇様御入家御弘御祝儀之事

一　御上御祝被遊候事　　　家内鱠焼物ニ而祝候事

但御出入方之分者御時節柄之儀ニ御座候得ハ御招被遊候事御止メ、尤上物も無用ニ致、御祝儀御目録御肴代被下候事

一　祇園社御代参之事　御初穂銀弐匁

一　九月廿八日御入家御弘メ御同苗様方并店々元方ゟ廻文出候事

廻文之写

八郎右衛門様御息女御津宇様御儀、来ル廿八日就吉辰御本宅へ御入家被遊候御積リニ御座候

一　務右同苗様奥様方ゟ御祝物之儀者前々年御改被遊候通り御座候、御歓之儀者来十月朔日被遊御請度御旨ニ御座候但奥様方御歓ニ御出被遊候儀ニ及不申候、御祝使被進候ハ、右同様と御心得被遊候

一　店々并当役人隠居家督之銘々ゟ御祝物之儀者無用、御歓之儀者来ル十月朔日参上御祝詞可被申上候、右之通御申上可被成候以上

九月廿六日

元方

御本宅

本店

両替店

連店へも御申達シ可被成候

（中略、三井家奉公人による御祝儀）

幼様御出生迄引請万端御世話致候ニ付御挨拶旁御祝儀

一　八丈嶋壱反　　同妻

小紋

一　両面羽織　　同倅

五兵衛

一　金百疋　　同　喜三郎

一　銀弐匁　　下女

〆

（中略、出産に関わった医師、町内等への祝儀）

十月十日　天社日

一　御津守様御儀今日務吉辰御宮参

但万端御手軽ク被遊候ニ付姉小路高松明神社江御参詣被遊候事

御供　脇野専右衛門

みや

一　御内祝被遊候事

一　御肴

着物　　高階清助様

但　御預醫師ニ付御呼被遊候所無其儀候而

右御心添ニ而御肴着物被遊候事

柴田養貞様

後藤善仲様

右御両人御夜食ニ御控被遊候事

以上が妾の子供として享和二年（一八〇二）に三井家北家六代高祐の次女として生まれた「津宇」の史料である。この史料は一冊になっており、四二頁に及ぶものである。この史料では、津宇の入家と三井家関係者による祝儀、そして津宇のお宮参りのことなどが詳しく記載されている。

まず、九月廿八日の五つ目の一つ書きに「但奥様方御歓ニ御出被遊候儀ニ及不申候」とある。これは他の同苗の女性の訪問を断っていると思われる。また、「但御出入方之分者御時節柄之儀ニ御座候得ハ御招被遊候事御止メ」、「但万端御手軽ク被遊候ニ付姉小路高松明神社江御参詣被遊候事」というように「招く必要はない」ということや「簡素なもの」にするよう述べられている。このことから、三井家の子供を出産したことから様々な祝いの品が送られているものの、「妾」という立場から本妻や他の三井同苗の家々に配慮していると思われる。また「幼様御出生迄引請万

端御世話致候ニ付」という文章から、津宇は寺井庄右衛門の家で産まれたと思われる。
以上、妾が三井家の子供「津宇」を出産した際の事例である。
次は本妻の子である「涌」の史料を見ていく。[35]史料三は文化二年（一八〇五）の北家七代高就の長女で、本妻「列」の子として生まれた「涌」の史料である。

史料三

一　文化二乙丑年四月四日昼過ゟ御産前御催有之、早速加川御氏へ使ヲ以申候処、八ツ時頃御出御様子御覧之上弥御産ニ相定、とりわけ田中安芸呼遣し候、高階主斗老様八ツ半時御見舞、無程安芸見得申候事

一　四日七ツ時御安産御女子様御出生、御二方様共御機嫌能被遊御座候事

一　艮斎新町様へ為御知申上候事

一　御宅々へ廻文左之通

廻文

御列様御儀今日七ツ時御安産御女子御出生有之候、此段御心得迄早々得御意候様被仰付如斯御座候、以上

四月四日　油小路　幸兵衛

専右衛門

丈右衛門（以下、三井九家省略）

右御臺所中

本店

両替店

連店へも御申達可被下候

元方

一　御出入方へ為知廻文左之通

廻文

御列様御儀今日七ツ時御安産御女子様御出生ニ被遊候、右為御知如斯御座候以上

四月五日　臺所三人

安藤忠兵衛様　細田平兵衛様（以下八名省略）

〆尚々御歓之義者御七夜迄之内御勝手御出可被成候、以上

口上

若奥様御儀昨四日七ツ時御安産御女子様御出生ニ被遊候此段御しらせ申入候以上

四月五日　りく

おみや殿　おとし殿（以下三名省略）

〆尚々御歓之義者御七夜迄之内御勝手御出可被成候

一　元方ゟ之廻文之写左之通

廻文

御列様御儀御安産御座候所御女子様御出生、御両方様共益御機嫌克御肥立被遊候、来ル十日御七夜御祝儀御内祝御整被遊候御積り御座候

一　御同苗様方奥様方ゟ御祝物之儀者前々未ノ年御改被遊候通ニ御座候、御歓之儀者来ル十日十一日両日之内御勝手次第ニ御請被遊度御旨ニ

御座候

一　店々并当役人隠居家督之銘々ゟ御祝物之儀者無用、御歓之儀者来ル十日十一日両日之内ニ参上御祝詞可被申上候

右之通御申上可被成候、以上

四月七日　元方（以下、三井九家省略）

右御臺所中

本店

両替店

連店へも御達し可被成候

（中略、元方から各家へ「涌」の名前を披露する）

（五月十一日宮参り、後に列の実家である新町家へ寄る、以下その際の心付、中略）

（以下、家内銘々へ祝儀、三井家関係者等による祝物、後略）

以上が、文化二年（一八〇五）の北家七代高就の長女で、本妻「列」の子として生まれた「涌」の史料であった。この史料は一冊になっており、一〇二頁にわたるものである。史料二の「津宇」の史料は四二頁にわたるものであったが、それと比較すると涌の史料は二倍以上の分量である。これは、妾の子である津宇の時に比べて奉公人への祝儀が増え、女性奉公人の祝儀額が格段に増えたためであると安田は指摘している[36]。史料では、「文化二乙丑年四月四日昼過ゟ御産前御催有之、早速加川御氏へ使ヲ以申候処、八ツ時頃御出御様子御覧之上弥御産ニ相定、とりわけ田中安芸呼遣し候、高階主斗老様八ツ半時御見舞、無程安芸見得申候事」というように、昼過ぎに列の陣痛が始まり、八つ時（午前二時）に医師と思われる田中安芸を呼び、万全の状態で対応していることが分かる。また「御列様御儀御安

産御座候所御女子様御出生、御両方様共御機嫌克御肥立被遊候、来ル十日御七夜御祝儀御内祝御整被遊候御積り御座候」では、母子ともに産後の肥立ちも良いため、涌の誕生（四月四日）から七日目の四月十日に子供の健やかな成長を願って行うお祝いである御七夜をする予定であると述べられている。この史料では、子供が産まれる前の状況や、産後の母子の状況なども詳細に述べられている。加えて、それらを六角家（伊皿子家）、新町家、竹屋町家（室町家）、南家、出水家（鳥居坂家）、小川（小野田家）、室町（長井家）、樵《きこり》木《き》町（家原家）の家々に知らせている。これは津宇の産まれた際の史料には見られない点である。このような詳細な状況、情報が記載されているのは、やはり本妻の子供であるためと思われる。

以上、妾腹の子供「津宇」と本妻の子供「涌」の史料を翻刻、比較すると、その差は明らかである。第二条では伊皿子家第三代高登と南家第五代高英の別腹たちの本宅への入家時期について見ていくこととする。

三、二、二　別腹の子供の本宅への入家までの期間—伊皿子家第三代高登と南家第五代高英の事例——

本項では別腹の子供たちが生まれてから本宅へ入家するまでの期間や年齢を見ていくとともに、別腹の事例において差があるか見ていく。検討対象は第三節でも扱った伊皿子家第三代高登と南家第五代高英の別腹たちである。本節第一項で検討した津宇（鶫）は寺井庄右衛門宅で産まれた可能性が高い。このため、別腹が産まれる場所は三井家本宅ではないと判断される。

表一は伊皿子家第三代高登の表である。高登の家族は室・継室の子が四人（男子三人、女子一人）、別腹が八人（男子四人、女子四人）養女一人という十三人の子供で構成されている。表一を見ると、別腹は〇歳から三歳の間に本宅へ

入家している。○歳で入家しているのは四女「八與」、五男「秀松」の二人である。長女「楚那」、三女「里楚」の二人は一歳で入家している。二男「高年」、三男「元次郎」、四男「吉次」は三歳で入家しており、四男は伊皿子家ではなく北家に入家している。のちに伊皿子家第四代を継ぐこととなる高年が三歳で入家していることや、四女の八與が一年もしないうちに入家していることから、「男女」といった性別によって入家時期・年齢に違いが出るということでは無いと思われる。また、三男「元次郎」と三女「里楚」、四女「八與」が同時に入家している。

次に表七である。南家第五代高英は、室・継室の子が一人（男子）、別腹が十九人（男子八人、女子十一人）、養女が一人という計二十一人の家族構成である。まず、○歳で入家しているのは長女「龜」、二女「孝《たか》」、三女「睦《むつ》」、二男「駿之助」の四人である。長女は生後十三日、二女は生後十八日、三女は生後十日、二男は生まれたその日に入家している。残りの別腹の入家したときの年齢を見てみると、一歳から十八歳まで多岐にわたっている。伊皿子家では○歳から三歳の間に本宅への入家がなされているが、南家ではそのような入家年齢の基準は無いようである。文化十四年（一八一七）には四女「田鶴」、三男「高彰」、五女「麗」の三人が、文政元年（一八一八）には四男「信四郎」と五男「宗蔵」の二人が、天保元年（一八三〇）には六男「籌之助《かずのすけ》」と七男「高愛《たかちか》」の二人が、天保三年（一八三二）は八男「高喜《たかよし》」と九男「鐐吉郎」、七女「納《おさむ》」の三人が、天保十年（一八三九）に八女「稔《しん》」と九女「幸《ゆき》」と十女「薫《くん》」の三人というように複数人が同時に入家している。これも高登の別腹と同様である。また、長女、二女、三女、二男が○歳で入家していることから、「男女」という性別によって入家時期・年齢に違いは出ないということも伊皿子家高登と同様と判断されよう。

表六　伊皿子家三代高登の子ども（別腹・庶出）が本宅へ入家するまでの期間

子ども	続柄	生年（和暦）	（西暦）	入家した年（和暦）	（西暦）	入家月日	生後～入家までの期間	入家した年齢	備考
楚那	長女	宝暦九年	1759	宝暦十年	1760	9月7日	1年	1歳	
高年	二男	宝暦十二年	1762	明和二年	1765	5月10日	3年	3歳	
喜井	二女	明和元年	1764						入家年月日記載無し。「早世」のため、入家する前に亡くなった可能性が高い。
元次郎	三男	明和二年	1765	明和五年	1768	6月24日	3年	3歳	三男「元次郎」三女「里楚」四女「八輿」の3人が同時に入家する。
里楚	三女	明和四年	1767	明和五年	1768	6月24日	1年	1歳	
八輿	四女	明和五年	1768	明和五年	1768	6月24日	0年	0歳	
吉次	四男	明和六年	1769	安永元年	1772	2月1日	3年	3歳	北家に入家する。
秀松	五男	明和八年	1771	明和八年	1771	3月14日	0年	0歳	

※1　『稿本　三井家史料　伊皿子家第三代三井高登』より作成。
※2　子どもの生年月日の「月日」までは記載が無かったため、「生後～入家までの期間」は「生年～入家した年」までとする。
※3　長男「某」は室（本妻）の子どものため、この表には載せていない。
※4　養女「時」と「某（男子）」という子どもが2人、また「女」という記載があるが、室（本妻）の子ども、あるいは別腹（庶出）という記載が無いため省略した。
※5　斜線部分は「不明」である。

表七　南家五代高英の子ども（別腹・庶出）が本宅へ入家するまでの期間

子ども	続柄	生年（和暦）	（西暦）	月日	入家した年（和暦）	（西暦）	入家月日	生後～入家までの期間	入家した年齢	備考
龜	長女	文化四年	1807	3月10日	文化四年	1807	3月22日	13日	0歳	
孝《タカ》	二女	文化五年	1808	10月5日	文化五年	1808	10月22日	18日	0歳	
睦《ムツ》	三女	文化七年	1810	1月6日	文化七年	1810	1月15日	10日	0歳	
駿之助	二男	文化八年	1811	9月7日	文化八年	1811	9月7日	0日	0歳	
田鶴《タヅ》	四女	文化九年	1812	9月20日	文化十四年	1817	12月25日	5年	5歳	四女「田鶴」三男「高彰」五女「麗」が同時に入家する。
高彰	三男	文化十年	1813		文化十四年	1817	12月25日	4年	4歳	
麗	五女	文化十二年	1815		文化十四年	1817	12月25日	2年	2歳	
信四郎	四男	文化三年	1806		文政元年	1818	2月28日	12年	12歳	四男「信四郎」五男「宗蔵」が同時に入家する。
宗蔵	五男	文化十四年	1817		文政元年	1818	2月28日	1年	1歳	
籌之助《カズノスケ》	六男	文政元年	1818		天保元年	1830	4月7日	12年	12歳	六男「籌之助」七男「高愛」が同時に入家する。
高愛《タカチカ》	七男	文政三年	1820		天保元年	1830	4月7日	10年	10歳	
高喜《タカヨシ》	八男	文政六年	1823	9月21日	天保三年	1832	2月22日	9年	9歳	八男「高喜」九男「鐐吉郎」が同時に入家する。
鐐吉郎	九男	文政七年	1824		天保三年	1832	2月22日	8年	8歳	
栗	六女	文政五年	1822		天保十一年	1840		18年	18歳	
納《オサム》	七女	文政八年	1825		天保三年	1832	2月22日	7年	7歳	八男、九男ともに七女「納」が入家する。
稔《シン》	八女	天保二年	1831		天保十年	1839	2月12日	8年	8歳	八女「稔」九女「幸」十女「薫」が同時に入家する。
幸《ユキ》	九女	天保六年	1835		天保十年	1839	2月12日	4年	4歳	
薫《クン》	十女	天保七年	1836		天保十年	1839	2月12日	3年	3歳	
淑《ヒデ》	十一女				弘化二年	1845	6月1日			

※1　『稿本　三井家史料　南家第五代三井高英』より作成。

※2　南家五代では生まれた月日まで記載されていたが、表六（伊皿子家第三代）と比較できるようにするため、月日は換算せずに「生後～入家までの期間」を「生年～入家した年」までとした。

※3　長男「高基」は室（本妻）の子ども、養女「静」は別腹・庶出の子どもではないためこの表には載せていない。

※4　斜線部分は「不明」である。

小結

本節では三井家の出生とその待遇について見ていき、妾、本妻といった母親の出自によって三井家の子供たちの入家状況に差があるのか、また三井家にとって彼らがどのような位置にいたか検討した。

第一項では、妾奉公の「てる」が奉公の代償として三井家から七十五両を受け取ったという史料を検討した。この史料から分かる点は以下の通りである。一つは、三井家では妾を「奉公人」として雇っていたということである。二点目は、妾を母に持つ子供を七十五両、現代で言えば七五〇万円という大金を払い三井家が引き取っている点である。妾の家柄、年齢、性格といった人物像は史料が無いため残念ながら明らかにすることはできなかった。しかし、江戸の商業を支えた大豪商の三井家であっても、妾を雇い、三井家の子が産まれていた。これは、もとより「家」存続のためであると思われるが、商人の家族のなかに妾の存在が明確にあり、彼女たちが産んだ子が当主などの重要な地位に就いていたことは、今後三井家の家族実態、伊勢・近江・大坂商人の家族実態を明らかにする上で注視すべき点であろう。また、子供を引き取る際に支払われた金額から、「三井家の子供」という大切な存在として引き取られたことも判明する。

第二項第一条では、妾から産まれた子供と本妻から産まれた子供の出生の史料から、第二条では別腹が出生から本宅へ入家するまでの期間、年齢を検討した。第一条では、三井家の子供を産んだ母が「妾」あるいは「本妻」であるかという立場の違いによって祝いの言葉や品物等に差が出ることが分かった。一方で、子供たちに視点を置くと、本妻の子「涌」が産まれた状況の方が別腹「津宇」よりも詳細に書かれてはいるものの、妾腹の子「津宇」と本妻の子

「涌」はともに「三井家の子供」として扱われ、彼女たちが無事に産まれたことを祝福されている。これは、三井家の存続にとって産まれた子供の母親の出自は関係が無いことを判断されよう。第二条では別腹の子が本宅へ入家するまでの期間を伊皿子家第三代高登、南家第五代高英の事例で見た。その結果、別腹の子供たちは異なる年齢で入家していることが分かった。これは、別腹が何歳までに本宅へ入家しなければならないという決まりはないということ、また入家時期・年齢が「男性」「女性」という性別によって左右されないということを示していると思われる。別腹たちは、どの時期・年齢に入家したとしても三井家関係者から歓迎される存在であったとともに、男子・女子という性別による区分や母が妾であるということも超えて「三井家の子供」として扱われたのだろう。そして、別腹が本宅へ入家した後も子供は「三井家の子供」として扱われ、分け隔てなく教育されていったと思われる。

おわりに——まとめと今後の展望——

本稿では伊勢商人の家族の実態を、伊勢商人を代表とする豪商である三井家の事例から検討した。そこで、これまでの検討結果から、本研究の意義をまとめたい。

一つ目は、代表的な伊勢商人である三井家の当主の生涯を検討したことである。伊皿子家三代高登《たかのり》を検討したが、当主でありながら、その身分に甘んじることなく三井家の経営に直接携わっていたことが明らかとなった。今後は、三井十一家内の当主ごとに個別事例を積み重ね、検証していく必要があろう。また、「奉公人たちが江戸で商売を行っている一方で、主人は伊勢で文化と趣味をしつつ、家を守るように生活していた」[37]という従来の伊勢商人のイメージを再考するとともに、三井家の当主の動向を総合的に明らかにしていくことが重要である。

二つ目は、伊勢商人三井家の家族構成をより詳細に検討したことである。三井家では、本妻である室、継室などのほかに、妾の存在が大きかった。妾の子供たちは、本妻の子供たちと同様の扱いを受けており、三井十一家の当主の一人になるなどしていた。大商家の三井家であっても、多くの妾がおり、その妾の子供たちが三井家の「家」存続の役割の一端を担っていたのである。三井家は伊勢商人であるが、今後、商人の家族史を検証するうえで三井家以外の長谷川家や小津家、また近江商人や大坂商人の家々にも妾の存在があり、妾が三井家同様の意義を持っていたのかということを確認する必要があると思われる。この点も、今後の検討課題としたい。

注

（1）『三重県史　資料編　近世4（上）』、一九九八年、五頁。

（2）『三井文庫論叢　第五号』、一九七一年。

（3）『三井文庫論叢　第一一号』、一九七七年。

（4）『三井文庫論叢　第四〇号』、二〇〇六年。

（5）他にも、『三井文庫論叢』では西坂靖「個別町における家守の位置づけ—文化・文政期の大坂を事例として—」（一九八五）、西坂靖「三井大坂替店の抱屋敷管理と代判人・家守」（一九八七）、西坂靖「大坂の町々と三井—判元見届けのための町代上京をめぐって—」（一九八八）、西坂靖「越後屋（本店一巻）店々奉公人数」（一九八九）、田沢裕賀「新出の三井高利夫妻像について」（一九九四）、樋口知子「江戸両替店「家督控」」（二〇〇一）といったものが出されている。

（6）『日本文化研究　第三五号』、漢陽大学校、二〇一〇年。

（7）『比較日本学　第二二号』、漢陽大学校、二〇一〇年。

（8） 中田易直『三井高利』、吉川弘文館、一九八八年。

（9） 北島正元『江戸商業と伊勢店』、吉川弘文館、一九六二年。

（10） 三井十一家の家名は京都・松坂などのそれぞれの三井家が居住する町名にちなんでいる。

（11） 妾から生まれた子供は三井家の系図では「別腹」、もしくは「庶出」と表記されている。別腹と庶出の表記には区別があると思われるが、妾に関する史料等が非常に少ないためその区別の内容は分からない。また、小野田家第六代孝令《たかのり》の代に「こと（女）」が「密子」として記載されている。

（12） 室は一番目の嫁、継室は室が死亡、または離縁された時に迎えられている二番目の嫁のことを指す。

（13） 後室は継室と同様一人目の嫁が死亡、または離縁した場合の二人目の嫁の呼び名である。

（14） 第三節第二項、第三項での「実子」は室・継室、別腹・庶出出身の子供を指すこととする。

（15） 三井家の妾に関しては、後の第四章で詳しく述べていくが、妾の役割のうち史料上判明するのは、三井同苗の子を産み子孫を絶やさないことと安田は指摘している（安田奈々子「三井家の「家事奉公人」」『三井文庫論叢第四十号』一三一頁）。

（16） 『稿本三井家史料　伊皿子家三代三井高登』より作成。

（17） 『三井事業史　本篇　第一巻』、一三二～一三三頁。

（18） 同苗とは、三井親族の十一家とそれらの家連合を指す言葉である。

（19） 『三井事業史　本篇　第一巻』、一〇五頁、「京江戸大坂伊勢手前店々、先年ハ支配人計之備ニ而、勿論主人共諸事手掛ケ勤行仕来候得共、家業体繁昌に随ひ万事手弘ク罷成、依之中興其店かうばいニ応し、支配人の上ニ立候名目又支配人以下ともに年数勤方に随ひ夫々名目を相立、店安泰ニ相治、家業怠慢無之、家内凶事出来不致様ニ申渡候事」（「覚」三井文庫所蔵史料続一四〇八）から確認することが出来る。

（20） 松尾涼「近世三井同苗の勤番制度」『学習院女子部論叢（一）』、一九七五年、五九頁。

(21)『稿本　三井家史料　北家第七代三井高就（上）』、一五〇、二一八、三六四頁。

(22)前掲注（21）、一五〇、二〇二、二一三、二八八、三〇〇、三四〇、四八七、五〇八、五五六頁。

(23)前掲注（21）、一八六、二四八、二七七、二九三、四八一頁。

(24)前掲注（20）、一〇五頁。

(25)『三井文庫論叢』第四〇号、二〇〇六年、二一一頁。

(26)前掲注（15）、二一三頁。

(27)前掲注（15）、二二二頁。

(28)三井文庫所蔵史料、（北七九―十二）。

(29)前掲注（15）、二一五頁。

(30)前掲注（15）、二一四頁。

(31)妾の子供が三井家本宅に入る際、「入家」という言葉で記載されている。

(32)本稿「第三節　三井家の家族構成とそこに生まれた者の生涯　第一項　三井十一家の家族構成」の表を参照。

(33)『三井文庫論叢』第四〇号、二〇〇六年。

(34)「享和二年戌九月廿八日御津宇様御入家御弘御祝儀扣」三井文庫所蔵史料、北九〇一―二。

(35)「文化二年乙丑四月四日ヨリ御列様御安産御涌様御出生御祝儀一巻扣」三井文庫所蔵史料、北九〇二―一。

(36)前掲注（15）、二三四頁。

(37)『三重県史　資料編　近世4（上）』、五頁。

参考文献

北島正元『江戸商業と伊勢店』、吉川弘文館、一九六二年。

多田哲久「家・同族の変容とその特質―大商家・三井を事例として―」『比較日本学』二三　漢陽大学校日本学国際比較研究所、二〇一〇年。
多田哲久「大商家における家督相続・婚姻・養子縁組―三井同苗を事例にして―」『日本文化研究　第三五号』、漢陽大学校、二〇一〇年。
中田易直『三井高利』、吉川弘文館、一九八八年。
松尾涼「近世三井同苗の勤番制度」『学習院女子部論叢（一）』、一九七五年。
三井文庫『三井事業史　本篇　第一巻』、一九八〇年。
三重県『三重県史　資料編　近世4（上）』、一九九八年。
安田奈々子「三井家の「家事奉公人」」『三井文庫論叢第四〇号』二〇〇六年。

使用史料

『稿本　三井家史料　伊皿子家第三代三井高登』、三井家編纂室編、一九〇六年。
『稿本　三井家史料　南家第五代三井高英』、三井家編纂室編、一九〇六年。
「妾奉公御暇ニ付手切金請取証文」、三井文庫所蔵史料、北七九―十二。
「享和二年戌九月廿八日御津宇様御入家御弘御祝儀扣」、三井文庫所蔵史料、北九〇一―二。
「文化二年乙丑四月四日ヨリ御列様御安産御涌様御出生御祝儀一巻扣」、三井文庫所蔵史料、北九〇二―二。

幕末福岡藩における刑事内済の一事例

仲村慎太郎

はじめに

江戸時代の裁判手続きには吟味筋と出入筋の二者があった。吟味筋は糺問主義的な刑事裁判で、訴えの有無に関わらず糺問者たる裁判役所が捜査・審理を開始して、自ら被疑者の罪責を追及し判決を下すものである。出入筋は原告が被告を相手取って訴え（願い）出ることにより開始され、当事者主義的な手続き進行を一応の基礎とし、裁判役所が双方の主張を聞いて判決を下すという三面構造の民事訴訟的な裁判である。[1]

内済は、一般に出入筋において数多く行われた。公権的・法規的裁断である裁許よりも、当事者間の互譲によって具体的合意を導く内済が紛争処理の原則的方法として奨励されたからである。金銭債権や土地・水等をめぐる争い、多様な紛争の解決手段として活用された。[2] 吟味筋においても「吟味（願）下げ」と称して内済が認められる場合があった。

広義には裁判外の示談も内済という（本稿では訴訟提起前の内済と呼ぶ）が、[3] 裁判上における内済（本稿では訴訟提起後の内済と呼ぶ）は、和解案の内容を記して両当事者が連印した「済口証文」（「内済証文」）を奉行所に提出し、承認の手

続（「済口聞届」）を経ることによって裁許と同様の効力が与えられる[4]。内済の仲介者[5]を「扱人」と呼ぶ。内済はどの段階でも行うことができ、審理の進行中も裁判役人は常に内済の成立に努め、内済の可能性があるうちは何度も「日延願」が許された。

内済研究は戦前から現在に至るまで出入筋を中心としたものであったが、近年では吟味筋に関する内済（以降、刑事内済）も研究されるようになった。最近では大賀郁夫氏や坂田美咲氏、大平祐一氏等の研究がある[6]。

大賀氏や坂田氏は刑事内済の存在理由として、無条件に認められたわけではないが、当事者間の和解による関係修復、刑罰の回避、公権力による必要的科刑の範囲限定、村の秩序回復、裁判手続きに付帯する出費・時間浪費の回避等、様々な要因・理由により広汎に行われたと論じている。大平氏は、内済研究における従来の見解を「どのように受け止めるべきか…大変むずかしい問題」とした上で次の四つにまとめている。①村落共同体秩序、地域社会のなかでの自律的紛争解決として積極的に位置づける見解[7]。②町村役人から裁判権を剥奪したその裏返しとして認めた擬制的和解、細事（民事）の争訟に否定的なスタンスをとる権力への迎合的な和解とみる見解[8]。③内済による村落間紛争解決にみられる特殊的、情緒的、団体主義的な社会関係の伝統がもたらす意味を問題視する見解[9]。④民事訴訟の原則的解決方法とされた根底に、調和の精神による共存・秩序維持を望ましいとする社会規範の存在を指摘し、「西洋の法意識を基準に、内済制度を権利意識の未熟の表れと断じたのでは、日本近世の法意識や社会規範の特質に迫ることはできまい」とする見解[10]。

内済には積極的・消極的評価の両面が存在する[11]。前者には、内済が在地社会の交渉能力、内部的・外部的合意形成能力、文書作成能力、規範形成能力等、様々な力量を向上させていったと思われる点、時間と経費の節約、対立した関係の修復においても一定の意味を有した点、公権力の仕事軽減、事案の慎重な解決、より妥当な解決をはかれる点、

何よりも裁判で処理する紛争を限定することにより、裁判の権威を維持することができる点がある。後者には、内済では自由・対等な議論が保障されず、強者が優位し理非曲直が明かにならない点、裁判機関に理非曲直の判断を求めても容易に受け入れられず、ときには不合理な内済を強要される点がある。近世日本の内済にはこうした積極面・消極面の両面を有していたように思われ、こうした両側面を見据えながら検討して歴史的評価を下す必要がある。

縷々述べてきたが、内済研究の主な課題として、①内済は地域の実態に深く関わる問題であるため、多くの事例提示、具体的内容の検討が求められる。②特に刑事内済について、公権力は在地の事件処理能力にどこまで容認し依存したのか。またどこから容認しなかったのか。事件処理能力をめぐる公権力と在地との関係について明らかにする必要性。③先学のいう積極的側面・消極的側面を備える近世日本の内済についてどのように評価を下していくのか。以上の三つがあげられよう。

本稿の目的は、幕末福岡藩における刑事内済[12]の一事例を取り上げ、人間関係や利害関係、事件に至る経緯等を具に分析しながら内済がどのように扱われたのかを検討し、在地社会における罪と罰の意識や前記の課題に対してアプローチを試みることである。方法は、まず福岡藩の「庶民」刑事裁判手続きについて幕府の手続きを参考にしながら確認し、慶応期（一八六五～六八年）に生じた嘉麻郡宮吉村滞在宗右衛門混雑一件について考察していく。この事件は、密通や家屋の解体、家財の強制移送等の犯罪が絡む刑事事件であり、村役人が一度郡役所へ訴え（願い）出ているため、訴訟提起後の内済の例として取り上げる。

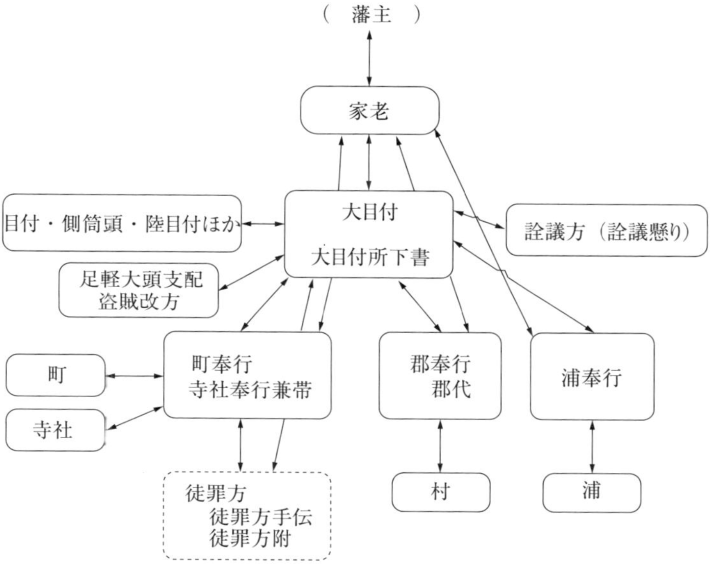

【図１】　福岡藩における裁判・警察機構と上意下達ルート
※「決罪録」・『筑紫史談』第21集，『福岡県史』御用帳１・２等により作成。
※徒罪方は安政２年より創設のための点線。

一、刑事裁判の手続き

平松義郎氏は『近世刑事訴訟法の研究』(13)において幕府の庶民刑事裁判の手続きとして、①犯罪の探知…事件の把握、犯人の捕縛、処罰に値するかどうかを判断する下吟味まで、②犯罪事実の認定…犯罪事実を認定する「吟味詰りの口書」の作成まで、③刑罰の決定…書面による法律審、手限仕置権を超える場合は支配の上司に伺いを出す、④裁判の終了・刑罰の執行、という四段階の手続きがあると述べている。福岡藩における「庶民」刑事裁判の手続きは、組織の差異等はあるが、幕府とおよそ同様の手続きが行われていたと思われ、警察・裁判機構と上意下達ルートは【図1】の通りである。(14)各奉行のもとで裁判が行われ、専決できない事案は大目付へ伺われ、詮議方から提出された口供証拠をもとに大目付所下書において審理・擬律をして、大目付において裁判

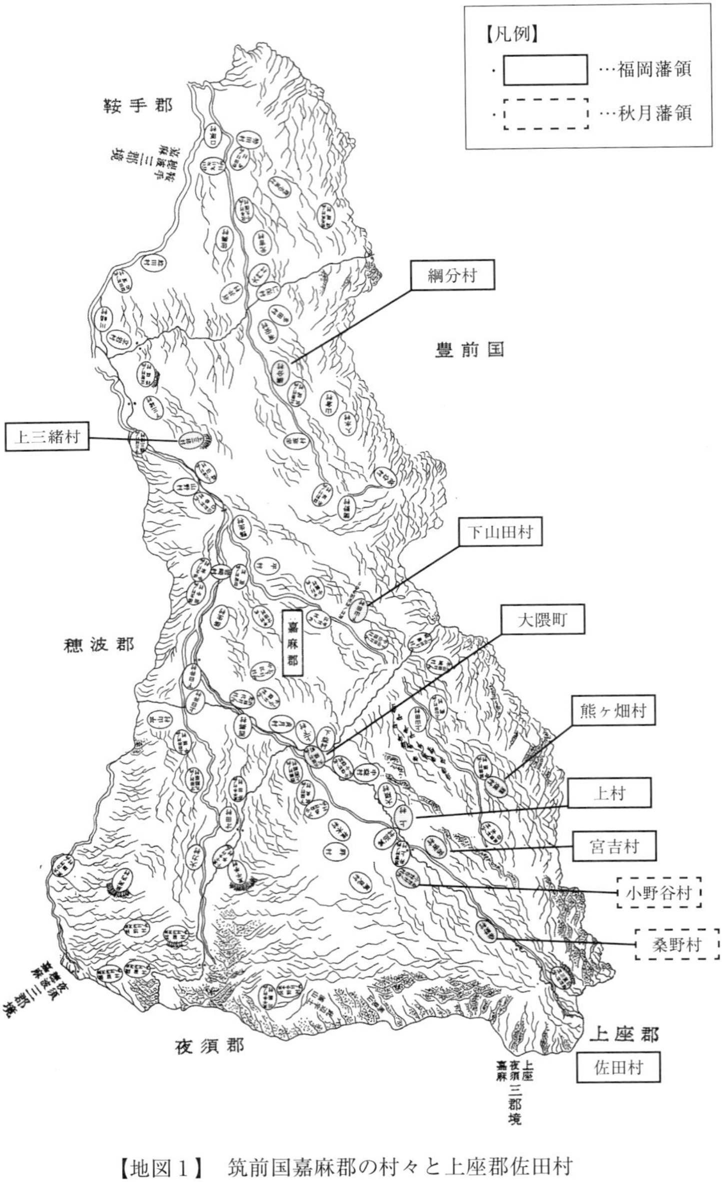

【地図１】　筑前国嘉麻郡の村々と上座郡佐田村

飯塚地方誌編集委員会編『地図と絵図で見る飯塚地方誌』1975年より作成。

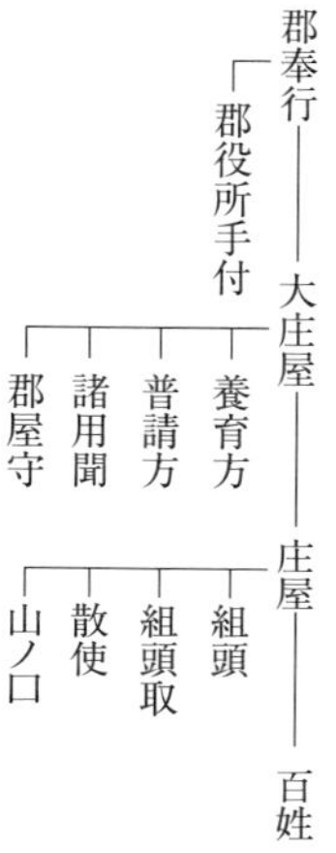

【図2】　郡奉行支配機構
（飯塚市史編さん委員会『飯塚市史』中巻，2016年）

を行った。大目付において専決できない案件は家老に伺った。(15)

今回取り上げる地域は、福岡藩領筑前国嘉麻郡宮吉村(16)や上座郡佐田村(17)、その周辺の村々である。【図1】では、郡奉行・郡代―村の支配に該当する。農村支配機構は【図2】、今回登場する村々の場所は【地図1】を参照されたい。嘉麻郡は、東は山を境にして小倉藩領豊前国田川郡に接し、南は上座郡や秋月藩領筑前国夜須郡に隣接する国境・藩境の地域である。宝暦十二（一七六二）年以降福岡藩領内全郡を五区に分けて農村支配を行う五奉行制のもと、上座・下座・嘉麻・穂波四郡が行政的には一つの区域をなしていたが、東部四郡と称されるように嘉麻・穂波両郡はむしろ遠賀川を通じて遠賀・鞍手両郡と同一経済圏内にあったといえる。また、小倉藩領田川郡と秋月藩領とは藩境を越えた交流があった。

二、嘉麻郡宮吉村滞在宗右衛門混雑一件

慶応二（一八六六）年、嘉麻郡宮吉村にて宗右衛門混雑一件（以降、混雑一件）と称される事件が起こった。この事件を記録する有松家文書について簡単に説明しておきたい(18)。有松家は嘉麻郡綱分村に住み、江戸時代を通して大庄屋、庄屋等の村役人を務めた家である。当家所蔵の系図によれば、戦国時代末期、筑前秋月城主秋月種実に仕えた浅原大膳を祖とし、四代藤右衛門より有松姓を称した。江戸時代においては、当家は多くの田畠を集積して、酒の醸造、貸

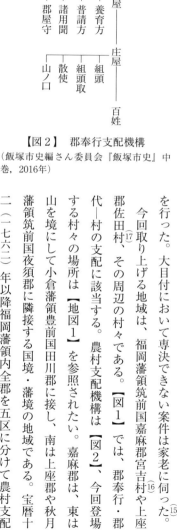

金業の経営を行い、屋号を松屋と称した。綱分触大庄屋として活躍し、貧村であった綱分村等の借財整理に大いに尽力している。嘉麻郡赤坂村の有松家は分家で、ともに大庄屋役を務めた。文久二～三（一八六二～六三）年に本家十四代伴七、十五代候平、十六代義平が続けて死去した後は、分家赤坂村有松直平が本家に入り跡を継いだ。

（1）事件概要

事件の概要は次の通りである。慶応二年二月～九月にかけて、上座郡佐田村判元[19]嘉麻郡宮吉村滞在の宗右衛門が宮吉村百姓喜三郎の女房と少なくとも四度不義密通に及んだ。九月、現場に居合わせた喜三郎の悴喜平が密通を発見し、その事実を知った喜三郎が宗右衛門を打擲する等混雑に至るが、村役人の仲裁（訴訟提起前の内済ヵ）で宗右衛門が喜三郎へ酒二升を送り、宗右衛門は怪我が治り次第宮吉村から退去する約束を結んだ。しかしながら、翌慶応三年になっても宗右衛門は何かと言い繕って宮吉村から立ち去らない。喜三郎は宮吉村やその周辺の村役人と住民に相談して解決を図ろうとするも、一向に解決する見通しが立たないでいた。同年七月、喜三郎は村役人の才判を待たずして村人たちに頼み、宗右衛門の家財を宗右衛門の弟である嘉麻郡上村百姓善右衛門のもとへ運んだり、宗右衛門の居宅を解き崩したりする暴挙に出た。この混雑一件を村役人たちは内済にするか、藩の役所へ裁許を願うか葛藤する。

（2）宗右衛門の人物像

宗右衛門は上座郡佐田村判元であるが、文久二（一八六二）年から女房とともに嘉麻郡宮吉村へ「作方日用稼等」として滞在していた[20]。滞在して四年後の慶応二年四月には、宗右衛門の身上について一〇箇条にわたり「不人品者」

として、宮吉村庄屋廣方休右衛門・組頭半右衛門連名にて大庄屋有松直平へ内々に報告されている。[21] 一〇箇条をまとめると以下の通りである。①宗右衛門は村公役等働かずに日々長着物をぶらぶらと着て暮らしており、村内の風俗悪化の原因であった。②類いなき高利で米金を貸し付けていた。[22] ③宗右衛門は前科者であった。弘化三（一八四六）年頃、小倉藩領田川郡安宅村居住の際に村方と争論、火扱いもあり「永ク入牢」後、「国追放」となっていた。④小倉藩領追放後、福岡藩領嘉麻郡熊ヶ畑村へ二、三年滞在し同村百姓中と争論に及んで退去した。その後、嘉麻郡筒野村・平村・下山田村・大隈町へも居住したが、いずれの村々においても問題行動を起こしていた。⑤慶応元（一八六五）年、宮吉村嘉平は年貢米が不足した際に居宅を売り払って得た切米を年貢米の手当としておいた。宗右衛門がその米を貸すよう迫ってきたが嘉平は断ったところ、宗右衛門は暴言を吐いて村蔵諸算用等を妨げた。⑥宗右衛門の居宅は往来端にあり、諸人通路はもちろん秋月藩領桑野・小野谷辺りの者たちの往来を妨げている。⑦嘉麻郡宮吉村は、判元の上座郡佐田村へ宗右衛門を引き取るよう掛け合うが、日延べの返書ばかりである。宮吉村は、佐田村が不人品の宗右衛門を贔屓しているのではないかと考えている。

以上のように、宗右衛門は希代のやくざ者であり、滞在先の宮吉村は非常に難儀していたことが窺える。[23]

（3）慶応二年二月～翌三年二月頃までの状況

この報告書提出のさなか、宗右衛門は宮吉村喜三郎女房と密通に及んでいた。慶応二（一八六六）年二月から翌年二月頃までの状況は【人物相関図①】に詳しくまとめている。主な出来事を整理すると、慶応二年九月に密通露顕後、宗右衛門はただちに喜三郎から打擲を受け怪我を負った(1)～(3)（※番号は【人物相関図①】に対応）。上座郡佐田村庄屋

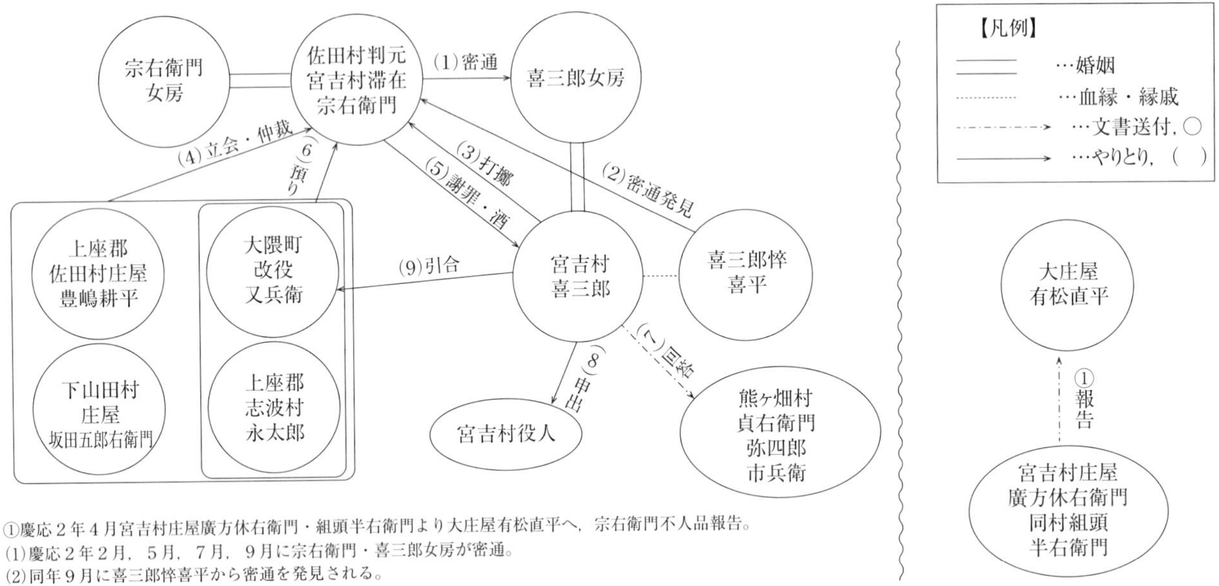

①慶応２年４月宮吉村庄屋廣方休右衛門・組頭半右衛門より大庄屋有松直平へ，宗右衛門不人品報告。
(1)慶応２年２月，５月，７月，９月に宗右衛門・喜三郎女房が密通。
(2)同年９月に喜三郎悴喜平から密通を発見される。
(3)喜三郎により宗右衛門が打擲される。
(4)上座郡佐田村庄屋豊嶋耕平と同郡志波村永太郎ならびに嘉麻郡下山田村庄屋坂田五郎右衛門と同郡大隈町改役又兵衛が仲裁。
(5)宗右衛門から謝罪，酒２升を遣わすことで一旦事態は収束。快復後に宮吉村から立退くとの約束。
(6)怪我が快復するまで改役又兵衛と志波村永太郎の二人で宗右衛門を預かる。
(7)宗右衛門が立退くとなれば、その意に任せても良いと嘉麻郡熊ヶ畑村一族へ回答。
(8)快復後，立退くよう村役人や又兵衛から申聞かせるも宗右衛門は全く承知しないので，喜三郎が再度村役に事態を報告。
(9)喜三郎は又兵衛へも事態を報告。

【人物相関図①】　慶応２（1866）年２月～翌２月頃

※有松家文書627，628，778，872，4509より作成。

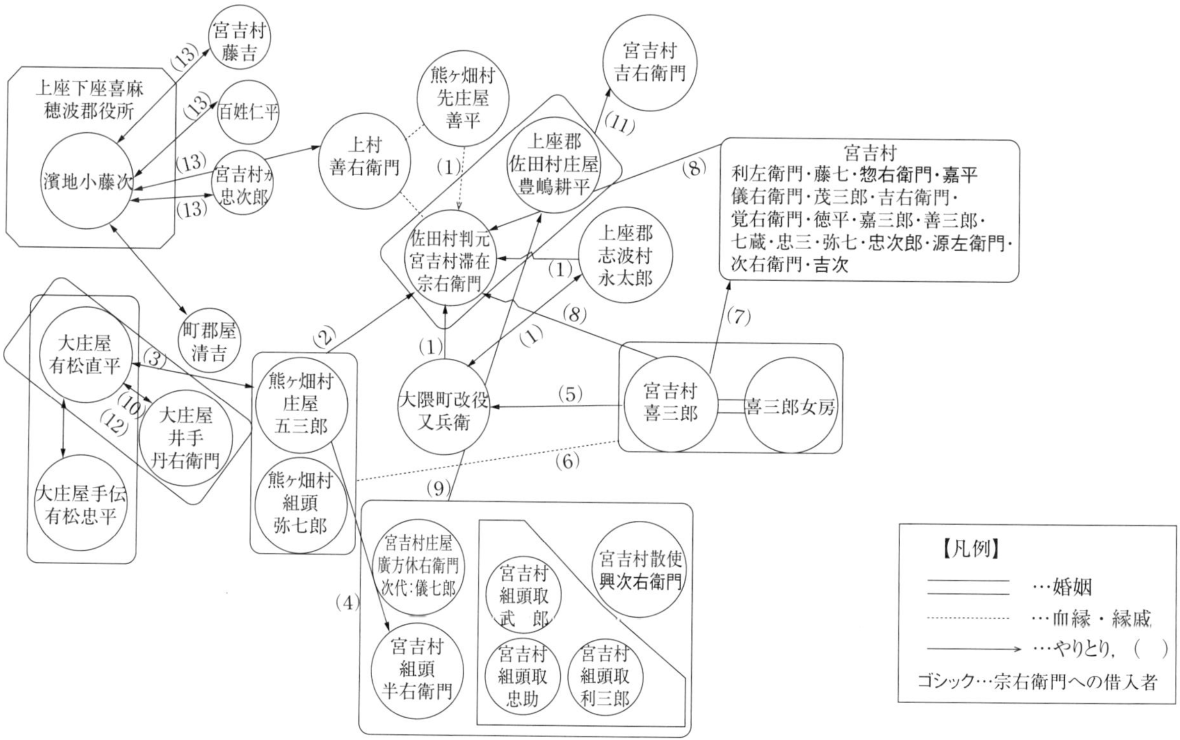

【人物相関図②】　慶応３（1867）年２月頃～12月頃

※有松家文書687，702，2822，5831等より作成（【表１】参照）。ただし，文書送付矢印は，これ以上の煩雑化を避けるため未反映（内容・差出・宛所等は【表１】参照）。

豊嶋耕平・同郡志波村永太郎・嘉麻郡下山田村庄屋坂田五郎右衛門・同郡大隈町改役又兵衛が二人の仲裁に入った(4)。宗右衛門から喜三郎へ謝罪し、酒二升を遣わすことで一旦事態は収束し、怪我の快復後宗右衛門は宮吉村から立ち退くと約束した(5)。快復後、村役人たちから宗右衛門へ村を立ち退くよう申聞かせるものの、宗右衛門は全く承知しないので、喜三郎が村役人たちに事態を再度報告した(8)(9)。

（4）慶応三年二月頃〜十二月頃の状況

宮吉村喜三郎は、村役人へ事態を報告したが一向に収拾しなかった。村役人の対応を待ちきれなかった喜三郎は、実力行使に出る。以降、事件の詳細について主に【人物相関図②】と【表1】を参照して述べていく。

a.居宅解き崩しと内済までの流れ

慶応三年七月十九日、宮吉村喜三郎と宮吉村住民が宗右衛門の家財を運び出し、同二十日、喜三郎と宮吉村住民が宗右衛門居宅を解き崩した(8)（※番号は【人物相関図②】と【表1】に対応）。七月下旬〜八月上旬頃、嘉麻郡綱分村大庄屋有松直平は郡役所へ事件を報告し、宗右衛門は郡牢舎、喜三郎は村預となり処分を待つことになった[24]。八月二十三日大庄屋有松は内済が不調（「私手段も手切」）のため、郡役所へ裁許を願った⑫。八月二十五日、郡役人（郡役所手付カ）濱地小藤次が嘉麻郡大隈町郡屋へ宿泊し、翌日事件関係者へ事情聴取を行った⑬[25]。九月三日、扱人の嘉麻郡上村庄屋善七・同郡牛隈村庄屋作右衛門と上座郡佐田村庄屋豊嶋耕平が内済交渉を行うため書状を往復した⑯。日付は未詳であるが宮吉村庄屋廣方休右衛門・組頭半右衛門連名にて、九月（日未詳）には大庄屋有松直平・上座郡池田村大庄屋井手丹右衛門連名にて、郡役所[26]へ内済のため「書類御差下ケ」の願いが出された⑰⑱。史料的制約から判然と

対応年表 - 内済までの流れ

容	差出・宛所	備考	出典
まで，宮吉村住民が宗右衛	宮吉村組頭半右衛門（印）・同村庄屋廣方休右衛門（印）→上座下座嘉麻穂波御郡御役所		2807
	大隈町改役又兵衛（印）→上座下座嘉麻穂波御郡御役所	4697と同様	2445
	宮吉村組頭半右衛門（印）・同村庄屋廣方休右衛門（印）→上座下座嘉麻穂波御郡御役所		4509
ので世話もするということであったが宗右衛門は帰村しない。 吉村から引き取る必要はないと言われたということを主張した。 ってきた。改役又兵衛が宗右衛門を手込めにしたら，宗右衛門が 見受けられる。			778 2445
あえて滞留してはよくない，一度まずは引き取ったらその後はこ いかない。			781
平が宗右衛門は立ち退かなくてよいと言ったことについて，大庄			781
合う。			781
申聞かせる。			627
			781
			627
所へ持ち運ぶ。			781
			627
			691
			4553
衛門から宮吉村村寄方について内々に尋ねがあった云々。			365
8月再調査。	宮吉村百姓利左衛門・藤七・惣右衛門，他15名→上座下座嘉麻穂波御郡御役所	付紙８月18日	627
	宮吉村百姓喜三郎（爪印）→上座下座御郡御役所		778
告，８月再調査。	宮吉村組頭半右衛門（印）・同村庄屋廣方休右衛門（印）→上座下座嘉麻穂波御郡御役所	付紙８月18日	779
について。	大隈町改役又兵衛→上座下座嘉麻穂波御郡御役所		782
喜三郎は村預。			4553
あったが，行き違いがあり内済は上手くいかない。			4553
参加の場合は科代をかける弁明。	宮吉村吉右衛門→上座下座嘉麻穂波御郡御役所	付紙８月18日	365

【表１】　人物相関図②

番号	年代	文書表題	内
①	慶応２年８月	上座郡佐田村判元宗右衛門宮吉村滞在中ニ借入米銭書上帳	慶応元年冬から慶応２年８月 門より借り入れた米銭書上。
②	慶応３年６月	嘉麻郡大隈町改役又兵衛乍恐申上ル口上之覚	不人品宗右衛門の処分を願う。
③	慶応３年６月	嘉麻郡宮吉村庄屋組頭乍恐差出ヲ以□□（申上）ル事	宗右衛門の「不人品」を報告。
(1)	慶応３年６月	上座郡志波村永太郎が来て，以前から又兵衛と引き受けたこともある …宗右衛門は熊ヶ畑村先庄屋善平の遠縁にあたり，善平から急いで宮 なおまた色々と取引があるため急に引き取ることはできないことを言 何かと言い含めて詮議を願い村方へ難題等言いつける存念もあるかと	
(2)	慶応３年７月上旬	熊ヶ畑村庄屋五三郎らが宗右衛門を呼び寄せ話し合う。 …去年の夏に一旦上座表へ帰村するよう仰せ付けられているので，今 の辺に住所世話すると利害を解き話したけれどもなかなか思うように	
(3)	慶応３年７月11日	熊ヶ畑村庄屋五三郎らが大庄屋有松のもとへ出向く。熊畑村先庄屋善 屋から尋ねがあった。	
(4)	慶応３年盆後	熊ヶ畑村庄屋五三郎らが宮吉村へ出向き，宮吉村組頭半右衛門と引き	
(5)	慶応３年７月19日	喜三郎が大隈町又兵衛と引合，宗右衛門所へ出向いて立ち退きの件を	
(6)	慶応３年７月19日	熊ヶ畑村庄屋五三郎らが喜三郎へ面会したところ，殊の外立腹の様子。	
(7)	慶応３年７月19日	喜三郎が宮吉村の住民へ宗右衛門家財持ち運びの手伝いを要請。	
(8)	慶応３年７月19日	喜三郎と宮吉村住民によって宗右衛門家財を宗右衛門弟上村善右衛門	
(8)	慶応３年７月20日	喜三郎と宮吉村住民が宗右衛門居家を解き崩す。	
(9)	慶応３年７月20日	喜三郎らの荒打ちについて，宮吉村役人より佐田村役人へ引合。	
(10)	慶応３年７月22日	綱分村大庄屋有松直平が池田村大庄屋井手丹右衛門へ出会。	
(11)	慶応３年７月下旬	宮吉村吉右衛門が佐田村へ書状を持参したところ，佐田村庄屋と宗右	
④	慶応３年７月（下旬）	嘉麻郡宮吉村惣百姓中乍恐連名を以申上候口上覚	宗右衛門居家解き崩しの弁明，
⑤	慶応３年７月下旬	嘉麻郡宮吉村百姓喜三郎乍恐申上ル口上之覚	宗右衛門居家解き崩しの弁明。
⑥	慶応３年７月下旬	嘉麻郡宮吉村庄屋組頭乍恐申上ル口上之覚	宗右衛門屋敷図附属，経緯報
⑦	慶応３年７月下旬	嘉麻郡大隈町改役又兵衛乍恐申上ル口上之覚	経緯報告，宗右衛門行方不明
—	慶応３年７月下旬～８月上旬	大庄屋有松直平から郡役所へ混雑一件を届け出た。宗右衛門は郡牢舎，	
(12)	慶応３年８月12日	井手丹右衛門らと相談することもあるので小石原にて出会するはずで	
⑧	慶応３年８月中旬	嘉麻郡宮吉村百姓吉右衛門乍恐申上ル口上之覚	宮吉村の村寄方について，不 と吹聴したという風説に対す

	宮吉村吉右衛門→上座下座嘉麻穂波御郡御役所	365の下書	630
	宮吉村組頭取忠助・利三郎・武一郎→上座下座嘉麻穂波御郡御役所	781②と同綴	781①
て。	宮吉村散使與次右衛門→上座下座嘉麻穂波御郡御役所		780
ではなく喜三郎が発端であ	熊ヶ畑村組頭弥七郎・同村庄屋五三郎→上座下座嘉麻穂波御郡御役所	781①と同綴	781②
のため，郡役所へ裁許を願	綱分村大庄屋有松直平→（御郡御役所ヵ）	762の示す横折ヵ	4553
五・次右衛門で，この辺りが見舞いに来ることは，濱地小藤次は			702
百姓仁平ら関係者へ混雑一件について事情聴取。			702
旨。	宮吉村喜三郎女房→上座下座嘉麻穂波御郡御役所	付紙８月26日 628・631の下書ヵ	5531
宗右衛門一件について取り	庄屋廣方休右衛門（印）→於福岡有松忠平様		702
口上書と横折は確認したの	濱地小藤次（印）→有松直平殿	26日に4533の正文が濱地へ届いたことを窺わせる。	5756
旨。	宮吉村喜三郎女房（印）→上座下座嘉麻穂波御子御郡御役所 熊畑村貞右衛門（印）・市兵衛（印）・弥四郎（印）→上座下座嘉麻穂波御郡御役所	「大庄屋控」，（下旬ヵ）は5531付紙による，628はほぼ同様	631
言。			692
藤次との内談報告ほか。	（有松直平→有松忠平ヵ）		762
	牛隈村庄屋作右衛門・上村庄屋善七→佐田村庄屋豊嶋耕平様		5831①
	佐田村庄屋豊嶋耕平→上村庄屋善七様・牛隈村庄屋作右衛門様		5831②
したい旨。	—		691
差下げの願い。	宮吉村百姓・同村組頭取→（御郡御役所） 宮吉村組頭・同村庄屋廣方休右衛門→（御郡御役所）		2340
について。			239
差下げの願い。	池田村大庄屋井手丹右衛門・綱分村大庄屋有松直平（印）→（御郡御役所ヵ）		687
仕向金（造作料并家財紛失	佐田村庄屋豊嶋耕平→（大庄屋）有松直平様尊下		2822

⑧	慶応３年８月(中旬)	嘉麻郡宮吉村百姓吉右衛門乍恐申上ル口上之覚	—
⑨	慶応３年８月中旬	嘉麻郡宮吉村組頭取忠助・利三郎・武一郎乍恐連名を以申上ル口上之覚	宗右衛門居家解き崩しの弁明。
⑩	慶応３年８月中旬	嘉麻郡宮吉村散使与次右衛門ゟ乍恐申上ル口上之覚	宗右衛門居家解き崩しについ
⑪	慶応３年８月中旬	嘉麻郡熊畑村庄屋五三郎・組頭弥七郎乍恐申上ル口上之覚	居宅解き崩しは村の寄合からる。
⑫	慶応３年８月23日	綱分村大庄屋有松直平乍恐奉願上覚	内済が不調（「私手段も手切」）う。
—	慶応３年７月下旬～８月中旬？	宗右衛門の牢中見舞に来る者は下臼井村仁三郎・熊ヶ畑村儀七郎・平よくわかっている。	
⒀	慶応３年８月25日～	25日大隈町御郡屋へ郡方役人の濱地小藤次が宿泊，26日宮吉村藤吉や	
⑬-1	（慶応３年８月26日）	覚	宗右衛門と不義密通に及んだ
⑭	慶応３年８月27日	覚	濱地小藤次が宮吉村へ入込，調べの覚。
⑮	（慶応３年）８月27日	書状	有松が差し出した宮吉一件ので返却する旨。
⑬-2	慶応３年８月（下旬ヵ）	嘉麻郡宮吉村喜三郎女房乍恐口上書ヲ以申上ル覚	宗右衛門と不義密通に及んだ
—	（慶応３年８月16日～26日）	覚	宗右衛門一件関係者たちの証
※１	（慶応３年８月下旬以降）	（仮題）覚	宗右衛門一件について濱地小
⑯	慶応３年９月３日	書状	宗右衛門一件内済について。
⑯	慶応３年９月３日	書状	宗右衛門一件内済について。
—	慶応３年９月９日	覚	宗右衛門一件内済のため引合
⑰	（慶応３年９月以降）	連名ヲ以御願申上ル事	宗右衛門一件内済のため書類
—	慶応３年９月11日以降	有松直平ゟ同苗忠平江書送并ニ留主内御用ひかへ	宗右衛門の居宅を建てること
⑱	慶応３年９月	綱分村大庄屋有松直平・池田村大庄屋井手丹右衛門乍恐連名を以奉願覚	宗右衛門一件内済のため書類
⑲	（慶応３年）12月12日	書状	宮吉村から宗右衛門へ支払う之品だけ）の催促。

※有松家文書より作成。出典欄の781および5831の①と②は筆者が付けた枝番号。

しないが、九月～十月頃藩に認められて内済が成立したようである。(27)

b.喜三郎犯行の動機

ところで、なぜ喜三郎は村役人の対応を待たずに宮吉村の住民と共謀して宗右衛門の家財を持ち出し、居宅を解き崩すという暴挙に出たのか。犯行の動機を探りたい。事件を受けて喜三郎が郡役所へ提出した口上覚(28)には、①密通が露顕した際、喜三郎は「一族之もの多人数打寄（中略）手元ニて入切之外雑費も」出財した。②「不勘弁之女房」を持ち「不仕合せ」である。「只々間夫之宗右衛門身上を不足ニ思ひ込」んでいた。③宗右衛門は立ち退きの約束を果たさず滞留し、「私女房を此先追々手ニ入自身之女房ニ可致、如何ニも喜三郎痩男鼻毛長キもの抔」の悪口を言ったため、喜三郎は「最早一旦ハ宗右衛門義ヲはしめ女房殺害ヲも執計可申と覚悟も」したが思いとどまった。④宗右衛門が宮吉村を「墨炭ニ致（灰燼に帰すの意ヵ）其外是迄色々と申立居候歟」によって、村が用心のため昼夜番を立てるという不穏な状況に陥っていた。⑤宗右衛門は「強気」の者であるため自分一人ではどうしようもなく、村へ相談して宗右衛門の家財道具等を同人弟上村善右衛門方へ預け、居宅を解き崩したら余儀なく古判の佐田村へ引き取るだろうと考えた。この口上覚から、宗右衛門の傍若無人な言動によって喜三郎をはじめ宮吉村の住民たちは非常に難儀し、拠ん所なく実力行使に出た心情が読み取れる。

c.内済をめぐる言動

この事件の処分について村役人たちは、藩の裁許に委ねるか内済を成立させるか葛藤する。内済をめぐり、関係者たちは内済に対してどのような意識を持っていたのか探りたい。

宗右衛門は、内済を受け入れる条件として、正金八〇両のほかに家を元のように建て、宮吉・熊ヶ畑間に居住した

いと提示した。[29] 宮吉村庄屋廣方休右衛門が差出した大庄屋手伝有松忠平宛の報告書（八月二十七日付）[30]において「只今昨今（正金八〇両のほか元の通り家建設の条件）ニてハ宮吉村ハ御せん儀ヲ受候処ニかく悟ヲ極メ居申候と私丈ケハ見受候、但シ右ニ候へ共宜御計奉願上候事」とあり、廣方は村が藩の裁許を受ける覚悟を決めたと認識しつつ、事件の妥当な解決を願っていた。扱人たちも廣方同様に、宗右衛門が提示した条件であれば「宮吉落合不申候」と考えていた。[31]この宮吉村の姿勢に対し、大庄屋有松直平は、宗右衛門が何か重大なこと（宮吉村の「旧悪」[32]）を申し立てるかもしれず、「大ニ掛念仕、若シ左様之事ニ共押移り候てハ宮吉村不輙重キ罪人多人数ニ可相成と被考申候、惣《（宗）》右衛門壱人滞在致させ候よつて同村兼て之痛村ニ尚更零落ニ陥り候沢《（訳）》共ニハ相成間敷哉と甚心痛仕候」[33]と、藩の裁許によって宮吉村から重罪人が多数出たり、宗右衛門がそのまま宮吉村に滞在したりすることによって、ただでさえ痛村であるのに宮吉村が零落に陥ってしまうかもしれないと心痛していた。換言すれば、宮吉村は多数の罪人を出して零落に陥る恐れがあるにもかかわらず、理非曲直を糺すため藩の裁許に村を委ねる覚悟を決めていたといえよう。

大庄屋有松直平は、八月下旬では「（濱地小藤次へ内見させた藩の裁許を願う）横折存寄之儀御願申上候筈ニ候、委細ハ上三緒ニて全内々申上候意味御座候ニ付、上座へも出浮申儀ニ御座候得共口問之処ニてハ内済相調申間敷」と、表向きには藩の裁許を求めていたが、実はずっと内済を模索していた。これを裏付けるのが【史料1】【史料2】である。【史料1】は、有松直平から大庄屋手伝の有松忠平へ宛てられたと思われる覚書である。内容は、郡役人の濱地小藤次が出郡した際に、混雑一件の対応について人払いをして直平と会談した記録である。【史料2】は、「下付ケひかへ」「此私横折存寄之儀御願申上候筈ニ候」「壱通ハ忠平本府へ持出シ今日御内見ニ入…」とあることから、【史料1】に記載される「下拙横折下付も御内見ニ入置申候、貴殿（有松忠平）持出之ひかへ」を指すと思われる。

【史料1】「（仮題）覚」[34]（慶応三年八月下旬以降）

外ニ

有松直平ゟ廉付を以申進候

一濱地氏江上三緒《（村名）》御泊りニ出浮、さし向ニ人払ニてくわしく宮吉一条申上候処、上座行内済是ゟ相談ヲ乞候段不宜、大ニ不審相立候との御含みニ付其次第全蜜《（密）》々申上ル、宮吉村内精《（情）》旧悪ヲ何か宗右衛門申立候含之由粗承候、右ニ付内済可然と申所ニて是ゟ内済を相立、且ハ私儀実以内済可然と心得、先月《（七月）》廿二日ニ池田（大庄屋井手丹右衛門）掛合ゟ内済と相含、夫レと申ハ同シ御掛り御役所ニも有之、彼是内済之私存念ニ候

但、最所廿二日ニ掛合迄ハ宮吉内精《（情）》旧悪ハ存不申内之事と申義わく《（くわ）》しく申上候処、御分ニ相成

○依て下拙横折《（【史料2】）》下付も御内見ニ入置申候、貴殿（有松忠平）持出之ひかへニ候

○内済ニ相成候ハヽ、大庄屋へ御任せニ可相成との内意ニ候、乍去宗右衛門・善右衛門内済と申候へハ大金ヲ受取不申てハ内済不致と見受申候

此大金望ハ右両人之正徳《（生得）》ニて常ニ右之事計ヲあん立候悪者ニ付、いたしかた無之候

（中略）

一小藤次殿出郡先キニも有之候、手堅候方ゆへ容易ニ進物等難差出、仍て爰元ニて何之品も出し不申候ニ付、貴殿滞留之御導きニて進物見込を以取計可有之候、（後略）

【史料2】「綱分村大庄屋有松直平乍恐奉願上覚」[35]（慶応三年八月二十三日）

下付ケ　ひかへ

綱分村大庄屋有松直平乍恐奉願上覚

「此《（付紙）》私横折存寄之儀御願申上候筈ニ候、委細ハ上三緒ニて全内々申上候意味《（【史料1】）》御座候ニ付、上座へも出浮申儀ニ御座候得共、口問

之処ニてハ内済相調申間敷候

但、壱通ハ忠平本府へ持出シ今日御内見ニ入候書類ハ全ひかへニて書ちらしも有之、宜敷御見通し可為下奉願上候」

（中略）

和睦承知不致ニ付、私手段も手切ニ相成不得止事御戴《（裁）》許之儀奉願上候、（中略）宗右衛門儀右体不人品者ニ付、此節之一条□□《（をはカ）》何と歟外ニ重キ次第申上ル含歟之趣ニ御座候、此辺りニ大ニ掛念仕、若シ左様之事ニ共押移り候てハ宮吉村不輙重キ罪人多人数ニ可相成と被考申候、惣《（宗）》右衛門壱人滞在致させ候よつて同村兼て之痛村ニ尚更零落ニ陥り候沢《（訳）》共ニハ相成間敷哉と甚心痛仕候儀ニ御座候、（中略）宮吉村之者共惣《（宗）》右衛門壱人之為ニ外々之儀ヲ被申立候ハヽ、重キ罪人多人数出来候様之儀ニ至可申哉と、左候得ハ、晩ニ弐拾軒余之百姓竈数余分樻《（潰カ）》シ候様之儀共ハ出来間敷哉と相考候ニ付、不顧恐此段奉願上候、尤右等御作法ニ外レ候御願重々奉恐入候得共、存寄不閣奉申上候、尤此儀御取用難被為在次第も候ハヽ、御取捨之儀ハ何分共宜敷御聞通之程奉願上置候、（後略）

大庄屋有松直平は、「私儀実以内済可然と心得、先月《（七月）》廿二日ニ池田（大庄屋井手丹右衛門と）掛合ゟ内済と相含」とあることから、七月二十二日時点ですでに内済が最良の措置と考えており、同役の井手丹右衛門へ相談したり、郡役人の濱地と内談したりして内済交渉にあたった。進物等で濱地の懐柔を目論むも、「手堅」い人柄のため進物等は差出しがたいと考えた。内済不調のため、八月二十六日には郡役所へ混雑一件について裁許を願い出たが、(36)「御詮議ニ相至候ハヽ、重キ罪人多人数出来仕候様之儀ニも可相至哉、（中略）御慈悲之上書類御差下ケニ被仰付可被為下候」(37)として九月には内済での解決を願い出た。

一方、郡役人の濱地小藤次は「（村役人たちが）上座行内済是ゟ相談ヲ乞候段不宜大ニ不審相立候」との考えで、村

役人たちが上座郡佐田村へ行き内済交渉していたことにはじめは否定的であった。濱地は有松直平との会談で、宗右衛門が宮吉村の「内情旧悪」を明るみにしようとしていることを知り、内済を容認したようで「内済ニ相成候ハヽ、大庄屋へ御任せニ可相成との内意」を示した。宗右衛門判元の上座郡佐田村庄屋豊嶋耕平は、扱人の嘉麻郡上村庄屋善七・同郡牛隈村庄屋作右衛門宛の書状（九月三日付）[38]にて、内済については受け入れないつもりではなかったが図らずもこれまで不都合であった、と対応の遅れを弁解しており、はじめは内済に乗り気ではなかったようである。これは宮吉村が佐田村に対し強い不信感を抱いていたことに通じよう。豊嶋が内済に乗り気ではなかった理由は、内済の条件として判元の佐田村へ宗右衛門を移住させなければならなかったからであろう。しかし、豊嶋は「右（混雑）一件弥表立」っては「双方不為筋且御厄介奉恐入次第」として内済を受け入れた。後に、大庄屋手伝有松忠平は佐田村庄屋豊嶋の協力なしでは「書類御願下ケ」（Ⅱ内済の成立）は困難であったと書き留めている。[39]

（5）内済の内容

混雑一件は、前述のように慶応三（一八六七）年九月〜十月頃に内済が成立したと考えられるが、残念ながら内済成立後の様子は管見の限り史料があまり残っておらず詳しく窺えない。[40]結果的に、宮吉村から宗右衛門へ「仕向金」を渡す約束を結び内済とした。宮吉村が「仕向金」未払いのままであったところ、同年十二月十二日、佐田村が「仕向金」のうち造作料・家財紛失品分を催促している。[41]有松忠平の覚書[42]にある見積りに、宗右衛門の居宅再建（再建場所は判元の上座郡佐田村）には「是迄之古木材」をもって「荒建」遣わすこととされ、他に「雑（造カ）作料」として正金六〇両を出財、紛失物は品帳通り返済と記されている。[43]これは宗右衛門が提示していた内済条件（正金八〇両、居宅再建、

宮吉・熊ヶ畑間に居住）に近い内容といえよう。

以上のように内済交渉には、大庄屋や近村の庄屋といった村役人、郡役人らが関わった。混雑を招いた張本人の宗右衛門は奸智に長け宮吉村の弱みを握り、内済交渉を有利に運んで自身の提示した条件に近い補償を得たのである。一方、宮吉村は藩の裁許を望み罪人を多数出して零落に陥る覚悟を決めていたが、結局のところ「百姓内重罪ニ被仰付候者数人有之候てハ親子兄弟等跡《（次）》頭ニ相立候儀も難計次第ニ御座候」[44]として、理非曲直を糺すよりも村の未来を守るため「書類指下ケ」を願い出て零落に陥るのを免れた。

そもそもなぜ郡役人や村役人は、このような事件が起こる前に他藩の前科者（国追放）であり社会の秩序を乱していた宗右衛門を処罰しようとしなかったのであろうか[45]。安政改革で導入された徒罪は、罪人の教化・改善を目的とし、「不人品」を理由に多くの悪人が適用されていた[46]。宗右衛門を罰するには恰好の刑罰である。事件が起きた慶応二、三年は江戸時代最末期であるが、徒罪は運用されており政治的混乱のため徒罪に処されなかったとは考えがたい[47]。宗右衛門を徒罪に処さなかったのは何か別の理由があると考えるのが妥当であろう。そこで筆者は、宗右衛門の出自や混雑一件の発端となった密通に対する措置、村役人の宗右衛門に対する認識等に着目した。宗右衛門は嘉麻郡熊ヶ畑村元庄屋の遠縁であった[48]。密通の償いとして喜三郎へ酒二升と村からの退去のみというのは、怪我を蒙ってはいるものの非常に軽い措置であったと考えられる[49]。大庄屋有松直平は、宗右衛門が提示した多額の内済条件に対して生得を理由に「いたしかた無之」としている[50]。前述の宗右衛門身上報告書には、「一体宿所ゟ右不人品之宗右衛門ヲ異見ハ不致、却て不人品を申含メ候歟、大ニ贔屓致申候」とあり、宗右衛門の「不人品」を助長させる状況が存在していた。

以上のように、宮吉村以外の村役人たちは宗右衛門に対して寛容であったことが窺えよう。ここに、一村よりもや

くざ者が優位に立ち、村役人たちがやくざ者を罰せず野放図にしていた在地社会の様相が明らかになった。事件処理能力をめぐる郡役所との関係について、「手堅」い人柄の濱地は、村役人がはじめ進めていた内済に難色を示したが宮吉村の「内情旧悪」を知ると内済を容認した。内済となる場合、濱地は大庄屋へ一任する内意を示しており、在地の事件処理能力をある程度認めていたと考えられよう。ただし、村役人が融通を利かせるために郡役人へ渡す「進物」（賄賂）が存在していたことにも留意しておかねばならない。一方で、内済成立によって宮吉村が零落に陥らずに済んだことも事実であり、村役人たちは事件のより妥当な解決を目指していたともいえる[51]。

おわりに

今回取り上げた嘉麻郡宮吉村滞在の宗右衛門混雑一件は文字通り、様々な事柄が絡んだ複雑な事件であった。大庄屋有松直平は、はじめから内済を模索しており、同役の井手丹右衛門とともに内済交渉にあたった。郡役人の濱地小藤次は、村役人たちの進める内済にはじめ難色を示したが、宮吉村の「内情旧悪」を知ると内済を容認し、内済となる場合は大庄屋へその処理を一任する内意を示した。直平は内済不調のため一度は郡役所へ裁許を願い出て、濱地は出郡し関係者への事情聴取にあたった。しかし、有松直平は藩の裁許によって宮吉村から重罪人が出る恐れがあるとして、藩へ再び内済での解決を願い出て許可されている。内済の結果、やくざ者の宗右衛門に比較的有利な形で処理されることになった。そもそも、宗右衛門はこの事件を起こす前から在地の社会秩序を乱していたにもかかわらず、宮吉村以外の村役人たちは宗右衛門を積極的に処罰しようとはせずむしろ寛容であった。村役人たちが宗右衛門を教化・改善を目的とした徒罪に処さず野放図にしていたことは、村よりもやくざ者が優位に立つ社会が在地に存在した

ことを示しているといえよう。一方で、内済を成立させたことによって一村が零落することを防いだことも事実であり、村役人たちは在地社会にとってより妥当な解決を目指していたと評価できよう。

事件処理能力をめぐる郡役所との関係について、郡役人は村役人が進めていた内済に否定的であった。しかし、郡役人は事件の詳細な事情を把握した後、内済となる場合大庄屋へ事件の処理を一任する内意を示しており、在地の事件処理能力をある程度認めていたと考えられよう。ただし、村役人が融通を利かせるため郡役人へ賄賂を送ろうとしていたことにも留意しなければならない。

内済の積極的評価・消極的評価に関して、大庄屋有松直平が二度にわたり内済の成立に努めたことは、事案の慎重な解決、より妥当な解決をはかれる点として積極的な評価ができよう。一方、やくざ者宗右衛門に比較的有利な条件で内済が成立したことは、内済において自由・対等な議論が保障されず、強者が優位し理非曲直が明かにならない点として消極的な評価もできる。

このように、内済には複雑な人間関係や利害関係が介在することから、地域の実態に根ざした多くの具体的な事例検討が必要である。今回は福岡藩領嘉麻郡・上座郡における刑事内済の一例を具体的に考察したが、今後は他の地域や様々な事件を扱っていきたい。

注

（1） 密通や疵付等の可罰的事案が出入筋の手続きで裁判されることもあり、また手続上刑事的強制が加えられ、判決で刑罰が科されることがある等、刑事裁判的要素も含むものであった。出入筋で始まった裁判が役所の判断で吟味筋に切り替えられる

こともあった（浅古弘・伊藤孝夫他編『日本法制史』青林書院、二〇一〇年、神保文夫執筆）。陶山宗幸は、「出入物の中には、民事事件のみならず疵付とか喧嘩口論といった暴行・傷害等の刑事事件も含まれており、さらに吟味物の範疇に属していた密通等にも内済を認める場合があった。」と述べている（陶山宗幸「江戸幕府の刑事内済」〈『法制史研究』四十一号、一九九二年〉）。

（2）江戸では、金銭債権をめぐる争いを金公事、土地・水・漁場等をめぐる争いを本公事と称した。遠国奉行所等ではそれぞれ異なる慣習法も行われていたが、殊に大坂町奉行所においては金銀出入（大坂では「金公事」・「本公事」という言い方をしない）も江戸のように執拗に内済を勧めるのではなく、証拠書類によって権利関係が明白であれば直ちに判決を出し、原則として切金弁済は認めず速やかに身代限を実施する等、債権保護的性格の強い法制が行われていた（前掲『日本法制史』）。

（3）大平祐一氏は、訴訟提起後における内済を狭義の内済と呼び、狭義の内済と訴訟提起前の内済を合わせて広義の内済と呼んでいる（大平祐一「内済と裁判」〈藤田覚編『近世法の再検討―歴史学と法史学の対話―』（山川出版社、二〇〇五年）所収。大平祐一『近世日本の訴訟と法』（創文社、二〇一三年）再録〉）。

（4）「通常の済口証文は、奉行所の承認によって「裁許」と同一の効力を獲得するが、吟味下の場合の済口証文は吟味下の可否を参考に供されるに過ぎない。この差異は前者が紛争の解決を目的としたのに対し、後者は本来ならば科刑すべき事件の便宜的処理に過ぎなかったことに由来する。」（前掲陶山一九九二年）。とあることから、刑事事件に該当する今回の事例で済口証文の存在が確認されないことは、さほど重要ではないと考えられる。

（5）親族、町村役人や寺社等のほか、公事宿も扱人として活動し、「懸合茶屋」等で交渉にあたった（前掲『日本法制史』）。

（6）大賀郁夫「近世延岡藩の刑事内済と地域秩序」（『宮崎公立大学人文学部紀要』第十九巻第一号、二〇一一年）、坂田美咲「近世後期宿場社会の犯罪と内済―奥州郡山宿を事例に―」（『歴史』第一一一輯、二〇〇八年）、前掲大平祐一「内済と裁判」。日比佳代子「近世後期の藩領国における警察・裁判制度と村役人層」（『九州史学』一三七・一三八合併号、二〇〇三年）。

（7）平川新『紛争と世論―近世民衆の政治参加―』（東京大学出版会、一九九六年）、井ヶ田良治『日本法社会史を拓く』（部落問題研究所、二〇〇二年）、水本邦彦『近世の村社会と国家』（東京大学出版会、一九八七年）、岩城卓二「『御用』請負人と近世社会」（『国立歴史民俗博物館研究報告』第四十七集、一九九三年）等。

（8）石尾芳久『日本近世法の研究』（木鐸社、一九七五年）。

（9）水林彪「日本近世団体論―離婚・離婚法史の比較法史的考察を素材として―」（『日本史研究』第三七九号、一九九四年）、同「近世的秩序と規範意識」（相良亨・尾藤正英・秋山虔編『講座日本思想3　秩序』（東京大学出版会、一九八三年）、同「『日本的意識』の歴史的前提」（法社会学編『法意識の研究』（『法社会学』第三十五号）（有斐閣、一九八三年）。

（10）水林彪・大津透・新田一郎ほか編『法社会史』大藤修執筆（山川出版社、二〇〇一年）。

（11）前掲大平祐一「内済と裁判」。

（12）管見の限り、福岡藩において内済は、「扱」や「取扱」、「内済（内宰）」等と称されたようである。（川添昭二校訂『新訂黒田家譜』第四巻〈文献出版　一九八三年〉、同『新訂黒田家譜』第五巻〈文献出版　一九八三年〉、『福岡県史』近世史料編御用帳（一）一九八八年、・『同』（二）一九九三年、黒田家文書三八八「町郡浦御用帳雑之部」寛政一〇年～享和三年〈福岡県立図書館所蔵マイクロ〉、「決罪録」〈国立公文書館つくば分館所蔵。分館 -10 037-00 平16法務 -01884-100：慶応四年、安政六年、安政五年、安政四年分を合冊。01885-100：万延元年、文久二年、文久三年、元治元年分を合冊。01886-100：慶応元年、慶応三年分を合冊〉、『長野日記』〈『近世福岡博多史料』第一集（西日本文化協会、一九八一年）所収〉、『加瀬家記録』〈『日本都市生活史料集成』三、城下町篇Ⅰ（一九七五年）所収〉、楠野家文書〈『九州文化史研究所所蔵古文書目録十五』一九八五年〉、有松家文書〈『九州文化史研究所所蔵古文書目録十六』一九八八年〉）。

（13）平松義郎『近世刑事訴訟法の研究』（創文社、一九六〇年）。

（14）『筑紫史談』（第二十一集、一九一九年）。

(15) 目付（馬廻組より選任）は諸士の行為に関して捜査を行い、封書で大目付に報告。側筒頭（馬廻組より選任）は目付と同一の権限を所有し、その捜査報告は目付・陸士目付が再審。陸士目付・町巡り（陸士より選任）は無礼以下郡町浦の人々の行為に関しても捜査を行って大目付へ報告し、大目付において封書を開封。盗賊改方は足軽頭支配であるが、職務は大目付に所属する。警部・巡査のように捕縛することを担当し、揚り屋又は牢にて口問して罪人を詮議方へ渡す（前掲『筑紫史談』第二十一集）。死罪以外は大目付専決とあるが、実際はそうでない場合が前掲「決罪録」にみられる。前掲『福岡県史』御用帳一・二や杉山尚行日記（福岡市博物館所蔵）をみると、恐らく各奉行から大目付を介さず家老へ伺いを立てている事例がみられる。大目付を介する案件と奉行から直接家老へ伺う案件がどのように違うのか、または時期による制度の違いなのか、残された課題は多い。

(16) 「天保郷帳」「旧高旧領」によれば、村高は四九一石余。明治初期（「地理全誌」）では戸数三八・人口一六四（男八二・女八二）（『角川日本地名大辞典』四〇　福岡県、角川書店、一九八八年）であった。

(17) 村高は、「天保郷帳」では三二五石余、「旧高旧領」では三一六石余。明治六年には戸数二四一、人口一三二四（男七〇八・女六一六）（前掲『角川日本地名大辞典』）。

(18) 前掲『九州文化史研究所所蔵古文書目録十六』。有松家文書は、九州大学附属図書館付設記録資料館所蔵。

(19) 福岡藩の人柄支配は個別の町・村・浦を単位として行われ、町・村・浦は、帰属する人柄について判元としての責任を負った。判元という個人の身元を保証する集団に帰属することによって、個別の人柄は社会的存在として認知されていた（江藤彰彦「領内における人柄支配の実態」〈『福岡県史』通史編（二）二〇〇二年、五七一頁〉）。

(20) 有松家文書八七二「嘉麻郡赤坂触之内拾壱ヶ村［　　］（判外滞在者調子）」。

(21) 有松家文書九二九「宮吉村庄屋・組頭連名を以申上ル口上之覚」。

(22) 「利方月三歩半」「利方月三歩」等で貸し付けていた。宮吉村の七名は慶応元～二年頃、宗右衛門へ借財・借米等していた

（有松家文書二八〇七「上座郡佐田村判元宗右衛門宮吉村滞在中ニ借入米銭書上帳」）。このほかに、「壱俵之貸付之恩ニ一日勤ニ参り候様申掛」られることがあった（前掲有松家文書九二九）。

(23) 報告書提出後の慶応二年夏頃、宗右衛門は（郡役所から）佐田村へ帰村するよう命じられたが、すぐに宮吉村へ立ち帰った（有松家文書六二七「嘉麻郡宮吉村惣百姓中乍恐連名を以申上候口上覚」等）。

(24) 有松家文書四五五三「綱分村大庄屋有松直平乍恐奉願上覚」。「先般御役所迄一応御届ケ申上候処、宗右衛門ハ御郡牢舎、尚発頭喜三郎ハ村預ケニ被仰付」とあり。

(25) 濱地は、口上覚等で事件の詳細な報告を受けていたと思われるが、宮吉村まで出張し事情聴取を行った。混雑一件の発端となった密通の事実を再確認し、喜三郎が宗右衛門を打擲した動機についても聴取している。居宅解き崩しについては、喜三郎が主犯なのか、村役人から寄合いを設けて集団で犯行に及んだのか等聴取しており、「手堅」い人柄の濱地が自分の意志で事件を解決しようとしていたことが窺える（有松家文書七〇二「覚」）。

(26) 宛所の記載はないが、郡役所または郡役人へ宛てたと考えて差支えないと考える。

(27) 十月頃に有松直平へ「宮吉惣《（宗）》右衛門建家一軒色々不調、休右衛門ゟ申出」とあることから、宮吉村が宗右衛門居宅を再建しようとしていたことが窺える（有松家文書二三九「有松直平ゟ同苗忠平江書送并ニ留主内御用ひかへ」）。

(28) 有松家文書七七八「嘉麻郡宮吉村百姓喜三郎乍恐申上ル口上之覚」。

(29) 前掲有松家文書七〇二。

(30) 前掲有松家文書七〇二。

(31) 前掲有松家文書七〇二。

(32) 「宮吉村内精《（情）》旧悪ヲ何か宗右衛門申立候含之由」（有松家文書七六二「（仮題）覚」）。残念ながら「旧悪」とは、具体的に何を指すのか不明である。「旧悪」と関係するか考えがたいが、安政四（一八五七）年五月三日には宮吉村の住民らが傷害致死等

の罪で小呂島流罪や徒罪に処されたことがあった（前掲「決罪録」安政四年）。

(33) 前掲有松家文書四五五三。

(34) 前掲有松家文書七六二。

(35) 前掲有松家文書四五五三。

(36) 濱地小藤次は、大庄屋有松直平宛（八月二十七日付）の書状にて、「（有松直平が）御差出ニ相成居候宮吉一件口上書并昨日御送り相成候御存念横折（前掲有松家文書四五五三の正文ヵ）」を確認したので、有松直平へ返送し受け取るよう伝えている（有松家文書五七五六「書状」）。

(37) 有松家文書六八七「綱分村大庄屋有松直平・池田村大庄屋井出丹右衛門乍恐連名を以奉願覚」。

(38) 有松家文書五八三一「書状」。

(39) 有松家文書六九〇「覚」。

(40) 慶応三年九月十一日～十二月頃、村役人たちが宗右衛門の居宅再建等、御用の項目として書き留めていることが辛うじて窺える（前掲有松家文書二三三九）。

(41) 有松家文書二八二二「書状」。

(42) 前掲有松家文書六九〇。

(43) この覚書が書かれた時点では、宗右衛門の移住先は熊ヶ畑村の可能性もあったようである。その場合は、宗右衛門自身が正金一四〇両出財。ただし紛失品は宮吉村が返済する。と記されており、移住先が内済の最大の争点であったかもしれない。

(44) 有松家文書二三四〇「連名ヲ以御願申上ル事」。

(45) 江藤彰彦氏によれば、近世中期、判元の町・村・浦は様々な方法で問題を起こす可能性の高い人柄との縁を切ったり処罰したりしていた。帰属する人柄が罪を犯したり秩序を乱し、判元に責任や負担が及ぶ恐れがある場合は、役所が追放を命じる

だけでなく、判元である町・村・浦、あるいは一族の願い出によっても追放・牢舎や遠島処分が行われていた（前掲『福岡県史』通史編（二））。一方、久留米藩では村役人層は、制度上の役務（警察・裁判）を果たしているだけでなく、村から処罰者を出さないで済む様に盛んに内部調整をしていたことが明らかにされている（前掲日比、二〇〇三年）。

(46) 拙稿「福岡藩における刑罰―その時期区分と特色を中心として―」（『七隈史学』第十三号、二〇一一年）。現在、徒罪に関する論考を執筆中である。

(47) 前掲「決罪録」慶応期。また、遠賀郡修多羅村大庄屋等を務めた楠野家が残した楠野家文書五一四－一三「（仮題）未進判届者」には、慶応二年三月に才次郎組合の速遁（二十九歳）が徒罪に処せられ未進判となったことがわかっている。楠野家文書は、九州大学附属図書館付設記録資料館所蔵。

(48) 有松家文書四六九七「嘉麻郡大隈町改役又兵衛乍恐申上ル口上之覚」等。有松家文書七八一「嘉麻郡熊畑村庄屋五三郎・組頭弥七郎乍恐申上ル口上之覚」には、宗右衛門が「熊畑村先庄屋善平ゟ惣（宗）右衛門江内談致候ニハ、急ニ立退申ニも及間敷と申立候」と証言しており、熊ヶ畑村先庄屋善平が宗右衛門を擁護していた可能性も窺える。

(49) 参考として上酒の値段は「江戸、（中略）安政（一八五四～五九）にいたり、一升三百四、五十文より、あるいは四百文なり。」であった（小野武雄『江戸物価事典』展望社、二〇〇九年）。また、庶民の密通に対して、七両二分の賠償で和解する慣習があった（前掲『近世刑事訴訟法の研究』）。賠償金が五両の例もあった（高柳真三「密通罪とその特異性」〈『法学』第九巻七号、一九四〇年、『江戸時代の罪と刑罰抄説』有斐閣、一九八八年再録〉）。このように、地域や時期は若干違うが酒二升と村からの退去は軽い処分と考えられる。

(50) 【史料1】（前掲有松家文書七六二）。

(51) しかし、前述のように十二月時点で内済約定（宮吉村から宗右衛門へ「仕向金」の支払い）が未履行のままであった。

平成25年度の研究結果

中村雅未

研究結果（修士論文『本朝二十不孝』研究―「孝」から逸脱する説話―概要）

『本朝二十不孝』は，貞享３年11月の刊記を持つ西鶴の浮世草子である。全20話の不孝譚を収めているが，内容はほぼ全話，主人公である不孝者が現世で因果応報の報いを受けるという型で統一されており，あえて不孝譚を描くことにより孝道奨励に資するという姿勢を示したところにその独創性が指摘されるが，その孝道奨励の姿勢の真偽をめぐっては，評価が分かれている。

全20話の中には，元々「孝」以外の主テーマを有する話を典拠として作られた不孝譚がある。本研究では，これらの典拠を不孝譚へと改作するにあたっての構想を検討することを通して，西鶴が「孝」をいかなる意図でテーマ化したのか，その意識の一端を探ることを目的とした。

西鶴は，これらの話に不孝譚としての結末を付すと同時に，「孝」とは異なる視点を作中に取り込んでいる場合がある。例えば，「本に其人の面影」においては，まず母の幽霊に化けた狸を退治した主人公の行為を，著名な武将・藤原秀郷の百足退治譚に則り賞賛されるべきものとして描いている。しかし一方で，結末部においてはその行為を不孝と断ずる国守らの裁定を描くなど，主人公の行為に対し，「孝」と，武士の「武」の理想という２つの観点が対立する形で示されている。結果的に「孝」は話の主テーマとは成り得ず，ひとつの観点として相対化されることとなる。このように，「孝」と他テーマの混在，またそれらが互いに相対化し合う構造が他話にも認められるとすれば，本作が教訓の書であるとする評価は見直されよう。更に各話の検討を積み重ねて検討する必要があると考えている。

卒業後の進路並びに抱負

平成26年度４月より，愛知県立千種高校にて国語科教員の職を頂くこととなりました。大学院での学びを生かし，生徒達の日本文化の理解や多角的な思考力の育成を支えて参りたいと存じます。

平成25年度の研究結果

佐藤なぎさ

平成25年度はタイの中等教育機関におけるタイ人教師（以下TT）と日本人教師（以下JT）の協働に対する認識を研究テーマに，修士論文の執筆を中心に行った。TTとJTが同じ言語教育の場で協力して指導を進めることを「協働」とし，協働に対する認識を両者の面接調査に基づくM—GTA分析によって考察した。1.TTおよびJTは協働をどのように認識しているか，両者に違いが見られるかどうか，2.もし違いがあるとすれば，そのような認識に関わる要因は何か，という課題を2点設定し，TTとJTの協働に対する認識という観点で分析した。

その結果，以下のような結論を得た。

1. TTとJT双方が現場に必要な能力の欠如を自覚し，能力の欠如を補完できるという点で協働を肯定的に捉えている。しかし，TTはJTの母語話者としての価値を肯定的に捉えているのに対して，JTはTTの性格を肯定的に評価をしている。また，否定的な評価の視点も異なっており，TTはJTの能力不足やそれにともなう負担を否定的に捉えているのに対して，JTはTTとの仕事の仕方や日本語の教え方の違いを否定的に捉えている。その上，JTは協働を通してマイナス感情を抱いており，両者の協働に対する認識には違いがある。
2. TTとJTの認識の違いには，複数の要因が関わっている。まず，TTのJTに対する肯定的な捉え方には，協働に対する肯定的な評価や能力不足の自覚，学習者の動機づけの低さが関わっている。また，JTもTTと同様，協働に対する肯定的な評価と関連している。一方，否定的な評価には，TTの場合，JTに対する遠慮が関連し，JTの場合，母語話者としての優位性や自己の教育観が影響している。また，JTのマイナス感情には，TTの否定的な評価に関わる要因に加え，能力不足の自覚やTTへの遠慮，学習者の動機づけの低さなどが関わっている。学習者の動機づけが低いという認識はTTとJTの共通認識であるが，別の方向性を持っており，両者の相互の認識の差をもたらしている。

また，TTとJT双方に他者との協働から学びを得ている例が見られ，よりよい協働の構築の萌芽と見ることができる。

本研究で得られた結果が他の中等教育機関についても有効かどうかは今後の研究を待たなければならないが，今回，調査対象としたタイの中等教育機関の場におけるTTとJTの協働に対する認識の相違とその要因を明らかにすることができた。

しかし，本研究には課題も残る。まず，1)TTのインタビューで使用した言語が日本語であり，インタビュアーが日本人であったことが，データに影響を与えている可能性がある点，2)教師経験年数や協働経験年数，タイの滞在期間が協働に与える影響が考慮されていない点，3)よりよい協働の構築に向けた具体的な提案にまで至らなかった点，である。これらの問題点を今後の課題としたい。

卒業後は，JICAの日系社会青年ボランティアとしてブラジルに2年間派遣されることになっている。南マットグロッソ州ドゥラードス市にある日系日本語学校で日本語を教えるとともに，現地教師への助言や文化紹介などを行う。大学院で学んだことを活かし，現地教師とのよりよい協働の構築に努め，現地の日本語教育の普及と日系社会の活性化に貢献したい。

平成25年度の研究報告

永谷知里

南山大学総合政策研究科修士課程２年目（平成25年度）では，春学期は必修科目である研究指導を受講した。秋学期は転職・転居に伴い休学することとした。

春学期の研究指導では，修士論文の提出に向けて，関連資料の収集と論文要旨の作成を行った。修士論文の主題を『コートジボワールのHyper-présidentialism: 家産性言説の意義と限界』とすることを決定した。これまで先行研究が展開してきたアフリカ諸国の家産制国家概念を再考し，コートジボワールの事例と比較することで当国の政治体制の特質を鮮明にする。そして，支配者の権力の正当化の手法，すなわち憲法に記載された強大な大統領の権限とそれらが及ぼす影響について分析し，これまでの単に「家産制」という概念から分析するという視点からではくみ取ることができなかったコートジボワールでの政治構造をHyper-Présidentialismとして独立以降に発生した諸問題に一貫した説明を与えたいと考えている。

８月に東京のアフリカ開発銀行アジア代表事務所の勤務が決まり，これまで住んでいた名古屋を離れて東京に転居した。新しい環境に慣れるため，秋学期は休学することとした。現在の業務内容は事務所運営に関連する業務であるが，アフリカ開発銀行のドキュメント，大学図書館や関連研究機関などが身近になり，以前に比べて資料は収集しやすくなったと思われる。また，2014年１月にはアフリカ開発銀行本部のコートジボワールへの帰還と総理のコートジボワール訪問関連で，再びコートジボワールに赴く機会に恵まれた。政権交代後のコートジボワールの都市変化を身をもって感じることができたことで，研究への意識を新たにした。

平成25年度の研究結果

金子　萌

私は，「説得の構造に着目した説明的文章教材の分析モデルの研究—中学校教材を中心にして—」を題目とし修士論文を書きました。これまでの説明的文章指導は論理に重点がおかれていたことに問題提起し，論理以外のレトリックに着目した文章の読解ができないかということを提案しました。具体的には，説明的文章は筆者が読者に何かを説得する文章であるととらえて，その説得にはたらく書き手の書きぶりとはどのようなものであるかを，実際の教材をもとに分析しました。分析結果をふまえて，説明的文章を論理的整合性のみではなく，説得の文章としてとらえるための教材分析の観点をまとめました。指導者が授業設計のために，どのように教材を読み解いていくかの指針を，説明的文章を説得の文章として読むという観点から提案することができました。私たちが出合う文章は論理性のみで成り立っているわけではないため，説明的文章を説得の文章として読むことは，日常で目にする文章を読む力を育てることに寄与すると考えています。ただし，授業づくりの観点として示すことができただけで，指導段階までは考察が及んでいません。今後は，この提案を実際の学習者たちにどのように活用していくかを検討していきます。

4月からは，岐阜県の公立学校教員として，教壇に立ちます。2年間での研究の成果を，今度は現場で発揮していきたいと決意しています。

平成25年度の研究結果と平成26年度の計画

柳 田 大 造

私は平成25年度いっぱい，大学院を休学していた。その前年度の途中から，平成26年の１月までのあいだ，私はトルコ，エジプト，モロッコの３国に住み，トルコ語，アラビア語，フランス語の語学学習と，近現代文学に関する研究調査を行っていた。

本来スペイン語圏の文学を専門とする私が，これらの国々に住まねばならぬと思い至った大本の理由とは，イスラーム文化に通暁するスペイン人現代作家フアン・ゴイティソーロに興味をもち，彼の思考態度を体感的に理解してみたいと思ったからである。自主的亡命の葛藤を創作源とする異端的作家の文学をより深く知るためには，単純に彼のテクストを読み込むだけでは足りず，私自身が祖国を離れて，彼が旅した土地を自らの足で踏みしめ，彼の話すトルコ語，アラビア語，フランス語を実地で学びとってみる必要があった。その結果として，私が生きて，私が研究と思うものを行っていくための認識の領野は，予想もしないかたちで変容を遂げた。今の私の関心は，スペイン語文学云々というより，スペインを含む地中海世界の文化的混沌から産み落とされた幾つかの異形の文学作品と，その作者たちの行動様式にある。私は，地中海的錯綜性それ自体を直視することの只中に，文学研究の未踏の沃野を垣間見たと信じている。

このような視点をさらに育むために，またゴイティソーロの文学への理解をさらに深めるためにも，少なくとも博士課程に在籍しているあいだは，彼のメンターともいえるフランス人作家ジャン・ジュネの研究に専念するつもりである。ジュネもまた地中海作家たちの例に漏れず，諸文明が激しく交錯する力学の渦中にその身を置いて，数奇な生涯を送った異端的文学者のひとりであった。私は当面のあいだ，モロッコとフランスで入手したジュネ関連のテクストを読み込むことに時間を費やしたい。そして，その結果を論文として纏め上げて発表し，将来的な博士論文執筆の基礎とすること。これが平成26年度の大まかな目標である。

平成25年度の研究結果

松 本 知 珠

2013年度は，修士論文の成果をもとにした口頭発表を立教大学日本文学会大会で行った。この発表では，会場のみなさんに多くのことをご教示していただいた。新たにご教示していただいたことを含め，この成果を2014年度内に一つの論文としてまとめることができるよう，努めたい。

また博士論文の土台となる，平林たい子の作品を読み，たい子に関する勉強を行った。勉強の一環で，長野県諏訪市にある平林たい子記念館，たい子の蔵書約4000冊を所蔵する諏訪市図書館に行った。近年，記念館の来訪者が少なく，たい子作品の読者が年々減ってきている，たい子もまた（たい子ですら），忘れられた作家の一人となりつつあることを記念館管理者の方からうかがった。この事実を受けとめ，今後，一人でも多くの人がたい子作品を読みつないでいくような研究を行っていきたい。この諏訪での体験は，信州の農村で生まれた一人の女性の幼少期から成人期までを描いた「殴る」を論じていく際にも活かしたい。

2014年度は，前述の「殴る」の作品論および，前期の作品，とくに「北村光代」を主人公とする「愚なる女の日記」,「投げすてよ！」,「施療室にて」の３作品を取り上げた論文をまとめていく。その際，戦後文芸批評の土台を築いた雑誌『近代文学』の同人であり，プロレタリア文学研究において数々の成果を挙げた評論家 本多秋五の資料約７万点を有する本多兄弟文庫（愛知県豊田市中央図書館内併設）を活用したい。本多の資料を活用し，彼の視点を学びながら，他のプロレタリア文学運動に関わりを持った作家たちとたい子の差異を明確にすることで，たい子の独自性をより深く掘り下げた研究を行っていく。

平成26年度の研究結果

吉 田 聖 美

平成26年度においては，修士論文提出に向けて研究を進めてまいりました。重症心身障害児１事例の自宅を原則として週１回訪問し，約２年間に亘り能動的な動作表出の促進を目指した活動を行いました。児は，立位や座位が困難で，発語がなく，視機能は強い光がわかる程度と言われる，いわゆる重い障害をもった子どもです。医者からも「口から物は食べられない，何もできない」と言われておりましたが，私はそんなことはない，どんなに重いと言われる障害をもっていたとしても，どの子どもも成長するはずだと信念をもち，かかわりを続けてきました。具体的には，応答的環境と言われる，子どもの動きに対して，何らかの変化が生じる環境を，スイッチを用いて設定し，能動的な動作を促す取り組みを行いました。はじめは１つのスイッチを用い，自身の動作によって外界が変化することを気付けるような取り組みを行い，スイッチ操作を獲得しました。次に更なる能動的な動作表出を目指し，２つのスイッチを用いて選択環境を設定し取り組みを行いました。これらの結果として，児はスイッチ操作を獲得し，スイッチを介することによって，児が周囲の状況を判別し自らの行動を能動的に切り替えている様子を窺うことができました。

また，発表は行いませんでしたが，今年度は３つの学会に参加いたしました。そのうち２つは，京都，福岡と遠く離れた場所でありましたが，本基金のご支援のおかげで参加することができました。私は普段は教育学部におりますが，医学系の学会に参加できたことで，障害のある子どもたちに欠かせない，病理の知識を得ることができ，充実した学会参加であったと思っております。

来年度につきましては，私は福島県の教員採用試験に合格することができ，福島県の特別支援学校で教員をいたします。今まで，多くの皆様に支えられ学び続けることができました。実践研究とは何か，という私の中の迷いに悩んでいたとき「子どもとかかわっていることこそが研究だよ」と教授が言葉を下さいました。研究的な視点を持ち続け，今後は教員として精進して参りたいと思います。

平成26年度の研究結果

森 下 慶 子

私は，「小学校国語科教科書におけるメディア-リテラシー・カリキュラムの研究」を題目とし修士論文を書きました。まず，先行研究におけるメディア-リテラシーに培う構成要素を再構成し直しました。次に，再構成要素を基準として，小学校国語科教科書に培うメディア-リテラシーの学習目標について学習の手引きなどをもとに設定し，メディア-リテラシーをどのように培うことができるのかカリキュラムのかたちで明らかにしました。このカリキュラム作成を通して，繰り返し学習することで培う力や，段階的に難しい学習を行うことで培う力など，それぞれのメディア-リテラシーによって育て方を変えて培っていくことが必要であるということを示しました。ただし，研究対象を上学年に限定したため，下学年の教材についてはカリキュラムを作成していません。また，メディア-リテラシーに培わない教材との関連や，指導段階までは考察が及んでいません。今後は，このような課題を検討し，実践を踏まえながら研究を続けていきます。

昨年は，徳島県の小学校教員採用試験に合格し，今年から教員として教壇に立つことが決まりました。２年間での研究の成果を，今度は現場で発揮していきたいと決意しています。

平成26年度の研究結果，卒業後の進路

能 見 一 修

研究結果

修士論文の題目は，「大学が入学者に求める市民としての資質・能力—入試問題の分析を通して—」である。本研究は，大学入試を大学が入学者に求める学力観の現れと考え，入試問題「現代社会」を分析することを通して，大学が入学者に期待する市民としての資質・能力を明らかにすることを目的とした。本研究の成果は，以下のようにまとめられる。

第一に，大学入試を「市民として求められる資質・能力」という観点から分析し，各大学の特徴を描き出した。その結果，複数のタイプに分類することが可能であることが明らかとなった。

具体的には，７大学の「現代社会」の入試問題を「社会科学力」の観点から分析し，どのような学力に比重を置いて評価しようとしているのかを明らかにした。そして，学力の比重の置き方を大きく３タイプに分類した。すなわち，認識重視型，認識・判断型，バランス型である。また，これらを総合して，大学が入学者に求める市民としての資質・能力，すなわち市民像を描き出し，これが学習指導要領に基づく高等学校の教育を通して育成される市民像と齟齬があることも明らかにした。

第二に，試験問題の分析を通した能力観や市民像の解釈プロセスをモデル化し，分析モデルの可能性を明らかにした。

具体的には，分析枠組みの構築，試験問題の検討，市民像の抽出というプロセスを示した。そのうえで，分析モデルの可能性を示すために，教員採用試験を事例として取り上げ，知識の構成要素や個別的記述的知識で約半分の得点が可能であることなどを示した。しかしながら，単純な知識の暗記だけ

では十分な得点は望めず，必ずしも暗記主義へと方向づけるとはいえないことを明らかにした。

卒業後の進路並びに抱負

一般企業に就職することが内定しています。

大学院での研究は「問題解決」そのものでした。この経験を活かし，業務においても「何が問題なのか」「どうすれば解決できるのか」に対して分析的な姿勢で臨み，解決策を探っていきたいと考えています。

平成26年度の研究結果，平成27年度の研究計画

高橋　翔

私は貴奨学基金の経済的支援によって，昨年（平成26年）度に以下の研究を行いました。まず研究テーマについては，「アルカイック期ギリシアの奉納像―イオニア地方における地域性の比較」を掲げ，古代ギリシア，アルカイック時代において神々に捧げられた彫像群の地域性を再検討することを試みています。昨年度は同地域の中で重要な機能を果たしたサモス島ヘラ神域と，特に同地から出土した《ゲネレオス群像　*Geneleos Group*》について焦点を当てました。調査方法は筑波大学における文献調査と，現地（ギリシア共和国サモス島）における観察調査（2014年９月２日―９月４日）によって行いました。特に海外で調査を行うに際しては，貴奨学金のご支援が無ければ実施することはできなかったと考えております。またこれらの調査結果を2014年12月６日の「日体三大学大学院生美術史研究交流会」で発表し，学際的な議論を行いました。加えて，ピサ高等学院（Scuola Normale Superiore di Pisa）の Gianfranco Adornato 教授と面談する機会に恵まれ，2015年３月18日―３月25日にかけてイタリア共和国ピサを訪れて今後の研究方針について大変有意義なアドバイスを受けることができました。

上記の研究結果を踏まえ，今年（平成27年）度はサモス島出土の奉納彫像を中心に，他の神域との比較検討を行いたいと考えています。また，Adornato 教授との面談において彫像自体のみではなく付随する銘文（碑文）との関連に目を向ける重要性と，そのための文献資料についてアドバイスを頂いたため，これらの点を重視して研究を進めたく思います。そして再びギリシアやトルコの神域，博物館を訪問すること，ピサ高等学院で文献調査を行うことを計画しています。これらの研究成果は昨年度同様に発表を行い，

より多くの方々から意見を頂けるよう努めます。

平成27年度の研究結果

羽 村 衆 一

「旧軍港都市」と「横須賀」をキーワードに研究を進め，「横須賀における旧軍施設の社会的意味――在日米海軍基地と周辺地域の事例」という研究題目で論文をまとめた。研究目的は，在日米海軍横須賀基地内における旧軍施設を中心として，戦後における地域の旧軍施設が有する社会的意味とその変化過程について明らかにすることである。さらに，旧軍施設の更新をみることによって米軍基地全体の更新の特徴についても明らかにした。

旧軍施設の転用や更新という観点からみると，旧軍施設の存在がもたらした3つの特徴がみえた。一度は軍転法が示す「平和産業」として民間企業へと転換されたものの，産業の斜陽化によって土地が遊休化されると，軍事的性格をもちうる海上自衛隊の施設へと再転換されてしまうといった特殊性がみられた。

第二に，基地内における旧軍施設更新の際に実施される行政調査から分析したところ，横須賀基地の建物更新（建て替えや改修なども含むものとする）は，SRF（艦船修理廠）で多く実施されていることが分かり，その周辺では第七艦隊司令部や第七潜水艦隊司令部など重要施設が密集している地区であることがわかった。

第三に，1990年代後半以降，米軍基地の再編によって，より地域社会との関係を重視するようになった。また，日本国内において旧軍施設に対する消極的なイメージよりも観光資源や歴史的建造物としてみとめられることが2000年代に入ってから増加した。両者の旧軍施設に対する意味づけが米軍基地内で実施されている「歴史的建造物ベースツアー」や基地内の旧軍施設の保存につながったものと考えられる。

旧軍施設や旧軍用地はこのような多様な性質を有していることがわかる。戦前は帝都東京の要，戦後は米軍による極東戦略の重要拠点としての位置にある横須賀において，旧軍施設が有する性質はその時々の社会情勢に強く影響されて変化していることが明らかとなった。

跋

公益信託 松尾金藏記念奨学基金委託者　松尾葦江
（まつお　あしえ）

本書は2008年，同11年，同14年に出された『明日へ翔ぶ－人文社会学の新視点－』１～３に続き，基金の事業報告書に代わるものである。

本基金設定の趣旨は別掲（445頁）の通りである。事業は引き続き高水準で実施されており，例年，７～８倍の数の応募者の中から激戦の末に採択が決まる。初期の奨学生の中には著書を出版した人，学位を取得した人や，専門を活かせる職を得て活動を開始した人も出てきており，すでに支援した人数は130名に近い。これは多くの関係者の方々，就中，膨大な審査書類に目を通し，選考して下さる運営委員の先生方のおかげである。記して謝意を表したい。

故金藏の生涯を通して，殊に死を前にした８ヶ月の病床生活において，私は彼の時代（大正・昭和）のリベラル・アーツのすごさにうたれた。それは，いかなる非常時にあっても人格の尊厳をまもってくれるものであり，無力な個人にとって唯一，そして最強の武器となるものであった。国も集団も，そして時代も，その品格は結局個人めいめいの文化度によって支えられるものではないか。人は去って行く時，多かれ少なかれ我がなき後への継承の問題を考えるだろうが，継承して欲しいものは，つまるところ，ひろい意味での自らの「文化」である。その希いが，結果として次世代の幸運と成功への祈りとなってゆく──これが本基金を設定した動機であった。

本基金を貸与型でなく給付型にしたのは，返済業務に経費をかけたくなかったためもあるが，生前の金藏の言「他人にお金を貸す時は，貸したと思ってはいけない」に従ったからでもあった。社会福祉として生活を保障するわけではなく，志ある次世代が学資不足のために研究を断念するのを惜しんで，微力ながら応援しようとする基金である。1年ごとに継続審査を行うとしてあるのは，勉学第一にはげんで欲しい，こうしている間にも資金を必要としている人たちはたくさんいるのだから，という意味である。殊に博士課程の場合には，当今，自ら発信しなければ道は開けない。口頭発表や論文執筆を心がけ，応募時の推薦者ともきちんと連絡をとり，推薦者は修了まで見守り続けて頂きたい。

発足以来15年が経ち，大学院も変わりつつあり，一方で日本人の金銭感覚にも変化があったような気がする。将来への不安からか，自分にはこれだけあればいい，という慎みや，他人に譲る気持ちが減っているのではないか。本基金が二重受給を禁じているのも，応募条件に所得制限をつけているのも，限られた資金をなるべく多くの人に，との理由からである。事務を扱う方々にも，本基金の規定を充分把握して頂くようお願いしたい。

冒頭に述べたように，奨学生たちの多くが困難を乗り越えて活躍し始めている。有志の手で同窓会ができ，仮名称を「明翔会」として，2014年3月に研究報告会が開かれた。今般，第2回研究報告会の企画が進められている。みずみずしい人文社会学研究の成果を聞くことができ，私も天上の金藏もこれほど嬉しいことはない。同窓生たちは，分野は違っても同じ志をもつ仲間がいること，それがどんなに大きな財産であるかをやがて知ることになるだろう。

本書の編集・出版は今回も風間書房が快く引き受けて下さった。口絵の1葉は，金藏が兵役を了えて帰国する直前に描いたらしい。武漢には外国人租界があり，また太古以来の建造物や悠久を思わせる人々の生活があったようで，スケッチもたくさん描いている。もう1葉は日常ありふれた品々を水彩で描いた静物だが，当時，このありふれた静かさがどんなに貴重なものだったかは，我々の想像を超えるだろう。この時傍らには愛妻静子がいたが，昭和20年，結核のため亡くなった。僅か10年の結婚生活にも拘わらず，彼女の遺した影響（文化）は，金藏の一生の支えとなった。かれらの時代のリベラル・アーツのすごさはここにもある。

本基金がつつがなく，もう数年，継続できるよう，改めて各方面の方々に御助力をお願いしてあとがきとする。

2017年３月19日

執筆者一覧（50音順）

①2017年１月末現在の所属／②修了大学院又は奨学金給付終了時の在籍大学院／③学位／④専門分野

市川友佳子（いちかわ　ゆかこ）

②東京藝術大学大学院音楽研究科音楽文化学専攻修士課程修了／③修士（音楽文化学）／④音楽教育

江本紫織（えもと　しおり）

①九州大学大学院人文科学府博士後期課程／②九州大学大学院人文科学府修士課程修了／③修士（文学）／④写真論，美学

太田未紗（おおた　みさ）

①本庄東高等学校附属中学校／②東京学芸大学大学院教育学研究科社会科教育専攻修士課程修了／③修士（教育学）／④日本近世史

大谷理奈（おおたに　りな）

①慶應義塾大学大学院文学研究科後期博士課程およびパリ第四大学大学院仏文学・比較文学専攻後期博士課程／②慶應義塾大学大学院文学研究科修士課程修了／③修士（文学）／④フランス文学（20世紀フランス演劇）

荻野絢美（おぎの　あやみ）

①小学校事務職員／②岡山大学大学院教育学研究科教科教育学専攻美術教育コース修了／③修士（教育学）／④美術教育学，絵画作品の制作

尾上裟智（おのうえ　さち）

①茨城県立鹿島特別支援学校／②茨城大学大学院教育学研究科障害児教育専攻障害児教育専修修了／③修士（教育学）／④障害児教育

金子　萌（かねこ　もえ）

①岐阜県立華陽フロンティア高等学校教諭（国語科）／②鳴門教育大学大学院学校教育研究科修士課程修了／③修士（教育学）／④国語教育

木許裕介（きもと　ゆうすけ）

①指揮者・慶應義塾大学SFC研究所上席所員・日本ヴィラ＝ロボス協会／②東京大学大学院総合文化研究科超域文化科学専攻比較文学・比較文化分野修了／③修士（学術）／④1920年代パリにおける芸術家交流，比較芸術

小堀槙子（こぼり　まきこ）

①東京都府中市市史編さん担当専門員（近世）および東京外国語大学大学院総合国際学研究科博士後期課程／②東京外国語大学大学院総合国際学研究科博士前期課程修了／③

修士（学術）／④日本近世史

小山美香（こやま　みか）

①地方自治体勤務／②広島大学大学院教育学研究科教育学専攻博士課程前期修了／③修士（教育学）／④教育方法学

佐藤なぎさ（さとう　なぎさ）

①公益財団法人勤務／②学習院大学大学院人文社会科学研究科日本語日本文学専攻博士課程前期課程修了／③修士（日本語日本文学）／④日本語教育

高橋　翔（たかはし　しょう）

②筑波大学大学院人間総合科学研究科／④芸術学

髙間沙織（たかま　さおり）

①尾道市立大学経済情報学部講師／②一橋大学大学院社会学研究科総合社会科学専攻総合政策研究分野博士課程修了／③博士（社会学）／④社会保障・社会政策

高良大輔（たから　だいすけ）

①一般企業勤務／②東京外国語大学大学院総合国際学研究科国際・地域専攻博士前期課程修了／③修士（地域研究）／④人類学・タイ農村研究

手嶋大侑（てしま　だいすけ）

①名古屋市立大学大学院人間文化研究科博士後期課程／②名古屋市立大学大学院人間文化研究科博士前期課程修了／③修士（人間文化）／④日本古代史

土井康司（どい　こうじ）

①岡山県公立高等学校教諭（国語科）／②岡山大学大学院教育学研究科教職実践専攻（教職大学院）専門職学位課程修了／③教職修士（専門職）／④中等国語科教育学（授業論），言語学（形態論）

仲村慎太郎（なかむら　しんたろう）

①福岡大学大学院人文科学研究科史学専攻博士課程後期／②福岡大学大学院人文科学研究科史学専攻博士課程前期修了／③修士（文学）／④日本近世史・日本法制史

中村雅未（なかむら　まさみ）

②愛知教育大学大学院教育学研究科／④国語教育

仲本佳乃（なかもと　よしの）

①琉球大学事務員／②琉球大学大学院人文社会科学研究科博士前期課程修了／③修士（文学）／④アメリカ文学（特に20世紀以降のエスニックマイノリティ文学）

永谷知里（ながたに　ちさと）

①アフリカ開発銀行アジア代表事務所／②南山大学大学院総合政策研究科総合政策専攻修了／③修士（学術）／④コートジボワールの政治，フランスとコートジボワールの2国間関係

永山由里絵（ながやま　ゆりえ）

①日本女子大学成瀬記念館非常勤学芸員／②日本女子大学大学院文学研究科史学専攻博士課程後期単位取得退学／③修士（文学）／④日本古代・中世史

能見一修（のうみ　かずよし）

①一般企業勤務／②広島大学大学院教育学研究科博士課程前期修了／③修士（教育学）④社会認識教育学

羽村衆一（はむら　しゅういち）

①株式会社フージャースアベニュー／②横浜市立大学大学院都市社会文化研究科博士前期課程修了／③修士（学術）／④人文地理学

松本知珠（まつもと　ともみ）

②立教大学大学院文学研究科／④日本文学

森　　結（もり　ゆい）

①九州大学大学院人文科学府後期博士課程，福岡市博物館臨時職員（学芸員補助）／②沖縄県立芸術大学大学院造形芸術研究科比較芸術学専攻修士課程修了／③修士（芸術学）／④西洋美術史

森貝聡恵（もりかい　さとえ）

①出版社勤務／②東京外国語大学大学院総合国際学研究科修了／③修士（言語学）／④記述言語学

森下慶子（もりした　けいこ）

①北島町立北島南小学校教諭／②鳴門教育大学大学院学校教育研究科修士課程修了／③修士（学校教育）／④国語教育

柳田大造（やなぎだ　だいぞう）

②東京大学大学院人文社会系研究科／④欧米系文化研究学

吉田聖美（よしだ　さとみ）

①特別支援学校勤務／②茨城大学大学院教育学研究科障害児教育専攻障害児教育専修修了／③修士（教育学）／④障害児教育

吉原将大（よしはら　まさひろ）

①早稲田大学大学院文学研究科人文科学専攻心理学コース博士後期課程，日本学術振興会特別研究員／②早稲田大学大学院文学研究科人文科学専攻心理学コース修士課程修了／③修士（文学）／④言語心理学

公益信託 松尾金藏記念奨学基金の概要

公益信託 松尾金藏記念奨学基金について

1．名　　　称　公益信託 松尾金藏記念奨学基金

2．設定の趣旨　故松尾金藏の遺志を活かし，日本の将来を支える学生に対し奨学支援を行い，幅広い教養と倫理観をもった若者を育て，もって人間性豊かな，将来の日本に役立つ人材を育成することを念願して設定する。

3．信託設定日　平成14年12月26日

4．種　　　別　認定特定公益信託（広く一般からも本基金へ寄附することができ，寄附金については所得税における寄附金控除の適用が可能）

5．主務官庁　文部科学省

6．信託目的　国内の大学院に在学する大学院生のなかで，品行方正・成績優秀かつ勉学の意欲に富んだ院生でありながら，経済的理由により修学困難な者に対して奨学援助を行い，もって人間性豊かな将来の日本に役立つ人材を育成することを目的とする。

7．事業内容　⑴　関東，東海，中国，四国，九州，沖縄地区の大学院で文学，哲学，教育学，心理学，社会学，史学を学ぶ学生に対する奨学金の給付
⑵　その他前条の目的を達成するために必要な事業

8．対象大学　関東，東海，中国，四国，九州，沖縄地区にある大学（平成28年度募集校193校）

9．採用人数　毎年度10名程度（年間奨学生30名程度）

10. 対象年次及び支給期間

修士課程1～2年，博士課程1～3年までの2～3年間

11. 支給金額　一人当たり年間100万

12. その他　基金の厳格かつ適正な運営を行うため信託管理人1名と松尾金藏記念奨学基金運営委員会（委員6名）並びに選考委員会（委員4名）を設ける。

(1) 信託管理人の主な役割
事業報告及び収支決算報告の承認等

(2) 運営委員会並びに選考委員会の主な役割
奨学金給付対象者の選考と本基金円滑な運営のための助言・勧告等

13. 問い合わせ先

＜公益信託 松尾金藏記念奨学基金事務局＞

〒100-8212　東京都千代田区丸の内1-4-5
三菱 UFJ 信託銀行株式会社
リテール受託業務部公益信託課
松尾金藏記念奨学基金担当
TEL　0120-622372（フリーダイヤル）
（受付時間　平日9:00～17:00　土・日・祝日等を除く）
koueki_post@tr.mufg.jp
（メール件名には基金名を必ずご記入下さい）

公益信託 松尾金藏記念奨学基金設定趣意書

故松尾金藏は，明治45年，博多に生まれ，大工の棟梁の跡継ぎに望まれて松尾の家を継ぎました。しかし東京に遊学，兵役の後，経済人として日本の戦後の復興に尽し，平成14年３月に生涯を終えることとなりました。

生前，精神のこもった技術―わざというものを尊敬し，若い方々の活躍に期待を寄せてもいました。死の床にあっても，文学，歴史，宗教，美術などを楽しみながら学び，日本文化の将来を心にかけておりました。

いま日本は再び技術立国として自らの脚下を見直し，同時に技術を支える精神―すなわち幅広い教養と倫理観とを必要とする，新しい困難な時代にさしかかっています。

亡き父金藏は，日ごろ，これまで多くの方々のお世話になったことや，日本の将来を支える次の世代を応援したい旨を口にしておりましたので，その遺志を活かしつつ，私が過去及び現在勤務し，お世話になっている関東地区と東海地区にある大学院で，文学，哲学，教育学，心理学，社会学，史学等を学ぶ学生を支援する奨学金支給事業を行なうために，本公益信託を設定することにいたしました。

本公益信託が設定され，志ある次世代を支援し，幾分かの社会的貢献を果たすことが出来るならば，幸いこれに過ぐるものはございません。

平成14年12月26日

公益信託 松尾金藏記念奨学基金委託者

松　尾　葦　江

公益信託 松尾金藏記念奨学基金（募集地区拡大）趣意書

松尾金藏記念奨学基金は平成14年12月に設定され，関東・東海地区の人文系大学院に募集を開始して以来，毎年多くの応募者があり，すでに30名以上の奨学生を支援して参りました。

故松尾金藏は，自分自身郷土の奨学金のお世話になり，御恩返しのためにも，日本の将来を支える次の世代を応援したいことを日来口にしておりましたので，その遺志を活かして本公益信託を設定いたしましたが，当初は資金規模や準備の制約もあり，金藏の郷里である九州地区を募集範囲に加えることが出来ませんでした。

このたび，金藏の長男啓三が潰瘍性大腸炎のため早世し，生前，父の記念基金に自分の財産を寄付したいとの希望を述べておりましたので，募集人数を12名に増やし，募集地区に九州及び中国四国地方を加えるよう，条項変更を申請いたしました。金藏の出身地である九州のほかに中国四国地方を加えたのは，委託者である私のかつての勤務地でもあり，さらに若くして難病に倒れた啓三が旅をしてみたいと言いながら果たせなかった地でもあるからです。

いま日本は技術立国として経済的繁栄を追求するだけでなく，技術を支える精神——すなわち幅広い教養と倫理観とを備えた次世代を育成し，世界に向けて送り出して行く重要な時期に立っています。

本申請が許可され，志ある次世代を支援し，幾分かの社会的貢献を果たすことが出来るならば，幸いこれに過ぐるものはございません。

平成19年７月24日

公益信託 松尾金藏記念奨学基金委託者

松　尾　葦　江

平成28年度 公益信託 松尾金藏記念奨学基金募集要項

1．応募できる者

関東・東海・中国・四国・九州・沖縄地区にある大学院において文学，哲学（宗教学，美学，美術史を含む），言語学，人文地理学，文化人類学，教育学，心理学，社会学，史学等（経・法を除く人文社会）を学ぶ，平成28年４月現在における修士課程（博士前期課程）及び博士課程（博士後期課程）１年次の学生（留学生を除く）で，次の各号に該当すると認められる者。

⑴　就学上奨学金の援助を必要とする者。
修士課程の応募者：家族の生計を支える者の前年度年収，又は本年度の見込みが原則800万円（税込総収入）以下とする。
博士課程の応募者：本人の前年度年収，又は本年度見込みが原則250万円（税込総収入）以下とする。

⑵　原則として他の奨学金（日本学生支援機構を含む）を受給していない者。（他の奨学金との併願は可とするが，当基金で採択されたときはどちらか一つを選択のこと）

⑶　品行方正，健康で学業成績が優秀な者。

⑷　年齢（平成28年４月１日現在）が30歳以下の者。

2．奨学金等

⑴　奨学金の額は，年額1,000,000円とする。

⑵　奨学金の給付期間は，３ヵ年以内（最短修業年限）とし，原則として次のとおりとする。（年度毎に継続可否の審査を行う）

修士課程（博士前期課程）	１年～２年
博士課程（博士後期課程）	１年～３年

⑶　奨学金は，原則６月及び11月の一定日に各６ヵ月分を給付する。

⑷　奨学金の給付方法は，奨学生が当基金に届け出た銀行口座に振り込む。

3．本年度採用予定人数

10名程度

4．応募の手続き

奨学生に応募する者は，次に掲げる申請書類を，在学する大学の担当部署を経て平成28年４月28日(木)迄に当基金に提出する。(必着)

大学は，学内選考のうえ修士課程１名以内・博士課程１名以内を推薦して下さい。

⑴　奨学生願書（様式１）

⑵　奨学生推薦調書（様式２・指導教員によるもの）

⑶　作文（A4用紙２枚程度・様式は自由）
題　（修士課程，博士課程とも）進学の目的と具体的な研究計画
※研究課題を30文字以内で記載すること

⑷　成績証明書等
・修士課程１年
①学部卒業論文要旨（800字程度）②学部卒業時の成績証明書
学部卒業論文のない応募者は卒業論文に代わるもの（研究内容要旨等）
・博士課程１年
①研究業績リスト（学会発表等を含む，様式は自由）②修士課程２年間の成績証明書

⑸　所得を証明できる書類等
・修士課程１年　①家族の生計を支える者の源泉徴収票（写）又は所得証明書等
・博士課程１年　①本人の源泉徴収票（写）又は所得証明書等

５．選考及び決定
当基金は，４．により申請のあった者につき，当基金に設けた運営委員会に諮り，奨学生を６月末日までに決定し，在学する大学の担当部署を経て，本人に通知する。

６．学業成績の報告
奨学生は，毎学年終了後，在学する大学の担当部署を経て，学業成績証明書，研究報告書を当基金に提出しなければならない。

７．異動届出
奨学生は，次に該当する場合は，在学する大学の担当部署を経て直ちに当基金に届け出なければならない。

⑴　疾病その他の事故又は個人的事情により１ヶ月以上大学院を欠席するとき。

⑵　休学，復学，転学，転研究科，転専攻又は退学しようとするとき。

⑶　本人の住所又は奨学金振込銀行等その他重要な事項に変更があったとき。

8．奨学金の打ち切り

奨学生に，つぎの各号の中の一に該当する事項が生じたときは，奨学金の給付を打ち切ることがある。

(1) 傷害，疾病などのため就学の見込みがなくなったとき。

(2) 停学，退学等の処分を受けたとき。

(3) 学業成績又は素行が不良となったとき。

(4) 奨学金を必要としない事由が生じたとき。
（他の奨学金を受給することとなったとき及び就職したとき等）

(5) 自主退学したとき。

(6) 関東，東海，中国，四国，九州，沖縄地区以外の大学に転学及び文学，哲学，教育学，心理学，社会学，史学以外の研究科に転研究科又は転専攻したとき。

(7) 虚偽の申請をしたとき。

(8) その他奨学生として適当でない事由が生じたとき。

9．奨学金に対する義務

この奨学金は返還の義務はない。ただし，虚偽の申請等重大なる不正行為があったときは，奨学金の一部又は全額の返還を求めることがある。

10．関係書類の提出先及び照会先

＜公益信託 松尾金藏記念奨学基金事務局＞
〒100-8212　東京都千代田区丸の内1-4-5
三菱 UFJ 信託銀行リテール受託業務部
公益信託課　松尾金藏記念奨学基金担当
電話：0120-622372（フリーダイヤル）
（受付時間　平日9:00～17:00　土・日・祝日等を除く）
koueki_post@tr.mufg.jp
（メール件名には基金名を必ずご記入下さい）

公益信託 松尾金藏記念奨学基金 募集大学一覧（関東・東海地区）

東京都

- お茶の水女子大学
- 杏林大学
- 青山学院大学
- 学習院大学
- 共立女子大学
- 玉川大学
- 駒澤大学
- 慶應義塾大学
- 國學院大學
- 国際基督教大学
- 国際仏教学大学院大学
- 国士舘大学
- 国立音楽大学
- 桜美林大学
- 実践女子大学
- 昭和女子大学
- 上智大学
- 成城大学
- 成蹊大学
- 清泉女子大学
- 聖心女子大学
- 白百合女子大学
- 創価大学
- 首都大学東京
- 多摩美術大学
- 大妻女子大学
- 大正大学
- 大東文化大学
- 拓殖大学
- 中央大学
- 津田塾大学
- 帝京大学
- 東海大学
- 東京音楽大学
- 東京家政学院大学
- 東京家政大学
- 東京外国語大学
- 東京学芸大学
- 東京藝術大学
- 東京女子大学
- 東京神学大学
- 東京大学
- 東洋英和女学院大学
- 東洋大学
- 日本女子大学
- 日本大学
- 一橋大学
- 武蔵大学
- 武蔵野音楽大学
- 武蔵野美術大学
- 法政大学
- 明治学院大学
- 明治大学
- 明星大学
- 立教大学
- 立正大学
- 武蔵野大学
- 目白大学
- 東京成徳大学
- 恵泉女学園大学
- ルーテル学院大学
- 駒沢女子大学
- 早稲田大学
- 和光大学

神奈川県

- フェリス女学院大学
- 横浜国立大学
- 横浜市立大学
- 関東学院大学
- 女子美術大学
- 神奈川大学
- 総合研究大学院大学
- 鶴見大学
- 洗足学園音楽大学
- 専修大学

千葉県

- 淑徳大学
- 城西国際大学
- 神田外語大学
- 千葉大学
- 秀明大学
- 麗澤大学
- 聖徳大学
- 川村学園女子大学
- 和洋女子大学
- 二松学舎大学

埼玉県

- 埼玉大学
- 文教大学
- 跡見学園女子大学

栃木県

- 宇都宮大学
- 文星芸術大学

群馬県

- 群馬県立女子大学
- 群馬大学

茨城県

- 茨城キリスト教大学
- 茨城大学
- 筑波大学

岐阜県

- 岐阜女子大学
- 岐阜大学
- 岐阜聖徳学園大学
- 東海学院大学

静岡県

- 常葉学園大学
- 静岡県立大学
- 静岡大学

愛知県

- 愛知教育大学
- 愛知淑徳大学
- 愛知大学
- 金城学院大学
- 中京大学
- 南山大学
- 名古屋音楽大学
- 椙山女学園大学
- 名古屋外国語大学
- 愛知学院大学
- 名古屋学院大学
- 名古屋芸術大学
- 名古屋市立大学
- 名古屋大学
- 愛知県立大学
- 名古屋女子大学
- 桜花学園大学
- 愛知文教大学
- 愛知みずほ大学
- 同朋大学
- 名古屋造形大学

三重県

- 皇學館大學
- 三重大学
- 鈴鹿国際大学

公益信託 松尾金藏記念奨学基金 募集大学一覧
(九州・沖縄・中国・四国地区)

福岡県
- 九州大学
- 福岡教育大学
- 北九州市立大学
- 福岡県立大学
- 福岡女子大学
- 久留米大学
- 西南学院大学
- 筑紫女学園大学
- 福岡大学

佐賀県
- 佐賀大学

長崎県
- 長崎大学
- 活水女子大学
- 長崎純心大学
- 長崎国際大学

大分県
- 大分大学
- 別府大学

熊本県
- 熊本大学
- 熊本県立大学
- 九州ルーテル学院大学
- 熊本学園大学
- 崇城大学

宮崎県
- 宮崎大学
- 宮崎公立大学

鹿児島県
- 鹿児島純心女子大学
- 鹿児島大学
- 志學館大学
- 鹿児島国際大学

沖縄県
- 琉球大学
- 沖縄大学
- 沖縄国際大学
- 沖縄県立芸術大学
- 名桜大学

愛媛県
- 愛媛大学
- 松山大学

高知県
- 高知大学
- 高知女子大学

香川県
- 香川大学
- 四国学院大学

徳島県
- 徳島大学
- 鳴門教育大学
- 四国大学
- 徳島文理大学

山口県
- 山口大学
- 山口県立大学
- 東亜大学
- 梅光学院大学
- 宇部フロンティア大学

広島県
- 広島大学
- 県立広島大学
- 広島市立大学
- 呉大学
- 比治山大学
- エリザベト音楽大学
- 広島国際学院大学
- 広島修道大学
- 広島女学院大学
- 広島文教女子大学
- 安田女子大学
- 福山大学
- 尾道大学

島根県
- 島根大学

鳥取県
- 鳥取大学

岡山県
- 岡山大学
- 吉備国際大学
- 岡山県立大学
- 倉敷芸術科学大学
- 就実大学
- ノートルダム清心女子大学

※九州・沖縄・中国・四国地区については，平成20年度より募集開始

公益信託 松尾金藏記念奨学基金奨学生一覧

	採用年度	終了年（３月）	奨学生氏名	大学名（採用時）
1	平成15年度	平成17年	櫻井聖子(旧姓柏木)	東京藝術大学
2	同	同	高　橋　朋　絵	慶應義塾大学
3	同	同	宮　村　りさ子	桜美林大学
4	同	同	菅　原　優美子	日本女子大学
5	同	平成18年	福　原　弘　識	愛知県立大学
6	同	平成16年辞退	児　玉　香菜子	名古屋大学
7	平成16年度	平成18年	泊　　　史	一橋大学
8	同	同	福　嶋　典　子	清泉女子大学
9	同	同	会　田　大　輔	明治大学
10	同	同	五　味　知　子	慶應義塾大学
11	同	平成19年	依　田　　徹	東京藝術大学
12	同	同	古　賀　優　子	愛知県立大学
13	同	同	杉谷陽子(旧姓須貝)	一橋大学
14	平成17年度	同	簑　田　知　佐	早稲田大学
15	同	同	森山明日香(旧姓小山)	東京大学
16	同	同	中　尾　文　香	日本女子大学
17	同	同	原　田　麻紀子	学習院大学
18	同	平成20年	安　藤　香　織	中央大学
19	同	同	阿　部　善　彦	上智大学
20	平成18年度	同	中　村　麻里子	東洋英和女学院大学
21	同	同	武　内　博　志	慶應義塾大学
22	同	同	中竹真依子(旧姓奥野)	東京大学
23	同	平成21年	新　谷　　崇	東京外国語大学
24	同	同	山　本　栄美子	東京大学
25	同	同	鈴　木　崇　夫	名古屋外国語大学
26	平成19年度	同	上　田　平　安	南山大学
27	同	同	柳　村　　裕	東京外国語大学
28	同	同	名取エリカ(旧姓佐藤)	学習院大学
29	同	平成22年	根　本　久美子	東京大学
30	同	平成21年辞退	石　橋　悠　人	一橋大学
31	同	平成22年	鈴　木　伸　子	東京藝術大学

32	平成20年度	平成21年辞退	伊藤　美和	実践女子大学
33	同	平成22年	下島　綾美	慶應義塾大学
34	同	同	松山　洋平	東京外国語大学
35	同	平成21年辞退	長野　雪子	高知大学
36	同	平成22年	西村　育枝	九州大学
37	同	同	嶺崎　由美子	岡山大学
38	同	同	實盛　良彦	広島大学
39	同	平成21年休学/辞退	栗田　優子	横浜国立大学
40	同	平成23年	佐藤　裕亮	明治大学
41	同	同	清水　雅大	横浜市立大学
42	同	同	頼尊　恒信	熊本学園大学
43	平成21年度	同	村松　美幸	静岡大学
44	同	同	北村　直彰	慶應義塾大学
45	同	同	平尾　麻由子	一橋大学
46	同	同	川崎　渚(旧姓堀口)	跡見学園女子大学
47	同	同	江川　敏章	西南学院大学
48	同	同	高口　恵美	福岡県立大学
49	同	同	田原　歩美	福山大学
50	同	平成24年	鈴木　慎也	千葉大学
51	同	同	大須賀　元彦	愛知学院大学
52	同	同	古郡　紗弥香	国際基督教大学
53	同	平成22年辞退	太田　智己	東京藝術大学
54	同	平成24年	光平　有希	エリザベト音楽大学
55	平成22年度	同	福永　愛	学習院大学
56	同	同	河村　明希	東京藝術大学
57	同	同	藤本　拓磨	横浜市立大学
58	同	同	相田　雅人	一橋大学
59	同	同	長谷川　真美	南山大学
60	同	同	小坂井　理加	東京大学
61	同	同	秋吉　和紀	広島大学
62	同	平成25年	坪内　綾子	日本女子大学
63	同	同	河野　明佳	津田塾大学
64	同	同	土屋　悠子	中央大学
65	同	平成23年辞退	永井優美(旧姓田中)	東京学芸大学
66	同	平成26年(休学)	藤本　晃嗣	九州大学

67	同	平成24年辞退	冬野 美晴	西南学院大学
68	平成23年度	平成25年	松田 冬桜子	学習院大学
69	同	同	小山 英恵	一橋大学
70	同	同	篠原 衣美	国際基督教大学
71	同	同	小林 大介	東京大学
72	同	同	喜久里 瑛	沖縄国際大学
73	同	平成26年(休学)	大城 さゆり	沖縄県立芸術大学
74	同	平成25年	藤本 菜美子	岡山大学
75	同	平成25年辞退	小堀 洋平	早稲田大学
76	同	平成26年	寺本 めぐ美	津田塾大学
77	同	同	清田 尚行	東洋大学
78	同	平成27年(休学)	室越 龍之介	九州大学
79	平成24年度	平成26年	中村 雅未	愛知教育大学
80	同	同	佐藤 なぎさ	学習院大学
81	同	同	高良 大輔	東京外国語大学
82	同	平成27年(休学)	島知里(旧姓永谷)	南山大学
83	同	平成26年	吉原 将大	早稲田大学
84	同	同	江本 紫織	九州大学
85	同	同	森 結	沖縄県立芸術大学
86	同	同	金子 萌	鳴門教育大学
87	同	平成27年(休学)	柳田 大造	東京大学
88	同	平成27年	永山 由里絵	日本女子大学
89	同	同	仲村 慎太郎	福岡大学
90	平成25年度	平成27年	太田 未紗	東京学芸大学
91	同	同	木許 裕介	東京大学
92	同	同	吉田 聖美	茨城大学
93	同	平成27年辞退	松本 知珠	立教大学
94	同	平成28年	小堀 槙子	東京外国語大学
95	同	平成27年辞退	髙間 沙織	一橋大学
96	同	平成27年	森下 慶子	鳴門教育大学
97	同	同	能見 一修	広島大学
98	同	同	土井 康司	岡山大学
99	平成26年度	平成29年	大谷 理奈	慶應義塾大学
100	同	平成27年辞退	髙橋 翔	筑波大学
101	同	平成28年	手嶋 大侑	名古屋市立大学

102	同	同	羽村衆一	横浜市立大学
103	同	同	森貝聡恵	東京外国語大学
104	同	同	市川友佳子	東京藝術大学
105	同	同	尾上裟智	茨城大学
106	同	同	小山美香	広島大学
107	同	同	荻野絢美	岡山大学
108	同	同	仲本佳乃	琉球大学
109	平成27年度	平成30年	藤井明	東洋大学
110	同	平成28年辞退	星野麗子	総合研究大学院大学
111	同	平成30年	村田岳	早稲田大学
112	同	平成29年	清松大	慶應義塾大学
113	同	同	田中里奈	明治大学
114	同	同	鈴木舞子	日本女子大学
115	同	同	木下佳奈	東京外国語大学
116	同	同	小野寺藍	茨城大学
117	同	同	田崎優里	広島大学
118	同	同	山田高明	熊本大学
119	同	平成30年	中尾恵梨	広島大学
120	平成28年度	平成31年	宮内拓也	東京外国語大学
121	同	同	龍真未	東京藝術大学
122	同	同	藤田周	東京大学
123	同	平成30年	毛利舞香	静岡大学
124	同	同	藤田康宏	青山学院大学
125	同	同	森田悠暉	早稲田大学
126	同	同	成田愛恵	慶應義塾大学
127	同	平成31年	都合紗耶	福岡大学
128	同	平成30年	柴田里彩	九州大学
129	同	同	羽祢田麻佑	鹿児島大学

※終了年限は，平成29年度以降は終了見込み。

基金名：公益信託 松尾金藏記念奨学基金

収支決算書

（自 平成14年12月26日　至 平成28年3月31日）

(1) 収入の部

（単位：円）

科目			決算額	摘要
財産収入	信託財産収入	国債利息	1,994,521	
		貸付信託配当金	0	
		金銭信託配当金	866,642	
		国債償還益	45,000	
拠出金	信託拠出金	追加信託	159,100,000	
		寄附金	950,000	
収入合計 (A)			162,956,163	

(2) 支出の部

管理費	会議費	運営委員会費	3,568,726	
	諸費	公告費	481,604	官報掲載料
		雑費	970,694	振込・郵送料等
		事務委託費	0	
	信託報酬等	信託報酬	5,376,697	
		消費税	279,310	
事業費	助成金	同左	0	
	奨学金	同左	249,000,000	
	顕彰金	同左	0	
	その他事業費	同左	7,707,108	記念論集発刊等
支出合計 (B)			267,384,139	

(3) 正味信託財産増減の部

収支尻	同左	同左 (A)−(B)	-104,427,976	
当初信託元本残高	同左		145,000,000	
正味信託財産額			40,572,024	

明日へ翔ぶ ―人文社会学の新視点― 4

2017年3月19日　初版第1刷発行

編者　公益信託 松尾金藏記念奨学基金

発行者　風間敬子

発行所　株式会社　風間書房

〒101-0051　東京都千代田区神田神保町1-34
電話 03(3291)5729　FAX 03(3291)5757
振替 00110-5-1853

印刷　藤原印刷　　製本　井上製本所

NDC分類：040

ISBN978-4-7599-2170-0　　Printed in Japan